信息、算法与编码

陆　宏　编著

南京大学出版社

序言 | Preface

本教材的编写基于在南京大学的教学经验积累.2002 年起由南京大学数学系面向全校开设本课程,同时这也是信息与计算科学专业、应用数学专业基础课程.我们知道当前世界是一个信息大爆发的时代,我们需要每天在生活中、工作中恰当地处理、运用各种各样的信息.本书从获取信息、编码、计算的角度出发,力图让包括数学系学生在内的各专业学生对信息的方方面面做一个全局性的认识和了解,尽可能让学生认识到信息的每个环节其实质都与编码有关,在信息传输之前要先将信息进行编码,即要了解或掌握任一个事物,我们必须找到该事物的种种特征,把握其种种信息,因此我们建立模型,总结其信息,将可计算的信息编入数学公式中.信息传输时也是如此.编码必定是可计算的,可计算的必定能在机器上计算,这就要有算法.所以这是一本介绍信息、算法和编码的书,讲述如何建立模型来研究、挖掘信息,如何编码、如何找到算法.不同于常见的信息论教材,我们从数理逻辑、可计算分析、算法信息三门课程入手,循序渐进地把数学中处理信息的丰富思想揭示出来.数理逻辑是数学的基础.信息与数理逻辑,这两者间表面上看似乎毫无联系,但它们均属于信息科学,我们通过对数理逻辑、可计算分析、算法信息的研究,试图阐述信息的传递和编码的实质,讲述如何进行信息的传递和编码,如何计算,从而为传统信息论的研究,提供更多的数学工具和方法.

我们还讲解了传统的关于通信的香农信息论.在这部分内容的讲解过程中,我们尝试用数学思想、信息思想进行解读.而常见的信息论教材,要么数学内容对于数学系学生来讲比较单薄,要么物理背景比较强,所以不太适合数学系学生.因此为了适应信息科学发展的需要,本书侧重于讲授信息、算法和编码的理论方法,讲授信息处理的思想,力图形象直观,我们会在讲解中根据实际需要和专业背景对一些重要的概念和定理等做一些必要的解读注释.

本书共分四个部分.第一部分我们处理离散无穷函数的信息、算法和编码问题,讲述数理逻辑这门学科中的可计算性理论,这部分主要处理的是从自然数集 $\mathbb{N}$ 到 $\mathbb{N}$ 上的离散函数.从第一章到第四章,我们介绍什么样的离散函数 $f:\mathbb{N}\to\mathbb{N}$ 是计算机可计算的,什么是算法,如何将算法编码,这部分主要讲述的著名数理逻辑学大家 Gödel 的编码思想,使得每个可计算的函数都对应一个编码,从而建立了函数、编码、图灵机(或 URM 机器等等等价计算机模型)三者间的等价关系.注意这并不是将函数的每个函数值的信息进行传递,而是将函数的编码进行传递,从而实现其可计算性.在第四章及第五章,我们讲解丘奇论题,简单介绍了 Gödel 不完备性定理、P 与 NP 及部分复杂性知识.我们着重介绍了何为“好”的编码,给出了评估标准，这不仅适用于计算机领域也可适用于通信领域，既有理论价值又有实用价值.在第六章，我们讲述了在计算机世界中还存在很多不可计算的函数以及如何判定不可计算的方法.在第七章，我们讲解什么是递归集（或可计算集），实际上在传统信息论中能编码的都是可计算集.在第八章，我们讲解带外部信息元（oracle）的图灵机，讲述了规约方法，这是衡量信息强弱、计算难度的最主要的利器（由此可以发展出可计算性理论中最难的一门学科——度论）.

第二部分我们处理连续函数的信息、算法和编码问题，讲述了可计算分析理论——把可计算性理论应用于数学分析的一门新兴学科，讲述如何在计算机上计算非离散的实函数 $f: \mathbb{R} \to \mathbb{R}$.要实现无穷实数之间的计算，我们不仅要引入 T2-图灵机，还要引入名、表示等概念，并建立命名系统上的可计算体系.这不仅需要编码，还要选择适当的表示方法，以实现可计算函数在图灵机上的可计算性.这是一门比较烦琐的复杂的但又很实用的处理连续信息的编码理论，我们做了大量的解读工作，以方便读者阅读并迅速理解名、表示体现了函数的计算程序的信息、编码，也蕴涵了每个输入的信息、编码一方面要挖掘出信息，另一方面要将信息进行合适的编码，两者缺一不可，关键在于如何在计算机上协调好并进行"好"的计算.

第三部分，我们从算法的角度来处理离散的有穷函数的信息、算法和编码问题，讲述算法信息熵是如何定义的.不同于前面处理离散函数、连续函数的两个部分，这里考察有穷字符串是如何处理、计算信息的，介绍了 Kolmogorov 复杂性、前缀复杂性的定义.最后还讲解了算法熵是不可计算的.

第四部分我们处理离散的有穷函数的信息、算法和编码问题在通信领域的具体应用，讲述的是传统的香农信息论.它共分十章，分别介绍信息论的基本概念——各种熵、互信息、信道容量等的定义，给出了信源编码的方法，介绍了信道编码的原理，讲解了多种信道编码——分组码、循环码、卷积码、汉明码、BCH 码……及这些编码所需的相关的代数知识.关于有限域知识，我们几乎对每个定义、每个定理都做了解读，主要是从信息的角度去挖掘数学概念背后隐藏的本质的结构信息.希望部分读者不再惧怕数学，能够明白数学其实是有操作性的，每个数学概念、定理后面都有一条主线，抓住它，您就会喜欢上数学.

这部教材在酝酿过程中，得到多位老师的帮助和指点，在此我向丁德成老师、喻良老师等等表示衷心感谢.这部教材的出版更离不开系领导班子在课程设置和出版资金上的大力支持，尤其离不开朱晓胜老师、邓卫兵老师的鼎力支持，在此表示衷心的感谢.编者特别感谢南京大学出版社杨博、王南雁等编辑和工作人员对本书出版所付出的辛勤劳动.

本教材参考了不少中外著名图书，例如[NC][KW][fj][zxl]……在此一并谢过.另外参考文献均按照作者名、年代、著作名或文章名、出版社或杂志社、文章页码设置特定的缩略词，以方便读者查找.

本书力图能建立信息、算法、编码三者间的联系并加以阐述，本人的愿望就是希望本书能起一个抛砖引玉的作用.但本人水平有限，还望各位专家、读者批评指正.

陆　宏

2018 年 10 月

目录 | Contents

第四部分　信息论

第一部分

信息、算法与编码在数理逻辑中

什么是信息？
到底什么是正确的信息？

“把一根旋转的铁棍穿过一个篮球，您获得什么信息?”

“把一根旋转的铁棍穿过一个篮球，篮球外表面爬行的蚂蚁先后看到两根竖立的铁棍，想当然地认为是不一样的两根铁棍，但其实在三维空间中的我们看来，两边的铁棍其实就是一根.二维平面的蚂蚁同一时刻看不到篮球两端的东西，所以会看错；同理，三维空间的我们看不出篮球内的铁棍到底是怎么状态互反的(当我们能内视篮球内的状态，就是四维了)，所以总是在问:这两个东西到底是怎么回事？其实呢，我们知道它们就是一个东西.就好像篮球上面的铁棍，蚂蚁站在上面看到这边的铁棍逆时针转，站在下面就看到铁棍顺时针转；这根顺时针、那根就逆时针转，这边一停，那边也立马停下，盯着看了老半天，每次都这样，没有一次例外，惊呼:太奇妙了！我发现两根铁棍是纠缠不清的!”

我们以上面这段话作为开始也将作为结束，这就是令人难以捉摸的信息. 打个比方，信息就像风一样，很难捉摸.获取事物的信息、编码、解码或破译密码作为一门数学科学，需要尖锐而深邃的数学能力、良好的心理素质，两者是一样必要又重要的，犹如一对飞翔的翅膀，缺一不可.获取事物的信息、编码、解码或破译密码常常是反科学、反人性的.说到底，它常常玩的是躲猫猫的游戏，是场博弈.编码和解码常常是分析师和破译师的关系，就像文字和文章的关系，你要写文章，首先必须认识足够的文字.分析师是教字的，破译师是识字的……风是看不见的，获取事物的信息、编码、解码或破译密码就是看见了风.请大家思考什么才是恰当的信息的定义，如何获取正确的信息，我们常规的获取信息的方式正确吗？我们的策略是否完美？是否还有问题是我们忽略的、是我们忘记考虑的？请大家思考如何解决这些问题.

§0.1　数理逻辑简介

我们这部教材着重阐述如何研究信息，信息如何量化，信息如何传递，信息如何编码等等.而数理逻辑或称符号逻辑、理论逻辑，是数学中的一个基础分支，是一门用数学方法研究逻辑或形式逻辑的学科，其研究对象是对证明和计算这两个直观概念进行符号化以后的形式系统.数理逻辑是数学的基础.信息与数理逻辑，这两者间表面上看似乎毫无联系，但它们均属于信息科学，我们通过对数理逻辑的研究，揭示信息的传递和编码的实质，讲述在数学中如何进行信息的传递和编码，而编码就涉及算法，涉及如何计算，从而为信息论的研究提供更多的数学工具和方法.

由于多数数学系学生只在离散数学课程中接触过一点命题演算和谓词演算，所以我们先简单介绍一点数理逻辑.所谓数学方法就是指数学采用的一般方法、符号化和形式化，特别是使用形式化的公理方法.这种系统思想可以追溯到莱布尼茨，之后经典的传统逻辑变得更为精确、更便于演算.简而言之，数理逻辑就是精确化、数学化的形式逻辑.它是现代数学和计算机技术的基础.用数学的方法研究关于推理、证明等问题的学科就叫作数理逻辑.

一、数理逻辑简介与悖论

数理逻辑的最基础部分知识就是“命题演算”和“谓词演算”，这是离散数学中已经介绍过的.这部分工作源于上面讲过的形式化的要求和悖论的产生.数理逻辑这门学科建立以后，发展比较迅速，促进它发展的因素也是多方面的.比如，非欧几何的建立，促使人们去研究非欧几何和欧氏几何的无矛盾性.集合论的产生是近代数学发展的重大事件，即数学史上的第三次大危机.这次危机源于集合论悖论的产生.悖论就是逻辑矛盾.集合论本来是论证很严格的一个分支，被公认为是数学的基础，但在1903年，英国唯心主义哲学家、逻辑学家、数学家罗素却对集合论提出了以他名字命名的“罗素悖论”，这个悖论的提出几乎动摇了整个数学基础.

罗素悖论中有许多例子，其中一个很通俗也很有名的例子就是“理发师悖论”：有个小岛上有一位理发师，有一天他宣布：他只给小岛上不自己刮胡子的人刮胡子.那么就产生了一个问题：理发师究竟给不给自己刮胡子？如果他给自己刮胡子，他就是自己刮胡子的人，按照他的原则，他又不该给自己刮胡子；如果他不给自己刮胡子，按照他的原则，他又应该给自己刮胡子.这就产生了矛盾.

这个悖论用逻辑符号写出来就是，$A=\{A:A\notin A\}$. 我们容易推导出 $A\in A$ 当且仅当 $A\in A$. 这是数学家不能容忍的.

为什么会出现这种现象呢？这与集合的直觉定义有关.中学数学课本给出的模糊的集合定义为：所有满足某种性质 φ 的对象的全体为一个集合.写成数理逻辑公理(Comprehension 公理)就是：如果 φ 是一性质，则存在一个集合 $Y=\{x:\varphi(x)\}$. 但这是错误的，罗素悖论就是其反例.

悖论的提出，促使许多数学家去研究集合论的无矛盾性问题，从而产生了数理逻辑的一个重要分支——公理集合论.我们在此列举 ZFC 公理系统，你会很惊讶地看到，我们平时认为对的很多东西竟然都是公理，并非绝对的.

1. 外延(extensionality)公理：如果 X 和 Y 有相同元素，则 $X=Y$.

2. 配对(pairing)公理：对任何 a,b，存在一个集合 $\{a,b\}$，恰好含有元素 a,b.

3. 分离(separation)公理：如果 φ 是一性质，则对于任何集合 X 和参数 p，存在一个集合 $Y=\{u\in X:\varphi(u,p)\}$，它包含所有具备此性质的 X 中的元素 u. 这条修改过的公理解决了罗素悖论.

4. 并集(union)公理：对任何 X，存在一个集合 $Y=\bigcup X$，即 X 中所有元素的并.

5. 幂集(power set)公理：对任何 X，存在一个集合 $Y=P(X)$，X 的所有子集合形成的集合.

6. 无穷(infinity)公理：存在无穷集合.

7. 替换(replacement)公理：如果 F 是一个函数，则对任何集合 X，存在一个集合 $Y=F[X]=\{F(x):x\in X\}$.

8. 正则(regularity)公理：每个非空集合有一个$\in$关系最小元素.

9. 选择(choice)公理：每个非空集合类，有一个选择函数.

从此数学基础就建立在 ZFC 公理系统之上了.(非欧几何的产生和集合论的悖论的发

现，说明数学本身还存在许多问题，为了研究数学系统的无矛盾性问题，需要以数学理论体系的概念、命题、证明等作为研究对象，研究数学系统的逻辑结构和证明的规律，这样又产生了数理逻辑的另一个分支——证明论.数理逻辑同时期还发展了许多别的分支，如递归论、模型论等，它们看似不同学科，但在更高的层次上看却完全是互补的、相同的、思想一致的.递归论主要研究可计算性的理论，它和计算机的发展和应用有密切的关系.模型论主要是研究形式系统和数学模型之间的关系.数理逻辑近年来发展特别迅速，主要原因是这门学科对于数学其他分支如数论、代数、拓扑学等的发展有重大的影响，特别是对计算机科学的发展起了推动作用.总之，这门学科的重要性已经十分明显.）

我们现在来看公理化集合论中一个特别的定理：

定理 0.1.1　设 κ 为一个正则(regular)基数，$\lambda > \kappa$ 是一个不可达(inaccessible)基数，则存在一个 forcing$(P, <)$使得：

(a) 对于每个满足 $\kappa \leqslant \alpha < \lambda$ 的 α，其基数为 κ（在 $\mathfrak{M}[G]$ 中）；

(b) 对于每个 $\leqslant \kappa$ 或 $\geqslant \lambda$ 的基数，基数仍然是原来的基数(在 $\mathfrak{M}[G]$ 中).

这种现象称为基数的坍塌(collapse)，非常奇怪的结果，α 明明大于 κ，怎么可能其基数却又等于 κ.有点数学基础的人都知道，强信息量的概念或事物易于推导出弱信息量的事物.而在这里，明明 α 的信息量要大于 κ，可现在却是等于 κ 的信息量.那为什么出现这种现象？

当我在学习集合论时，我很迷茫！但我的老师跟我说，你既要站在模型的里面看，你又要站在模型的外面看.

这个定理表明，从不同的角度观察问题，即分别从事物的外面、里面看，信息量是不一样的.这多少有点像量子力学中的不可测定理，一旦观察者进入测量，观察者就进入了舞台，就影响了试验，改变了试验的结果.换个角度看，这表明信息量是相对的，或许根本没有绝对的方法去寻求信息.后面我们会告诉你，这是事实，对于很多我们喜欢的事物，确实如此，我要告诉你，你找不到绝对的通用的方法.失望之后，我们依旧追求着我们所喜欢的，因为它们真的很精彩.

为了更容易地理解坍塌，我们给了一个不太准确的比方，二维平面上每个向量均可以用基向量 $\boldsymbol{i}=(1,0)$ 和 $\boldsymbol{j}=(0,1)$ 表示.从整个平面看，每个向量都是二维的，但从 X 轴看去，却好像是一维的.

注意：我们要关注集合论中的坍塌现象、信息的坍塌现象、量子力学三者之间的联系！信息的特征并不是那么容易把握！

二、递归论简述

由于集合论对于绝大多数学生来讲过于艰涩，我们下面通过研究数理逻辑另外一个与计算机有着千丝万缕联系、不可分割的分支——递归论来研究在数学中如何处理信息，同时也使大家了解计算机处理信息的基本原理.

递归论(recursion theory)，数理逻辑的重要分支之一，研究解决问题的可行的计算方法和计算的复杂程度的一门学科.这种计算方法又称算法.算法是个古老的数学概念.16 世纪 R.笛卡尔创造的解析几何就是用代数来解决几何问题的一种典型的算法.但数学中有一些问题长期找不到解决的算法.20 世纪 30 年代 K.哥德尔做出重大贡献，提出了算法的一种精确定义.算法，实际上就是找到一种可以计算的信息，可以量化的信息，可以传递的信息.

S.C.克林据此定义了递归函数.与此同时，A.M. 图灵用图灵机(一种理论计算机)来描述算法，并且证明图灵可计算的函数与递归函数等价.图灵机使人们普遍接受了关于算法的丘奇论题:递归函数是可计算函数的精确的数学描述.

递归函数是用数理逻辑的方法定义在自然数集上的可计算函数.如果自然数的一个 n 元集的特征函数是递归函数，就称这个集合为递归集，一个递归函数的值域，称为递归可枚举集.递归集就是算法可判定的集合.递归集都是递归可枚举的，但是存在不是递归集的递归可枚举的集合.递归论的研究使人们把一些长期未解决的问题化为非递归的递归可枚举集，从而严格证明了不存在判定这些问题的算法，这些问题称为不可判定的.递归论进一步研究不可判定性，也就是非递归的递归可枚举集之间的复杂程度问题.

1944 年 E.L.波斯特提出不可解度的概念，又给出了相对可计算性的构造方法.这就使人们开始对不可解度进行比较，并研究不可解度的代数结构.这方面出现了有穷损害优先方法、无穷损害优先方法等多种有力的研究手段，出现了许多有趣的研究成果.对可计算的递归集，也可以研究其计算的复杂性，考虑图灵机上计算的时间、空间，就得到计算时间的长短计算所占空间的多少这两个复杂性.计算复杂性的研究对计算机科学的发展有很大影响和作用.

递归论也叫可计算性理论(computability theory).递归论标准读物就是 Soare 的 *Recursively Enumerable Sets and Degrees*.之前最好看一些数理逻辑的入门教材.例如: Davis 的 *Computability and Unsolvability*，或者 Cutland 的 *Computability*.否则一进来就是图灵(Turing)论题、丘奇(Church)论题，可能就会觉得特玄乎.现在递归论发展似乎到瓶颈了，纯递归论好像是越来越难做了，简单的东西都做完了，剩下的都是硬骨头.所以现在很多做这方面的人都在试图将递归论应用到其他领域，有代数(computable algebra)，组合数学(peano arithmetic)，分析和拓扑(computable topology and computable analysis)，模型论(effective model theory)，能行数学(effective mathematics)，解决很多经典数学中的问题是否可以有效(effective).它还可以应用到计算复杂性中去，这算比较多的，现在搞复杂性的一些专家就是从递归论出身的.现在应用的比较成功的、比较热门的是和随机性的结合，即算法信息论，也叫描述复杂性.芝加哥大学的 Soare 主页上有 Downey 的一本写这个的书，可以下载的.据说有人利用递归论成功地解决了黎曼(Riemann)几何中的问题，最终结果看不出任何递归论的痕迹.

递归论理论起源自哥德尔、丘奇、图灵、克林和 Emil Post 在 20 世纪 30 年代的工作.他们获得的基本结果建立了图灵可计算性.通过能行计算的严格定义得到在数学中有些问题是不可有效判定的的最初证明.丘奇和图灵独立地证明了停机问题不能能行判定，而 Post 证明了在 Thue 系统中确定一个字符串是否有规范形式(类似于在 λ 演算中一个项是否有规则形式)是不可判定的.

不可解度结构的研究，包括图灵度、多一度及类似的结构，是这个领域的重要部分.图灵度的研究发起自 Kleen 和 Post.大量的可计算性理论中的研究已经投入图灵度的性质的研究中.开始于 20 世纪 70 年代，图灵度的研究焦点已经从局部结构性质转移到全局性质，比如图灵度的自同构(automorphism) 和 $0'$的可定义性.

在 20 世纪 30 年代确定了最初的例子之后，很多数学问题已经被证实是不可判定的. Novikov 和 Bone 在 20 世纪 50 年代证实，给出在一个有限出现群中的一个字，没有有效的过程来判定这个字所表示的元素是否是这个群的单位元素.这个结果被用来证实很多其他问题是不可判定的,比如两个有限单形(simplicial complex)是否表现同胚空间的问题.在1970年,Yuri Matiyasevich对希尔伯特第十问题*给出了否定答案,这个否定解答是对Martin Davis、Hilary Putnam和Julia Robinson在1961年给出的部分解答的巩固.

递归论包括可计算性一般概念的研究,比如超算术度(hyper arithmetic degrees)、α-递归论和可构造度(constructibility degrees).

刚刚提到的递归论标准读物,Soare的*Recursively Enumerable Sets and Degrees*,见[So].该读物难度较大,但其中讲解了人类研究、构造无穷事物的方法或算法,最难的是$0'''$-方法即无穷损害方法,虽然有无穷次损害,但终有一个策略使我们能够无穷次逼近真路径.它与集合论类似,研究的是无穷概念,这种方法显示了人类在追寻无穷信息时采取的无穷损害方法、策略,难度非常大.由于人类思维的局限性,$0''''$-方法迄今尚未发现.

三、可计算性理论研究方向

简单地说,递归论就是研究一个问题是否能用算法来解决.但递归论并不研究"如果一个问题能用算法解决,那么这个算法是怎样产生的".递归论首先定义了"图灵机——纯符号运算体系",接着证明了"不可计算性"的存在——世界上存在着算法不能解决的问题,"不可计算"代表了纯符号体系的局限性、人类认识世界的局限性.

递归论只关心一个问题是否"可计算",并没深入研究"算法本身".对算法本身是如何产生的这一命题"仅仅停留在图灵机编号"层次上.而且那些"不去解决任何问题""永远无法停机的死循环"的"图灵机编号"更是直接被忽略了,好像是它们根本就不存在——至少不认为它们是"算法".

另外,递归论的基础是"图灵机",但图灵机的基础却不仅仅是"集合"——实际上集合无法独立"运行",所以图灵机还要基于"某种机械或电磁"的"力量"才能运行(把图灵机想象成某种机器).

通俗地说,递归论主要有这几个问题:

1. 什么是可计算性函数? 怎么定义?
2. 什么是算法? 什么是能行的?
3. 如何判断函数的计算难易程度?

所以,有些函数是可以编码的、可以在计算机上运行的,其信息是可以传递的.

* 是否存在有效的过程来判定具有限多个有理数变量的丢番图方程是否存在有理数解.

第一章　可计算性函数

§1.1　算法和能行过程的直观含义(非数学定义)

计算机的主要功能就是能算，首要关心的就是能不能算、如何算.能算，就表明能获得信息，以某种方式获得信息.算法就是获得信息的过程.那么什么是算法呢？什么是能行过程？

＋，－，×，÷是最简单的算法和能行过程.算法也叫能行方法或能行过程，是一个相当古老的概念，其历史最早可以上溯到古希腊时代.

中国的祖冲之计算圆周率的算法也必定是能行的，他的算法记录在《缀术》中，可惜失传了.现在保存完整的《九章算术》，是中国古代第一部数学专著，大概成书于公元一世纪.《九章算术》专注于讲解算法，不注重推理证明.一般是先提出几个同类型的具体的问题，然后给出结果，给出计算过程.举个例子，开平方运算在《九章算术》是这样运算的：

开方术曰："置积为实，借一算，步之，超一等.议所得，以一乘所借一算为法而以除.除已，倍法为定法.其复除，折法而下.复置借算步之如初.以复议一乘之，所得副，以加定法，以除.以所得副从定法，复除折下如前."

例 1.1.1　$n=7\,569$，求 $\sqrt{n}$. 其算法如下：

(1) 可将 n 分解为 $n=n_1+100n_2$，即 $7\,569=69+75\times100$，则整数平方根可分解为 $s=s_1+10s_2$，余数为 $r=n-s^2$；

(2) 计算 $s_2=\max\{s\in\mathbb{Z}\mid s^2\leqslant75\}=8$，$r_2=n_2-s_2^2=75-64=11$；

(3) 再计算 $s_1=\max\{s\in\mathbb{Z}\mid(20s_2+s)s\leqslant100r_2+n_1\}=7$，$r_1=(100r_2+n_1)-(20s_2+s_1)s_1=(11\times100+69)-(20\times8+7)\times7=1\,169-1\,169=0$；

(4) 得 $s=s_1+10s_2=87$，$r=0$. 即 $7\,659=87^2+0$.

从《九章算术》的这个例子我们可以看出，这些是自动运行的方法，它们可以机械运行.因此我们可以得到结论：在直觉上，算法或能行方法，就是一种机械规则，或是一种自动运行的方法，或是一种能执行某种数学运算的程序.我们在中小学学过的所有数学运算其实都是能行运算的，简称能行的，例如求第 n 个质数、求两个正整数 x，y 的最大公因数、判断是否 $x\mid y$…… 在德国海德堡的一个博物馆里，有一台世界上最早的计算机.输入一个数字，它会自动地输出另一个数字.这是算法的另外一个特点，即算法可以用黑箱非正式表示.输入一个物体，如一个数字，通过黑箱(如一台电脑，或一条被驯服的狗)，自动地给出一个输出.

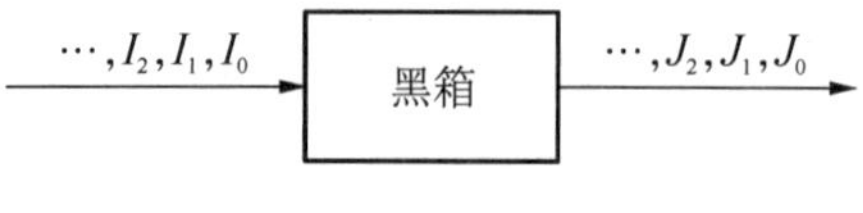

上面这些函数在直觉上都是可计算的.我们一般认为一个函数称为可计算函数，如果存在一种算法能够计算该函数.当然并非所有函数均为可计算函数.例如

$$g(n)=\begin{cases}1 & \text{若在 } \pi \text{ 的小数表示形式中恰好出现连续 } n \text{ 个 } 7 \\ 0 & \text{否则}\end{cases} \tag{1.1}$$

就是直觉上不可计算函数.我们不可能在事先知道 $g(n)=0$，除非我们在一位位查看 π 的小数表示形式时恰好发现存在连续 n 个 7.我们不知道对某个 n，我们会不会不得不一直找寻下去.所以从直觉上看 g 不可计算. 所以，可计算的事物，必有一个算法，必定能在有穷步内给出答案.

§1.2　计算机模型——无界存储机 URM

要研究算法，不可能只在直觉上研究，必须形式化给出定义.从现在开始，我们会接触很多种理论计算机，这些都是我们研究算法的基础、基石.这节我们来介绍无界存储机.1963 年，Shepherdson 与 Surgis 设计了无界存储机(the unlimited register machine，简称为 URM).

它是一个单向的带子，由无穷多个存储单元构成，记为 $R_1,R_2,R_3\cdots$. 每个存储单元在任意时刻只能存一个自然数.每个存储单元 R_n 中的数记为 r_n. 每个无界存储机均有一个程序.它根据输入依程序自动运行.程序由有穷条指令组成.

定义 1.2.1　指令种类：

(1) $Z(n)$ 称为零指令，用 0 替换 r_n；

(2) $S(n)$ 称为后继指令，用 r_n+1 替换 r_n；

(3) $T(m,n)$ 称为传递指令，用 r_m 替换 r_n；

(4) $J(m,n,q)$ 称为跃指令、条件转移指令，如果 $r_m=r_n$，则执行第 q 条指令，否则，进入下一条指令.

定义 1.2.2　$P=I_1I_2\cdots I_n$ 称为程序.程序的指令按照下标的次序执行，除非碰到跃指令 $J(m,n,q)$. 一旦遇到跃指令 $J(m,n,q)$ 且满足 $r_m=r_n$，则执行第 q 条指令，否则进入下一条命令.如果 $q>n$，则此时没有任何指令可以执行，机器停机.此时，将第一个存储单元中的内容作为输出.

例 1.2.1　程序 P 为 $I_1:S(1);I_2:S(1);I_3:Z(1);I_4:J(1,1,1)$. 如果在第一个存储单元 R_1 中的数据 $r_1=a$，我们就会看到下面的运行结果：

R_1	R_2	R_3	R_4	$\cdots$	下一条指令
a	0	0	0	$\cdots$	I_1
$a+1$	0	0	0	$\cdots$	I_2
$a+2$	0	0	0	$\cdots$	I_3
0	0	0	0	$\cdots$	I_4
0	0	0	0	$\cdots$	I_1
1	0	0	0	$\cdots$	I_2
2	0	0	0	$\cdots$	I_3
0	0	0	0	$\cdots$	I_4
0	0	0	0	$\cdots$	I_1
1	0	0	0	$\cdots$	I_2
2	0	0	0	$\cdots$	I_3
0	0	0	0	$\cdots$	I_4
$\vdots$					

这里出现了一个死循环！此时当第一个存储单元 R_1 中的数据 $r_1=a$ 时，程序 P 对它不可计算.

为了方便计算，我们引入一些符号以表示各种计算状态.

定义 1.2.3 符号规定：P 为一程序，$(a_1,a_2,a_3,\cdots)$ 为 $\mathbb{N}$ 中一个无穷序列.

(1) $P(a_1,a_2,a_3,\cdots)$ 表示程序 P 对输入 $(a_1,a_2,a_3,\cdots)$ 进行计算.

(2) $P(a_1,a_2,a_3,\cdots)\downarrow$ 表示计算 $P(a_1,a_2,a_3,\cdots)$ 最终停机.

(3) $P(a_1,a_2,a_3,\cdots)\uparrow$ 表示计算 $P(a_1,a_2,a_3,\cdots)$ 永不停机.

进一步规定：如果 $(a_1,a_2,a_3,\cdots,a_n)$ 为 $\mathbb{N}$ 中一个有穷序列.

(1) $P(a_1,a_2,a_3,\cdots,a_n)$ 表示 $P(a_1,a_2,a_3,\cdots,a_n,0,0,0,\cdots)$.

通常一个程序在开始运算时，变元 $\boldsymbol{x}=(a_1,a_2,a_3,\cdots,a_n)$ 中的数是依次放在存储单元 $R_1,R_2,\cdots,R_n$ 中的，然后用程序 P 对输入 $a_1,a_2,a_3,\cdots,a_n$ 进行运算.

(2) $P(a_1,a_2,a_3,\cdots,a_n)\downarrow$ 表示计算 $P(a_1,a_2,a_3,\cdots,a_n,0,0,0,\cdots)\downarrow$.

(3) $P(a_1,a_2,a_3,\cdots,a_n)\uparrow$ 表示计算 $P(a_1,a_2,a_3,\cdots,a_n,0,0,0,\cdots)\uparrow$ 永不停机.

例 1.2.2 程序由下面的指令组成

I_1：$J(1,2,6)$；I_2：$S(2)$；I_3：$S(3)$；I_4：$J(1,2,6)$；I_5：$J(1,1,2)$；I_6：$T(3,1)$

则运行结果如下：

R_1	R_2	R_3	R_4	$\cdots$	下一条指令
3	0	0	0	$\cdots$	I_1
3	0	0	0	$\cdots$	$I_2(r_1\neq r_2)$
3	1	0	0	$\cdots$	I_3
3	1	1	0	$\cdots$	I_4
3	1	1	0	$\cdots$	$I_5(r_1\neq r_2)$
3	1	1	0	$\cdots$	$I_2(r_1=r_2)$
3	2	1	0	$\cdots$	I_3
3	2	2	0	$\cdots$	I_4
3	2	2	0	$\cdots$	$I_5(r_1\neq r_2)$
3	2	2	0	$\cdots$	$I_2(r_1=r_2)$
3	3	2	0	$\cdots$	I_3
3	3	3	0	$\cdots$	I_4
3	3	3	0	$\cdots$	$I_6(r_1=r_2)$
3	3	3	0	$\cdots$	I_7(stop)

习题 1.2

在上例中，如果初始结构(initial configuration)为 9,4,2,0,2,…，请写出它的运行过程.

§1.3　URM-可计算性函数

定义 1.3.1　设 $f:\mathbb{N}^n \to \mathbb{N}$ 为部分(部分有定义)函数.

(a) $P(a_1,a_2,a_3,\cdots)\downarrow$ 收敛于 b,如果 $P(a_1,a_2,a_3,\cdots)\downarrow$ 且 $P(a_1,a_2,a_3,\cdots)$ 停机时,第一个存储单元 R_1 中的数为 b,记为 $P(a_1,a_2,a_3,\cdots)\downarrow b$;

(b) P 是 URM-可计算 f,如果 $\forall a_1,a_2,a_3,\cdots,a_n,b$ 有 $P(a_1,a_2,a_3,\cdots)\downarrow b$ 当且仅当 $(a_1,a_2,a_3,\cdots,a_n)\in dom(f)$ 且 $f(a_1,a_2,a_3,\cdots,a_n)=b$,记 P 计算的函数为 f_P,则它们的关系为

$$f_P(x_1,x_2,x_3,\cdots,x_n)=\begin{cases} y & 若\ P(x_1,x_2,x_3,\cdots,x_n)\downarrow y \\ \uparrow & 否则 \end{cases} \tag{1.2}$$

(**解读:**要注意的是,一个程序 P 可计算函数 f,指的是对 f 定义域中的数都是可计算的.对于 f 定义域外的数它是不用可计算的.)

(c) f 为 URM-可计算函数,如果存在一个程序 P,它可以 URM-可计算 f.

(**解读:**这段教材表明我们通常认为可计算的离散函数都可以编成一个程序,或者编成一个编码在计算机中运行,一个无穷函数的信息与编码的信息量是等价的.)

例 1.3.1　已知初始结构为(8,3),程序 P 为 I_1: $J(3,2,5)$;I_2: $S(1)$;I_3:$S(3)$;I_4: $J(1,1,1)$,求 $f_P(8,3)$.

解:模拟计算如下:

R_1	R_2	R_3	R_4	$\cdots$	下一条指令
8	3	0	0	$\cdots$	I_1
8	3	0	0	$\cdots$	I_2
9	3	0	0	$\cdots$	I_3
9	3	1	0	$\cdots$	I_4
9	3	1	0	$\cdots$	I_1
9	3	1	0	$\cdots$	I_2
10	3	1	0	$\cdots$	I_3
10	3	2	0	$\cdots$	I_4
10	3	2	0	$\cdots$	I_1
10	3	2	0	$\cdots$	I_2
11	3	2	0	$\cdots$	I_3
11	3	3	0	$\cdots$	I_4
11	3	3	0	$\cdots$	I_1
stop					

所以 $f_P(8,3)=11$.

程序 P 其实计算的是 $f_P(x,y)=x+y$.通过把 y 个 1 加到 x 上,就可得到 $x+y$,将 x,y 分别存储在 R_1,R_2 中,将 R_3 做成一个计数器.即

$$\begin{pmatrix} R_1 & R_2 & R_3 & R_4 & R_5 & \cdots \\ x+k & y & k & 0 & 0 & \cdots \end{pmatrix}$$

□

例 1.3.2

$$x \ominus 1=\begin{cases} x-1 & \text{若 } x>0 \\ 0 & \text{若 } x=0 \end{cases} \tag{1.3}$$

我们将 x 存储在 R_1 中,将 R_2 做成一个计数器. 即

$$\begin{pmatrix} R_1 & R_2 & R_3 & R_4 & R_5 & \cdots \\ x & k & k+1 & 0 & 0 & \cdots \end{pmatrix}$$

其程序为 I_1: $J(1,4,9)$;I_2: $S(3)$;I_3:$J(1,3,7)$;I_4: $S(2)$;I_5: $S(3)$;I_6: $J(1,1,3)$;I_7: $T(2,1)$.

例 1.3.3

$$f(x)=\begin{cases} \frac{1}{3}x & \text{若 } x \text{ 为 3 的倍数} \\ \uparrow & \text{否则} \end{cases} \tag{1.4}$$

我们将 x 存储在 R_1 中,将 R_3 做成一个计数器. 即

$$\begin{pmatrix} R_1 & R_2 & R_3 & R_4 & R_5 & \cdots \\ x & 3k & k & 0 & 0 & \cdots \end{pmatrix}$$

其程序为 I_1: $J(1,2,7)$;I_2: $S(3)$;I_3:$S(2)$;I_4: $S(2)$;I_5: $S(2)$;I_6: $J(1,1,1)$;I_7: $T(3,1)$.

例 1.3.4 $f(x,y)=xy$ 的程序为 I_1:$J(1,4,10)$;I_2:$J(2,5,10)$;I_3:$J(1,4,7)$;I_4:$S(3)$;I_5:$S(4)$;I_6:$J(1,1,3)$;I_7:$S(5)$;I_8:$Z(4)$;I_9:$J(1,1,2)$;I_{10}:$T(3,1)$.

习题 1.3

1. 设计程序证明下面的函数是可计算的.

(1)
$$f(x)=\begin{cases} 0 & \text{若 } x=0 \\ 1 & \text{若 } x\neq 0 \end{cases} \tag{1.5}$$

(2)
$$f(x)=5$$

(3)
$$f(x,y)=\begin{cases} 0 & \text{若 } x=y \\ 1 & \text{若 } x\neq y \end{cases} \tag{1.6}$$

(4)
$$f(x,y)=\begin{cases} 0 & \text{若 } x\leqslant y \\ 1 & \text{若 } x>y \end{cases} \tag{1.7}$$

(5)
$$f(x)=\begin{cases}\frac{1}{2}x & \text{若 } x \text{ 是偶数}\\ \uparrow & \text{否则}\end{cases} \tag{1.8}$$

(6)
$$f(x)=\left\lceil\frac{2x}{3}\right\rceil$$

2. 设 P 为程序,则 $f_P^{(2)}$ 是什么?(其中 2 表示有 2 个变量.)

3. 设 P 为一个没有任何跃命令的程序.证明存在数 m 使得要么 $\forall x\,[f_P^{(1)}(x)=m]$ 要么 $\forall x\,[f_P^{(1)}(x)=x+m]$.

§1.4　可判定谓词及可判定问题

在数学中,有一个共同的任务就是判断一个数是否具有一些性质.这可以用谓词来表述.例如,给定两个数 x,y,判断 x 是 y 的倍数.

数理逻辑最基本的形式系统又称一阶逻辑.一个可以回答真假的命题,不仅可以分析简单命题,还可以分析研究的个体、量词和谓词.个体表示某一个物体或元素,量词表示数量,谓词表示个体的一种属性.例如用 $P(x)$ 表示 x 是一个人,则 $P(y)$ 表示 y 是一个人,用 $Q(y)$ 表示 y 是无所不能的.这里 P、Q 是一元谓词,x,y 是个体,公式“$\exists x(P(x)\to Q(x))$”表示存在一个个体,如果他是人,则他都是无所不能的.公式“$\forall x(P(x)\wedge\neg Q(x))$”表示对于任何个体 x,x 是一个人而且 x 不是无所不能的.

什么是谓词?在原子命题中,用以刻画客体的性质或客体之间的关系即是谓词(predicate).例如:“猫是动物”一句中的“是动物”就是一个谓词,而“猫”是客体.“3 大于 2”中“大于”是一个谓词.例如用 $P(3,2)$就可以表示“3 大于 2”或“3 小于 2”等等.除了一元谓词,也可以有二元、三元,甚至多元谓词.事实上,数学中的关系、函数都可以看成谓词.例如 $x\leqslant y$ 可以看成二元谓词,$x+y=z$ 对应三元谓词.例如若用 $Q(x)$ 表示 x 是有理数,则公式 $\forall x\forall y(Q(x)\wedge Q(y)\wedge x<y\to\exists z(Q(z)\wedge x<z<y))$ 表示任意两个不相等的有理数之间一定存在另一个有理数,这是有理数的稠密性.

数理逻辑中的一个重要问题,它表现为寻求一个程序或者算法,能够对某类问题中的任何一个个体在有穷步骤内确定是否具有某一特定的性质.如果对某类问题已经获得算法,就说明这类问题是可判定的、可解的;否则,就是不可判定.从语义方面考虑,判定问题是要确定一公式是否常真,亦即是否普遍有效,或者可否满足;在语法方面,它是要确定某一公式是可证的,还是可否证的.

在数学系统里,C.H.朗格弗德于 1927 年证明了自然数的线性序理论的判定问题是可解的.1929 年,M. 普利斯贝格证明了自然数的加法理论的判定问题是可解的.50 年代初,A.塔尔斯基解决了初等几何理论的判定问题.1970 年,苏联学者 Ю.В. 马季亚谢维奇证明了 D.希尔伯特所提出的 23 个著名数学问题中的第 10 个问题是不可解的.希尔伯特第 10 个问题是指寻找一个算法,用它能确定一任给的整系数多项式方程 $p(x_1,\cdots,x_n)=0$ 是否有整数解.结果证明,这样的算法是不存在的.

从计算复杂性方面对可解的判定问题的研究证明，一些理论虽然原则上是可判定的，但它的判定程序（算法）所需的计算步数太大，以致在实践上是不可行的.例如，就可判定的自然数的加法理论来说，已经证明，对于该理论的每一判定算法，都有长度为 n 的语句，使得依据该算法判定此语句是否可证需要计算 2^{cn} 步（c 为 >0 的常数）.假如取 $n=10$，那么即使使用每秒运算一亿次的高速计算机作判定，也需要很多亿个世纪.一个重要的问题是：是否存在某些可判定的理论，而且其判定方法是快速的，在实践上是可行的.对于这个问题迄今未能做出肯定的或否定的回答.

设 $M(x_1,x_2,\cdots,x_n)$ 是一个 n 元谓词. 其特征函数 $C_M(x_1,x_2,\cdots,x_n)$ 为

$$C_M(x_1,x_2,\cdots,x_n)=\begin{cases}1 & \text{若} M(x_1,x_2,\cdots,x_n)\text{成立} \\ 0 & \text{否则}\end{cases} \tag{1.9}$$

定义 1.4.1 $M(x_1,x_2,\cdots,x_n)$ 可判定，如果 $C_M(x_1,x_2,\cdots,x_n)$ 可计算；类似的，$M(x_1,x_2,\cdots,x_n)$ 不可判定，如果 $C_M(x_1,x_2,\cdots,x_n)$ 不可计算.

例 1.4.1 （1）“$x\neq y$”可判定，其特征函数

$$f(x,y)=\begin{cases}1 & \text{若 } x\neq y \\ 0 & \text{否则}\end{cases} \tag{1.10}$$

（2）“$x=0$”可判定，其特征函数

$$g(x)=\begin{cases}1 & \text{若 } x=0 \\ 0 & \text{否则}\end{cases} \tag{1.11}$$

其程序为 $J(1,2,3)$；$J(1,1,4)$；$S(2)$；$T(2,1)$.

（3）“x 是 y 的倍数”可判定.

习题 1.4

1. 证明下面的谓词是可判定的：

（1）“$x<y$”；

（2）“$x\neq 3$”；

（3）“x 是偶数”.

第二章　生成可计算性函数

§2.1　生成可计算性函数

如何用已知的简单的可计算性函数生成其他可计算性函数？是否所有可计算性函数均可由简单的可计算性函数生成？

1. 处处有定义的函数叫作全函数，否则叫作半函数或部分函数.最简单、最基本的函数有三个，即

(1) 零函数，$O(x)=0$，其值恒为 0；

(2) 广义幺函数或射影函数 $U_i^n(x_1,x_2,\cdots,x_n)=x_i$；

(3) 后继函数，$S(x)=x+1$.

这三个函数的合称就叫作本原函数.本原函数是可计算性函数.事实上，这三个函数的程序分别为 $Z(1)$，$T(i,1)$和 $S(1)$.

2. 如何合并程序？设 P、Q 为两个程序，如何编写一个新程序，使它具有功能：先做 P 后做Q.这涉及一些技术问题.第一个问题：设 $P=I_1,I_2,\cdots,I_s$. 我们将 P 标准化，即将 P 中的所有跃指令 $J(m,n,q)$中 q 限制为$q\leqslant s+1$.

第二个问题就是考虑 Q 中的所有跃指令.Q 中的跃指令 $J(m,n,q)$可能要求跳回去执行 Q 中的第q 条指令，显然这应该是复合程序中的第 $s+q$ 条指令，因此须变为 $J(m,n,s+q)$.

因此 P、Q 合并程序应该通过以下的方式合并：先将 P，Q 标准化；将它们合并在一起，记为 PQ，同时将 Q 中的所有跃指令转变为$J(m,n,s+q)$.

3. 如何编写一个程序 Q 使得它可以调用子程序 P.关键在于找到一些存储单元，使得在程序 P 运行的过程中存储单元是不受计算影响的.因为 P 有穷，故存在一个最小的数 u，使得 u 以后的存储单元在 P 中未被叙述过，从而不被程序 P 的计算影响.记 u 为$\rho(P)$.

我们记 $P[l_1,l_2,\cdots,l_n\to l]$ 为下面的程序：

$T(l_1,1);T(l_2,2);\cdots;T(l_n,n);Z(n+1);\cdots;Z(\rho(P));P;T(1,l)$.

其意图为：任何一个程序在开始运算时，变元 $\boldsymbol{x}=(x_1,x_2,\cdots,x_n)$中的数依次放在存储单元 $R_{l_1},R_{l_2},\cdots,R_{l_n}$ 中，由于其他子程序在运算中可能会改变前 n 个存储单元中的数字，故我们首先得将 $\boldsymbol{x}=(x_1,x_2,\cdots,x_n)$从受保护的存储单元中的$R_{l_1},R_{l_2},\cdots,R_{l_n}$ 中传递到$R_1,\cdots,R_n$ 中，再将 $R_{n+1},\cdots,R_{\rho(P)}$ 清零；其次用程序 P 计算 $f(x)$，并将结果放在R_1 中；最后再将R_1 放在R_l 中并停机.

定理 2.1.1　(替换可计算定理)设 $f(y_1,\cdots,y_k)$，$g_1(\boldsymbol{x})$，$\cdots$，$g_k(\boldsymbol{x})$ 为可计算函数，其中 $\boldsymbol{x}=(x_1,x_2,\cdots,x_n)$，则 $h(\boldsymbol{x})=f(g_1(\boldsymbol{x}),g_2(\boldsymbol{x}),\cdots,g_k(\boldsymbol{x}))$ 可计算.

证明：设 $F,G_1,\cdots,G_k$ 分别为计算 $f,g_1,\cdots,g_k$ 的标准程序.现编写用于计算 h 的自然程序 H.令 $m=\max\{n,k,\rho(F),\rho(G_1),\rho(G_2),\cdots,\rho(G_k)\}$. 存储 $\boldsymbol{x}$ 于 $R_{m+1},\cdots,R_{m+n}$. 另外将

$R_{m+n+1},\cdots,R_{m+n+k}$ 用于存储 $g_1(\boldsymbol{x}),g_2(\boldsymbol{x}),\cdots,g_k(\boldsymbol{x})$.

程序 H 为

$T(1,m+1);\cdots;T(n,m+n)$;

$G_1[m+1,m+2,\cdots,m+n\to m+n+1]$;

$\vdots$

$G_k[m+1,m+2,\cdots,m+n\to m+n+k]$;

$F[m+n+1,\cdots,m+n+k\to 1]$ □

例 2.1.1 $f(x,y)=(x+y)^2$ 可计算.事实上,由例题1.3.1、1.3.4知加法 $x+y$、乘法 xy 可计算,故由替换定理知 $f(x,y)=(x+y)(x+y)$ 可计算.

下面我们来定义原始递归函数.

定义 2.1.1 已知函数 $f(x_1,x_2,\cdots,x_n),g(x_1,x_2,\cdots,x_n)$,下式

$$\begin{cases}h(x_1,x_2,\cdots,x_n,0)=f(x_1,x_2,\cdots,x_n)\\ h(x_1,x_2,\cdots,x_n,y+1)=g(x_1,x_2,\cdots,x_n,y,h(x_1,x_2,\cdots,x_n,y))\end{cases}\tag{2.1}$$

定义的函数 h 称为由 f,g 原始递归而得.这种模式称为原始递归模式.原始递归模式不要求 f,g 是全函数,只要求:

(1) $(x_1,x_2,\cdots,x_n)\in dom\ (h)\Leftrightarrow(x_1,x_2,\cdots,x_n)\in dom(f)$;

(2) $(x_1,x_2,\cdots,x_n,y+1)\in dom(h)\Leftrightarrow(x_1,x_2,\cdots,x_n)\in dom(f)$;

(3) 且 $(x_1,x_2,\cdots,x_n,y,h(x_1,x_2,\cdots,x_n,y))\in dom(g)$.

例 2.1.2 令 $f(x,y)=x+y$,则 $f(x,y)=x+y$ 可定义为

$$\begin{cases}f(x,0)=x\\ f(x,y+1)=f(x,y)+1\end{cases}\tag{2.2}$$

例 2.1.3 令 $g(x,y)=xy$,则 $g(x,y)=xy$ 可定义为

$$\begin{cases}g(x,0)=0\\ g(x,y+1)=g(x,y)+x\end{cases}\tag{2.3}$$

定理 2.1.2 (递归函数可计算定理)设 $f(\boldsymbol{x}),g(\boldsymbol{x},y,z)$ 为可计算函数,其中 $\boldsymbol{x}=(x_1,x_2,\cdots,x_n)$.则由 f,g 生成的递归函数 $h(\boldsymbol{x},y)$ 可计算.其中

$$\begin{cases}h(\boldsymbol{x},0)=f(\boldsymbol{x})\\ h(\boldsymbol{x},y+1)=g(\boldsymbol{x},y,h(\boldsymbol{x},y))\end{cases}\tag{2.4}$$

证明: 设 F,G 分别为用于计算 f,g 的具有标准形式的程序.现编写用于计算 h 的自然程序 H.令 $m=\max(n+2,k,\rho(F),\rho(G))$.存储 $\boldsymbol{x},y$ 于 $R_{m+1},\cdots,R_{m+n+1}$.它们之后的两个存储单元用于存储 k 和 $h(\boldsymbol{x},k)$,k 起记数作用,$k=1,2,\cdots,y$.令 $t=m+n$. 程序 H 为

$T(1,m+1);\cdots;T(n+1,m+n+1)$;

$F[1,2,\cdots,n\to t+3]$;

I_q: $J(t+2,t+1,p)$;

$G[m+1,m+2,\cdots,m+n,t+2,t+3\to t+3]$;

$S(t+2)$;

$J(1,1,q)$;

I_p: $T(t+3,1)$.

递归函数特点是:只有依次计算完 $h(u,0)$,$h(u,1)$,$h(u,2)$…之后,才能把任何一个 $h(u,x)$的值都算出来.

例 2.1.4　证明:$x!+(x+y)$可计算.

证明:

$$\begin{cases}0!=1\\(x+1)!=x!(x+1)\end{cases}\tag{2.5}$$

定理 2.1.3　下列函数是可计算的.(1) $x+y$;(2) xy;(3) x^y;(4) $x\ominus 1$;(5) $x\ominus y$;(6) $sg(x)$;(7) $|x-y|$;(8) $x!$;(9) $\min(x,y)$;(10) $\max(x,y)$;(11) $rm(x,y)=y$ 除以 x 的余数(为方便起见,我们规定 $rm(0,y)=y$);(12) $qt(x,y)=y$ 除以 x 的商(为方便起见,我们规定 $qt(0,y)=y$);

$$(13)\ div(x,y)=\begin{cases}1 & \text{如果 } x\mid y \text{ 成立}\\0 & \text{否则}\end{cases}\tag{2.6}$$

(为方便起见,我们规定 $0|0$,但是 0 不整除 y,如果 $y\neq 0$).

证明:(4)

$$\begin{cases}0\ominus 1=0\\(x+1)\ominus 1=x\end{cases}\tag{2.7}$$

(6)

$$\begin{cases}sg(0)=0\\sg(x+1)=1\end{cases}\tag{2.8}$$

(7) $|x-y|=(x\ominus y)+(y\ominus x)$

(9) $\min(x,y)=x\ominus(x\ominus y)$

(10) $\max(x,y)=x+(y\ominus x)$

(11) 我们想证明 $rm(x,y)=y$ 除以 x 时的余数可计算,我们有

$$rm(x,y+1)=\begin{cases}rm(x,y)+1 & rm(x,y)+1\neq x\\0 & rm(x,y)+1=x\end{cases}\tag{2.9}$$

这就给出了下面的递归定义:

$$\begin{cases}rm(x,0)=0\\rm(x,y+1)=(rm(x,y)+1)sg(|x-(rm(x,y)+1)|)\end{cases}\tag{2.10}$$

第二个等式可以写成

$$rm(x,y+1)=g(x,rm(x,y))$$

其中 $g(x,z)=(z+1)sg(|x-(z+1)|)$ 且 g 是一个多次用替换运算计算的可计算函数.

(12) 我们想证明 $qt(x,y)=y$ 除以 x 时的商可计算,因为

$$qt(x,y+1)=\begin{cases}qt(x,y)+1 & rm(x,y)+1=x\\qt(x,y) & rm(x,y)+1\neq x\end{cases}\tag{2.11}$$

我们有下面的递归表达式

$$\begin{cases} qt(x,0)=0 \\ qt(x,y+1)=qt(x,y)+\overline{sg}(|x-(rm(x,y)+1)|) \end{cases} \tag{2.12}$$

(13)

$$div(x,y)=\begin{cases} 1 & \text{如果 } x \mid y \text{ 成立} \\ 0 & \text{否则} \end{cases} \tag{2.13}$$

可计算,因为 $div(x,y)=\overline{sg}(rm(x,y))$. □

例 2.1.5 令 $\pi(x,y)=2^x\times 3^y$,证明 π 为可计算的双射,且函数 π_1,π_2 满足 $\pi(\pi_1(z),\pi_2(z))=z$ 是可计算的.

证明: F,G,H,I 分别为用于计算 qt,div,乘方,$\ominus$ 运算的标准程序.现编写用于计算 π_1,π_2 的程序,即 $\forall z$ 要找到 $\pi_1(z),\pi_2(z)$ 使得 $\pi(\pi_1(z),\pi_2(z))=z$.令 $m=\max(n+2,k,\rho(F),\rho(G),\rho(H),\rho(I))$. 存储 $z,k,2,2^k,z/2^k,l,3,3^l,(z/2^k)/3^l,1$ 分别于 $R_{m+1},\cdots,R_{m+10}$. 其中用于存储 k 和 l 的两个存储单元起记数作用. 程序为

$S(m+10)$	在第 $m+10$ 个存储单元中放入 1
$T(1,m+1)$	在第 $m+1$ 个存储单元中放入 z
$S(m+3);S(m+3)$	在第 $m+3$ 个存储单元中放入 2
$S(m+7);S(m+7);S(m+7)$	在第 $m+7$ 个存储单元中放入 3
$I_p:S(m+2)$	第 $m+2$ 个存储单元增加 1
$H[m+3,m+2\to m+4]$	在第 $m+2$ 个存储单元中放入 2^k
$G[m+4,m+1\to 1]$	计算是否 $2^k \mid z$
$J(1,m+10,p)$	
$I[m+2,m+10\to m+2]$	第 $m+2$ 个存储单元中减 1
$H[m+3,m+2\to m+4]$	在第 $m+4$ 个存储单元中放入 2^k
$F[m+4,m+1\to m+5]$	在第 $m+5$ 个存储单元中放入 $z/2^k$
$I_q:S(m+6)$	
$H[m+7,m+6\to m+8]$	
$G[m+8,m+5\to 1]$	
$J(1,m+10,q)$	
$F[m+8,m+5\to m+9]$	将 $(z/2^k)/3^l$ 放入第 $m+9$ 个存储单元中
$I[m+6,m+10\to 2]$	在第 2 个存储单元中放入 l
$T(m+2\to 1)$	在第 1 个存储单元中放入 k

□

例 2.1.6 令 $f(x)$ 定义如下:

$$\begin{cases} f(0)=1 \\ f(1)=2 \\ f(x+2)=f(x)+f(x+1) \end{cases} \tag{2.14}$$

$\{f(n)\}_{n\in\mathrm{N}}$ 为 Fibonacci 序列,而且它是可计算.

证明: 令 $g(x)=2^{f(x)}3^{f(x+1)}$,显然 $g(0)=2^{f(0)}3^{f(1)}=2^1 3^2=18=\pi(\pi_1(18),\pi_2(18))$ 且

$g(x+1)=2^{f(x+1)}3^{f(x+2)}=2^{\pi_2(g(x))}3^{\pi_1(g(x))+\pi_2(g(x))}$. 故它是可计算的. □

定理 2.1.4　设 $f_1(x),\cdots,f_k(x)$ 是可计算函数, $M_1(x),\cdots,M_k(x)$ 可判定, 而且 $\forall x\, M_1(x),\cdots,M_k(x)$ 恰好其中之一成立, 则下面的 g 可计算.

$$g(x)=\begin{cases} f_1(x) & \text{如果 } M_1(x) \text{ 成立} \\ f_2(x) & \text{如果 } M_2(x) \text{ 成立} \\ \vdots & \vdots \\ f_n(x) & \text{如果 } M_n(x) \text{ 成立} \end{cases} \tag{2.15}$$

定理 2.1.5　设 $M(x), Q(x)$ 可判定, 则"not $M(x)$""$M(x)$ and $Q(x)$""$M(x)$ or $Q(x)$"可判定.

4. 受囿算子

我们记 $\mu z<y(\cdots)$ 表示"最小的小于 y 的 z 满足…".我们定义

$$\begin{aligned} g(\boldsymbol{x},y) &= \mu z<y(f(\boldsymbol{x},z)=0) \\ &= \begin{cases} \text{最小的 } z<y & \text{s.t. } f(\boldsymbol{x},z)=0, \text{如果这种 } z \text{ 存在} \\ y & \text{否则} \end{cases} \end{aligned} \tag{2.16}$$

算子 $\mu z<y(\cdots)$ 称为受囿的极小化算子或受囿的 μ 算子.

定理 2.1.6　设 $f(\boldsymbol{x},y)$ 是全可计算的, 则 $g(\boldsymbol{x},y)=\mu z<y(f(\boldsymbol{x},z)=0)$ 也是.

5. 极小化算子 $\mu y(\cdots)$

$$\begin{aligned} &\mu y(f(\boldsymbol{x},y)=0) \\ &= \begin{cases} \text{最小的 } y \text{ 使得 } f(\boldsymbol{x},y)=0 \text{ 且 } f(\boldsymbol{x},z)\downarrow \text{ 对所有 } z\leqslant y & \text{如果这种 } y \text{ 存在} \\ \uparrow & \text{否则} \end{cases} \end{aligned} \tag{2.17}$$

定理 2.1.7　设 $f(\boldsymbol{x},y)$ 为全可计算函数, 则 $g(\boldsymbol{x})=\mu y(f(\boldsymbol{x},y)=0)$ 也是.

证明: 设 F 为用于计算 f 的具有标准形式的程序.现编写用于计算 g 的自然程序 G.令 $m=\max(n+1,\rho(F))$.我们存储 $\boldsymbol{x},k$ 于 $R_{m+1},\cdots,R_{m+n+1}$.程序 G 为

$T(1,m+1);\cdots;T(n,m+n)$;

I_p: $F[m+1,m+2,\cdots,m+n+1\to 1]$;

$J(1,m+n+2,q)$;

$S(m+n+1)$;

$J(1,1,p)$;

I_q: $T(m+n+1,1)$. □

例 2.1.7　如果 $f(x)$ 是单的全可计算函数, 则 $f^{-1}(y)$ 可计算.

证明: $f(x)$ 是单的、全的, 故 $f^{-1}(y)=\mu x(|f(x)-y|=0)$. □

习题 2.1

1. 不写程序, 分别证明下列函数可计算: (1) $m(x)=x\ (\forall x)$; (2) mx.
2. 如果 $f(x,y)$ 可计算, m 是任意一个自然数, 证明 $h(x)=f(x,m)$ 可计算.
3. 设 $g(x)$ 是一个全可计算函数, 证明谓词 $M(x,y)\equiv$"$g(x)=y$"可判定.

§2.2 原始递归函数

本段是讲原始递归函数类，我们将在后面阐述好的编码都是原始递归的.

定义 2.2.1 函数类的子类 P 满足以下条件：

(1) 基本函数属于 P；

(2) P 对替换和原始递归运算封闭，即如果 $f(y_1,y_2,\cdots,y_k),g_1(\boldsymbol{x}),g_2(\boldsymbol{x}),\cdots,g_k(\boldsymbol{x})\in P$，其中 $\boldsymbol{x}=(x_1,x_2,\cdots,x_n)$，则 $h(\boldsymbol{x})=f(g_1(\boldsymbol{x}),g_2(\boldsymbol{x}),\cdots,g_k(\boldsymbol{x}))\in P$；如果 $f(\boldsymbol{x}),g(\boldsymbol{x},y,z)\in P$，则

$$\begin{cases}h(\boldsymbol{x},0)=f(\boldsymbol{x})\\ h(\boldsymbol{x},y+1)=g(\boldsymbol{x},y,h(\boldsymbol{x},y))\end{cases}\tag{2.18}$$

属于 P，则称 P 为原始递归封闭类.

定义 2.2.2 最小原始封闭类 P_0 称为原始递归函数类.任一个函数 f，如果 $f\in P_0$，则称 f 为原始递归函数.

定义 2.2.3 有穷函数序列 $f_1,f_2,\cdots,f_k$ 满足下列条件：对每个 $f_i(1\leqslant i\leqslant n)$

(1) 或者 f_i 是基本函数之一；

(2) 或者由该序列位于它前面的一些函数，经代入或原始递归而得到；

(3) $f=f_k$.则称 $f_1,f_1,\cdots,f_k$ 为 f 的一个原始递归描述，k 称为描述的长度.

定理 2.2.1 (1) 函数 f 是原始递归的充要条件为存在 f 的原始递归描述.

(2) 函数 f 是原始递归的充要条件为 f 能从基本函数出发，经有穷次运用代入、原始递归而得.

(3) 原始递归函数类 P_0 是可数的.

定理 2.2.2 定理 2.1.3 中的函数都是原始递归的.

例 2.2.1 $[\mathrm{e}n]$是原始递归函数，其中$[\mathrm{e}n]$表示 e 与自然数 n 乘积的取整.

证明：

$$\begin{aligned}\mathrm{e}&=1+1+\frac{1}{2!}+\frac{1}{3!}+\cdots+\frac{1}{n!}+\cdots\\&=\frac{1}{n!}\left(n!+\frac{n!}{1!}+\frac{n!}{2!}+\cdots+\frac{n!}{n!}\right)\\&\quad+\frac{1}{n!}\left(\frac{1}{n+1}+\frac{1}{(n+1)(n+2)}+\cdots\right)\\&=\frac{1}{n!}s_n+R_n\end{aligned}$$

其中 $s_n=n!+\dfrac{n!}{1!}+\dfrac{n!}{2!}+\cdots+\dfrac{n!}{n!}$，$R_n=\dfrac{1}{n!}\left(\dfrac{1}{n+1}+\dfrac{1}{(n+1)(n+2)}+\cdots\right)$，所以

$$s_{n+1}=(n+1)!+\frac{(n+1)!}{1!}+\frac{(n+1)!}{2!}+\cdots+\frac{(n+1)!}{n!}+\frac{(n+1)!}{(n+1)!}$$

$$=(n+1)s_n+1$$

所以 s_n 可用原始递归定义：

$$\begin{cases}s_0=0\\ s_{n+1}=(n+1)s_n+1\end{cases}\tag{2.19}$$

又因为

$$\begin{aligned}R_n&=\frac{1}{n!}\left(\frac{1}{n+1}+\frac{1}{(n+1)(n+2)}+\cdots\right)\\&<\frac{1}{n!}\left(\frac{1}{2}+\frac{1}{2\cdot 2}+\frac{1}{2\cdot 2\cdot 2}+\cdots\right)\\&=\frac{1}{n!}\left(\frac{1}{2}+\frac{1}{2^2}+\frac{1}{2^3}+\cdots\right)=\frac{1}{n!}\end{aligned}$$

所以 $nR_n<n\cdot\frac{1}{n!}=\frac{1}{(n-1)!}$

从而

$$\mathrm{e}n=\frac{ns_n}{n!}+nR_n=\frac{s_n}{(n-1)!}+nR_n$$

而 $nR_n<\frac{1}{(n-1)!}$，所以

$$[\mathrm{e}n]=\left[\frac{s_n}{(n-1)!}+nR_n\right]=\left[\frac{s_n}{(n-1)!}\right]$$

因此

$$\begin{cases}[\mathrm{e}0]=0\\ [\mathrm{e}n]=\left[\dfrac{s_n}{(n-1)!}\right]\end{cases}$$

□

定义 2.2.4　如果谓词 $P(x_1,x_2,\cdots,x_n)$ 的特征函数 $C_P(x_1,x_2,\cdots,x_n)$ 是原始递归的，则称 P 是原始递归的.

命题 2.2.1　下列谓词是原始递归的：$x=y,x<y,x\leqslant y,x>y,x\geqslant y$.

证明：

(1) $C_=(x,y)=\overline{sg}(|x-y|)$

(2) $C_<(x,y)=\overline{sg}((x+1)\ominus y)$

(3) $C_\leqslant(x,y)=\max\{C_<(x,y),C_=(x,y)\}$

(4) $C_>(x,y)=\overline{sg}(C_\leqslant(x,y))$

(5) $C_\geqslant(x,y)=\overline{sg}(C_<(x,y))$

□

定理 2.2.3　下列函数是原始递归的.

(1) $D(x)=x$ 的因数的个数.

(2)

$$Pr(x)=\begin{cases}1 & \text{如果 } x \text{ 是素数}\\ 0 & \text{如果 } x \text{ 不是素数}\end{cases} \tag{2.20}$$

(3) p_x = 第 x 个素数.

证明:(1) $D(x)=\sum_{y\leqslant x} div(y,x)$

(2)

$$Pr(x)=\begin{cases}1 & \text{如果 } D(x)=2\\ 0 & \text{否则}\end{cases} \tag{2.21}$$

(3)

$$\begin{cases}p_0=0\\ p_{x+1}=\mu z\leqslant(p_x!\ +1)(z>p_x \text{ 且 } z \text{ 是素数})\end{cases} \tag{2.22}$$

□

例 2.2.2 令 $\pi(x,y)=2^x(2y+1)\ominus 1$ 是原始递归函数.因为 $\pi_1(n)=(n+1)_1$,$\pi_2(n)=\left[\dfrac{\left[\dfrac{n+1}{2^{\pi_1(n)}}\right]\ominus 1}{2}\right]$.

例 2.2.3 已知

$$f(x)=\begin{cases}3 & \text{若 } x\leqslant 3\\ x-1 & \text{若 } 3<x<8\\ x^2 & \text{若 } x=8\\ 2 & \text{若 } x>8\end{cases} \tag{2.23}$$

求证 f 原始递归.

证明: $f(x)=3\cdot sg(4\ominus x)+(x-1)\overline{sg}(4\ominus x)\cdot sg(x+1\ominus 8)+\overline{sg}(|x-8|)\cdot x^2+2\cdot sg(x+1\ominus 8)$

□

定理 2.2.4 如果 f_0,f_1,g 是原始递归函数,h 定义如下:

$$\begin{cases}h(x_1,\cdots,x_n,0)=f_0(x_1,\cdots,x_n)\\ h(x_1,\cdots,x_n,1)=f_1(x_1,\cdots,x_n)\\ h(x_1,\cdots,x_n,y+1)=g(x_1,\cdots,x_n,y,h(x_1,\cdots,x_n,y-1),h(x_1,\cdots,x_n,y))\end{cases} \tag{2.24}$$

则 h 是原始递归的.

证明:定义辅助函数 $G(x_1,x_2,\cdots,x_n,y,z)=\overline{sg}(|x-1|)f_1(x_1,\cdots,x_n)+sg(x\ominus 1)g(x_1,\cdots,x_n,y,(z)_y,(z)_{y+1})$.

则 G 是递归的.于是

$$\begin{cases}h(x_1,\cdots,x_n,0)=f_0(x_1,\cdots,x_n)\\ h(x_1,\cdots,x_n,y+1)=G(x_1,\cdots,x_n,y,h(x_1,\cdots,x_n,y))\end{cases} \tag{2.25}$$

可计算.

□

定理 2.2.5

$$\begin{cases} h(0,y)=f_1(y) \\ h(x+1,0)=f_2(x) \\ h(x+1,y+1)=g(x,y,h(x+1,y),h(x,y+1)) \end{cases} \tag{2.26}$$

其中 f_1,f_2,g 为全函数，则称 h 由 f_1,f_2,g 经二重递归定义而得到.上式称为二重递归式.如果 f_1,f_2,g 是原始递归函数，则 h 是原始递归函数.

证明:定义辅助函数 ψ 为

$$\begin{cases} \psi(0)=2^{h(0,0)}=2^{f_1(0)} \\ \psi(z+1)=2^{h(0,z+1)}\cdot(\prod_{1\leqslant i\leqslant z}p_{i+1}h(i,z+1-i))\cdot p_{z+2}h(z+1,0) \end{cases} \tag{2.27}$$

易见 $\psi(z+1)=2^{f_1(z+1)}\cdot(\prod_{1\leqslant i\leqslant z}p_{i+1}g(i-1,z-i,(z)_{i+1},(z)_i))\cdot p_{z+2}f_2(z)$

而 $h(x,y)=(\psi(x+y))_{x+1}$，故 h 是原始递归函数. □

最后我们谈一下 the Ackermann function $\psi(x,y)$.我们知道原始递归函数是由本原函数出发，经过有限次的叠置与原始递归式而作出的函数.由于本原函数是全函数且可计算，故原始递归函数也是全函数且可计算.原始递归函数所涉及的范围很广，在数论中所使用的数论函数全是原始递归函数.但是阿克曼却证明了存在一个不是原始递归的可计算的全函数.

$\psi(x,y)$定义如下：

$$\begin{cases} \psi(0,y)=y+1 \\ \psi(x+1,0)=\psi(x,1) \\ \psi(x+1,y+1)=\psi(x,\psi(x+1,y)) \end{cases} \tag{2.28}$$

该函数是可计算的，但它不可由递归、受囿、替换经本原函数得到，只能经极小化得到(证明略).

习题 2.2

1. 下列函数可计算：(1) $\sqrt{x}$；(2) $LCM(x,y)=x$ 与 y 的最小公倍数；(3) $HCF(x,y)=x$ 与 y 的最大公约数；(4) $f(x)=x$ 的素因子的数目.
2. 下列问题是可判定的.(1) x 是合数；(2) x 是一个素数的幂.
3. 设 $f(x)$是一个全单可计算函数，证明 f^{-1}可计算.
4. 证明下列函数可计算.

$$f(x,y)=\begin{cases} \dfrac{x}{y} & \text{如果 } y\neq 0 \text{ 且 } y\mid x \\ \uparrow & \text{否则} \end{cases} \tag{2.29}$$

5. 分别作出 $x\cdot y,x!\ x^y$ 的原始递归描述.
6. 用原始递归式计算 $r_m(3,8),r_m(4,8),qt(7,9),qt(4,12),[\sqrt{13}]$.
7. 求[e4].
8. 已知下面的函数 f，试写出它的原始递归表达式.

$$f(x)=\begin{cases}x+1 & 若\ x\leqslant 7\\ x-1 & 若\ 7<x\leqslant 12\\ 8-x & 若\ x>12\end{cases} \tag{2.30}$$

9. 用二重递归表达式定义 x,y 的最大公因式.

10. 证明原始递归函数是全函数.

11. 已知 $f(x,y)=((x+y)^2+y^2)+x$，求证存在两个原始递归函数 g,h，使得 $g(f(x,y))=x,h(f(x,y))=y$.

12. 用受囿算子证明函数 $\max(x,y),\min(x,y),f(x)=\left[\dfrac{x}{2}\right],f(x)=\sqrt{x}$ 都是原始递归的.

13. 令 $f(x)$表示$\sqrt{2}$的十进制展开表达式中第 x 位有效数字，证明 $f(x)$是原始递归的.

14. 把计算 $x+y,x\cdot y$ 的程序作子程序，编制计算$(x+y)\cdot z$ 的程序.

15. 已知 f,g 为全函数，下列是原始递归式：

$$\begin{cases}h(0,x_1,x_2,\cdots,x_n)=f(x_1,x_2,\cdots,x_n)\\ h(z+1,x_1,x_2,\cdots,x_n)=g(x_1,x_2,\cdots,x_n,z,h(z,x_1,x_2,\cdots,x_n))\end{cases} \tag{2.31}$$

试着证明至多存在一个全函数 $h(z,x_1,x_2,\cdots,x_n)$满足上述定义模式.

16. 不用编制程序，证明 $g(x)=\mu y\mid x-2y\mid$ 是可计算的，并求 $g(x)$的定义域.

第三章　丘奇论题

20 世纪 30 年代是计算模型研究取得突破性进展的时期，为后来（1945 年）第一台计算机的诞生作了理论上的准备.一大批知名数学家如哥德尔（K.Gödel）、丘奇（A.Church）、图灵（A.M.Turing）、波斯特（E.L.Post）等人在研究中陆续提出了一批计算模型，如递归函数、λ 演算、图灵机、波斯特系统等，并称这些模型方法是用算法方法解决问题的极限，意即凡是能用算法方法解决的问题，也一定能用这些计算模型解决；反之这些计算模型解决不了的问题，任何算法也解决不了.实际上，丘奇定义的 λ 函数（演算），哥德尔的递归函数，图灵的图灵机可计算函数等，它们在计算能力上都是等价的，但其中以图灵机模型最为直观.所以"能行可计算的函数"与用图灵可计算函数是一回事.图灵机在理论上的意义是证明了世界上有些问题不可能找到算法，在此之前人们总觉得：任何一个精确表述的数学问题，总可以通过有限步骤来判定它是对还是错，是有解还是没有解.丘林、克林、图灵都分别从不同的角度作出了回答，这是不可能的，最后哥德尔得出了在一个足够强的形式系统中一定是不完全的，揭示了用有限过程对付无穷是有局限性的.另外，图灵机简洁的构造和运行隐含了存储程序的原始思想，深刻地揭示了现代通用电子数字计算机最核心的内容.但是，图灵机的可计算性的研究只限于在自然数集.这满足不了现代数学计算的要求，我们应该怎样改进图灵机以拓展其功能，并如哥德尔数一样给出其标准模型？这正是逻辑学家和计算机学家要探讨的问题.

§3.1　图灵机

英国数学家 A.M.图灵于 1936 年提出的一种抽象自动机，用来定义可计算函数类.在数学上递归函数和 λ 可定义函数均等价于图灵机定义的可计算函数.图灵机能表示算法、程序和符号行的变换，因而可作为电子计算机的数学模型，也可用作控制算法的数学模型，在形式语言理论中还可用来研究短语结构语言（即递归可数语言）.20 世纪 40 年代以来，许多科学家根据图灵的构思提出了一系列抽象自动机，来研究神经网络和各种高级控制系统（如自适应、自学习、自组织、自繁殖等系统）.对图灵机的研究集中在两个方面：第一，研究图灵机所定义的语言类，该语言类称为递归可枚举集合.第二，研究图灵机所计算的函数类，该函数类称为部分递归函数.作为有效过程或算法的形式模型，图灵机的每个动作过程都应该是有穷可描述的.其次，每个过程应该由离散的步骤组成，每一步都能够机械地实现.图灵机有多种模型，如非确定型、多带多头型等，它们在计算能力上是等价的，且都是图灵机基本模型的变种.下面我们重点介绍图灵机的基本模型.图灵机是用机器来模拟人们用纸笔进行数学运算的过程.

一部图灵机是一个有穷装置，它在一条双向无限长的纸带上进行操作.纸带被划分为一个接一个的小格子(或 cell)，每个格子要么是空白要么含一个符号，它来自该图灵机的字母表 $s_0, s_1, s_2, \cdots, s_n$(有限字母表). B 表示空白，并记它为 s_0.

图灵机上有个读写头，该读写头可以在纸带上左右移动，它能读出当前所指的格子上的符号，并能改变当前格子上的符号.每次只读纸带上一个格子.

读写头上有一个状态寄存器，它用来保存图灵机当前所处的状态.图灵机的所有可能状态的数目是有限的，并且有一个特殊的状态，称为停机状态.通常状态集为$\{q_0, q_1, \cdots, q_m\}$.

每台图灵机均有一套控制规则，即程序，程序由有穷条指令组成.它根据当前机器所处的状态以及当前读写头所指的格子上的符号来确定读写头下一步的动作，并改变状态寄存器的值，令机器进入一个新的状态.注意这个机器的每一部分都是有限的，但它有一个潜在的无限长的纸带，因此这种机器只是一个理想的设备(图 3－1).

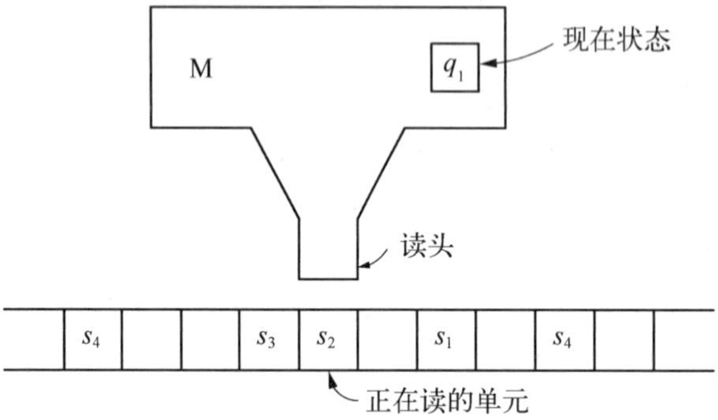

图 3－1　图灵机模型

图灵机有三种指令，形式为：

(1) $q_i s_j s_k q_l$ 表示如果状态为 q_i，读写头内容为 s_j，则图灵机将状态变为 q_l，并改写内容为 s_k.

(2) $q_i s_j R q_l$ 表示如果状态为 q_i，读写头内容为 s_j，则将状态变为 q_l，并右移一格.

(3) $q_i s_j L q_l$ 表示如果状态为 q_i，读写头内容为 s_j，则将状态变为 q_l，并左移一格.

例 3.1.1　设图灵机字母表为$\{0,1\}$，M 为一台图灵机，其状态集为$\{q_1, q_2\}$.程序为 $q_1 0 R q_1, q_1 1 0 q_2, q_2 0 R q_2, q_2 1 R q_1$.

设 M 上纸带的起始数据为…,0,…,0,1,1,1,…,1,….并设读写头指向第 1 个 1. 起始状态为 q_1.

运行此程序，可得结果为…,0,…,0,0,1,0,1,0,1,0,1,0,1,….

例 3.1.2　$x+y$ 可计算，其程序为 $q_1 1 B q_1, q_1 B R q_2, q_2 1 B q_3, q_2 B R q_2$.(**解读：**输入带上开始有 $x+y+2$ 个 1，程序的目的就是消除掉最左边的 2 个 1.因为图灵机输出只需要数带子上的 1 的个数.)

注意：图灵机与 URM 有很多不同：(1) 图灵机是双向无限长的纸带，URM 单向.(2) 图灵机的指令不分先后，根据状态和读写头内容在程序中寻找合适的指令执行，如果找不到能执行的指令就停机.而 URM 的指令分先后顺序.(3) 图灵机的每个格子只能存储有限字母表中的字母，而 URM 的存储单元却可以存放非常大的数字.(4) 图灵机的计算结果为纸带上 1 的个数减去 1. 而 URM 的结果放在第 1 个存储单元中……

图灵机(又称确定型图灵机)其更抽象的意义为一种数学逻辑机，可以看作等价于任何有限逻辑数学过程的终极强大逻辑机器.

§3.2 丘奇论题定义及应用

在哥德尔研究成果的影响下，20 世纪 30 年代后期，图灵从计算一个数的一般过程入手对计算的本质进行了研究，从而实现了对计算本质的真正认识.

根据图灵的研究，直观地说所谓计算就是计算者、人或机器对一条两端无限延长的纸带上的一串 0 和 1 执行指令，一步一步地改变纸带上的 0 或 1，经过有限步骤，最后得到一个满足预先规定的符号串的变换过程.图灵用形式化方法成功地表述了计算这一过程的本质.图灵的研究成果是哥德尔研究成果的进一步深化，该成果不仅再次表明了某些数学问题是不能用任何机械过程来解决的，而且还深刻地揭示了计算所具有的能行过程的本质特征.

图灵的描述是关于数值计算的，不过我们知道英文字母表的字母以及汉字均可以用数来表示.因此，图灵机同样可以处理非数值计算，不仅如此，更为重要的是，由数值和非数值、英文字母、汉字等组成的字符串既可以解释成数据又可以解释成程序，从而计算的每一过程都可以用字符串的形式进行编码，并存放在存储器中，以后使用时译码并由处理器执行.机器码结果可以从高级符号形式即程序设计语言机械地推导出来.

图灵的研究成果是，可计算性＝图灵可计算性.在关于可计算性问题的讨论时，不可避免地要提到一个与计算具有同等地位和意义的基本概念那就是算法.算法也称为能行方法或能行过程，是对解题计算过程的精确描述.它由一组定义明确且能机械执行的规则语句指令等组成.根据图灵的论点可以得到这样的结论：任一过程是能行的能够具体表现在一个算法中，当且仅当它能够被一台图灵机实现.图灵机与当时哥德尔、丘奇、波斯特等人提出的用于解决可计算问题的递归函数演算和 POST 规范系统等计算模型在计算能力上是等价的.在这一事实的基础上形成了现在著名的丘奇图灵论题.

图灵机等计算模型均是用来解决能行计算问题的理论上的能行性，这隐含着计算模型的正确性，而实际中实现的能行性还包含时间与空间的有效性.

丘奇论题：直觉上非形式定义的能行可计算函数类＝URM-可计算函数类.

例 3.2.1 P 为 URM-机，f 定义如下，试着用丘奇论题证明 f 可计算.

$$f(x,y,t)=\begin{cases}1 & \text{如果在计算 } P(x) \text{ 时用 } t \text{ 步或少于 } t \text{ 步就得到 } P(x)\downarrow y \\ 0 & \text{否则}\end{cases}$$

证明："对于任意的(x,y,t)，模仿计算 $P(x)$，并执行 t 步，除非该计算只用不到 t 步就已经停机.如果 $P(x)\downarrow y$ 只用了 t 步或不到 t 步就已停机，则令 $f(x,y,t)=1$.否则令 $f(x,y,t)=0$."显然模仿计算 $P(x)$至多 t 步是自动运行过程，它在有穷时间内完成.因此 f 是能行可计算的.故由丘奇论题知 f 是 URM-可计算的. □

例 3.2.2 f,g 一元可计算，h 定义如下，用丘奇论题证明 f 可计算.

$$h(x)=\begin{cases}1 & x\in dom(f) \text{ 或 } x\in dom(g)\\ \uparrow & \text{否则}\end{cases}$$

证明："对于任意的 x，同时运行计算 $f(x)$ 和 $g(x)$ 的程序，如果其中一个停机，则同时让这两个程序停止计算，则令 $h(x)=1$.否则继续计算下去."这一算法给出了 $h(x)=1$，如果 $f(x)$ 和 $g(x)$ 中有一个有意义；如果两个均无意义，它就会永远计算下去.由丘奇论题知 f 是 URM -可计算的. □

例 3.2.3 令 $f(n)=\pi$ 的小数形式中小数点之后的第 n 位小数，即 $f(0)=3,f(1)=1,f(2)=4,\cdots$，我们给出一个计算 $f(n)$ 的算法.

考虑计算 π 的 Hutton 序列

$$\pi=\frac{12}{5}\left\{1+\frac{2}{3}\left(\frac{1}{10}\right)+\frac{2\times 4}{3\times 5}\left(\frac{1}{10}\right)^2+\cdots\right\}+\frac{14}{25}\left\{1+\frac{2}{3}\left(\frac{1}{50}\right)+\frac{2\times 4}{3\times 5}\left(\frac{1}{50}\right)^2+\cdots\right\}$$
$$=\sum_{n=0}^{\infty}\frac{(n!\ 2^n)^2}{(2n+1)!}\left\{\frac{12}{5}\left(\frac{1}{10}\right)^n+\frac{14}{25}\left(\frac{1}{50}\right)^n\right\}=\sum_{n=0}^{\infty}h_n$$

设 $s_k=\sum_{n=0}^{k}h_n$，由无穷序列的初等理论知，

$$s_k<\pi<s_k+\frac{1}{10^k}$$

这里 s_k 是有理数，所以 s_k 的小数中任何一位可以能行地逼近.因此我们给出了 $f(n)$ 的算法.

证明："$\forall n$，找到第一个 $N\geqslant n+1$ 使得 $s_N=a_0.a_1a_2\cdots a_na_{n+1}\cdots a_N\cdots$ 中的数字 $a_{n+1},\cdots,a_N$ 不都等于 9(否则，π 将是一个有理数).令 $f(n)=a_n$，设 $a_m\neq 9$ 使得 $n<m\leqslant N$，所以 $s_N<\pi<s_N+\frac{1}{10^N}\leqslant s_N+\frac{1}{10^m}$，因此 $a_0.a_1a_2\cdots a_n\cdots a_m\cdots<\pi<a_0.a_1a_2\cdots a_n\cdots(a_m+1)\cdots$."由丘奇论题知 f 是 URM -可计算的. □

结论：可计算函数等价于其对应的每个程序，可以通过计算机实现计算，实现其信息.

例 3.2.4 证明下面的函数可计算.

$$f(x,y)=\begin{cases}1 & \text{如果 } x \text{ 是 } y \text{ 的倍数}\\ \uparrow & \text{否则}\end{cases}$$

证明：设 $H(x,y)$ 为计算两数相乘的具有标准形式的程序.现编写一用于计算 f 的自然程序.令 $m=\max\{2,\rho(H)\}$.对于任意输入 x,y，我们存储 x,y,k,ky 于 $R_{m+1},\cdots,R_{m+4}$.该程序为

$T(1,m+1);T(2,m+2)$;

I_p: $J(m+1,m+4,q)$;

$S(m+3)$;

$H[m+3,m+2\rightarrow m+4]$;

$J(1,1,p)$;

I_q: $Z(1)$;

$S(1)$. □

例 3.2.5　证明下面的函数 f 可计算.

$$f(x,y)=\begin{cases}\dfrac{x}{y} & 如果\ y\neq 0\ 且\ y\mid x\\ \uparrow & 否则\end{cases}$$

设 $H(x,y)$ 为计算 $x\times y$ 的标准程序.现编写程序计算 f.令 $m=\max\{3,\rho(H)\}$.对于任意的输入 x,y,我们存储 x,y,k,ky 于 $R_{m+1},\cdots,R_{m+4}$ 中.该程序为

$T(1,m+1)$;$T(2,m+2)$;

$J(2,3,1)$;

I_p: $J(m+1,m+4,q)$;

$S(m+3)$;

$H[m+3,m+2\rightarrow m+4]$;

$J(1,1,p)$;

I_q: $T(m+3,1)$. □

例 3.2.6　证明 $f(x)=\left[\dfrac{2x}{3}\right]$ 可计算.

设 $H(x,y)$ 为计算两数相乘的标准程序.现编写一程序用于计算函数 f.令 $m=\max\{2,\rho(H)\}$.对于任意的输入 x,我们分别存储 $2,3k,3k+1,3k+2,k,2x$ 于存储单元 $R_{m+1},\cdots,R_{m+6}$.该程序为

$S(m+1)$,$S(m+1)$;

I_p: $H[1,m+1\rightarrow m+6]$;

$J(m+2,m+6,q)$;

$J(m+3,m+6,q)$;

$J(m+4,m+6,q)$;

$S(m+5)$;$S(m+2)$,$S(m+2)$,$S(m+2)$;

$S(m+3)$,$S(m+3)$,$S(m+3)$;

$S(m+4)$,$S(m+4)$,$S(m+4)$;

$J(1,1,p)$;

I_q: $T(m+5,1)$. □

例 3.2.7　设 $f(\boldsymbol{x},y)$为全可计算函数,则 $g(\boldsymbol{x})=\mu y(f(\boldsymbol{x},y)=0)$也是.

证明:法一:"设 F 为计算 f 的程序,对于任意 $\boldsymbol{x}$,在第 0 步,开动计算机,对输入$(\boldsymbol{x},0)$运行程序 F 进行计算.以后凡是遇到这类情况,我们简称计算 $F(\boldsymbol{x},0)$.在第 t 步时,开动计算程序 F 计算 $F(\boldsymbol{x},t)$.每一步开动一部新计算机,在每步同时检查是否存在一个数 $m<t$,使得 $\forall k<m$,$F(\boldsymbol{x},k)$停机且不等于 0,而 $F(\boldsymbol{x},m)$停机却等于 0.若是则定义 $g(\boldsymbol{x})=m$;否则继续计算下去."由丘奇论题知 g 是 URM-可计算的.

法二:"在第 0 步,开动计算机,计算 $F(\boldsymbol{x},0)$直到停机,如果此时 $F(\boldsymbol{x},0)\downarrow=0$,则定义 $g(\boldsymbol{x})=0$,否则进入下一步;

开动计算机，计算 $F(\boldsymbol{x},1)$ 直到停机，如果此时 $F(\boldsymbol{x},1)\downarrow=0$，则定义 $g(\boldsymbol{x})=1$，否则进入下一步；

开动计算机，计算 $F(\boldsymbol{x},2)$ 直到停机，如果此时 $F(\boldsymbol{x},2)\downarrow=0$，则定义 $g(\boldsymbol{x})=2$，否则进入下一步……”由丘奇论题知 g 是 URM -可计算的. □

例 3.2.8 设 f 为一元全可计算函数，试用丘奇论题证明以下函数可计算.

$$g(x,y)=\begin{cases}1 & \text{如果 } x\in ran(f) \text{ 且 } y=\mu t(f(t)=0)\\ \uparrow & \text{否则}\end{cases}$$

证明:“设 F 为计算 f 的程序，对于任意输入 x,y，在第 0 步，开动计算机开始计算 $F(0)$.在第 t 步时，开动新计算机计算 $F(t)$.同时检查是否存在一个数 $m<t$，使得 $F(m)$ 在第 t 步已经停机且结果是 x，$F(y)$ 也已停机且结果也是 0，对于 $\forall t<y$ 满足 $F(t)$ 都已停机但结果都不是 0，若等到这样的结果，就定义 $g(x,y)=1$；否则继续计算下去.”由丘奇论题知 f 是 URM -可计算的. □

例 3.2.9 用丘奇论题证明替换可计算定理：如果 $f(y_1,y_2,\cdots,y_k)$，$g_1(\boldsymbol{x})$，$\cdots$，$g_k(\boldsymbol{x})$ 可计算，其中 $\boldsymbol{x}=(x_1,x_2,\cdots,x_n)$，则 $h(\boldsymbol{x})=f(g_1(\boldsymbol{x}),g_2(\boldsymbol{x}),\cdots,g_k(\boldsymbol{x}))$ 可计算.

证明:“设 $F,G_1,G_2,\cdots,G_k$ 分别为用于计算 $f,g_1,g_2,\cdots,g_k$ 的标准程序. 对任意输入 $\boldsymbol{x}=(x_1,\cdots,x_n)$，同时开动 k 台机器分别计算 $G_1(\boldsymbol{x}),\cdots,G_k(\boldsymbol{x})$.如果在某步时我们发现这 k 台机器均已停机（否则继续等待），不妨设它们的计算结果分别是 $a_1,\cdots,a_k$.再开动一台新机器计算 $F(a_1,a_2,\cdots,a_k)$，当该台机器停机时，将其值定义为 $h(\boldsymbol{x})$. 否则，继续等待.”由丘奇论题知 f 是 URM - 可计算的. □

例 3.2.10 丘奇论题证明递归函数可计算定理：设 $f(\boldsymbol{x})$，$g(\boldsymbol{x},y,z)$ 为可计算函数，其中 $\boldsymbol{x}=(x_1,x_2,\cdots,x_n)$. 则由 f,g 生成的递归函数 $h(\boldsymbol{x},y)$ 可计算.其中

$$\begin{cases}h(\boldsymbol{x},0)=f(\boldsymbol{x})\\ h(\boldsymbol{x},y+1)=g(\boldsymbol{x},y,h(\boldsymbol{x},y))\end{cases}\tag{3.1}$$

证明:“设 F,G 为用于计算 f,g 的标准程序.对于 $\forall\boldsymbol{x}=(x_1,x_2,\cdots,x_n)$，$y$，我们开动计算机计算 $F(\boldsymbol{x})$，当它停机时，我们令其结果为 $h(\boldsymbol{x},0)$（否则继续等待）.当 $h(\boldsymbol{x},0)$ 已经定义后，我们开动计算机计算 $G(\boldsymbol{x},0,h(\boldsymbol{x},0))$，直到该机器停机，否则继续计算下去，当它停机时，定义其结果为 $h(\boldsymbol{x},1)$；当 $h(\boldsymbol{x},1)$ 已经定义后，我们开动计算机计算 $G(\boldsymbol{x},1,h(\boldsymbol{x},1))$；当 $h(\boldsymbol{x},y-1)$ 已经定义后，我们开动计算机计算 $G(\boldsymbol{x},y-1,h(\boldsymbol{x},y-1))$ 直到该机器停机，否则继续计算下去，当它停机时，定义其结果为 $h(\boldsymbol{x},y)$.” 由丘奇论题知 f 是 URM -可计算的. □

习题 3.2

1. f,g 为 一元能行可计算函数，用丘奇论题证明以下的 h 可计算.

$$h(x)=\begin{cases}x & x\in dom(f) \text{ 且 } x\in dom(g)\\ \uparrow & \text{否则}\end{cases}\tag{3.2}$$

2. f 为一元全能行可计算函数，用丘奇论题证明以下的 h 可计算.

$$h(x)=\begin{cases}1 & x \in ran(f) \\ \uparrow & \text{否则}\end{cases} \tag{3.3}$$

3. 用丘奇论题给出阿克曼(Ackermann)函数是可计算的具体证明.

4. 存在谓词 $P(x_1,x_2,\cdots,x_n)$、算法 A：当 $P(x_1,x_2,\cdots,x_n)$ 成立时,A 计算输入 $x_1,x_2,\cdots,x_n$ 能得出 $P(x_1,x_2,\cdots,x_n)$ 的结果;当 $P(x_1,x_2,\cdots,x_n)$ 不成立时,A 计算输入 $x_1,x_2,\cdots,x_n$ 能得出谓词 $P(x_1,x_2,\cdots,x_n)$ 的反面结果,则称 P 是正定可计算的.

谓词 $P(x_1,x_2,\cdots,x_n)$ 正定可计算 $\Leftrightarrow \exists$ 可计算谓词 $Q(x_1,x_2,\cdots,x_n)$ 使得 $P(x_1,x_2,\cdots,x_n) \leftrightarrow \exists y\, Q(x_1,x_2,\cdots,x_n,y)$.

5. 设 f 为全可计算函数,试用丘奇论题证明下面函数 $g(x,y)$ 可计算.

$$g(x,y)=\begin{cases}\sqrt{x} & \text{如果 } y=\mu t(f(x,t)=0) \\ \uparrow & \text{否则}\end{cases}$$

6. 设 H 为计算两数相乘的程序,试用丘奇论题证明 $f(x)=[\sqrt[3]{x^2}]$ 可计算.

7. 设 $f(x)$ 为可计算函数,试用丘奇论题证明 $g(x)=\mu x(f(x)$ 为 Faboncci 序列中的一个元素)可计算.

第四章　哥德尔编码

§4.1　URM 程序的编码

定义 4.1.1　(1) 集合 X 称为可数的(denumerable)，如果存在一个双射 $f:X\to\mathbb{N}$.

(2) 集合 X 的枚举(enumeration)是一个满射 $g:\mathbb{N}\to X$，即 $X=\{x_0,x_1,\cdots\}$，其中 $x_n=g(n)$.如果 g 是一个单射，那么这个枚举是没有重复的.

(3) 设集合 X 为一个有穷物体的集合(如一些整数的集合，一些指令的集合，或一些程序的集合)，则 X 为有效可列举的(effective enumerable)，如果存在一个双射 $f:X\to\mathbb{N}$ 使得 f,f^{-1} 均为能行可计算函数.

定理 4.1.1　下列集合是有效可数(effective denumerable)的.

(1) $\mathbb{N}\times\mathbb{N}$；

(2) $\mathbb{N}^+\times\mathbb{N}^+\times\mathbb{N}^+$；

(3) $\bigcup_{k>0}\mathbb{N}^k$ 即所有的有穷自然数序列所成的集合.

证明：(1) $\pi(m,n)=2^m(2n+1)-1$；

(2) $\zeta(m,n,q)=\pi(\pi(m-1,n-1),q-1)$；

(3) $\tau(a_1,a_2,\cdots,a_k)=2^{a_1}+2^{a_1+a_2+1}+\cdots+2^{a_1+a_2+\cdots+a_k+k-1}-1$.　□

定理 4.1.2　$\mathscr{I}$、$\mathscr{P}$ 分别为所有 URM 指令集、程序集，它们是有效可列举的.这表明：每个可计算函数都是可以编码的.可计算函数可以排序！

证明：

(1) 定义 $\beta:\mathscr{I}\to\mathbb{N}$ 使得 $\beta(Z(n))=4(n-1)$，

$\beta(S(n))=4(n-1)+1$，

$\beta(T(m,n))=4\pi(m-1,n-1)+2$，

$\beta(J(m,n,q))=4\zeta(m,n,q)+3$.

(2) 定义 $\gamma:\mathscr{P}\to\mathbb{N}$ 使得 $\gamma(P)=\tau(\beta(I_1),\cdots,\beta(I_s))$，如果 $P=I_1I_2\cdots I_s$.

定义 4.1.2　对于任意 URM 程序 P，$\gamma(P)$ 称为 P 的编码，或 P 的 Gödel 数，或 P 的数.令 P_n=编码为 n 的那个 URM 程序.同样的这种编码方法对图灵机也适用.

例 4.1.1　设 P 为程序 $S(2)$，$T(2,1)$，计算 $\gamma(P)$.

解：

$\beta(S(2))=4(2-1)+1=5$，

$\beta(T(2,1))=4\pi(1,0)+2=6$.

故 $\gamma(P)=2^5+2^{5+6+1}-1=4\ 127$.

例 4.1.2　设 $n=9\ 007\ 203\ 549\ 970\ 431$，求 $P_{9\ 007\ 203\ 549\ 970\ 431}$.

解： 9 007 203 549 970 431 $=2^{18}+2^{32}+2^{53}-1$，因此 P_{4127} 为一有三条指令 I_1, I_2, I_3 的程序，其中

$\beta(I_1)=18=4\pi(0,2)+2$；

$\beta(I_2)=32-18-1=13=4(4-1)+1$；

$\beta(I_3)=53-32-1=20=4(6-1)$.

故 $I_1=T(1,3), I_2=S(4), I_3=Z(6)$.

§4.2　可计算函数的编码

（可计算函数及其定义域、值域均可以各自排序！可计算的序！）

定义 4.2.1　$\forall a \in \mathbb{N}, n \geqslant 1$

(a) $\phi_a^{(n)}=$ 由程序 P_a 计算的那个 n 元函数；

(b) $W_a^{(n)}=dom(\phi_a^{(n)})=\{(x_1,x_2,\cdots,x_n): P_a(x_1,x_2,x_3,\cdots,x_n)\downarrow\}$，$E_a^{(n)}=\phi_a^{(n)}$ 的值域.

例 4.2.1　我们已经知道 P_{4127} 就是 $S(2), T(2,1)$. 因此 $\phi_{4127}\equiv 1$ 及 $\phi_{4127}^{(n)}=x_2+1$，如果 $n>1$. 故 $W_{4127}=\mathbb{N}, E_{4127}=\{1\}$；$W_{4127}^{(n)}=\mathbb{N}^n, E_{4127}^{(n)}=\mathbb{N}^+$，如果 $n>1$.

令 $\mathscr{C}_n$ 表示所有的 n 元可计算函数所成集合.

定理 4.2.1　$\mathscr{C}_n$ 是可数的.

证明： 我们把枚举 $\phi_0^{(n)}, \phi_1^{(n)}, \phi_2^{(n)}, \cdots$ 改造成一个不重复的枚举.

令

$$\begin{cases} f(0)=0 \\ f(m+1)=\mu z(\phi_z^{(n)} \neq \phi_{f(0)}^{(n)}, \cdots, \phi_{f(m)}^{(n)}) \end{cases} \tag{4.1}$$

则 $\phi_{f(0)}^{(n)}, \phi_{f(1)}^{(n)}, \phi_{f(2)}^{(n)}, \cdots$ 是 $\mathscr{C}_n$ 的一个两两不重复的枚举，但这种枚举不可计算.

定理 4.2.2　令 $\mathscr{C}$ 表示所有 URM-可计算函数所成集合，$\mathscr{C}$ 是可数的.

证明： 我们知道 $\mathscr{C}=\bigcup_{n\geqslant 1}\mathscr{C}_n$. 令 f_n 表示上面定理中的函数. 令 π 为本节中的函数. 定义 θ：$\mathscr{C}\to\mathbb{N}$ 通过 $\theta(\phi_{f_n(m)}^{(n)})=\pi(m,n-1)$ 即可. □

定理 4.2.3　存在一个一元全函数不可计算.

证明： 我们构造一元全函数 f，它不同于 $\mathscr{C}_1$ 的任一枚举中的任一函数. 定义

$$f(n)=\begin{cases} \phi_n(n)+1 & \text{若 } \phi_n(n) \text{ 有定义} \\ 0 & \text{若 } \phi_n(n) \text{ 没有定义} \end{cases} \tag{4.2}$$

此方法称为对角线方法. 假设 $f=\phi_m$，则有 $f(m)=\phi_m(m)$. 如果 $\phi_m(m)$ 有定义，则 $f(m)=\phi_m(m)+1\neq\phi_m(m)$，矛盾. 如果 $\phi_m(m)$ 没有定义，则 $f(m)=0\neq\phi_m(m)$，矛盾. □

§4.3　s-m-n 定理

定理 4.3.1　（s-m-n 定理简单形式）设 $f(x,y)$ 是一个可计算函数. 则存在一个全可

计算函数 $k(x)$ 使得 $f(x,y)=\phi_{k(x)}(y)$.(此定理表明,二元可计算函数可以降元为一元可计算函数,而且其编码可计算!)

证明:对任意 a,设 $k(a)$ 为下面用于计算 $f(a,y)$ 程序 Q_a 的编码,Q_a 的初始结构为:y,0,….

设 F 为计算 f 的程序.而 F 的结构为:$a,y,0,0,\cdots$

Q_a 程序为:

$T(1,2)$;

$Z(1)$;

$S(1)$;…;$S(1)$;

F.

其中后继运算 $S(1)$ 共 a 次.

定义 $k(a)$ 为此 Q_a 程序的编码.$k(a)$ 是能行可计算的.因此由 Churth 论题,k 是能行可计算的. □

定理 4.3.2 (s-m-n 定理)对任意 $m,n\geqslant 1$,存在一个全可计算$(m+1)$-元函数 $s_n^m(\mathrm{e},\boldsymbol{x})$ 使得 $\phi_{\mathrm{e}}^{(m+n)}(\boldsymbol{x},\boldsymbol{y})=\phi_{s_n^m(\mathrm{e},\boldsymbol{x})}(\boldsymbol{y})$.

习题 4.3.1

1. 每个可计算函数有无穷多个 Gödel 数.

2. $f(x,y)$ 是全可计算函数,对每个 m,令 g_m 为一函数满足 $g_m(y)=f(m,y)$.构造一个全可计算函数 h 使得 $h\neq g_m$.

3. $f_0,f_1,\cdots$ 为从 $\mathbb{N}$ 到 $\mathbb{N}$ 所有部分函数的一个枚举,构造函数 g 使得 $dom(g)\neq dom(f_i)$ $(\forall i)$.

4. 令 f 为从自然数集到自然数集的一个部分函数,m 为一个整数,构造一个不可计算函数 g 使得 $g(x)=f(x)$ 对 $x\leqslant m$.

例 4.3.1 存在全可计算函数 $S(x,y)$ 使得 $\forall x,y(\phi_{S(x,y)}=\phi_x\phi_y)$.

证:设 $f(x,y,z)=\phi_x(z)\phi_y(z)=\phi_U(x,z)\phi_U(x,y)$. 因此 f 是全可计算函数,从而由 s-m-n 定理知,存在可计算函数 $S(x,y)$ 使得 $f(x,y,z)=\phi_{S(x,y)}=\phi_x\phi_y$. □

例 4.3.2 存在全可计算函数 $S(x,y)$ 使得 $W_{S(x,y)}=W_x\cup W_y$.

证:设

$$f(x,y,z)=\begin{cases}1 & \text{如果 } z\in W_x \text{ 或 } z\in W_y\\ \text{不定义} & \text{否则}\end{cases}\tag{4.3}$$

因此 f 全可计算.由 s-m-n 定理知,存在一个全可计算函数 $S(x,y)$ 使得 $f(x,y,z)=\phi_{S(x,y)}(z)$. □

例 4.3.3 设 $n\geqslant 1$,求证存在全可计算函数 $s(x)$ 使得 $W_{s(x)}^{(n)}=\{(y_1,y_2,\cdots,y_n):y_1+y_2+\cdots+y_n=x\}$.

证:

$$f(x,y_1,y_2,\cdots,y_n)=\begin{cases}1 & \text{如果 } y_1+y_2+\cdots+y_n=x\\ \uparrow & \text{否则}\end{cases}\tag{4.4}$$

显然该函数可计算，因此由 s-m-n 定理知，存在全可计算函数 $s(x)$ 使得 $W_{s(x)}^{(n)}=\{(y_1,y_2,\cdots,y_n):y_1+y_2+\cdots+y_n=x\}$. □

习题 4.3.2

1. 求证：存在一个全可计算函数 k 使得 $\forall n, k(n)$ 是 $[\sqrt[n]{x}]$ 的一个 Gödel 数.

2. 求证：对每个 m，存在一个全 $(m+1)$ 一元可计算函数 s^m 使得 $\forall n$

$$\phi_e^{(m+n)}(\boldsymbol{x},\boldsymbol{y})=\phi_{s^m(e,\boldsymbol{x})}(\boldsymbol{y})$$

其中 $\boldsymbol{x},\boldsymbol{y}$ 分别为 m,n 元向量.

3. 用 s-m-n 定理证明：存在全可计算函数 $k(n)$ 使得 $\forall n$ 有 $W_{k(n)}=n\mathbb{N}=E_{k(n)}$. 其中 E 定义为 $E_x=\phi_x$ 的值域，$n\mathbb{N}$ 为 n 的所有倍数之数的集合.

§4.4　"好"的编码(一)

总结前面的编码，我们发现"好"的编码函数 γ 和译码函数 γ^{-1} 不仅是可计算的，而且是原始递归的. 编码很少会用到极小化算子定义，因为我们会面临编码不是全函数的危险(极小化定义出的函数常常是部分函数)，再者一个"好"的编码函数也应当即时可译，每个编码、解码所需要的时间都是几乎忽略不计的. 我们这节主要考察原始递归编码.

一、关于二进位数的一些原始递归函数

我们将每个原始递归函数 a 表示成二进制形式：

$$a=a_0+a_1\cdot 2^1+\cdots+a_n\cdot 2^n$$

引理 4.4.1　1. 设 $x=\sum_i a_i\cdot 2^i$，又令 $a(i,x)=a_i$，则 $a(i,x)$ 是原始递归的.

2. 设 $x=\sum_{1\leqslant i\leqslant l} 2^{b_i}$，其中 $0\leqslant b_i<b_{i+1}\leqslant b_l$，

$$l(x)=\begin{cases} l & \text{如果 } x>0 \text{ 且 } l>1 \\ 0 & \text{否则} \end{cases} \tag{4.5}$$

则 $l(x)$ 是原始递归函数.

3. 设 $x>0, x=2^{b(1,x)}+2^{b(2,x)}+\cdots+2^{b(l(x),x)}=\sum_{1\leqslant i\leqslant l(x)} 2^{b(i,x)}$，如果 $b(i,x)$ 是第 i 个 k 使得 $a(k,x)=1$，则 $b(i,x)$ 是原始递归函数.

4. $\alpha(i,x)$ 是原始递归函数，其中

$$\begin{cases} \alpha(i,x)=b(i,x) & \text{如果 } i=0,1 \\ \alpha(i+1,x)=b(i+1,x)\ominus b(i,x)\ominus 1 & \text{如果 } i>0 \end{cases} \tag{4.6}$$

证：1.

$$\begin{cases} a(0,x)=r_m(2,x)=r_m\left(2,\left[\dfrac{x}{2^0}\right]\right) \\ a(1,x)=r_m\left(2,\left[\dfrac{x}{2}\right]\right)=r_m\left(2,\left[\dfrac{x}{2^1}\right]\right) \\ a(i,x)=r_m\left(2,\left[\dfrac{x}{2^i}\right]\right) \end{cases} \tag{4.7}$$

2. $l(x)=\sum_{i<x}a(i,x)$

3.

$$b(i,x)=\begin{cases}\mu y<x(\sum_{k\leqslant y}a(k,x)=i) & 如果 1\leqslant i\leqslant l(x) 且 x>0 \\ 0 & 否则\end{cases} \tag{4.8}$$

4. 易证.(**解读**:若 x 是 Gödel 数,用原始递归函数 $a(i,x)$,$b(i,x)$,$l(x)$,$\alpha(i,x)$可求得该程序每个指令的 Gödel 数. $\alpha(i,x)$就是该程序每个指令的 Gödel 数.) □

二、程序编码函数的原始递归性

机器 M 用其程序 $P=I_1I_2\cdots I_K$ 计算任意输入 $x_1,x_2,\cdots,x_n$ 时,称$(x_1,x_2,\cdots,x_n)$为起始内部状态(initial configuration),并称 $c=p_1^{x_1}\cdot p_2^{x_2}\cdot\cdots\cdot p_n^{x_n}$ 为起始内部状态的哥德尔数.

引理 4.4.2 1. 如果程序 P_e 中指令数为 ln e,则称 ln e 是原始递归的.

2.

$$gn(e,j)=\begin{cases}P_e 中第 j 条指令中的哥德尔数 & 如果 1\leqslant j\leqslant \ln(e) \\ 0 & 否则\end{cases} \tag{4.9}$$

是原始递归函数.

引理 4.4.3 如果 z 是指令的哥德尔数,则存在 z 的原始递归函数 u 或 v 表示存储单元的号码及指令的标号.

证:如果 $r_m(4,z)=0$,则 $u(z)=\left[\dfrac{z}{4}\right]+1$;

如果 $r_m(4,z)=1$,则 $u(z)=\left[\dfrac{z\ominus 1}{4}\right]+1$;

如果 $r_m(4,z)=2$,则 $u_1(z)=\pi_1\left(\left[\dfrac{z\ominus 2}{4}\right]\right)+1$,$u_2(z)=\pi_2\left(\left[\dfrac{z\ominus 2}{4}\right]\right)+1$;

如果 $r_m(4,z)=3$,则 $v_1(z)=\pi_1\left(\left[\dfrac{z\ominus 3}{4}\right]\right)+1$,$v_2(z)=\prod_1\left(\pi_2\left(\left[\dfrac{z\ominus 3}{4}\right]\right)\right)+1$,

$v_3(z)=\prod_2\left(\pi_2\left(\left[\dfrac{z\ominus 3}{4}\right]\right)\right)+1$. □

引理 4.4.4 设 c 为机器 M 的瞬时内部状态的哥德尔数,$Z(c,m)$,$S(c,m)$和 $T(c,m,$

n)分别表示执行清零命令 $Z(m)$、后继命令 $S(m)$、传递命令 $T(m,n)$ 以后下一个瞬时内部状态的哥德尔数，则 $Z(c,m)$，$S(c,m)$，$T(c,m,n)$ 是原始递归函数.

证：设 $c=p_1^{r_1}\cdot p_2^{r_2}\cdot\cdots\cdot p_m^{r_m}\cdots p_k^{r_k}$，则 $r_m=(c)_m$，$p_m^{r_m}=p_m^{(c)_m}$.清零命令 $Z(m)$ 实现 $r_m=0$，而 $p_m^0=1$，所以 $Z(c,m)=\left[\dfrac{c}{p_m^{(c)_m}}\right]$.对于 $S(c,m)$，$T(c,m,n)$ 类似讨论. □

引理 4.4.5 $ch(c,z)$ 是原始递归函数，其中

$$ch(c,z)=\begin{cases}Z(c,u(z)) & \text{如果 } r_m(4,z)=0\\ S(c,u(z)) & \text{如果 } r_m(4,z)=1\\ T(c,u_1(z),u_2(z)) & \text{如果 } r_m(4,z)=2\end{cases}\tag{4.10}$$

解读：$ch(c,z)$ 表示瞬时内部状态哥德尔数为 c，执行哥德尔数为 z 的指令以后，所得内部状态的哥德尔数.

引理 4.4.6 如果瞬时内部状态的哥德尔数为 c，指令的哥德尔数为 z 时，函数 $v(c,j,z)$ 是原始递归函数，其中

$$v(c,j,z)=\begin{cases}j+1 & \text{如果 } r_m(4,z)\neq 3\\ j+1 & \text{如果 } r_m(4,z)=3 \text{ 且} (c)_{v_1(z)}\neq (c)_{v_2(z)}\\ v_3(z) & \text{如果 } r_m(4,z)=3 \text{ 且} (c)_{v_1(z)}=(c)_{v_2(z)}\end{cases}\tag{4.11}$$

解读：$v(c,j,z)$ 表示哥德尔数为 z 的指令，执行下一指令的标号.

引理 4.4.7 如果瞬时内部状态的哥德尔数为 σ，程序的哥德尔数为 e 时，函数 $config(\mathrm{e},\sigma)$ 是原始递归函数，其中

$$config(\mathrm{e},\sigma)=\begin{cases}ch(\pi_1(\sigma),gn(\mathrm{e},\pi_2(\sigma))) & \text{如果 } 1\leqslant\pi_2(\sigma)\leqslant\ln(\mathrm{e})\\ \pi_1(\sigma) & \text{否则}\end{cases}\tag{4.12}$$

(**解读**：$config(\mathrm{e},\sigma)$ 表示第 j 条指令执行之后新的内部状态.)

引理 4.4.8 如果瞬时内部状态的哥德尔数为 σ，程序的哥德尔数为 e 时，函数 net 是原始递归函数，其中

$$net(\mathrm{e},\sigma)=\begin{cases}v(\pi_1(\sigma),\pi_2(\sigma),gn(\mathrm{e},\pi_2(\sigma))) & \text{若 } v(\pi_1(\sigma),\pi_2(\sigma),gn(\mathrm{e},\pi_2(\sigma)))\leqslant\ln \mathrm{e}\\ 0 & \text{否则}\end{cases}\tag{4.13}$$

(**解读**：上面两个引理：设 $P=I_1I_2\cdots I_k$，在 I_{j-1} 执行后，机器 M 的瞬时状态为 σ，$\pi_1(\sigma)$ 是瞬时内部状态，$\pi_2(\sigma)$ 是下一个被执行的指令，I_j 执行后，瞬时内部状态为 $config(\mathrm{e},\sigma)$，下一指令标号为 $net(\mathrm{e},\sigma)$.)

定理 4.4.1 $\sigma(\mathrm{e},\sigma_n(\mathrm{e},x_1,\cdots,x_n,t))$ 是原始递归函数，其中

$$\begin{cases}\sigma_n(\mathrm{e},x_1,\cdots,x_n,0)=\pi(p_1^{x_1}\cdot p_2^{x_2}\cdot\cdots\cdot p_n^{x_n},1)\\ \sigma_n(\mathrm{e},x_1,\cdots,x_n,t+1)=\pi(config(\mathrm{e},\sigma_n(\mathrm{e},x_1,\cdots,x_n,t)),net(\mathrm{e},\sigma_n(\mathrm{e},x_1,\cdots,x_n,t)))\end{cases}\tag{4.14}$$

定义 4.4.1

$$
\begin{array}{ll}
c_n(\mathrm{e},x_1,x_2,\cdots,x_n,t) & \text{当且仅当 } \pi_1(\sigma_n(\mathrm{e},x_1,x_2,\cdots,x_n,t)) \\
j_n(\mathrm{e},x_1,x_2,\cdots,x_n,t) & \text{当且仅当 } \pi_2(\sigma_n(\mathrm{e},x_1,x_2,\cdots,x_n,t)) \\
s_n(\mathrm{e},x_1,x_2,\cdots,x_n,y,t) & \text{当且仅当 } j_n(\mathrm{e},x_1,x_2,\cdots,x_n,t)=0 \\
 & \text{且}(c_n(\mathrm{e},x_1,x_2,\cdots,x_n,t))_1=y \\
T_n(\mathrm{e},x_1,x_2,\cdots,x_n,z) & \text{当且仅当 } s_n(\mathrm{e},x_1,x_2,\cdots,x_n,(z)_1,(z)_2) \\
U(z) & \text{当且仅当}(z)_1 \\
H_n(\mathrm{e},x_1,\cdots,x_n,t) & \text{当且仅当 } j_n(\mathrm{e},x_1,x_2,\cdots,x_n,t)=0
\end{array}
\tag{4.15}
$$

定理 4.4.2 c_n,j_n,T_n 是原始递归的.

习题 4.4

1. 求$(4\,235)_1,(4\,235)_3,(4\,235)_5$.
2. 用原始递归式计算$[\sqrt{13}]$.
3. 求 $b(1,35),b(2,35),b(6,35)$.

§4.5 范式定理

我们这节介绍可计算性两大定理中的另一定理——范式定理.

定理 4.5.1 如果 e 是程序 P 的哥德尔数,则 $\phi_{\mathrm{e}}(x_1,\cdots,x_n)$有定义的充要条件是 $\mu y T_n(\mathrm{e},x_1,\cdots,x_n,y)$有定义且

$$\phi_{\mathrm{e}}(x_1,\cdots,x_n)=U(\mu y T_n(\mathrm{e},x_1,x_2,\cdots,x_n,y))$$

证明:$\mu y T_n(\mathrm{e},x_1,\cdots,x_n,y)$有定义当且仅当存在从起始内部状态开始运行的程序 P_{e},且 $P_{\mathrm{e}}(x_1,x_2,\cdots,x_n)\downarrow$,于是 $\phi_{\mathrm{e}}(x_1,x_2,\cdots,x_n)$有定义,又当 $y_0=\mu y T_n(\mathrm{e},x_1,x_2,\cdots,x_n,y)$时,从起始内部状态开始运行的程序 P_{e}在停止运算后,内部状态的哥德尔数设为 y_0,而 $P_{\mathrm{e}}(x_1,\cdots,x_n)\downarrow U(y_0)$,所以我们可以得到 $\phi_{\mathrm{e}}(x_1,x_2,\cdots,x_n)=U(\mu y T_n(\mathrm{e},x_1,\cdots,x_n,y))$. □

定理 4.5.2 (范式定理)函数 $f(x_1,x_2,\cdots,x_n)$ 可计算的充要条件是存在 e_0,使得 $f(x_1,x_2,\cdots,x_n)=U(\mu y T_n(\mathrm{e},x_1,x_2,\cdots,x_n,y))$.

证明: 若 $f(x_1,x_2,\cdots,x_n)=U(\mu y T_n(\mathrm{e},x_1,x_2,\cdots,x_n,y))$,则显然存在 e_0 使得 $\phi_{\mathrm{e}_0}(x_1,x_2,\cdots,x_n)=f(x_1,x_2,\cdots,x_n)$,$P_{\mathrm{e}_0}(x_1,x_2,\cdots,x_n)\downarrow U(y_0)$ 当且仅当 $f(x_1,x_2,\cdots,x_n)\downarrow U(y_0)$,显然 f 是可计算函数;反之,由定理 4.5.1,易得所要结果. □

因为$U(\mu y T_n(\mathrm{e},x_1,x_2,\cdots,x_n,y))$是原始递归的,因此:

定理 4.5.3 每个可计算函数都是部分可计算函数.如果可计算函数类为 C_0,则 $C_0=D_0$(其中 D_0 为部分可计算函数类,其定义及结果附在此定理后).

定义 4.5.1 函数类的子类 D 满足以下条件:

(1) 基本函数属于 D;

(2) D 对代入、原始递归运算和 μ-算子运算封闭，则称 D 为部分递归封闭函数类.

定义 4.5.2　最小部分函数封闭类 D_0 称为部分递归函数类.

定义 4.5.3　有穷函数序列 $f_1, f_1, \cdots, f_k$ 满足下列条件：对每个 $f_i (1 \leqslant i \leqslant n)$

(1) 或者 f_i 是基本函数之一；

(2) 或者 f_i 由该序列位于它前面的一些函数，经代入或原始递归或 μ-算子而得到；

(3) $f = f_k$.

则称 $f_1, f_1, \cdots, f_k$ 为 f 的一个部分递归描述.k 称为描述的长度.

定理 4.5.4　部分递归函数是可计算函数.因此 $D_0 \subseteq C_0$.

第五章　一些重要结果

§5.1　通用函数及通用计算机

前面讲的计算机只能完成一个程序，我们现在引入通用函数及通用计算机.

定义 5.1.1　（通用函数）$\psi_U^{(n)}(\mathrm{e},x_1,x_2,\cdots,x_n)=\phi_{\mathrm{e}}^{(n)}(x_1,x_2,\cdots,x_n)$

问题是，$\psi_U^{(n)}$ 是可计算函数吗？答案若是，则可以计算这个函数的程序 P 一定可以包含(embody)所有别的程序.

定理 5.1.1　$\psi_U^{(n)}$ 是可计算函数.

那么，这种可以计算 $\psi_U^{(n)}$ 的程序对应的计算机就称为通用计算机.对任意一输入 e，x_1，x_2，…，x_n 的第一个数 e，译出 e 对应的程序，用它对 x_1，x_2，…，x_n 进行计算，并将结果放在第 1 个存储单元中.现代电子计算机其实就是这样一种通用图灵机，它能接受一段描述其他图灵机的程序，并运行程序实现该程序所描述的算法.

图灵机有很多变种，但这些变种的计算能力都是等价的，即它们识别同样的语言类.证明两个计算模型 A 和 B 的计算能力等价的基本思想是：用 A 和 B 相互模拟，若 A 可模拟 B 且 B 可模拟 A，显然它们的计算能力等价.注意这里我们暂时不考虑计算的效率，只考虑计算的理论“可行性”.

首先我们可以发现，改变图灵机的带(tape)字母表并不会改变其计算能力.例如我们可以限制图灵机的带字母表为{0，1}，这并不会改变图灵机的计算能力，因为我们显然可以用带字母表为{0，1}的图灵机模拟带字母表为任意有限集合 Γ 的图灵机.

其次，如果我们允许图灵机的纸带两端都可以无限伸展，这并不能增加图灵机的计算能力，因为我们显然可以用只有纸带一端能无限伸展的图灵机来模拟这种纸带两端都可以无限伸展的图灵机.

如果我们允许图灵机的读写头在某一步保持原地不动，那也不会增加其计算能力，因为我们可以用向左移动一次再向右移动一次来代替在原地不动.

§5.2　哥德尔不完全性定理(简单化)

定理 5.2.1　设$(\mathscr{A},\mathscr{D})$为一个递归的可公理化的形式系统，其中所有的能够被公理证明的语句均正确，则存在一条语句 σ，它本身是正确的但却不能被证明.相应的，$\neg\sigma$ 也不能被证明.

哥德尔不完备定理的意义在于哥德尔定理是一阶逻辑的定理，故最终只能在这个框架内理解.在形式逻辑中,数学命题及其证明都是用一种符号语言描述的,在这里我们可以机械地检查每个证明的合法性,于是便可以从一组公理开始无可辩驳地证明一条定理.理论上,这样的证明可以在电脑上检查,事实上这样的合法性检查程序早已诞生.

为了这个过程得以进行,我们需要知道手头有什么样的公理.我们可以从一组有限的公理集开始,例如欧几里得几何.或者更一般地,我们可以建立一个无穷的公理列表,只要能机械地判断给定的命题是否是一条公理就行.在计算机科学里面,这被称为公理的递归集.尽管无穷的公理列表听起来有些奇怪,但实际上在自然数的理论中,称为皮亚诺公理的就是这么一样东西.

哥德尔的第一条不完备定理表明任何一个允许定义自然数的体系必定是不完全的.存在不完备的体系这一事实本身并不使人感到特别惊讶.例如,在欧几里得几何中,如果把平行公设去掉,就得到一个不完备的体系.不完备的体系可能意味着尚未找出所有必需的公理而已.

但哥德尔揭示的是在多数情况下,例如在数论或者实分析中,你永远不能找出公理的完整集合.每一次你将一个命题作为公理加入,将总有另一个命题出现在你的研究范围之外.

你可以加入无穷条公理(例如所有真命题)到公理列表中确保所有命题都可证明为真或假,但你得到的公理列表将不再是递归集.给出任意一条命题,将没有机械的方法判定它是否是系统的一条公理.如果给出一个证明,一般来说也无法检查它是否正确.

在计算机科学的语言中,哥德尔定理有另一种表述方式.在一阶逻辑中,定理是递归可枚举的:你可以编写一个可以枚举出其所有合法证明的程序.你可以问是否可以将结论加强为递归的:你可以编写一个在有限时间内判定命题真假的程序吗?根据哥德尔定理,答案是一般来说不能.

由于哥德尔的第一条定理有不少误解.我们举出一些例子:

该定理并不意味着任何有趣的公理系统都是不完备的.该定理需假设公理系统可以定义自然数.不过并非所有系统都能定义自然数,就算这些系统拥有包括自然数作为子集的模型.例如,欧几里得几何可以被一阶公理化为一个完备的系统(事实上,欧几里得的原创公理集已经非常接近于完备的系统.所缺少的公理是非常直观的,以至于直到出现了形式化证明之后才注意到需要它们),塔斯基(Tarski)证明了实数和复数理论都是完备的一阶公理化系统.这理论用在人工智能上,则指出有些道理可能我们能够知道对错,但机器单纯用一阶公理化系统却无法证明.不过机器可以用非一阶公理化系统,例如实验、经验来证明.

不完备性的结论影响了数学哲学以及形式化主义(使用形式符号描述原理)中的一些观点.我们可以将这一定理解释为"我们永远不能发现一个万能的公理系统能够证明一切数学真理,而不能证明任何谬误".

§5.3　*P* 与 *NP* 问题

一、图灵机的形式化定义

一台图灵机是一个五元组 (Q,Σ,δ,q_0,F),其中 Q,Σ,F 都是有限集合,Q 是状态集合;

q_0 是起始状态集；Σ 是输入字母表，其中不包含特殊的空白符；F 为能接受的最后状态集. 其中 $\delta: Q\times\Sigma\rightarrow\Sigma\times Q\times\{R,L\}$ 是转移函数，其中 L,R 表示读写头是向左移还是向右移.

机器开始运行后，按照转移函数 δ 所描述的规则进行计算.例如，若当前机器的状态为 q，读写头所指的格子中的符号为 x，设 $\delta(q,x)=(q',x',L)$，则机器进入新状态 q'，将读写头所指的格子中的符号改为 x'，然后将读写头向左移动一个格子.

注意，转移函数 δ 是一个部分函数，换句话说对于某些 $q,x,\delta(q,x)$ 可能没有定义，如果在运行中遇到下一个操作没有定义的情况，机器将立刻停机.

定义 5.3.1 设有图灵机 M，M 的一个内部状态(configuration)，也称为瞬时描述(instantaneous description)，或快照(snapshot)，就是整个计算全貌的叙述：它包含每个带子的内容，每个读头的位置，每个图灵机的状态.如果 M 有 k 个带子，M 的一个内部状态是一个 $k+1$ 个元

$$(q,x_1,x_2,\cdots,x_{k-1},x_k)$$

其中 q 就是 M 现在的状态，每个 $x_j\in\Sigma^*$，$\#\Sigma^*$ 表示第 j 个带子上的内容.符号 # 并不在字母表，可以标记读头的位置(为方便起见，读头扫描(scan) # 右边的第一个符号).

二、多带图灵机和图灵机类似

唯一的不同在于它可以有 $k>1$ 条纸带，每条纸带上都有一个读写头.其状态转移函数 δ 修改为，$\delta: Q\times\Sigma^k\rightarrow\Sigma^k\times Q\times\{R,L\}$.

此处 k 是带子的数目.表达式 $\delta(q,x_1,x_2,\cdots,x_k)=(q',x_1',x_2',\cdots,x_k')$.

三、非确定型图灵机

如果不加特殊说明，通常所说的图灵机都是确定型图灵机.非确定型图灵机也由一个五元组(Q,Σ,δ,q_0,F)定义，除转移函数 δ 外，别的同确定型图灵机一样.$\delta: Q\times\Sigma\rightarrow P(\Sigma\times Q\times\{R,L\})$.其中 $P(A)$表示集合 A 的幂集.

确定型图灵机的机器编码、内部状态、计算都适用于非确定型图灵机，它和非确定型图灵机的不同之处在于，在计算的每一时刻，根据当前状态和读写头所读的符号，机器只存在一条计算路径，但非确定型图灵机，有多种可能的状态转移方案，机器可能选择其中任一种方案继续运作，直到最后被接受为止.

定义 5.3.2 一个输入 w 被非确定型图灵机所接受当且仅当存在 M 的一个计算，其最终停在接受内部状态上.L(M)表示所有 M 能接受的语言，即 M 所能接受的所有字符串的集合.

例如，设非确定型图灵机 M 的当前状态为 q，当前读头所读符号为 x，若 $\delta(q,x)=\{(q_1,x_1,d_1),(q_2,x_2,d_2),\cdots,(q_k,x_k,d_k)\}$，则 M 将可能选择其中一个可操作的$(q_i,x_i,d_i)$对其进行操作，然后进入下一步计算.

非确定型图灵机 M 在输入串 ω 上的计算过程可以表示为一棵树，不同的分支对应着每一步计算的不同的可能性.只要有任意一个分支进入接受状态，则称 M 接受 ω；只要有任意一个

分支进入拒绝状态，则称 M 拒绝 ω；某些分支可能永远无法停机，但只要有一个分支可以进入接受或拒绝状态，我们就说 M 在输入 ω 上可停机.注意，我们规定 M 必须是无矛盾的，即它不能有某个分支接受 ω 而同时另一个分支拒绝 ω，这样有矛盾的非确定型图灵机是不合法的.

定理 5.3.1　对于任意一个非确定型图灵机 M，存在一个确定型图灵机 M′，使得它们的语言相等，即 $L(\mathrm{M})=L(\mathrm{M}')$.

定理 5.3.2　如果语言 L 被非确定型图灵机 M 在多项式时间内接受，则一定存在多项式 P 使得语言 L 被时间复杂度为 $O(2^{P(n)})$ 的确定型图灵机程序所接受.

定理说明了为什么在证明 $P=NP$ 前，所有的 NP 问题都只有指数时间复杂度算法.

四、*P*(复杂度)

定义 5.3.3　M 为确定型图灵机，函数 $t(n)\geqslant n+1$ 和 $s(n)\geqslant 1$，

(1) 输入为字符串 w 时 M 所用的时间定义为 M 停机时所花的计算步数，若 M 在输入 w 时停机；否则，不定义.

(2) $t_{\mathrm{M}}(n)$，定义为图灵机对于所有长度为 n 的字符串都停机时所花的最大计算时间，如果它们都停机；否则，不定义.

(3) $DTIME(t)$是计算时间$\leqslant t(n)$且被确定型图灵机所接受的集合的类.

(4) 设 f 为一个函数，$O(f)$为所有函数 g 的集合，如果 g 满足条件：存在 $r>0$ 使得对几乎所有 n，$g(n)<r\cdot f(n)$.

(5) 对于任何一输入 w，w 所用的计算空间定义为 M 对 w 计算时所扫描的格子的最大数目.

(6) 确定型图灵机的运行空间是一部分函数 $f:\mathbb{N}\to\mathbb{N}$，使得对于任何 n，它可以计算对每个长度为 n 的输入所花的最大空间.

(7) $P=\bigcup_{i\geqslant 0}DTIME(n^i)$.

简单地说，那些可以在多项式(polynomial)时间内解决的问题，称为 P 问题.那什么叫多项式(polynomial)时间内解决呢？就是存在一个多项式 $p(x)$和确定型图灵机 M，使得对于任意输入序列 α，只要 α 的长度$|\alpha|=n$，则如果图灵机 M 对 α 进行计算时，都能在$\leqslant f(n)$步内停机，称为在多项式时间内可计算.

在计算复杂度理论中，P 是在复杂度类问题中可在确定型图灵机上以多项式量级(或称多项式时间)求解的确定性问题.

P 通常表示那类可以“有效率地解决”或“温驯”的可计算型问题，就算指数级非常高也可以算作“温驯”，例如 RP 与 BPP 问题.当然 P 类存在很多现实处理上一点也不温驯的问题，例如一些至少需要 $n^{1\,000\,000}$条指令来解决的问题.很多情况下存在着更难的复杂度问题.

P 包含了很多已知的自然问题，例如计算最大公因子.在 2002 年，判别一个数是否为质数也被人解出是一个 P 问题.

五、*NP*(复杂度)

定义 5.3.4　M 为一个非确定型图灵机.

(1) w 为一个输入，输入为 w 时 M 所用的时间定义为 w 被图灵机 M 所接受时所花的最短的计算步数，如果 M 的某些计算接受输入 w；否则，定义为 1.

(2) 非确定型图灵机的运行时间是一个函数 $f:\mathbb{N}\to\mathbb{N}$，它可算出对每个长度为 n 的输入所花的最大时间.

(3) $t_M(n)$，有时候也定义为图灵机对于所有长度为 n 的字符串都接受时所花的最大计算时间.

(4) $NTIME(t)$是计算时间$\leqslant t(n)$且被非确定型图灵机所接受的集合的类.

(5) $NP=\bigcup_{i\geqslant 0}NTIME(n^i)$.

NP 是一个可在多项式时间以非确定型图灵机决定答案的问题的集合.

六、$P=NP$？

P/NP 问题是在理论信息学中计算复杂度理论领域里至今没有解决的问题，它被“克雷数学研究所”(Clay Mathematics Institute，简称 CMI)在千禧年大奖难题中收录.P/NP 问题中包含了复杂度类 P 与 NP 的关系.1971 年史提芬·古克(Stephen A. Cook)和 Leonid Levin 相对独立地提出了问题，即是否两个复杂度类 P 和 NP 是恒等的.

多数计算机科学家相信 $P\neq NP$.该信念的一个关键原因是经过数十年对这些问题的研究，没有人能够发现一个 NP 完全问题的多项式时间算法.而且，人们早在 NP 完全的概念出现前就开始寻求这些算法了(Karp 的 21 个 NP 完全问题，在最早发现的一批中，有所有著名的已经存在的问题).

总结：有太多的信息是无法证明的，无法获取的！

例 5.3.1 下列函数都是 Turing-可计算的，且都是多项式时间可计算的.

(1) $(x_1,x_2,\cdots,x_n)\to c$，其中 $c\in\mathbb{N}$：对任意输入$(x_1,x_2,\cdots,x_n)$，设其长度为 n，只要将每个出现的 1 改写为 0，并再输入 $c+1$ 个 1 即可.因此其计算时间不超过 $n+c$.所以这个函数是 $O(n)$时间内可计算的.

(2) $(x_1,x_2,\cdots,x_n)\to x_i$：对任意输入$(x_1,x_2,\cdots,x_n)$，设其长度为 n，只要将每个出现的 $x_j(j\neq i)$改写为 0.显然其计算时间不超过 n.所以这个函数是 $O(n)$时间内可计算的.

(3) $(x,y)\to x+y$：对任意输入(x,y)，设其长度为 n，只要将其中出现的前两个 1 改写为 0.显然这个函数也是 $O(n)$时间内可计算的.

(4) $(x,y)\to x\cdot y$：对任意输入(x,y)，设其长度为 n，当然 x,y 的长度小于 n.只要将 x 加 y 遍即可，所以其计算时间小于 $y\cdot O(n)\leqslant O(n^2)$.因此这个函数是 $O(n^2)$时间内可计算的.

(5) 类似的，$(x,y)\to\min(x,y)$，$(x,y)\to\max(x,y)$，$(i,x)\to x^i$ 等等都是多项式时间可计算的.

例 5.3.2 令 $f(n)=\sqrt{2}$ 的二进制小数形式中小数点后的第 n 小数，即 $f(0)=1$，$f(1)=0$，$f(2)=1$，$\cdots$ 我们给出计算 $f(n)$的时间复杂性.通过简单的试错法我们就能够确定小数点后的每一位数字 $a_1,a_2,\cdots\in\{0,1\}$使得

$$1.a_1a_2\cdots a_k<\sqrt{2}<1.a_1a_2\cdots a_k+2^{-k}$$

因为长度为k的二进制表示中的整数的乘法计算时间为$O(k^2)$，因此要确定$a_1,a_2,\cdots,a_k$运算时间只要$O(1^2+2^3+\cdots+k^2)\leqslant O(k^3)$就足够了.因此$f(k)$只要$O(k^3)$的时间即可计算.

§5.4　"好"的编码(二)

我们在上面简单介绍了计算复杂性分析的标准，即通过比较计算的时间和空间来衡量."好"的编码和解码同样把快速编码、解码作为衡量标准.我们知道在机器中，最怕的就是指数运算，花的时间、空间都非常大.最简单的运算就是多项式运算.因此我们把在多项式时间、空间内完成的编码、解码作为衡量编码、解码好坏的第二个标准.

定义 5.4.1　如果π是$\mathbb{N}^2$到$\mathbb{N}$的一一对应，且存在逆映射π^{-1}及π_1,π_2使得

$$\pi(x,y)=n \quad \text{当且仅当} \quad \pi^{-1}=\langle \pi_1(n),\pi_2(n)\rangle=\langle x,y\rangle$$

则称π为配对函数.

定理 5.4.1　存在原始递归函数π使得

$$\pi(x,y)=n \quad \text{当且仅当} \quad \pi^{-1}=\langle \pi_1(n),\pi_2(n)\rangle=\langle x,y\rangle$$

证明: 令$\pi(x,y)=2^x(2y+1)-1$是原始递归函数.因为$\pi_1(n)=(n+1)_1$，$\pi_2(n)=\left[\frac{1}{2}\left[\frac{n+1}{2^{\pi_1(n)}}\right]\ominus 1\right]$. □

定理 5.4.2　存在"好"的配对函数，即π既是原始递归的，又是多项式时间、空间可计算的.

证明: 令$\pi(x,y)=\frac{1}{2}(x^2+2xy+y^2+3x+y)$.由定理2.2.2可知，$\pi(x,y)$原始递归，我们先证明$\pi(x,y)$是多项式时间可计算的.在$\pi(x,y)$的定义中，主要涉及的是乘法运算.回忆一下例题1.3.4中的计算乘法的程序，$f(x,y)=xy$的程序为$I_1:J(1,4,10)$，$I_2:J(2,5,10)$，$I_3:J(1,4,7)$，$I_4:S(3)$，$I_5:S(4)$，$I_6:J(1,1,3)$，$I_7:S(5)$，$I_8:Z(4)$，$I_9:J(1,1,2)$，$I_{10}:T(3,1)$.

$$\begin{pmatrix} R_1 & R_2 & R_3 & R_4 & R_5 & \cdots \\ x & y & \text{工作单元} & k_x & l_y & \cdots \end{pmatrix}$$

其中R_3，R_4分别为x，y的计数器.该算法的基本思想是：逐次做$r_3:=r_3+1$，每做一次，x计数器R_4中加1，当$r_1=r_4$时，表示已经将r_3增加到r_3+x了，再将R_4中的内容清零，将y计数器加1，表示r_3已经加了一个x.然后再逐次做$r_3:=r_3+1$，每做一次，x计数器R_4中加1，直到y计数器的内容$r_4=y$，而这时表明在R_3中加了y次x了，从而该算法实现了$r_3=x\cdot y$.

设$|\langle x,y\rangle|=n$，即$\langle x,y\rangle$的二进制数的长度为n.不妨设$\max\{x,y\}=x$，从而$[\log_2 x]+[\log_2 y]+2=n$.工作带中数$r_3$每增加一个1，至多读一遍全部指令，又指令$I_4$，$I_5$，$I_7$，$I_8$每次做加法、清零运算，至多需要$[\log_2(x^2)]+1$个进位计算，因此整个乘法$x\cdot y$

的计算时间不超过 $10n^2$，从而 $\pi(x,y)$ 的计算时间不超过 $160n^2$. 因此 $\pi(x,y)$ 是多项式时间可计算的.

再证明 π^{-1} 是多项式时间可计算的，即 $\forall z$ 寻找 x,y 使得 $\pi(x,y)=z$. 设 $|z|=n$，即 $[\log z]+1=n$. 所以我们只需要对每一对数 $x,y\leqslant z$，计算 $\pi(x,y)$，并检查是否与 z 相等即可. 每个计算 $\pi(x,y)$ 所花的时间不超过 $160n^2 \cdot n^2=160n^4$. 因此整个计算不超过 $160n^4$.

而多项式时间可计算的，必定是多项式空间可计算的. 因此 $\pi(x,y)$ 也是多项式空间可计算的. □

§5.5 加速定理(the speed-up theorem, Blum)

定理 5.5.1 设 r 为任意一个全可计算函数，则存在一个全可计算函数 f，使得对于 f 的任意程序 P_i，均存在 f 的另一个程序 P_k 满足 $r(t_k(x))<t_i(x)$ a. e.. 其中 $t_k(x)$ 表示计算 P_k 用的时间或步数. a. e.表示几乎处处之意.

总之，不要认为我们编写的计算某个函数 f 的程序 P 一定是最快的，我们有可能可以能行地找到另一个程序，它几乎可以计算 f 的所有点，而且在几乎所有点上比 P 运行得快. 这是因为，我们不可能完全掌握研究对象的信息. 下面我们来证明一个类似定理.

定理 5.5.2 (空间压缩定理)如果集合 A 被图灵机 M 在空间 $s(n)$ 中所接受，c 是一个实数 $0<c<1$，则存在一个图灵机 M_r，使得 A 被 M_r 在空间 $c\cdot s(n)$ 中所接受.

证明: 令 r 是一个整数，$r\cdot c\geqslant 2$. 设 M 有 k 个带子. 我们来构造一个图灵机 M_r，它也有 k 个带子，并且 M_r 可以模拟 M.

M_r 带子上的每个符号是 r-目符号. M_r 的状态是符号串 $(q,i_1,i_2,\cdots,i_k)$，其中 q 是 M 的状态，而且 $1\leqslant i_m\leqslant r$. 另外 M_r 的每一个内部状态对应于 M 的一个内部状态：M_r 的每个带子的第 j 个符号是 M 相应的从 $(j-1)r+1$ 到 jr 的符号的复制. 对每个 m，当 M 的读头扫描或浏览(scan)其工作带上第 $(j-1)r+l$ 个符号时，M_r 也扫描或浏览其工作带中的第 j 个符号，而且进一步的，M_r 进入一个状态有性质 $i_m=l$. 在这种方式下，在每个内部状态中，M_r 知道 M 的读头所扫描或浏览的符号，而且 M_r 能够模拟 M.

现在就只剩下解释 M_r 如何压缩输入的"preprocessing". 这只需将输入的 r 个连续的符号写进一个符号即可. 而 M_r 所需的空间为 $\left\lceil \dfrac{s(n)}{r} \right\rceil$. □

作为本章通用函数的应用，最后证明一个定理：

定理 5.5.3 "ϕ_x 是全函数"是不可判定的.

证明: 设 g 是该问题的特征函数. 即

$$g(x)=\begin{cases}1 & \text{如果 } \phi_x \text{ 是全函数}\\ 0 & \text{否则}\end{cases} \tag{5.1}$$

我们必须证明 g 是不可计算的. 假设 g 是可计算的，则

$$f(x)=\begin{cases}\phi_x(x)+1 & \text{如果 } \phi_x(x) \text{ 是全函数}\\ 0 & \text{否则}\end{cases} \tag{5.2}$$

明显地 f 是全函数,而且它不同于每个可计算函数(用对角线方法证明即可).进一步的,f 可以写成下面的形式:

$$f(x)=\begin{cases}\phi_U(x,x)+1 & \text{如果 } g(x)=1\\ 0 & \text{否则}\end{cases} \tag{5.3}$$

因此 f 是全可计算函数.矛盾. □

习题 5.5

1. 证明 $(x,y)\to\min(x,y)$, $(x,y)\to\max(x,y)$, $(i,x)\to x^i$ 是多项式时间可计算的.

2. 证明配对函数 $\pi(x,y)=\frac{1}{2}(x^2+2xy+y^2+3x+y)$ 是 Turing -多项式可计算的.

3. 函数 σ 定义如下,证明 ρ^{-1} 是原始递归的.

$$\begin{cases}\sigma(0,y)=y^2\\ \sigma(x+1,0)=(x+2)^2-1\\ \sigma(x+1,y+1)=sg((y+1)\ominus x)(\sigma(x,y+1)+1)+\overline{sg}(y\ominus x)(\sigma(x+1,y)-1)\end{cases} \tag{5.4}$$

(提示:$\sigma_1(z)=sg\left(z\ominus\left[\frac{[\sqrt{z}]^2+([\sqrt{z}]+1)^2\ominus 1}{2}\right]\right)[\sqrt{z}]$

$$+sg\left(\left[\frac{[\sqrt{z}]^2+([\sqrt{z}]+1)^2\ominus 1}{2}\right]+1\ominus z\right)\cdot(z\ominus[\sqrt{z}]^2)$$

$$\sigma_2(z)=sg\left(z\ominus\left[\frac{[\sqrt{z}]^2+([\sqrt{z}]+1)^2\ominus 1}{2}\right]\right)\cdot(([\sqrt{z}]+1)^2\ominus 1\ominus z)$$

$$+sg\left(\left[\frac{[\sqrt{z}]^2+([\sqrt{z}]+1)^2\ominus 1}{2}\right]+1\ominus z\right)\cdot[\sqrt{z}])$$

第六章　可判定问题、递归、规约及度

本章我们研究三个问题.1. 是不是所有问题都是计算机可以判定的，即可以通过编程找到判定方法？我们主要会讲解可判定、不可判定和部分可判定这三个概念.2. 哪些问题是计算机可以判定的？哪些问题是部分可判定的？我们将讲解递归和递归可枚举这两个概念.3. 如何研究不可判定问题？它的方法有哪些？我们简单介绍规约这一主要研究方法.

§6.1　可判定，不可判定

停机问题(halting problem)是目前逻辑数学的焦点和第三次数学危机的解决方案.其本质问题是：通俗地说，停机问题就是判断任意一个程序是否会在有限的时间之内结束运行的问题.如果这个问题可以在有限的时间之内解决，即有一个程序判断其本身是否会停机并做相反的动作.这时候显然不管停机问题的结果是什么都不会符合要求.所以这是一个不可解的问题.

定义 6.1.1　$M(x)$称为可判定的，如果它的特征函数可计算.

$$C_M(x)=\begin{cases}1 & \text{如果 } M(x) \text{ 成立}\\ 0 & \text{如果 } M(x) \text{ 不成立}\end{cases} \tag{6.1}$$

定理 6.1.1　"$x \in W_x$"是不可判定的.

证明：设该问题的特征函数为

$$f(x)=\begin{cases}1 & \text{如果 } x \in W_x\\ 0 & \text{如果 } x \in W_x \text{ 不成立}\end{cases} \tag{6.2}$$

反证法，假设该函数是可计算的.定义

$$g(x)=\begin{cases}0 & \text{如果 } x \notin W_x\text{，即 } f(x)=0\\ \uparrow & \text{如果 } x \in W_x \text{ 成立，即 } f(x)=1\end{cases} \tag{6.3}$$

因为 f 可计算，g 可计算.故存在 m 使得 $g=\phi_m$，则 $m \in W_m \Leftrightarrow m \in dom(g) \Leftrightarrow m \notin W_m$ 矛盾. □

推论 6.1.1　存在可计算 h 使得"$x \in dom(h)$"和"$x \in ran(h)$"均不可判定.

证：定义

$$h(x)=\begin{cases}x & \text{如果 } x \in W_x\\ \uparrow & \text{如果 } x \notin W_x\end{cases} \tag{6.4}$$

显然我们有 $x \in dom\ (h) \Leftrightarrow x \in W_x \Leftrightarrow x \in ran(h)$. □

定理 6.1.2　停机问题“$y \in W_x$”(或，等价的，“$P_x(y)\downarrow$”，或“$\phi_x(y)\downarrow$”) 是不可判定的.

证:定义

$$g(x,y)=\begin{cases}1 & 如果\ y \in W_x \\ 0 & 如果\ y \notin W_x\ 成立\end{cases} \tag{6.5}$$

假设 g 可计算，则 $g(x,x)$可计算.但 $g(x,x)$为 $x \in W_x$ 的特征函数，它不可计算，矛盾. □

定理 6.1.3　“$\phi_x = 0$”是不可判定的.

证:考虑函数 f，它用下式定义

$$f(x,y)=\begin{cases}0 & 如果\ x \in W_x \\ \uparrow & 如果\ x \notin W_x\ 成立\end{cases} \tag{6.6}$$

由 s－m－n 定理可推出矛盾来. 我们把 x 看成一个参数，我们关注函数 $g_x(y) \simeq f(x,y)$.我们实际上定义了 f 使得 $g_x = 0 \Leftrightarrow x \in W_x$.

由丘奇论题知 f 可计算，故由 s－m－n 定理，存在一个全可计算函数 $k(x)$使得 $f(x,y) = \phi_{k(x)}(y)$，即 $\phi_{k(x)} = g_x$. 由 f 的定义我们可以看出

$$x \in w_x \Leftrightarrow \phi_{k(x)} = 0$$

因此问题“$x \in W_x$ 吗?”等价于问题“$\phi_{k(x)} = 0$ 吗？”

设 g 为 $\phi_{k(x)} = 0$ 的特征函数，即

$$g(x)=\begin{cases}1 & 如果\ \phi_{k(x)} = 0 \\ 0 & 如果\ \phi_{k(x)} \neq 0\ 成立\end{cases} \tag{6.7}$$

假设 g 可计算，则 $h(x) = g(k(x))$ 可计算. 但从上面的等价问题，我们有

$$h(x)=\begin{cases}1 & 如果\ \phi_{k(x)} = 0，即\ x \in w_x \\ 0 & 如果\ \phi_{k(x)} \neq 0\ 成立，即\ x \notin w_x\end{cases} \tag{6.8}$$

从而 h 不是可计算的，因此 $\phi_x = 0$ 是不可判定的. □

定理 6.1.4　“$\phi_x = \phi_y$”是不可判定的.

证:设 c 是一数，使得 $\phi_c = 0$，如果 $\phi_x = \phi_y$ 的特征函数是 $f(x,y)$，则函数 $g(x) = f(x,c)$ 是 $\phi_x = 0$ 的特征函数.而由上面定理知，g 是不可计算的，f 也是.因此 $\phi_x = \phi_y$ 是不可判定的. □

类似的，$c \in W_x$，$c \in E_x$ 不可判定.

证:考虑函数 $f(x,y)$使得

$$f(x,y)=\begin{cases}y & 如果\ x \in w_x \\ \uparrow & 否则\end{cases} \tag{6.9}$$

我们关注函数 $g_x(y) \simeq f(x,y)$.我们实际上定义了 f 使得 $c \in dom(g_x) \Leftrightarrow x \in W_x$.

由丘奇论题知 f 可计算，故由 s－m－n 定理，存在一个全可计算函数 $k(x)$使得 $f(x,$

$y)=\phi_{k(x)}(y)$. 由 f 的定义我们可以看出

$$x \in W_x \Rightarrow W_{k(x)}=E_{k(x)}=N\text{，所以 } c \in W_{k(x)} \text{ 并且 } c \in E_{k(x)}$$
$$x \notin W_x \Rightarrow W_{k(x)}=E_{k(x)}=\varnothing\text{，所以 } c \notin W_{k(x)} \text{ 并且 } c \notin E_{k(x)}$$

如果 g 是 $c \in W_x$ 的特征函数，则

$$g(k(x))=\begin{cases}1 & \text{如果 } x \in w_x \\ 0 & \text{否则}\end{cases} \tag{6.10}$$

但此函数不可计算，所以 g 不可计算. □

定理 6.1.5 (Rice's theorem)设任一集合 $\mathscr{B} \subseteq \mathscr{C}_1$ 且 $\mathscr{B} \neq \varnothing, \mathscr{C}_1$. 则问题“$\phi_x \in \mathscr{B}$”是不可判定的.

习题 6.1

1. 下列问题是不可判定的.

(1)“$x \in E_x$”；(2)“$W_x=W_y$”；(3)“$\phi_x(x)=0$”；(4)“$\phi_x(y)=0$”；(5)“$x \in E_y$”；(6)“$\phi_x(x)$ 是全的且为常数”；(7)“$W_x=\varnothing$”.

§6.2 部分可判定

虽然 $x \in W_x$ 是不可判定的，

$$f(x)=\begin{cases}1 & \text{如果 } x \in W_x \\ \uparrow & \text{否则}\end{cases} \tag{6.11}$$

却是可判定的.我们把这种问题称为部分可判定问题.

定义 6.2.1 $M(x)$称为部分可判定的，如果下面定义的 f 可计算.

$$f(x)=\begin{cases}1 & \text{如果 } M(x) \text{ 成立} \\ \uparrow & \text{如果 } M(x) \text{ 不成立}\end{cases} \tag{6.12}$$

注意停机问题是部分可判定的.

(1) $x \in W_y$ 是部分可判定的.

(2) $x \in dom(g)$是部分可判定的，如果 g 可计算.

(3) $x \notin W_x$ 不是部分可判定的.

事实上，设 f 是其特征函数，则

$$x \in dom(f) \Leftrightarrow x \notin W_x$$

$dom(f)$不同于任何一个一元可计算函数的定义域.

总之，很现实地，我们知道，很多函数、很多事物是超过我们的预期的，是不可算、不可编码、不可获取信息的.有些是需要我们等待才能知道它是属于这类事物或是那类事物，即对于它是这类事物或是那类事物，我们事先无法知道.

习题 6.2

1. 设 $M(x,y)$ 部分可判定，证明下列关系均部分可判定.

(1) "$\exists y<z\ M(x,y)$";

(2) "$\forall y<z\ M(x,y)$".

2. 证明：对任何 x，"ϕ_x 是常数函数"是递归不可解的(或不可判定的).

3. 证明：对任何 x，"ϕ_x 的值域是无穷集"是递归不可解的.

§6.3　递归及递归可枚举集

定义 6.3.1　设 A 为自然数集的一个子集合. A 称为递归的，如果它的特征函数 C_A 是可计算的.

显然自然数集，偶数集，有穷集，素数集等均为递归集. $\{x : x\in W_x\}$，$\{x : \phi_x=0\}$ 和 $\{x : \phi_x$ 是全函数$\}$ 等为非递归集.

定理 6.3.1　设 A，B 为递归集，则 $\overline{A}$，$A\cup B$，$A\cap B$，$A\backslash B$ 也是递归集.

例 6.3.1　设 A 和 B 是自然数集合的子集合. 定义 $A\oplus B=\{2x : x\in A\}\cup\{2y+1 : y\in B\}$. 证明集合 $A\oplus B$ 递归当且仅当 A 和 B 是递归的.

例 6.3.2　$A\otimes B=\{\pi(x,y) : x\in A$ 且 $y\in B\}$，其中 $\pi(x,y)=2^x(2y+1)-1$. 证明集合 $A\otimes B$ 是递归的当且仅当 A 和 B 是递归的.(这说明可计算集合 A，B 经过可计算的复合运算后仍是可计算的，反之亦然. 这是一个双向的可计算编码方法. 我们在后面讲的全部信息论中的编码都是双向的，都是递归的.)

证：类似于例 2.1.5 我们可以证明：$\pi(x,y)=2^x(2y+1)-1$ 为可计算的双射，且函数 π_1，π_2 满足 $\pi(\pi_1(z),\pi_2(z))=z$ 是可计算的，即存在可计算函数 π_1，π_2 满足 $\pi(\pi_1(z),\pi_2(z))=z$.

必要性：已知 $A\otimes B$ 是递归的，欲证 A 和 B 是递归的.

(1) 因为 $A\otimes B$ 是递归的，不妨设 $A\otimes B$ 非空(否则，若 A，B 为空集，则显然 A 和 B 是递归的).

(2) 依次计算 $C_{A\otimes B}(0)$，$C_{A\otimes B}(1)$，$C_{A\otimes B}(2)$，… 直到出现一个计算停机且结果为 1.(因 $A\otimes B$ 非空，故必存在这样的一个值，否则 A，B 为空集，矛盾.) 不妨设 $C_{A\otimes B}(z)=1$，即 $z\in A\otimes B$，由前面的必要性叙述知道，$\pi_2(z)\in B$.

对于任意的 x，我们想知道 x 是否属于 A，我们只需计算 $\pi(x,\pi_2(z))$，然后判断该数在不在 $A\otimes B$ 即可. 如果 $\pi(x,\pi_2(z))\in A\otimes B$，则 $x\in A$；如果 $\pi(x,\pi_2(z))\notin A\otimes B$，则 $x\notin A$. 因此 A 是递归的.

充分性：已知 A，B 递归，欲证 $A\otimes B$ 递归. 对于任意的 z，由前面的必要性叙述知道，$\pi_1(z)$，$\pi_2(z)$ 可计算. 因此当且仅当 $\pi_1(z)\in A$ 且 $\pi_2(z)\in B$ 时，$z\in A\otimes B$. □

定义 6.3.2　设 A 为自然数集的一个子集合. A 称为递归可枚举集，如果下面的函数是可计算的.

$$f(x)=\begin{cases}1 & \text{如果 } x\in A\\ \uparrow & \text{否则}\end{cases} \tag{6.13}$$

(或等价的,$x\in A$ 是部分可判定的).简称 A 为 r.e..

例 6.3.3 1. $K=\{x:x\in W_x\}$ 为递归可枚举集.

2. 任意递归集为递归可枚举集.

3. $\{x:W_x\neq\varnothing\}$ 为递归可枚举集.

4. f 为可计算函数,则 $ran(f)$ 为递归可枚举集.

定理 6.3.2 设 A 为 r.e.集当且仅当它是一个一元可计算函数的定义域.

证:必要性:设 A 为 r.e.,则存在 f 使得

$$f(x)=\begin{cases}1 & \text{如果 } x\in A\\ \uparrow & \text{否则}\end{cases} \tag{6.14}$$

定义函数 h 使得

$$h(x)=\begin{cases}x & \text{如果 } f(x)=1\text{,即 } x\in A\\ \uparrow & \text{否则}\end{cases} \tag{6.15}$$

很明显 h 可计算且 $A=dom(h)$. □

定理 6.3.3 设 $A\subseteq\mathbb{N}$,则下列命题等价:

(1) A 为 r.e..

(2) $A=\varnothing$ 或 A 是一元全可计算函数的值域.

(3) A 是一个一元(部分)可计算函数的值域.

证: (1)⇒(2) 设 $A\neq\varnothing$ 而且 $A=dom(f)$,其中 f 由程序 P 计算.取定 A 中任意一个元素 a.则 A 为下面函数的值域.

$$g(x,t)=\begin{cases}x & \text{如果 } P(x)\downarrow\ t\text{ 步内}\\ a & \text{否则}\end{cases} \tag{6.16}$$

很明显 g 可计算.再构造一个全可计算函数同 g 有相同的值域.

令 $h(z)=g((z)_1,(z)_2)$.因此 $ran(h)=ran(g)=A$.

(2)⇒(3)平凡

(3)⇒(1)设 $ran(h)=A$,其中 h 是一个一元可计算函数.则

$$x\in A\Leftrightarrow\exists y_1\cdots\exists y_n(h(y_1,\cdots,y_n)=x)$$

定义函数

$$f(x)=\begin{cases}1 & \text{如果 } \exists y_1\cdots\exists y_n(h(y_1,\cdots,y_n)=x)\\ \uparrow & \text{否则}\end{cases} \tag{6.17}$$

易见 f 可计算且 $A=dom(f)$. □

定理 6.3.4 A,B 为 r.e.则 $A\cap B$ 和 $A\cup B$ 为 r.e..

证:设 $A=dom(f)$,$B=dom(g)$.则 $A\cap B=dom(fg)$.

如果 $A=\varnothing$ 且 $B=\varnothing$,平凡.因此设 $A=ran(f)$,$B=ran(g)$,其中 f,g 可计算.定义 h

使得

$$\begin{cases} h(2x)=f(x) \\ h(2x+1)=g(x) \end{cases} \tag{6.18}$$

□

定理 6.3.5　一个无穷集递归当且仅当它是一个递增的全可计算函数的值域，即它可以按照递增的次序进行递归枚举.

证：设 A 递归且无穷，则定义函数 f

$$\begin{cases} f(0)=\mu y & (y \in A) \\ f(n+1)=\mu y & (y \in A \text{ 且 } y > f(n)) \end{cases} \tag{6.19}$$

反过来，设 A 是一个递增的全可计算函数的值域，即 $f(0) < f(1) < f(2) < \cdots$.很明显，如果 $y=f(n)$，则 $n \leqslant y$. 因此有

$$y \in A \Leftrightarrow y \in ran(f) \Leftrightarrow \exists n \leqslant y\ (f(n)=y)$$

□

习题 6.3

1. 设集合 $B \subseteq \mathbb{N}$，$n>1$，证明：如果 B 是递归的，函数 $M(x_1,\cdots,x_n)=2^{x_1}3^{x_2}\cdots p_n^{x_n}$，则 $M(x_1,\cdots,x_n) \in B$ 是可判定的，其中 p_n 为第 n 个素数.

2. 证明：${}^aW_e=\{x:\phi_e(x)=a\}$，$\{x:\phi_e$ 不是单射$\}$ 均是 r.e.集.

3. 设 A 是 r.e.集，证明：$\bigcup_{x\in A}W_x$ 是 r.e..

4. f 是一元函数，求证：f 可计算当且仅当$\{2^x3^{f(x)}:x\in dom(f)\}$是 r.e..

5. 思考题：我们知道递归集可以用于编码，那么递归枚举集可以吗？为什么？量子信息为什么不可破译？

6. 设 S 是所有完全平方数组成的集合，证明 S 是递归集.

7. 证明：存在原始递归函数 $k(x)$，$l(x)$，使得对每个 x，有 $W_x=E_{k(x)}$，$E_x=W_{l(x)}$.

8. 证明：如果 A 是递归可枚举集合，则$\bigcup_{x\in A}W_x$，$\bigcup_{x\in A}E_x$ 是递归可枚举集.

9. f 是一元部分递归函数，证明：f 部分递归当且仅当$\{2^x \cdot 3^{f(x)} \mid x\in dom(f)\}$是递归可枚举集.

10. 证明：$k_0=\{\phi_x(x)=0\}$，$k_1=\{\phi_x(x)=1\}$ 是递归可枚举集.

11. 设 f 是一元函数，$A\subseteq dom(f)$，$g=f|_A$，证明：g 部分递归当且仅当 A 是递归可枚举集.

§6.4　多一规约

本节我们讨论如何比较函数或集合的计算难易程度.我们引入规约这个概念.我们先看多一规约.

定义 6.4.1 集合 A 多一规约到集合 B，如果存在一个全可以计算函数 f 使得

$$x\in A \text{ 当且仅当 } f(x)\in B$$

此时我们将之记为 $A\leqslant B$.(即要判断一个元素 x 在不在 A 中，我们只需要借助于 B 对一个问题——"$f(x)$在不在 B 中"的回答，就可判断出 x 在不在 A 中.简单地说，此时 B 只要看 $f(x)$在不在自己家里就可知道 x 在不在 A 中，因此 B 完全有能力知晓 A 的信息或 B 完全可以判断 A 中元素的情况.显见 B 一定含有更多的信息.)(注意，此时 f 是全可计算的函数，计算 $f(x)$的程序一定会停机，这一计算结果，是不需要 B 来计算的，B 只要判断$f(x)$是不是在 B 中即可，就像问一位班主任"张三这个同学是她班的吗"一样.)

例如：$K\leqslant_m\{x:\phi_x=0\}$ 且 $K\leqslant_m\{x:c\in W_x\}$.

定理 6.4.1 设 A,B,C 为集合，

(1) $\leqslant_m$ 具有自反性和传递性.(**解读**:信息是可以传递的.)

证明:自反性:ι: $A\leqslant_m A$ 其中 ι 是恒等函数.

传递性:如果 $f:A\leqslant_m B$ 且 g: $B\leqslant_m C$，则 $g\circ f:A\leqslant_m C$ □

(2) $A\leqslant_m B$ 当且仅当 $\overline{A}\leqslant_m\overline{B}$.(**解读**:这表明如果 A 被 B 可计算，则其反面信息 $\overline{A}$ 被 $\overline{B}$ 可计算.因为知道 A，当然 $\overline{A}$ 也就知道了.)

证:如果 g: $A\leqslant_m B$，则 $x\in A\Leftrightarrow g(x)\in B$;因此 $x\in\overline{A}\Leftrightarrow g(x)\in\overline{B}$，因此 g: $\overline{A}\leqslant_m\overline{B}$. □

(3) 如果 A 递归且 $B\leqslant_m A$，则 B 递归.(**解读**:这说明递归集是最容易计算的，比它弱的或拥有更少的信息的集合一定是递归的.)

证:设 g: $B\leqslant_m A$，则 $C_B(x)=C_A(g(x))$，因此 C_B 可计算. □

(4) 如果 A 递归且 $B\neq\varnothing$，则 $A\leqslant_m B$.(**解读**:这说明递归集是最容易计算的，除了空集，谁都比它强，比它拥有更多的信息.)

证:任取 $b\in B$ 且 $c\notin B$，定义 f 如下：

$$f(x)=\begin{cases}b & \text{如果 } x\in A\\ c & \text{否则，即 } x\notin A\end{cases} \tag{6.20}$$

显然 $x\in A\Leftrightarrow f(x)\in B$，因此 $f:A\leqslant_m B$. □

(5) 如果 A 是 r.e.的且 $B\leqslant_m A$，则 B 是 r.e.的.(即如果 A 递归可枚举且 B 被 A 可计算，则弱于 A 的集合也必定可递归可枚举.)

证:设 $g:B\leqslant_m A$ 且 $A=dom(h)$，其中 h 可计算;则 $B=dom(h\circ g)$，则 $h\circ g$ 可计算，所以 B 是 r.e.. □

(6) $A\leqslant_m\mathbb{N}$ 当且仅当 $A=\mathbb{N}$.(**解读**:这表明比$\mathbb{N}$弱的只有它本身，一个不好的性质.)

证:由(1)，$\mathbb{N}\leqslant_m\mathbb{N}$;反过来，设 $f:A\leqslant_m\mathbb{N}$，即 $x\in A\Leftrightarrow f(x)\in\mathbb{N}$，则显然 $A=\mathbb{N}$. □

(7) $A\leqslant_m\varnothing$当且仅当 $A=\varnothing$.

证:$A\leqslant_m\varnothing\Leftrightarrow\overline{A}\leqslant_m\mathbb{N}\Leftrightarrow\overline{A}=\mathbb{N}\Leftrightarrow A=\varnothing$. □

(8) $\mathbb{N}\leqslant_m A$ 当且仅当 $A\neq\varnothing$.

证:设 f: $\mathbb{N}\leqslant_m A$，则 $A=ran(f)$，因此 $A\neq\varnothing$(因为 f 是全函数).反之，设 $A\neq\varnothing$，且任取 $c\in A$，则如果我们定义 $g(x)=c$，我们有 $g:\mathbb{N}\leqslant_m A$. □

(9) $\varnothing\leqslant_m A$ 当且仅当 $A\neq\mathbb{N}$.

证: $\varnothing \leqslant_m A \Leftrightarrow \mathbb{N} \leqslant_m \overline{A} \Leftrightarrow \overline{A} \neq \varnothing \Leftrightarrow A \neq \mathbb{N}$. □

有了多一规约,我们就可以把这种规约下计算难度相同的集合放在同一个等价类中.定义如下.

定义 6.4.1　集合 A,B 多一规约等价,记为 $A \equiv_m B$,如果 $A \leqslant_m B$ 且 $B \leqslant_m A$.

定理 6.4.2　$\equiv_m$ 是等价关系.

定理 6.4.3　(1) $\{\varnothing\}$和$\{\mathbb{N}\}$是 m -度,记为 0 和 n,它们是递归度.

(2) 存在其他递归度,记为 $\mathbf{0}_m$.

(3) 对于任意的 m -度 $\boldsymbol{a}$,有 $\mathbf{0} \leqslant_m \boldsymbol{a}$.

(4) 存在一个最大的 r.e. m -度,及 $\boldsymbol{d}_m(K)$记为 $\mathbf{0}_m'$.

§6.5　图灵(Turing)规约

由于多一规约的性质不是特别好,尤其是对$\varnothing$ 和$\mathbb{N}$.我们常用方法是图灵规约.

定义 6.5.1　集合 B 是图灵规约到集合 A,或 B 是 A-Turing 递归的,此时我们将之记为 $B \leqslant_T A$,如果存在一种算法,使得当我们需要判断是否 $x \in B$,我们只需要问 A 就可以了,也就是说 A 可以提供任何形如"y 是否属于 A"这类问题的答案.如果 A 的回答是"是",则按照转移函数操作;如果 A 的回答是"否",则可能按照转移函数做另一操作.

我们只需要将 Turing -机模型简单修改一下,我们就可以得到类似的机器——带外部信息元(oracle)的 Turing -机.Q 还是有穷状态集.在 Turing -机上我们额外加一"只读"的带子 Σ_1,即外部信息元(oracle)带,其上写着集合 A 的特征函数.转移函数 δ: $Q \times \Sigma \to \Sigma \times Q \times \{R,L\}$只需改为$\delta$: $Q \times \Sigma_1 \times \Sigma_2 \to \Sigma_2 \times Q \times \{R,L\}$即可,其中$\delta(q,a,b)=(p,c,X)$,这表明,当机器状态为 q,工作带 Σ_2 读头内容为 b,外部信息元带读头内容为 a 时,将工作带中 b 改为 c,同时将读头向 X 侧移动一个位置.另外读头起始于外部信息元带放 $X_A(0)$的那个单元.

一个部分函数 ψ 在 A 中 Turing 可计算,记为 $\psi \leqslant_T A$,如果存在一个程序 P_e 使得此机器以 χ_A 为其外部信息元,且对于任意 x,y 有 $\psi(x)=y$ 当且仅当 P_e对输入 x 运行后最终停机且输出 y.

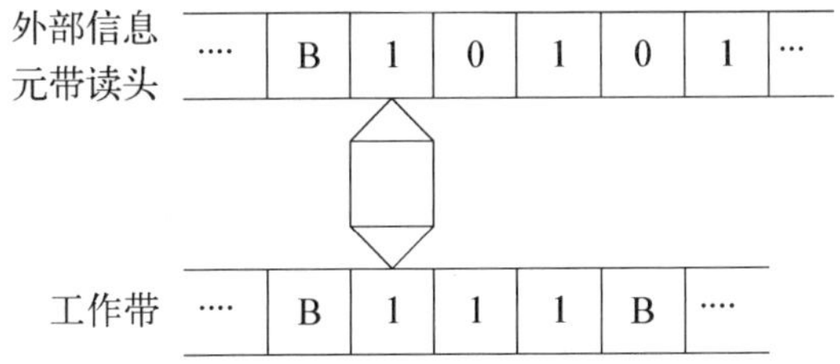

图 6 - 1　带外部信息元的图灵机

类似于多一规约,当 $A \leqslant_T B$ 时,我们认为 B 完全知晓 A 的全部信息,B 完全可以算出 A 的每个信息,B 有更强的信息(至少同样的信息),B 的计算难度不小于 A 的计算难度.同样的,我们可以定义计算难易程度的等价类.

定理 6.5.1　设 A,B,C 为集合,

(1) $\leqslant_T$具有自反性和传递性,$\equiv_T$是等价关系;

(2) $A \leqslant_m B$，则 $A \leqslant_T B$；

(3) 如果 A 递归，则 $A \leqslant_T B$（对于任意集合 B）；

(4) 如果 A 递归且 $B \leqslant_T A$，则 B 递归；

(5) $A \equiv_T \overline{A}$.

图灵规约有很好的性质，由它发展出一门学科——度论.而且它有广泛的实际应用，例如可计算分析这门学科，它可以实际计算大量的分析学中大量的常见函数，甚至可以计算定积分.

图灵规约充分反映了信息的特点，弱的不能计算强的，强的可以计算弱的.$A \leqslant_T B$，表明 B 可以计算 A，B 有更强的信息，至少与 A 相等的信息.所以计算 B，或要找到 B 的全部信息会更难.

总之，规约这一工具表明，在数学中，要研究某一事物，我们必须有更强的工具和方法、更有效的手段、更深的哲学观等等才能找到解决问题的方式方法.对应信息也是如此.

§6.6　小结：复杂事物的编码

在这部分教材中，我们讲述了可计算函数如何在计算机上实现编码所需的模型、思想，实现了可计算函数、计算机、编码之间的一一对应关系，揭示了信息的一些基本原理，表明了可计算性理论在信息研究中的一定程度上的引领和指导作用，可计算性与传统信息论是互补的、统一的、一体的.

前面我们阐述了可计算的编码，给定了编码好坏的标准.但可计算性也揭示了存在不可计算的信息，不可编码的信息.那么这些信息该怎么处理呢？我们给出一些方法以供借鉴.

其实在数学中，我们往往要处理的多是不可计算的、复杂事物之间的编码.在处理超复杂事物之间的编码时，我们要常常使用图灵规约这一工具，研究相对的可计算问题，低层次问题或低难度问题的信息在相对高层次问题或相对高难度问题的信息眼中是可计算的，如同孩童在长者眼中一样，显然我们只需要将高难度信息放在图灵机的外部信息元中即可实现低层次问题的可计算性.在集合论中，我们可以看到考察不同层次的不可达基数时（在逻辑专家的眼中一般公认不可达基数的存在性等同于上帝存在），需要不停地改变观察问题的角度，需要使用力迫(forcing) 方法，我们同样可以看到难度较低信息在难度较高的信息的眼中是显然的，虽然难度较低信息本身可能是不可达的.

此外，我们也要看到：如果 $A, B \leqslant_T C$，则 $A \oplus B \leqslant_T C$.所以这表明低层次的信息的并集还是较低层次的.这里我们要注意的是，信息的合并并不是线性的，而常常是具备爆发性的. $A, B \leqslant_T C$，则很可能 $A \oplus B =_T C$.可计算性理论中，就存在这样的结果，所有的 r.e. 集都是图林小于 K（最大的 r.e. 集），但存在集合 $A, B <_T K$，$A \oplus B =_T K$，而且 A, B 是低可计算性的.

上面讲的问题的出发点都是从计算这一角度出发的.信息不仅仅是这样的出发点.例如，在数学中我们需要处理不同事物之间的关系，我们需要证明一条语句或一个定理在这类或那类模型中成立.因此信息的考虑要根据具体问题，剔除不必要信息，选取重要信息并制定模型信息以解决问题.我们希望大家能从本书中找到方法以处理其他各类信息问题.在信息的处理过程中，我们会发现信息有时甚至会坍塌、会爆炸.信息的研究需要数学、统计、通信、量子力学等等人类已掌握知识的综合应用，需要更高层次的哲学思想，甚至需要人类已发展的每次工业、信息革命的成果！

第二部分

信息、算法与编码在可计算分析中

第七章　可计算分析的背景、TTE 的轮廓

计算机不仅要能计算离散问题，还要能处理连续事物的可计算性.因此本部分我们来处理这类问题.为了方便研究，本章我们研究数学分析中的可计算性问题.

§7.1　研究背景

图灵机处理的是离散情况下的可计算性.现实的问题是如何计算连续函数，例如数学分析中的可导函数、可积分函数，甚至具体到 $f(x)=3x$，$g(x)=\sin x$ 等等这样的函数呢？在图灵机基础上发展起来的可计算分析，作为一门新兴理论计算机学科，可计算分析研究连续型计算的客观规律，如实数、实数集、实函数的可计算性等等.A. Turing 给出了可计算实数概念的精确定义.他还看到实数的二进制和十进制表示不足以定义恰当的可计算实函数的概念.此后，人们尝试了不同的理论模型.与经典可计算性理论的情形不同的是，这些理论流派关于可计算实函数的定义并不完全等价.Banach 和 S. Mazur 用序列可计算性定义了实函数可计算性.A. Grzegorczyk 和 D. Lacombe 建议用快速收敛的有理数列作为实数的“名字”，并且定义：一个实函数 f 是可计算的是指有某个机器(数字计算机，图灵机) 可以从每个实数 x 的每一个名字计算出它的像 $f(x)$的名字.M. Pour-El 与 J. Richards 以公理化方法定义了 Banach 空间上的可计算性概念.K.Weirauch 与 C. Kreitz 在 A. Grzegorczyk 和 D. Lacombe 的工作基础上创立了以表示理论和第二型图灵机为基础的第二型能行性理论简称 TTE.葛可一 Ko，Ker-I 应用 NP -完全性理论证明了一些基本的数值运算(如求极大值、积分)的计算复杂性的下界[Ko91，Ko98].二十世纪的八九十年代以来，A. Edlat 应用域理论(domain theory) 研究实函数的可计算性. Markov 的构造性数学流派则以 Markov 算法来定义可计算实数和实函数.美国的 L. Blum，F.Cucker，M. Schub 和 S. Smale 以 real-RAM 模型研究实数计算理论.此外，Brouwer 的直觉主义分析，和 Bishop-Bridge 的构造性分析，用比经典逻辑更弱的逻辑基础(如直觉主义逻辑)来研究分析学中的定理证明及其能行性.

对于数学系学生，要注意的是，数值分析研究函数的计算方法，如求零点的牛顿方法和解线性方程组的高斯消去法，并不是一门研究可计算性规律的学科.它所面向的是人的思维而不是机器的思维.它将实数都视为一个个独立的个体，就像自然数那样天然存在.然而数字计算机在本质上是离散的.事实上，实数在计算机中通常是以浮点数的形式近似表示的.这导致根据数值计算方法设计的科学计算软件具有不稳定性：在有些情形下所给出的计算结果远远偏离正确结果.例如应用高斯消去法求解线性方程组

$$\begin{cases} 40\ 157\ 959.0 \cdot x + 67\ 108\ 865.0 \cdot y = 1 \\ 67\ 108\ 864.5 \cdot x + 112\ 147\ 127.0 \cdot y = 0 \end{cases}$$

用双精度的浮点数的计算结果是

$$\tilde{x}=112\ 147\ 127,\tilde{y}=-67\ 108\ 864.5$$

而正确的结果分别是上述计算结果的两倍，即

$$x=224\ 294\ 254,y=-134\ 217\ 729$$

这样的误差很难控制并导致计算结果不可靠.因此，尽管数值分析在过去几个世纪里曾取得了巨大的成就，它的未来发展需要建立在一个坚实的可计算性理论基础之上.

在众多的研究可计算分析的理论模型当中，我们发现 TTE 理论是研究可计算分析的较为合理的一种.与其他理论模型相比，它具有三个突出的优点：(一) 它是图灵机的推广.(二) 它是现实可行的，可以用通常的计算机语言设计程序，在数字式计算机上执行.(三) 它具有理论包容性.它所定义的可计算性总是相对于计算对象的具体表示而言的.不同的表示导致不同的可计算性，这是 TTE 理论的一个重要的发现和关键思想.其他学派关于可计算性的定义，则没有体现这一观点.例如，它们关于实数的可计算性往往只有一种，而在 TTE 那里允许多种不同的定义.其他学派关于可计算性的定义也往往或者是等价于 TTE 理论中所定义的某个特殊的可计算性概念，或者可以用 TTE 的方法加以重新定义的.

在图灵机或者计算机中，运算对象，如实数，总是表示成 0－1 串的形式.函数的计算过程就是机器将输入串转换成输出串的过程.这种用符号串来表示计算对象所形成的对应关系称为命名系统(naming system).因此在 TTE 理论中，有两类命名系统：以有限长的符号串表示计算对象的称为标记(notation)；以无限长的符号串表示计算对象的称为表示(representation).同一个计算对象集可以有不同的命名系统.例如，实数的表示有十进制和二进制，等等.TTE 以一类特殊的图灵机，第二型图灵机(简称 T2－机)，作为其计算模型.例如，称一个实数是二进制可计算的，如果有一个 T2－机可以自动生成该数的二进制形式.又如，称一个函数 f 是(二进制，二进制)－可计算的，是指有一个 T2－机，对于输入 f 的定义域中任何一个数 x 的二进制表示，输出像 $f(x)$的二进制表示.不同的命名系统往往诱导出不同的可计算性.例如，函数 $f(x)=3x$ 对于二进制或十进制都是不可计算的，但对于实数的标号数字表示(或标号二进制，signed-digitrepresentation) 则是可计算的.

§7.2　TTE 体系的轮廓

T2－的能行性理论(简记为 TTE)扩展了 T2－的可计算性和可计算复杂性.TTE 研究可计算性和连续性这两类问题.本节从直观上给出 TTE 理论的轮廓.

一、计算模型

在第一部分我们介绍了图灵机、URM 机器上的可计算性，介绍了离散函数 $f:\mathbb{N}\to\mathbb{N}$ 的可计算性.因为$\mathbb{N}$上自然数通常用二进制表示，故函数 $f:\mathbb{N}\to\mathbb{N}$ 事实上也可表示为 $f:\subseteq\Sigma^*\to\Sigma^*$，从有限字母表 Σ 上的字映射到有限字母表 Σ 上的字.为了研究更为复杂的事物(包

括连续事物、有理数、实数、拓扑……)，甚至任何事物上的可计算性，我们本部分考察函数 $f:\subseteq\Sigma^{\omega}\to\Sigma^{\omega}$ 的可计算性.

类似于图灵机，我们使用黑箱表示：

其工作模型为：例如，输入一个实数的名 $(I_0, I_1, I_2, \cdots)$，机器从工作带上读取 I_k，然后在输出带上书写 J_m. 在这以后，机器从工作带上读取 I_{k+1}，然后在输出带上书写 J_{m+1}.(**解读：**举个例子，如果我们输入的是实数 π，我们实际上是可以直接输入 π 这个符号或是输入计算 π 的有穷程序，而它们都是现代计算机可以识别的，我们确实不需要输入无穷序列 $(I_0, I_1, I_2, \cdots)$，因为计算 π 的有穷程序已经含有 π 的识别信息. 但实际上，我们却不得不输入它的名，因为我们要计算一个函数在 $\mathbb{R}$ 上每个点的函数值，一方面是 $\mathbb{R}$ 上有太多的不可计算的点存在，有些输入的实数根本不可计算，不是每个输入的实数都是可以像 $\sqrt{2}$，π……一样简单表示的；另一方面，我们要的是一个对所有输入实数都有效的计算程序，如同我们在可计算性中所描述的.)(**解读：**输入实数的信息包含在它的名 $(I_0, I_1, I_2, \cdots)$ 中，输出实数的信息包含在它的名 $(J_0, J_1, J_2, \cdots)$ 中，输出的名当然要能翻译出相应的实数来，否则就没有意义了.)

二、实数的命名系统

一个实数的名是一个闭区间 $[a, b]$ 的序列 $(I_0, I_1, I_2, \cdots)$，使得 $\forall n(I_{n-1}\subseteq I_n)$ 而且 $\{x\}=\bigcap_{n\in\mathbb{N}} I_n$.

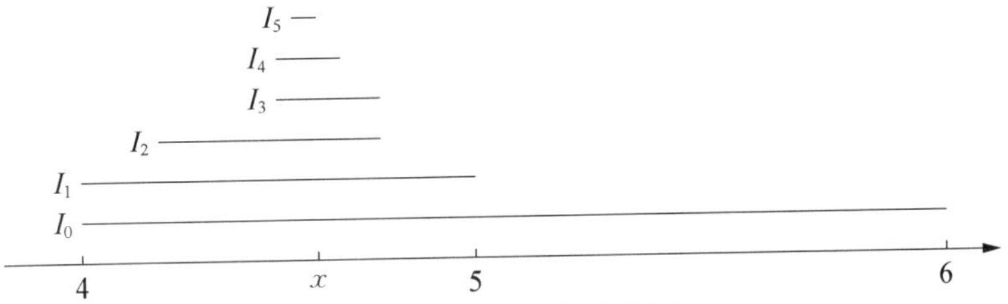

图 7-1　实数名的示意图

例 7.2.1　$\sqrt{2}$ 可计算.

证明：定义 $f:\mathbb{N}\to\mathbb{N}$ 使得 $f(n):=\min\{k\in\mathbb{N}\mid k^2<2n^2\leqslant(k+1)^2\}$；$J_0=[1,2]$，$J_n:=\left[\frac{f(n)}{n}, \frac{f(n)+2}{n}\right]$，因为此 J_n 不一定是闭区间套，再定义 $I_n=J_0\cap J_1\cap\cdots\cap J_n$ 即可. □

函数 $f:\mathbb{R}\to\mathbb{R}$ 可计算当且仅当存在机器分别将 x 的任意名映射成 $f(x)$ 的名.

例 7.2.2　$(x, y)\to x\cdot y$ 可计算.

证明：显然 x、y 的名 $(I_0, I_1, \cdots)$、$(J_0, J_1, \cdots)$ 被映成了 xy 的名 $(I_0J_0, I_1J_1, \cdots)$. □

例 7.2.3　令 $f(n)=\pi$ 的小数形式中小数点后的第 n 个数，即 $f(0)=3$，$f(1)=1$，$f(2)=4\cdots$. 这是例 3.2.1，其实其算法就是找名. 事实上，设 $s_k=\sum_{n=0}^{k} h_n$，令 $J_n=\left[s_k, s_k+\frac{1}{10^k}\right]$，再定义 $I_n=J_0\cap J_1\cap\cdots\cap J_n$ 即可计算.

例 7.2.4 $\sqrt{x}:\subseteq\mathbb{R}\to\mathbb{R}$ 可计算.

证明: 对于任意 x,设$(I_0,I_1,\cdots,I_n)$为 x 的名,当然 $I_n=[a,b]$是有理数端点区间(不含负数的区间).因为对于任意有理数 a,b 存在有理数 r,s 使得

$$a-(b-a)<r^2\leqslant a<b\leqslant s^2<b+(b-a)$$

因此存在可计算函数 f 使得 $f(I)=K$,$I\subseteq K^2$ 且$|K^2|<3|I|$.为了保证 I 的端点都是大于 0 的,再令 $g[a,b]=[\max(0,a),b]$,$J_n=f\circ g(I_0)\cap f\circ g(I_1)\cap\cdots\cap f\circ g(I_n)$. 显然 $I_n\to J_n$ 可计算. □

例 7.2.5 (当堂讨论)(1) 每个可计算函数实函数都是连续的.

(2) π 可计算.

(3) $\log_3 5$ 可计算.

(4) (Specker 序列)对于自然数子集合 $A\subseteq\mathbb{N}$,

$$x_A:=\sum_{i\in A}2^{-i}\ 可计算\quad 当且仅当\quad A\ 可计算$$

证明: 充分性:设 A 可计算.定义 $I_n:=[s_n;s_n+2\cdot 2^{-n}]$,其中 $s_n:=\sum_{i\leqslant n,i\in A}2^{-i}$. 则$(I_0,I_1,\cdots,I_n)$是 x_A 的名.

必要性:设$(I_0,I_1,I_2,\cdots)$为 x_A 的名.如果 A 是有穷集或余无穷集,则 A 可计算.假设 A 既不是有穷集也不是余无穷集,则$\dfrac{m}{2^n}\neq x_A$ 对任何$m,n\in\mathbb{N}$.对于任意 n,证明 $n\in A$ 或者 $n\notin A$,其思路如下:定义 $A_n:=\{i\in A\mid i<n\}$和 $t_n:=\sum_{i\in A_n}2^{-i}+2^{-n}$.注意到$0<\sum_{i\in A,i>n}2^{-i}<2^{-n}$,从而

$$\begin{aligned}n\in A&\Rightarrow x_A>t_n\\ n\notin A&\Rightarrow x_A<t_n\end{aligned}\tag{7.1}$$

找到最小的 $k\in\mathbb{N}$ 使得 $t_n\notin I_k$.如果 $\max(I_k)<t_n$,则 $x_A<t_n$,因此 $n\notin A$,如果 $t_n<\min(I_k)$,则 $t_n<x_A$,因此 $n\in A$.从而 A 可计算. □

三、连续函数 C[0;1]空间的命名系统

我们已经简单地展现了一些简单函数如何用名进行计算,对于复杂可计算函数其实也是这样.

下面再看一下非可计算函数类的名.$C[0;1]$为连续函数 $f:[0,1]\to\mathbb{R}$ 的集合.称 $f:[0,1]\to\mathbb{R}$ 是一个有理多边形当且仅当它的图$\{(x,f(x))\mid f:[0,1]\to\mathbb{R}\}$是个每个顶点都是有理坐标的多边形.称 $B(p,r)=\{f\in C[0;1]\mid d(f,p)<r\}$为以函数 p 为中心的函数球(ball,详见定义 10.0.3).

一个连续函数 $f:[0,1]\to\mathbb{R}$ 的名就是一个序列$(B_0,B_1,\cdots)$,其中 B_n 是以 $f\in B_n$ 为圆心、半径为 2^{-n}的函数球.一个函数 f 的名能够任意接近 f.一个函数 $f:[0,1]\to\mathbb{R}$ 可以有一个可计算的名,而且它能够在计算机上可计算.

第八章　康托(Cantor)空间上的可计算性

在第一部分我们介绍了图灵机基础上离散函数 $f:\subseteq\Sigma^*\to\Sigma^*$ 的可计算性,从有限字母表 Σ 上的字映射到有限字母表 Σ 上的字.这种方法只适用于可数离散集合,不适用于不可数集合.而对于更为复杂的事物(包括连续事物、有理数、实数、拓扑……),甚至任何事物上的可计算性,我们本部分考察函数 $f:\subseteq\Sigma^\omega\to\Sigma^\omega$ 的可计算性.即将我们研究对象的"编码(code words)"或者"名(name)"(由无穷序列构成)映射成它们像的"编码"或"名"(也由无穷序列构成).因为 Σ^ω(假设 Σ 为有穷集且至少有 2 个元素)的基数(cardinality)与实数集的基数相等(根据连续统假设),故 TTE 可适用于实分析.

§8.1　T2-机器及可计算性

在本节中,我们假设 Σ 为含有字符 0,1 的有穷字母表,集合 Σ^ω 为 Σ 上所有无穷字符串集合,Σ^* 为有穷字母序列的集合.对于 $k\geqslant 0$ 和 $Y_0,Y_1,\cdots,Y_k\in\{\Sigma^*,\Sigma^\omega\}$,定义可计算函数 $f:\subseteq Y_1\times\cdots\times Y_k\to Y_0$,此函数可由一图灵机运行,这个图灵机拥有 k 条单向输入带,有限多条工作带和一条单向输出带.

图灵机的限制如下:

- "i:left"和"i:write(a)"不能使用于输入带;
- 输出带上只允许使用"0:write(a);0:right"($a\in\Gamma$).

上面的限制保证了输入带是单向只读带,输出带只能写入 Σ 中的元素并且不能擦除.(单向输出!)

定义 8.1.1　T2-图灵机(Type-2 machine)是图灵机的改进型,它有 k 个输入带和一个输出带,分别输入或输出 $Y_1,\cdots,Y_k,Y_0$ 中元素,其中 $Y_i\in\{\Sigma^*,\Sigma^\omega\}$.$(y_1,y_2,\cdots,y_k)\in Y_1\times\cdots\times Y_k$ 作为输入带的初始输入,即把 y_i 从左至右紧排在第 i 号输入带上,所有其他元填入 B.

1. 若 $Y_0=\Sigma^*$

$f_M(y_1,\cdots,y_k):=y_0\in\Sigma^*$,当且仅当对于输入为$(y_1,y_2,\cdots,y_k)$时,M 停机且输出带上为 y_0.(**解读:**此时,基本与传统图灵机运行类似.注意若 M 永远计算下去但输出是有限的,那么 $f_M(y_1,\cdots,y_k)$是没有定义的.)

2. 若 $Y_0=\Sigma^\omega$

$f_M(y_1,\cdots,y_k):=y_0\in\Sigma^\omega$,当且仅当对于输入$(y_1,y_2,\cdots,y_k)$时,M 永远计算下去且在输出带上不断输出 y_0.

我们称串函数 $f:\subseteq Y_1\times\cdots\times Y_k\to Y_0$ 为可计算的,当且仅当对于 T2-图灵机 M,f 可由 M 计算.

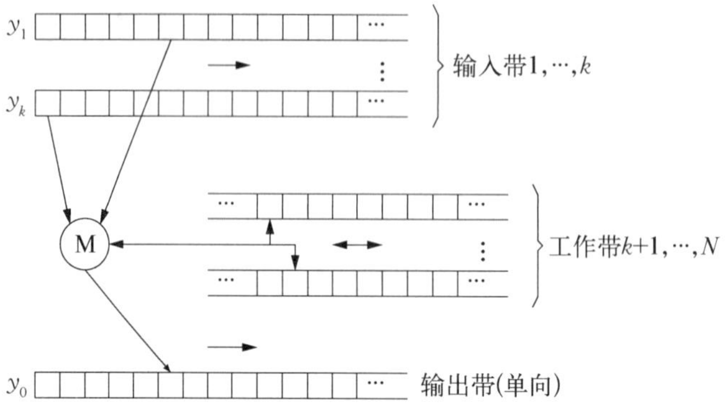

图 8-1　T2-图灵机模型

例 8.1.1　每个字 $\omega\in\Sigma^*$ 是可计算的.

(**解读**:注意,对于传统的图灵机而言,有穷的函数、集合都是可计算的.)

先考虑最简单的情况.如果 ω 由单个字符组成,不妨设 $\omega=0$,则我们可以设计一个 T2-机器 M,当它读取第一个符号时,直接在输出带上输出 0 并停机.

如果 ω 由 2 个符号构成,不妨设 $\omega=(a,b)$,则我们同样可以设计一个 T2-机器 M,当它读取第一个符号时,直接在输出带上输出 a,读取第 2 个符号时,在输出带上输出 b 并停机.

对于由有穷符号构成的情况,类似考虑.

例 8.1.2　序列 $p\in\Sigma^\omega$ 是可计算的当且仅当常值函数 $f:()\to\Sigma^\omega$,$f()=p$ 是可计算的.

(**解读**:这是一个可计算的常数函数.)

必要性:如果 $p=(a_0,a_1,\cdots,a_n,\cdots)\in\Sigma^\omega$ 是可计算的,则存在图灵机 M 使得 $M(n)=a_n$ 对于每个 n.我们构造一个 T2-机器 N,当 M 算出 a_0 时,在 N 的输出带上输出 a_0,然后等待 M 算出 a_1.一旦等到,则在 N 的输出带上输出 a_1,然后等待 M 算出 a_2.一旦等到,则继续上述的工作……

充分性:设常值函数 $f:()\to\Sigma^\omega$ 使得 $f(x)=p(\forall x)$ 是可计算的,故存在 T2-机器 M,对任何输入 x,都可以输出 $p=(a_0,a_1,\cdots,a_n,\cdots)$.因此,对任何 n,当 M 对任何输入进行计算时,我们只要等待 M 在输出带上输出 a_n 即可知道 a_n.而 T2-机器的输出带是不可改写的,因此我们一定可以等到.

例 8.1.3　一个 n 元组 $(y_1,y_2,\cdots,y_k)$ $(y_i\in\Sigma^*$ 或者 $y_i\in\Sigma^\omega)$ 是可计算的,当且仅当每个 y_i 是可计算的.

例 8.1.4　(当堂讨论)1. 每个投影函数 $pr:Y_1\times Y_2\times\cdots\times Y_k\to Y_i$ 是可计算的吗?(直接把第 i 个输入带拷贝到输出带上即可.)前面在第二章可计算性中介绍的几个定理还成立吗?我们知道第二章处理的是离散函数,我们这章讨论的也是离散的吗?

2. 设 $f:\Sigma^\omega\to\Sigma^*$ 使得

$$f(p)=\begin{cases}1 & 若\ p\neq 0^\omega\\ \uparrow & 否则\end{cases}\tag{8.1}$$

则 f 可计算.(对每一个无穷序列 p,我们只要依次检查 p 的每一项是否为 0 即可,只要发现一个不同,则令 $f(p)=1$,否则继续等待.)

3. 设 $\{(u_1,v_1),(u_2,v_2),\cdots,(u_n,v_n)\mid u_i,v_i\in\Sigma^*\}$,$u_1,u_2,v_2,v_n$ 是前缀自由(prefixfree)的(见定义 14.4.2),定义 $f:\Sigma^\omega\to\Sigma^*$ 使得

$$f(p):=\begin{cases}v_i & 若\ \exists i(u_i\sqsubseteq p)\\ \lambda & 否则\end{cases}\tag{8.2}$$

则 f 可计算.(对每一个无穷序列 p,只要依次检查每个 u_i 是否恰好为 p 的字头,只要发现一个,则令 $f(p)=v_i$.因为 u_i 只有有穷个而且每个 u_i 都是有穷长的,因此在有穷步数后就可判定出全部 u_i 是否为 p 的字头.因此如果所有 u_i 都不是 p 的字头,则定义 $f(p)=\lambda$.)

4. 设 $f:\Sigma^\omega\to\Sigma^*$ 使得

$$f(p)=\begin{cases}1 & 若\ p\neq 0^\omega\\ 0 & 否则\end{cases}\tag{8.3}$$

则 f 不可计算.

例 8.1.5　假设$\{0,1,\cdots,9,\bullet\}\subseteq\Sigma$.

1. 由普通算术除法规律知道,存在 T2-图灵机能够实现无穷十进制小数除以 3 运算.

2. 但是,不存在 T2-图灵机能够对无穷十进制小数做乘以 3 运算.证明如下:

若存在 T2-图灵机 M 能计算实函数 $x\to 3\cdot x$.则对于输入$\dfrac{1}{3}$的名 0.333…,M 输出必为 0.999…或者 1.000….我们假设输出为前一种情况.令 k 为输出为“0.”时运算所需的步数.在这段时间内 M 从输入带上读入有限个符号,假设为 $0.\omega$.现在考虑另外一个输入 $0.\omega999\cdots$,它表示另一个实数 $x>\dfrac{1}{3}$的名.对于这个输入,M 会首先输出 0.但是由于 $3\cdot x>1$,故 M 不能在输出带上正常工作(产生矛盾!).对于另一种情况类似讨论即可.所以不存在这种 T2-图灵机.

注解 8.1.1　我们知道直觉上 $f(x)=3x$ 是可计算函数.如果连这样简单的函数都不可计算,那么这种计算模型存在的意思就没那么大.那么 T2-机器真有问题吗?当然没问题,那原因是什么呢?原因出在表示方法上,首先我们要用到名,即用逼近的想法考虑此计算.对于 x 输入其名$(I_0,I_1,I_2,\cdots)$,我们定义一个 T2-机器,使得其输出的名是$(J_0,J_1,J_2,\cdots)$,其中 $J_n=3I_n$ 对每个 n.显然对任何 x,该机器的结果确实是逼近 $3x$.但另一个问题在于我们能否快速确定出 $3x$ 的无穷小数形式中的每一位数字,而不是遥遥无期的等待.因此我们不能只有 T2-机器,还要有名的规则和限制,例如要求对每个 n,$|I_n|=\dfrac{1}{2}|I_{n-1}|$处处成立,这样就保证能够快速确定无穷小数形式中的每一位数字.后面我们会具体给出在另外一种表示方式上,$f(x)=3x$ 是可计算的.所以可计算分析还是可行的理论,它能表示信息.

下面我们考察复合函数的可计算性:

定义 8.1.2　(tupling 函数)定义“wrapping”函数 $\iota:\Sigma^*\to\Sigma^*$ 及相关函数

$$\iota(a_1a_2\cdots a_n):=110a_10a_20\cdots a_n011$$

$$\langle x_1,x_2,\cdots,x_k\rangle:=\iota(x_1)\cdots\iota(x_k)\in\Sigma^*$$

$$\langle x,p\rangle:=\iota(x)p\in\Sigma^\omega$$

$$\langle p,x\rangle:=\iota(x)p\in\Sigma^\omega$$

$$\langle p_1,\cdots,p_k\rangle:=p_1(0)\cdots p_k(0)p_1(1)\cdots p_k(1)\cdots\in\Sigma^\omega$$

$$\langle x_0,x_1,\cdots\rangle:=\iota(x_0)\iota(x_1)\cdots\in\Sigma^\omega$$

$$\langle p_0,p_1,\cdots\rangle\langle i,j\rangle:=p_i(j)\ (\langle p_0,p_1,\cdots\rangle\in\Sigma^\omega)$$

显然这几个函数都是可计算的.

引理 8.1.1 1. 一个函数 $f:\subseteq\Sigma^\omega\to\Sigma^*$ 可计算当且仅当 $f=h_*$，其中可计算函数 $h:\subseteq\Sigma^*\to\Sigma^*$ 的定义域是前缀自由的，

$$h_*(p)=\begin{cases}h(w) & 若\ w\sqsubseteq p\ 且\ w\in dom(h)\\ \uparrow & 若\ w\not\sqsubseteq p\ 对所有\ w\in dom(h)\end{cases}\tag{8.4}$$

（**解读**：1. 这个函数 f 的最大特点在于：对于任意的字符串 $p_1,p_2\in\Sigma^\omega$，如果 ω 为它们的公共前缀，则 $f(p_1)$ 必定等于 $f(p_2)$，如果这两个计算有定义.即它们必定是协调的.集合论中强迫(forcing)的想法.）

（**解读**：2. 输出结果是有穷字符串的函数，如果可计算的话，对每个 p，$h(p)$ 函数值的信息藏在 p 的有穷前缀 ω 对应的函数值上.）

2. 一个函数 $f:\subseteq\Sigma^\omega\to\Sigma^\omega$ 可计算当且仅当 $f=h_\omega$，其中 $h:\subseteq\Sigma^*\to\Sigma^*$ 可计算且单调，使得

$$p\in dom(h_\omega)\Leftrightarrow h\ 在\ p\ 上是无界的$$

$$h_\omega(p):=\sup_{i\in\mathbb{N}}h(p_{<i})\ 如果\ p\in dom(h_\omega)$$

证明：1. 设 M 是计算 $f:\subseteq\Sigma^\omega\to\Sigma^*$ 的机器.令 $h:\subseteq\Sigma^*\to\Sigma^*$ 使得

$$h(w)=\begin{cases}f(w0^\omega) & 若机器\ \mathrm{M}\ 对于输入\ w0^\omega\ 恰好\ |\omega|\ 步后停机\\ \uparrow & 否则\end{cases}\tag{8.5}$$

即可得到必要性.

设 M 为计算 $h:\subseteq\Sigma^*\to\Sigma^*$ 的机器，h 的定义域是前缀自由的.则存在一个 T2-机器 N 使得对于任意输入 $p\in\Sigma^\omega$，该机器可寻找到最小数 $k:\langle i,t\rangle$ 使得 M 对于输入 $p_{<i}$ 恰好 t 步内停机、打印出结果 $h(p_{<i})$ 并停机.因为 $dom(h)$ 是前缀自由的，存在至多一个这样的 k.显然 N 可计算 h_*.

2.（请自行证明）.

定理 8.1.1 对于 $\forall k,n\in\mathbb{N}$，$X_1,\cdots,X_k,Y_1,\cdots,Y_n,Z\in\{\Sigma^\omega,\Sigma^*\}$，对于 $i=1,\cdots,n$，如果

$$g_i\subseteq X_1\times\cdots\times X_k\to Y_i\ 和\ f\subseteq Y_1\times\cdots\times Y_k\to Z$$

可计算.则复合函数

$$f\circ(g_1,\cdots,g_n)\subseteq X_1\times\cdots\times X_k\to Z$$

可计算，若 $Z=\Sigma^\omega$ 或者 $Y_i=\Sigma^*$ 对于任意的 i；否则，存在一个可计算的扩充 h 使得使得 $dom(h)\cap dom(g_1,\cdots,g_n)=dom(f\circ(g_1,\cdots,g_n))$.

证明：我们这里仅仅对最简单的情况进行证明，即 $k=n=1$ 时，机器 M_f，M_g 分别可计算 f，g.

情况 1：$Y_1=\Sigma^*$.这时就是图灵机的情况，在第二章已经证明.

情况 2：$Y_1=\Sigma^\omega$.对于中间的结果 $y\in Y_1=\Sigma^\omega$，y 既是 M_g 的输出，又是 M_f 的输入，我们只需要如下运算即可保证证明成立：对于输入 x，M_g 工作直到它可以在工作带上写出一个字符，然后立刻停止并让 M_f 工作，M_f 也一样，M_f 不停运动直到它也在工作带上写出一个字符，然后也立刻停止并让 M_g 工作.反复如此交替运算.

这里如果 $Z=\Sigma^*$，$Y_1=\Sigma^\omega$，则属于输出为有穷字符串情况，其信息依赖于输入的有穷前缀的结果.设 $y:=g_1(x)\in\Sigma^\omega$ 存在.则 f_M 存在当且仅当 $f(y)$ 存在当且仅当 $f\circ g_1(x)$ 存在，从而 $dom(f_M)\cap dom(g_1)=dom(f\circ g_1)\cap dom(g_1)=dom(f\circ g_1)$.进一步的，$f_M(x)=f\circ g_1(x)$ 如果 $x\in dom(f\circ g_1)$，因此 f_M 扩充 $f\circ g_1$.

如果进一步的，$Z=\Sigma^\omega$，类似方法证明. □

注意：这里不同于离散情况下的情形，第二章可计算函数复合后还是可计算的，因为每个可计算函数必定在有穷步之内停机.而在此处如果起始内部状态是有穷字符串，中间内部状态却是无穷字符串，则这样的复合函数可能是不可计算的.

例 8.1.6　设 A 是个递归可枚举集，则存在可计算函数 $h:\mathbb{N}\to\mathbb{N}$ 使得 $A=dom(h)$，再定义 $g:\Sigma^\omega\to\Sigma^*$，$g(p):=\lambda$ 和 $f:\subseteq\Sigma^*\to\Sigma^\omega$ 使得

$$f(w)(k)=\begin{cases}1 & 若\ |w|\notin\{h(0),h(1),\cdots,h(k-1)\}\\ \uparrow & 否则\end{cases}\tag{8.6}$$

则 $g\circ f$ 不可计算.

对于第二章中的可计算函数都可以做类似的平行推广，只是结论稍有点变化.例如：

定理 8.1.2　设 $f':\subseteq Y_1\times\cdots\times Y_k\to Y_0$ 为可计算函数，且对每个 $a\in\Sigma$，令 $f_a:\subseteq\Sigma^*\times Y_0\times Y_1\times\cdots\times Y_k\to Y_0$ 也为可计算函数，则由下式递归定义的函数 $g:\subseteq\Sigma^*\times Y_0\times Y_1\times\cdots\times Y_k\to Y_0$ 也是可计算函数

$$\begin{cases}g(\lambda,y_1,\cdots,y_k)=f'(y_1,y_2,\cdots,y_k)\\ g(a\omega,y_1,\cdots,y_k)=f_a(\omega,g(\omega,y_1,y_2,\cdots,y_k),y_1,\cdots,y_k)\end{cases}\tag{8.7}$$

其中 $\omega\in\Sigma^*$，$y_1\in Y_1$，$\cdots$，$y_k\in Y_k$ 且 $a\in\Sigma$.

§8.2　可计算串函数是连续的

令 M 为一能够计算 $f:\subseteq\Sigma^\omega\to\Sigma^\omega$ 的 T2-图灵机.考虑 $u\in\Sigma^*$ 且 $u\sqsubseteq f_M(p)$，即 u 是 $f_M(p)$ 的有限前缀串字符.那么对于输入 p，存在一个步数，不妨设为 t，机器 M 在 t 步时间内在输出带上输出了计算结果 $f_M(p)$ 的前缀 u.在 t 步内，M 的读取的空间不能超过 $p\in\Sigma^\omega$ 的前缀 $w:=p_{<t}$.因此，输出 u 由输入串 p 的有限个字符决定，跟其他元素无关，即 $f_M[\omega\Sigma^\omega]\subseteq$

$u\Sigma^{\omega}$.因此由 T2 -机器的定义，可简单归结为以下 FP(finiteness property)性质：

输出 $f_{\mathrm{M}}(p)$的每个有限部分是由输入 p 的某个有限部分所完全确定的.这种性质可以充分体现在可计算必定连续这一定理的证明上.

定义 8.2.1 （拓扑定义）设 M 是非空集合，M 的一个幂集族 $\tau\subseteq 2^{M}$ 称为 M 的一个拓扑.如果它满足

(1) M 和 $\varnothing$ 都属于 τ；

(2) τ 中任意多个成员的并集仍在 τ 中；

(3) τ 中有限多个成员的交集仍在 τ 中.

称集合 M 连同它的拓扑 τ 为一个拓扑空间，记作(M,τ).称 τ 中的元素为这个拓扑空间的开集.另外如果(M_1,τ_1)，(M_2,τ_2)是拓扑空间，函数 $f:M_1\to M_2$ 称为连续的当且仅当 $f^{-1}[U]\in\tau_1$ 对任何 $U\in\tau_2$.

定义 8.2.2 （Σ^{ω}，Σ^{*} 上的标准拓扑）

1. $\tau_{*}:=2^{\Sigma^{*}}=\{A:A\subseteq\Sigma^{*}\}$称为 Σ^{*} 上的离散拓扑.

2. $\tau_{\mathrm{C}}:=\{A\Sigma^{\omega}:A\subseteq\Sigma^{*}\}$称为 Σ^{ω} 上的 Cantor 拓扑.

3. 以$\{\{\omega\}\mid\omega\in\Sigma^{*}\}$作为 τ_{*} 的标准基.

4. 以$\{\omega\Sigma^{\omega}\mid\omega\in\Sigma^{*}\}$作为 τ_{C} 的标准基.

5. 对于 $Y:=Y_1\times\cdots\times Y_k(Y_1,\cdots,Y_k\in\{\Sigma^{*},\Sigma^{\omega}\})$上的拓扑，我们考虑积拓扑，它的标准基为 $\beta_Y:=\{y\circ Y\mid y\in(\Sigma^{*})^{k}\}$，这里$(y_1,\cdots,y_k)\circ Y:=U_1\times\cdots\times U_k$ 且满足 $U_i:=\{y_i\}$，如果 $Y_i=\Sigma^{*}$；$U_i=y_i\Sigma^{\omega}$，如果 $Y_i=\Sigma^{\omega}$.

定理 8.2.1 可计算函数 $f:\subseteq Y_1\times\cdots\times Y_k\to Y_0$ 是连续的.

证明：假设 M 是计算 f 的 T2 -图灵机.令$(y_1,\cdots,y_k)\in dom(f)\subseteq Y:=Y_1\times\cdots\times Y_k$.

若 $Y_0=\Sigma^{*}$：只需证明对于 τ_{*} 每个基的元素$\{\omega\}$，$f^{-1}[\{\omega\}]$是开集即可.（**解读：**证明关键在于：因为输出$\{\omega\}$有穷长，因此可计算函数的结果决定于每个输入的某一有穷前缀，它必须包含计算 ω 所需的必要信息.）假设 $f(y_1,\cdots,y_k)\in\{\omega\}$.由于对这个输入，M 能停机，故对于每个 $Y_i=\Sigma^{\omega}$ 的第 i 号输入带，只有 y_i 前面有限个字符被读入，令这有限个字符串为 $u_i\in\Sigma^{*}$.对于 $Y_i=\Sigma^{*}$，定义 $u_i=y_i$.那么 $y\in(u_1,\cdots,u_k)\circ$Y 并且 $f[(u_1,\cdots,u_k)\circ\mathrm{Y}]\subseteq\{\omega\}$.集合$(u_1,\cdots,u_k)\circ$Y 是$(y_1,\cdots,y_k)$的一个包含于 $f^{-1}[\{\omega\}]$的一个开领域.所以 $f^{-1}[\{\omega\}]$是开集.

若 $Y_0=\Sigma^{\omega}$：只需证对于 τ_{C} 每个基的元素 $\omega\Sigma^{\omega}$，$f^{-1}[\omega\Sigma^{\omega}]$是开集即可.假设 $f(y_1,\cdots,y_k)\in\omega\Sigma^{\omega}$.（**解读：**虽然输出无穷，对可计算函数而言其输出字符串的任一长度的有穷前缀，完全决定于算出该输出前缀必需的输入信息所对应的输入前缀.）由于对于输出有限字符前缀 ω M 只需进行有限步计算，因此对于每个 $Y_i=\Sigma^{\omega}$ 的第 i 号输入带，M 也只需读入有限个字符前缀，令为 $u_i\in\Sigma^{*}$.对于 $Y_i=\Sigma^{*}$，定义 $u_i=y_i$.那么 $y\in(u_1,\cdots,u_k)\circ$Y 并且 $f[(u_1,\cdots,u_k)\circ Y]\subseteq\omega\Sigma^{\omega}$.集合$(u_1,\cdots,u_k)\circ Y$ 是$(y_1,\cdots,y_k)$的一个包含于 $f^{-1}[\omega\Sigma^{\omega}]$的一个开领域.所以 $f^{-1}[\omega\Sigma^{\omega}]$是开集.

由上面的证明可知，在 Σ^{*} 和 Σ^{ω} 上分别定义了标准拓扑后，FP 性质保证了“可计算必连续”. □

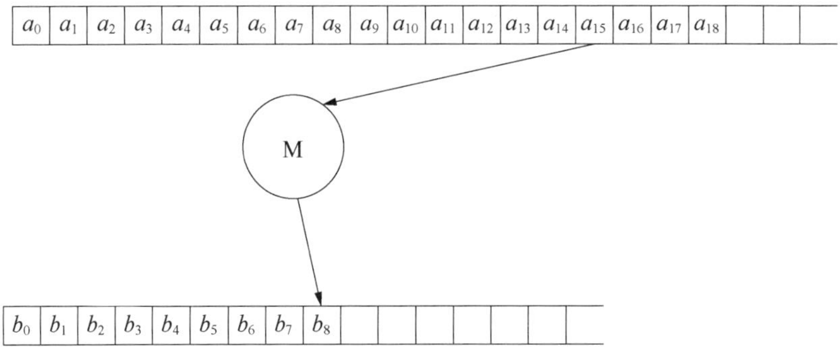

图 8-2　有穷输入 $a_0a_1\cdots a_{15}$ 决定了输出 $b_0b_1\cdots b_8$

§8.3　连续串函数集的标准表示

首先给出记号(notation)和表示(representation)的定义：

定义 8.3.1　1. 集合 M 的记号即为一个满射函数 $v:\subseteq\Sigma^*\to M$.

2. 集合 M 的一个表示(representation)即为一个满射函数 $\delta:\subseteq\Sigma^\omega\to M$.

一个命名系统(naming system)即为一个记号或者表示.有时候会把 $v(\omega)$ 和 $\delta(p)$ 分别简写为 v_ω 和 δ_p.

在图灵机理论中,所有可计算函数 $f:\subseteq\Sigma^*\to\Sigma^*$ 可由 Σ^* 中的字来编码.如果 $\omega\in\Sigma^*$ 所编的码函数为 $\psi_\omega:\subseteq\Sigma^*\to\Sigma^*$,则 $\omega\mapsto\psi_\omega$ 满足 utm-性质和 smn-性质：

utm(ψ):函数 $(\omega,x)\mapsto\psi_\omega(x)$ 是可计算的.

smn(ψ):任给一个可计算函数 $f:\subseteq\Sigma^*\times\Sigma^*$,存在一个全可计算函数 $r:\subseteq\Sigma^*\to\Sigma^*$ 使得对任给的 $x\in\Sigma^*$,有 $r(x)\in dom(\psi)$ 成立,且对任给的 $x,y\in\Sigma^*$ 满足 $f(x,y)=\psi_{r(x)}(y)$.

与在图灵机类似,在 T2-图灵机中也可对这两个性质推广如下：

定理 8.3.1　令 $a,b,c\in\{*,\omega\}$,G^{ab} 为所有函数 $g:\subseteq\Sigma^a\to\Sigma^b$ 的集合,$\zeta:\subseteq\Sigma^c\to G^{ab}$ 的一个命名系统.

utm(ζ):存在可计算函数 $u:\subseteq\Sigma^c\times\Sigma^a\to\Sigma^b$ 使得对于所有 $x\in dom(\zeta)$,$y\in\Sigma^a$ 满足 $\zeta_x(y)=u(x,y)$.

smn(ζ):任给一个可计算函数 $f:\subseteq\Sigma^c\times\Sigma^a\to\Sigma^b$,存在一个全可计算函数 $s:\Sigma^c\to\Sigma^c$ 使得任给 $x\in\Sigma^c$ 满足 $s(x)\in dom(\zeta)$,且任给 $x\in\Sigma^c$ 和 $y\in\Sigma^a$ 满足 $f(x,y)=\zeta_{s(x)}(y)$.

如果 ζ 是全函数,那么函数 u 是唯一定义的.

对每个 $a,b\in\{*,\omega\}$,utm(η^{ab})和 smn(η^{ab})均成立.

下面定义可计算函数集的标准表示：

定义 8.3.2　(可计算函数集的标准表示)考虑一个只有一条输入带(输入 $\omega\in\Sigma^*$)的 T2-图灵机的编码,使得用于编码的字的集合 TC 是可递归的.对任给的 $a,b\in\{*,\omega\}$ 定义：

(1) $P^{ab}:=\{f:\subseteq\Sigma^a\to\Sigma^b\mid f$ 是可计算的$\}$.

(2) P^{ab} 的记号,$\xi^{ab}:\Sigma^*\to P^{ab}$ 定义为：

$$\xi^{ab}(\omega):=\begin{cases}\text{无定义} & \text{如果 } \omega\notin TC \\ \text{编码为 } \omega \text{ 的 T2-计算机所计算的函数 } f\in P^{ab} & \text{否则}\end{cases}\tag{8.8}$$

下面讨论连续函数 $f:\subseteq\Sigma^a\to\Sigma^b$ 的表示方法.

定义 8.3.3 1. $F^{**}:=\{f\mid f:\subseteq\Sigma^*\to\Sigma^*\}$

$F^{*\omega}:=\{f\mid f:\subseteq\Sigma^*\to\Sigma^\omega\}$

$F^{\omega *}:=\{f\mid f:\subseteq\Sigma^\omega\to\Sigma^*$ 是连续函数且 $dom(f)$ 是开集$\}$

$F^{\omega\omega}:=\{f\mid f:\subseteq\Sigma^\omega\to\Sigma^\omega$ 是连续函数且 $dom(f)$ 是 G_δ-集$\}$

2. (F^{ab} 的标准表示)对任意 $a,b\in\{*,\omega\}$,F^{ab} 的标准表示函数 $\eta^{ab}:\Sigma^\omega\to F^{ab}$ 的定义为:

$$\begin{array}{ll}\eta^{ab}(\langle x,p\rangle)(y):=\xi_x^{\omega b}\langle p,y\rangle & \text{对任意 } x\in\Sigma^*,p\in\Sigma^\omega \text{ 和 } y\in\Sigma^a \\ \eta^{ab}(q) \text{ 无定义} & \text{若不存在 } x\in\Sigma^* \text{ 使得 } \iota(x) \text{ 是 } q \text{ 的前缀}\end{array}\tag{8.9}$$

常把 $\eta^{ab}(q)$ 简写为 η_q^{ab}.(**解读**:$\eta_{\langle x,p\rangle}^{ab}(y)$ 粗略看为编码为 x 的 T2-机器对输入 $\langle p,y\rangle$ 计算所得的结果.)

定理 8.3.2 对所有 $a,b\in\{*,\omega\}$,η^{ab} 为 F^{ab} 的表示.

证明:分情况讨论如下:

情形 1:$a=b=*$.显然 $\eta_q^{**}\in F^{**}$ 对任何 $q\in\Sigma^\omega$.

(1) 存在一个 T2-计算机 M,它可以完成下面任务:对任何输入 $\langle p,y\rangle$,$p\in\Sigma^\omega$,$y\in\Sigma^*$,它在无穷串 p 上搜索一个子串 $\iota\langle y,z\rangle$.一旦搜索到,则在输出带上打印 z 并停机,否则,继续搜索.

(2) 考察每个 $f\in F^{**}$.令 p 是 $\{\langle y,z\rangle\mid f(y)=z\}$,则 $f_M\langle p,y\rangle=f(y)$.令 x 为 M 的编码,即 $f_M=\xi_x^{\omega *}$.则 $\eta_{\langle x,p\rangle}^{**}(y)=\xi_x^{\omega *}\langle p,y\rangle=f_M\langle p,y\rangle=f(y)$,所以 $\eta_{\langle x,p\rangle}^{**}=f$.因此 $F^{**}=range(\eta^{**})$.

(**解读**:要注意的是:机器 M 本身是可计算的,这点是确定无疑的.它是对 $\langle p,y\rangle$ 进行计算,即要计算 $f(y)$,但 f 本身不一定是可计算的.请注意这两者的区别,这的确是矛盾.因此在这种情况下,f 本身计算结果的信息必须在外部信息元或者输入中出现,而 x 是程序编码,y 是输入,这两个都不含计算所需要的信息,因此 f 本身计算的每个结果的信息只能包含在 p 中,故 p 只能是图函数 $\{\langle y,z\rangle\mid f(y)=z\}$.)

情形 2:$a=*,b=\omega$.显然 $\eta_q^{*\omega}\in F^{*\omega}$ 对任何 $q\in\Sigma^\omega$.

(1) 存在一个 T2-计算机 M,它可以完成下面任务:对任何输入 $\langle p,y\rangle$,$p\in\Sigma^\omega$,$y\in\Sigma^*$,机器 M 在每个阶段工作如下:令 z_n 为 n 阶段前输出带上的字符.则在阶段 n,它在无穷串 p 上搜索一个子串 $\iota\langle y,z\rangle$ 使得 $z_n\sqsubset z$ 且 $z\in\Sigma^*$.一旦搜索到,则在输出带上将 z_n 扩展为 z 并停机,否则,继续停留在第 n 阶段进行搜索.

(2) 考察每个 $f\in F^{*\omega}$.令 p 是所有 $\langle y,z\rangle$ 构成的序列,其中 $y\in dom(f)$ 且 $z\sqsubseteq f(y)$,则 $f_M\langle p,y\rangle=f(y)$.如上面的情形 1 的证明,我们可得 $\eta_{\langle x,p\rangle}^{*\omega}=f$.因此 $F^{*\omega}=range(\eta^{*\omega})$.(**解读**:因为输出是无穷,因此输出的每个有穷前缀决定于相应输入的有穷前缀,这些信息都必须体现在 p 中.而且这些信息必须是一致的,可无限扩充的.)

情形 3:$a=\omega,b=*$.

(1) 对固定的 $x\in\Sigma^*$,$p\in\Sigma^\omega$,因 $\eta_{\langle x,p\rangle}^{\omega *}(q)=\eta_x^{\omega *}\langle p,q\rangle=\eta_x^{\omega *}\circ g(q)$,其中 $g(q):=\langle x,p\rangle(q)$,所以 $\eta_x^{\omega *}\in F^{\omega *}$.因为 $g\in F^{\omega\omega}$,$dom(g)=\Sigma^\omega$,故 $\eta_{\langle x,p\rangle}^{\omega *}\in F^{\omega *}$.从而 $range(\eta^{\omega *})\subseteq F^{\omega *}$.

(2) 存在 T2 -机器 M,只有一条输入带,输入为$\langle p,q\rangle$时运行如下:M 在 p 上搜索一个子串$\iota\langle y,z\rangle$使得 $y\sqsubseteq q$.一旦搜索到,则 M 可以在输出带上打印 z;否则,不定义.

考察 $f\in F^{\omega *}$.则存在函数 $h:\subseteq\Sigma^*\to\Sigma^*$,其定义域是前缀自由的使得 $f=h_*$,而且存在 $p\in\Sigma^\omega$,p 是$\{\langle y,z\rangle|h(y)=z\}$的序列.则 $f_M\langle y,z\rangle=h_*(q)$.因为 x 是机器 M 的编码,$\eta^{\omega *}_{\langle x,p\rangle}(q)=\eta^{\omega\omega}_x\langle p,q\rangle=h_*(q)=f(q)$.因此 $F^{\omega *}=range(\eta^{\omega *})$.

情形 4: $a=b=\omega$.

存在 T2 -机器 M,只有一条输入带,输入为$\langle p,q\rangle$时其运行如下:令 z_n 为阶段 n 前输出带上的字符串.则在阶段 n 时,M 在 p 上搜索一个子串$\iota\langle y,z\rangle$使得 $y\sqsubset q$,$z_n\sqsubset z$.一旦搜索到,则 M 可以在输出带上扩充 z_n 到 z.因此 $F^{ww}=range(\eta^{ww})$. □

定理 8.3.1 的证明:设 $v:\subseteq\Sigma^*\times\Sigma^\omega\to\Sigma^b$ 为 $\xi^{\omega b}$ 的一个全可计算通用函数.定义 $u:\subseteq\Sigma^\omega\times\Sigma^a\to\Sigma^b$ 使得 $u(\langle x,p\rangle,y)=v(x,\langle p,y\rangle)$.如果不存在 x 使得$\iota(x)$为 q 的一个前缀,则定义 $u(q,y):=\uparrow$.则 u 可计算,因为

$$\eta^{ab}_{\langle x,p\rangle}(y)=\xi^{\omega b}_x\langle p,y\rangle=v(x,\langle p,y\rangle)=u(\langle x,p\rangle,y)$$

因此 η^{ab} 有 utm -性质.(**解读:**可计算函数必定可用 η^{ab} 表示.)

设 $g:\subseteq\Sigma^\omega\times\Sigma^a\to\Sigma^b$ 可计算.则存在某个 $x\in TC$ 使得 $g(p,y)=\xi^{\omega b}_x\langle p,y\rangle$.定义 $s:\Sigma^\omega\to\Sigma^\omega$ 满足 $s(p):=\langle x,p\rangle$.则 s 可计算且

$$\eta^{ab}_{s(p)}(y)=\eta^{ab}_{\langle x,p\rangle}(y)=\xi^{\omega b}_x\langle p,y\rangle=g(p,y)$$

则 η^{ab} 有 smn-性质.(**解读:**可计算函数必有其哥德尔数.故只需定义 $s(p)$即可.) □

第九章 “好”的命名系统

前面我们用 T2 -图灵机在 Σ^* 和 Σ^ω 上定义了可计算性，而对于其他集合 M 的可计算性，我们用有限字或者无限字来作为它们的“名”.这样，机器面对的输入仍然是具体的 Σ^* 或 Σ^ω 中的元素，而这些名所代表的具体意义只有使用者关心.下面我们用命名系统把以前对于 Σ^* 和 Σ^ω 上的可计算性和拓扑性质的讨论转移到普通集合 M 上来.

令 $\gamma:\subseteq Y\to M$ 为一个命名系统，那么由于 γ 是满射，故 M 的每个元素都存在一个名，又由于 γ 有可能是部分函数，故不是每个 Σ^* 或 Σ^ω 的元素都是 M 中某个元素的名.进一步，由于 γ 不是单射，故 M 的元素可能拥有多个名.

定义 9.0.1 (一些标准表示和记号)

1. 恒等函数 $id_{\Sigma^*}:\Sigma^*\to\Sigma^*$ 是 Σ^* 上的记号.恒等函数 $id_{\Sigma^\omega}:\Sigma^\omega\to\Sigma^\omega$ 是 Σ^ω 上的表示.

2. $\nu_{\mathrm{N}}(a_k,\cdots,a_0)=\sum_{i=0}^{k}a_i\cdot 2^i$ 是二进制的记号.其中 $dom(\nu_{\mathrm{N}}):=\{0\}\cup 1\{0,1\}^*$(二元序列可用二进制幂编码).

3. $\nu_{\mathrm{Z}}(\omega)=\nu_{\mathrm{N}}(\omega)$，$\nu_{\mathrm{Z}}(-\omega)=-\nu_{\mathrm{N}}(\omega)$ 对每个 $\omega\in dom(\nu_{\mathrm{N}})\backslash\{0\}$.其中 $dom(\nu_{\mathrm{Z}}):=\{0\}\cup 1\{0,1\}^*\cup -1\{0,1\}^*$(整数可用带符号的二进制幂编码).

4. $\nu_{\mathrm{Q}}\left(\dfrac{u}{v}\right):=\dfrac{\nu_{\mathrm{Z}}(u)}{\nu_{\mathrm{Z}}(v)}$，记 $\nu_{\mathrm{Q}}(\omega)=\bar{\omega}$.其中 $dom(\nu_{\mathrm{Q}}):=\left\{\dfrac{u}{v}\mid u\in dom(\nu_{\mathrm{Z}}),v\in dom(\nu_{\mathrm{N}})\right\}$，$\nu_{\mathrm{N}}(v)\neq 0$(分数可用带符号的二进制幂构成的分数编码).

5. 枚举(enumeration)表示 $E_n:\Sigma^\omega\to 2^{\mathrm{N}}$ 定义为 $E_n(p):=\{n\in\mathbb{N}\mid 110^{n+1}11\lhd p\}$(一个无穷序列可以枚举一个集合中的每个元素).

6. 特征函数表示 $Cf:\Sigma^\omega\to 2^{\mathrm{N}}$ 定义为 $Cf(p):=\{p(i)=1\}$(一个无穷序列可以表示一个集合中的特征函数).

定义 9.0.2 (命名系统能行性)令 $\gamma:\subseteq Y\to M$ 和 $\gamma_0:\subseteq Y_0\to M_0$ 为命名系统，$x\in M$，$X\subseteq M$，$f:\subseteq M\to M_0$ 和 $F:\subseteq M\rightrightarrows M_0$.

(1) 元素 x 称为 γ -可计算的 $\Leftrightarrow$ 存在可计算元 $y\in Y$ 使得 $x=\gamma(y)$.

(2) 集合 X 称为 γ -开集(γ -既开又闭，γ - r.e.，γ - decidable)$\Leftrightarrow\gamma^{-1}[X]$ 在 $dom(\gamma)$ 为开集(既开又闭，r.e.开集，decidable).M 的所有 γ -开子集的集合 τ_γ 称为 γ 在 M 上的最终(final)拓扑.

(3) 函数 $g:\subseteq Y\to Y_0$ 称为函数 f 的(γ,γ_0)-实现，当且仅当对任意 $y\in Y$，有 $f\circ g(y)=\gamma_0\circ g(y)$.函数 f 称为(γ,γ_0)-连续(可计算)，当且仅当 f 拥有连续的(可计算的)(γ,γ_0)-实现.

(4) 函数 $g:\subseteq Y\to Y_0$ 称为多值函数 F 的(γ,γ_0)-实现，当且仅当对于任意 $y\in Y$ 满足 $\gamma_0\circ g(y)\in F[\{\gamma(y)\}]$.多值函数 F 称为(γ,γ_0)-连续(可计算)，当且仅当 F 拥有连续的(可

计算的)(γ,γ_0)-实现.

(5) 多值函数 F 的一个选择函数为 $h:M\subseteq\rightarrow M_0$,使得对任意的 $y\in dom(F)$有性质 $h(y)\in F[\{y\}]$.

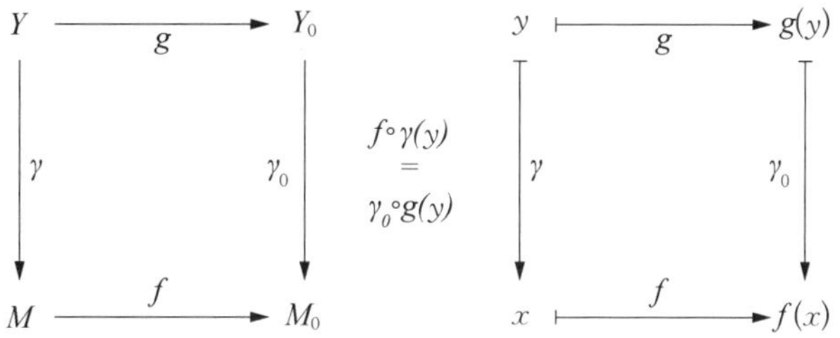

图 9-1　$g:\subseteq Y\rightarrow Y_0$为 f 的(γ,γ_0)-实现

我们下面给出原始递归函数的可计算性.

定理 9.0.1　设 $\gamma:\subseteq Y\rightarrow M_1,\delta:\subseteq Y\rightarrow M_2$ 是两个命名系统.$f:\subseteq M_1\rightarrow M_2$ 为(γ,δ)-可计算,$f_a:\subseteq\Sigma^*\times M_2\times M_1\rightarrow M_2$ 为$(id_{\Sigma^*},\delta,\gamma,\delta)$-可计算,对于每个 $a\in\Sigma$.定义 $g:\subseteq\Sigma^*\times M_1\rightarrow M_2$

$$\begin{cases}g(\lambda,x)=f(x)\\ g(aw,x)=f_a(w,g(w,x),x)\end{cases}\tag{9.1}$$

则 g 是$(id_{\Sigma^*},\gamma,\delta)$-可计算的.

证明:令 $\overline{f},\overline{f_a}$分别为 f,f_a 的可计算实现.因此存在可计算的 $\overline{g}$ 使得

$$\begin{cases}\overline{g}(\lambda,x)=\overline{f}(x)\\ \overline{g}(aw,x)=\overline{f}_a(w,\overline{g}(w,x),x)\end{cases}\tag{9.2}$$

一个简单归纳即可证明 $\overline{g}$ 为所求实现. □

例 9.0.1　1. 加法和乘法是$(\nu_{\mathrm{N}},\nu_{\mathrm{N}},\nu_{\mathrm{N}})$-可计算的,是$(\nu_{\mathrm{Z}},\nu_{\mathrm{Z}},\nu_{\mathrm{Z}})$-可计算的,是$(\nu_{\mathrm{Q}},\nu_{\mathrm{Q}},\nu_{\mathrm{Q}})$-可计算的. 减法是$(\nu_{\mathrm{Z}},\nu_{\mathrm{Z}},\nu_{\mathrm{Z}})$-可计算的,是$(\nu_{\mathrm{Q}},\nu_{\mathrm{Q}},\nu_{\mathrm{Q}})$-可计算的. 倒数运算 $Inv:\subseteq\mathbb{Q}\rightarrow\mathbb{Q}$是$(\nu_{\mathrm{Q}},\nu_{\mathrm{Q}})$-可计算的.

存在一个图灵机 M,它可以实现自然数在二进制记号下的加法运算.这意味着,$+(\nu_{\mathrm{N}},\nu_{\mathrm{N}})=\nu_{\mathrm{N}}\circ f_{\mathrm{M}}(u,v)$ 对所有二进制数 $u,v\in dom(\nu_{\mathrm{N}})$,即函数 f_{M} 是加法的$(\nu_{\mathrm{N}},\nu_{\mathrm{N}},\nu_{\mathrm{N}})$-实现.

存在一个可计算函数$g:\Sigma^*\rightarrow\Sigma^*$,其中$g\left(“\dfrac{u}{v}”\right)=“\dfrac{u}{v}”,g\left(“-\dfrac{u}{v}”\right)=“-\dfrac{u}{v}”$对所有$u$, $v\in dom(\nu_{\mathrm{N}})$.设 $Inv\circ\nu_{\mathrm{Q}}(\omega)$ 存在.则 $Inv\circ\nu_{\mathrm{Q}}(\omega)=\nu_{\mathrm{Q}}\circ g(\omega)$ 对所有$\omega\in\nu_{\mathrm{Q}}$,其中$\nu_{\mathrm{Q}}(\omega)\neq 0$.因此 g 是倒数函数的$(\nu_{\mathrm{Q}},\nu_{\mathrm{Q}})$-实现.

2. $Cf\leqslant En$ 但 $E_n\not\leqslant_t Cf$.存在 T2-机器 M使得当输入为 $p\in\Sigma^\omega$ 时,对每个 n,当机器 M读到 $p(n)=1$ 时,在输出带上书写 $110^{n+1}11$;当机器 M读到 $p(n)=0$ 时,在输出带上书写 1.显然 f_{M} 传递 Cf 到 En.假设存在某个连续函数 $f:\Sigma^\omega\rightarrow\Sigma^\omega$ 传递 En 到 Cf.则 $f(111\cdots)=000\cdots$.由连续性,存在 n 使得 $f[1^n\Sigma^\omega]\subseteq 0\Sigma^\omega$.但是 $f(1^n1101^\omega)=1000\cdots$(矛盾).

3. 在 $2^{\mathbb{N}}$ 的并、交既是 (E_n,E_n,E_n)-可计算的，又是 (Cf,Cf,Cf)-可计算的. 补运算是 (Cf,Cf)-可计算的，但不是 (E_n,E_n)-连续的：

存在 T2-机器 M，它有两条输入带子，一旦当它在输入带上发现 110^n11 作为子串，它就在输出带上书写 110^n11. 如果 $En(p)=A$ 且 $En(p)=B$，则 $En\circ f_M(p,q)=A\cup B$，即 $\bigcup(En(p),En(q))=En\circ f_M(p,q)$ 对所有 $p,q\in\Sigma^\omega$ 成立. 因此 f_M 是并集运算的 (E_n,E_n,E_n)-实现.

假设补集运算有一个连续 (E_n,E_n)-实现 $h:\Sigma^\omega\to\Sigma^\omega$. 则 $\mathbb{N}/E_n(p)=En\circ h(p)$ 对所有 $p\in\Sigma^\omega$ 成立. 因为 $0\in\mathbb{N}/En(111\cdots)$，$11011\lhd h(111\cdots)$. 因此，存在 $n\in\mathbb{N}$ 和 $u\in\Sigma^*$ 使得 $h[1^n\Sigma^\omega]\subseteq u11011\Sigma^\omega$. 但 $h(1^n110111^\omega)\notin u11011\Sigma^\omega$（矛盾）.

4. 在 $2^{\mathbb{N}}$ 上的 Scott 拓扑 τ_S，由基 $\beta:\{O_E\mid E\subseteq\mathbb{N}$ 有穷$\}$ 生成，其中 $O_E:\{A\subseteq\mathbb{N}\mid E\subseteq A\}$. 集合 β 在交集运算下是封闭的，因为 $O_E\cap O_F=O_{E\cup F}$. 因此，它是拓扑的一个基. 集合 $\sigma:=\{O_{\{n\}}\mid n\in\mathbb{N}\}$ 是 τ_S 的子基. 我们证明 τ_S 是 E_n 的表示的最终拓扑 $\tau_{E_n}=\{U\subseteq 2^{\mathbb{N}}\mid En^{-1}[U]$ 是开集$\}$. 对 τ_S 的每个子基元素 $O_{\{n\}}$，我们有 $En^{-1}[O_{\{n\}}]=\{p\in\Sigma^\omega\mid 110^{n+1}11\lhd p\}$，是 Σ^ω 的一个开子集. 因此 $\tau_S\subseteq\tau_{En}$. 此外，对每个 $\omega\in\Sigma^*$，$En[\omega\Sigma^\omega]=O_E\in\tau_S$，其中 $E:=\{n\in\mathbb{N}\mid 110^{n+1}11\lhd\omega\}$. 假设 $U\in\tau_{En}$. 则 $En^{-1}[U]=A\Sigma^\omega$ 对某些 $A\subseteq\Sigma^*$，因此 $U=En[A\Sigma^\omega]=\bigcup_{\omega\in A}En[\omega\Sigma^\omega]\in\tau_S$.

从第 2 部分开头到现在，我们一直在讲述可计算分析相关理论内容，现在开始我们来梳理上述知识与信息、编码、算法之间到底是什么关系.

首先我们需要认识为什么我们要使用“名”这种概念. 我们来看电影中常有的一个场景：一个神偷不小心泄露了自己的行踪，被人拍到了照片或者不小心留下了指纹，或是被警察获知了绰号……而警察可以根据上面任何一种信息，通过比对电脑中的大数据信息，查出神偷的真正身份.

在这里，照片、指纹、绰号……都不是神偷本人，它们都是神偷的名，但都直指神偷本人. 通常每一个事物本身都有很多个名. 我们不可能把事物本身放在我们面前，例如把美国黄石公园立刻放到我们面前，但我们可以让视频、录像、电影……这些名，帮助我们来获取相关信息，让我们来欣赏美景. 因此名这一概念不可或缺. 对于函数也是如此. 例如 $\sin x$ 就是一个函数的名，我们不可能、更做不到把这个函数完全展现给别人看，或把它的每个点的坐标信息告诉别人，但我们只要把它的名或者它对应的程序告诉别人，对方就能知道如何应用此函数获取相关信息，例如算出 $\sin\dfrac{\pi}{4}$ 等于多少或者知道这是一个周期函数等等. 所以在信息论中，名是真正不可或缺的，是信息论中真正重要的东西. 每个事物都有多个名，是多对一. 编码其实是一种特殊的名，是一对一.

其次我们来看上面的图 9-1，这图跟我们后面介绍的信道编码图，在本质上是一样的.

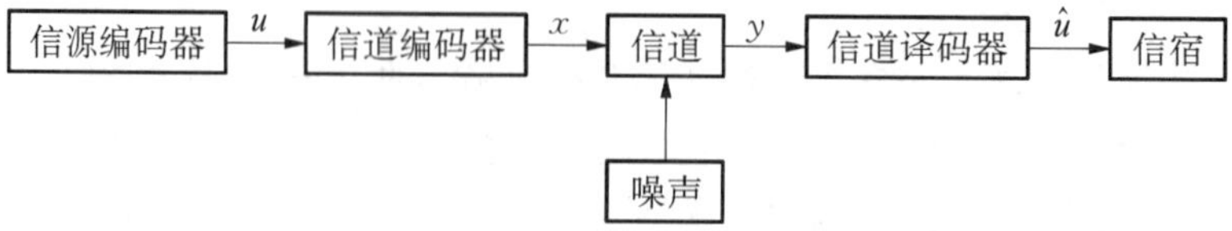

在可计算分析中，我们不可能传送函数本身，我们要传送名. 在以通信为基础的信息论

中，我们不可能把远在万里之外的世界杯比赛搬到我们面前，但我们可以传送比赛场景对应的信号——其实传送的是名，我们接受的虽然是我们看不懂的信号——还是名，但我们有手机、电视机可以将它们转换为图像.所以我们说，从信息的角度看，可计算分析与传统信息论是相通的.它们传送信息的理念其实是一样的.有一本书，《一条永恒的金带》，其中就提到巴赫的音乐、埃舍尔的绘画、逻辑竟然在传递信息的方式上是相通的.想象着有一条瀑布，瀑布倾泻而下，水花四起，还推动着水轮.汇集到水池中的水顺着水渠哗哗流去，一级一级地下降，突然你发现水竟然又流到瀑布口！不可思议！可是你在画面上却看得明明白白、清清楚楚.这就是埃舍尔的绘画所表现的.巴赫的音乐也是如此：卡农，就是重复地演奏同一主题.最简单的方式就是用不同的音部重复演奏，每个音部都比前一个音部延迟一段时间.大部分乐曲与这种方式是不协调的.但巴赫竟然用卡农，神不知鬼不觉地进行变调，使得音乐最后又平滑地回到开头.

然后我们考虑另外一个问题：T2-机器的输入问题.首先，机器上的输入带上输入的可能是无穷长的字符串，我们事先并不知道这个数到底是谁，除非别人提前告诉我们.我们甚至可能并不知道输入的字符串到底是不是一个数的名，因此我们要解决这个问题.我们给出一个例子.

假设输入带旁边有一个输入员，他想随机输入$[0,1]$中的一个实数，他有一个硬币，正面为0，反面为1.他根据所抛硬币的结果，决定选取原有区间的左半区间还是右半区间.

(1) 将$[0,1]$分成两个区间，左半区间$[0,0.5)$和右半区间$(0.5,1]$.如果第一次抛硬币结果是$u_1=0$，则它取区间$[0,0.5]$，并定义为$[A_1,B_1]$；如果$u_1=1$，则它取$[0.5,1]$，并定义为$[A_1,B_1]$.

(2) 如果第二次抛硬币结果是$u_2=0$，则它取原有区间$[A_1,B_1]$的左半区间$[A_2,B_2]$，即$A_1=A_2$，$B_2=A_1+0.5(B_1-A_1)$.如果$u_2=1$，则ρ取$[A_1,B_1]$的右半区间$[A_2,B_2]$，即$B_1=B_2$，$A_2=A_1+0.5(B_1-A_1)$.

(3) 按此方法定义下去，即如果第$n-1$次抛硬币，它取的区间为

$$[A_{n-1},B_{n-1}]$$

则当$u_n=0$，有

$$\begin{cases}A_n=A_{n-1}\\B_n=A_{n-1}+0.5(B_{n-1}-A_{n-1})\end{cases}\tag{9.3}$$

则当$u_n=1$，有

$$\begin{cases}A_n=A_{n-1}+0.5(B_{n-1}-A_{n-1})\\B_n=B_{n-1}\end{cases}\tag{9.4}$$

因序列为无穷序列，由区间套知该序列最后缩小为$[0,1]$的一点.这样输入员就成功完成一个输入，它是一个实数的名.这个名由区间套构成，每个区间长度都是前面那个区间的一半.

T2-机器在运算时，输入的是名，所以都是有限制的，是按照某种规则输入的(例如，上面的定理9.0.1中的g就是$(id_{\Sigma^*},\gamma,\delta)$-可计算的，它的输入的名就分别是$(id_{\Sigma^*},\gamma)$.我们要说的是我们不能在T2-机器的输入带上加以限制，否则就会加重计算机的负担，在复杂性

方面是要算上相应的增量的，而这是我们不喜欢的，而且这也没必要.思考后我们发现，其实名的限制是有穷的，而且是图灵机程序可控制的，因此我们想象存在一个程序，事先处理了输入并保证输入的都是名，不是名的都被那个程序废弃了.

最后在可计算性理论中，我们讲到一个函数有无穷个程序可以算它，哪个是最好的呢？因此有了所谓“好”的程序、“好”的编码的标准，我们这里面临同样的问题：一个事物有很多个名，哪个是真正“好”的呢？因此我们下面介绍“可容性(admissible)命名系统”(因为过于专业，我们只能做简单介绍).

不同的命名系统总是用不同的方式编码不同的信息.我们采用下面的方式进行比较.

定义 9.0.3 (归约(reduction)，等价(equivalence))设 δ,γ 为集合 X 的两个命名系统.

(1) δ 是可计算传递于、可计算强于或者可计算规约于 γ，表示为 $\delta\leqslant\gamma$，如果存在一个可计算的串函数 f 使得 $\delta=\gamma\circ f$ 在 $dom(\delta)$上.

(2) δ 是连续传递于、连续强于或者连续规约于 γ，表示为 $\delta\leqslant_t\gamma$，如果存在一个连续的串函数 f 使得 $\delta=\gamma\circ f$ 在 $dom(\delta)$上.

(3) δ 可计算等价于 γ，表示为 $\delta\equiv\gamma$，如果 $\delta\leqslant\gamma$ 且 $\gamma\leqslant\delta$.

(4) δ 连续等价于 γ，表示为 $\delta\equiv_t\gamma$，如果 $\delta\leqslant_t\gamma$ 且 $\gamma\leqslant_t\delta$.

(5) $\delta<\gamma$ 表示 $\delta\leqslant\gamma$ 且 $\gamma\not\leqslant\delta$.

(6) $\delta<_t\gamma$ 表示 $\delta\leqslant_t\gamma$ 且 $\gamma_t\not\leqslant\delta$.

我们可以通过命名系统的名来可计算地考察 M 中元素的“信息”.由于信息在传递的过程中是衰减的，至少是不增的，我们称 γ 比 δ 贫穷或者 δ 比 γ 丰富，如果 $\delta\leqslant\gamma$.实际上，我们不希望一个事物只有一个名，因为那样这个名拥有的信息量与该事物的信息量是相等的，这在现实世界是不可能的，而且在可计算性理论中这样的名没有好的性质.

例 9.0.2 [KW] 对十进制表示、二进制表示而言，$\rho_{10}\leqslant\rho_2$ 且 $\rho_2\not\leqslant\rho_{10}$.

由上面的定义，很明显地：

引理 9.0.1 设 δ,δ' 是 X 的两个不同的命名系统，且 $\delta'\leqslant\delta$.又设 γ 为 Y 的一个命名系统.

(1) 如果一个函数 $f:\subseteq X\to Y$ 是 (δ,γ)-可计算的，则 f 是(δ',γ)-可计算的.

(2) 如果一个函数 $f:\subseteq X\to Y$ 是 (δ,γ)-连续的，则 f 是(δ',γ)-连续的.

为了叙述一个命名系统的逼近能力，我们使用下面的概念：

定义 9.0.4 (终拓扑，final topology)设 δ 是非空集合 X 的一个命名系统，δ 的终拓扑定义为

$$\tau_\delta:=\{U\subseteq X:(\exists V\in\tau_C)\ \delta^{-1}(U)=V\cap dom(\delta)\}.$$

例 9.0.3 1. ρ_{10}的终拓扑是 $\tau_{\mathbb{R}}$，实线的正规拓扑.对于可数集 X 的任意记号(notation)，相应的终拓扑就是 X 的离散拓扑.

2. 使用有理数的逼近序列来构造名的命名系统是无意义的，因为这样的表示的终拓扑是$\mathbb{R}$ 最小的拓扑，即 $\{\varnothing,\mathbb{R}\}$.

由上述定义，我们发现 τ_δ 是 X 上最大的拓扑 τ 使得 δ 是(τ_*,τ_δ)-或 (τ_C,τ_δ)-连续，相应地根据于 δ 是记号或者表示.因此 τ_δ 是离散拓扑 2^X 当 δ 是个记号.

下面我们给出能行拓扑空间和可容性命名系统的定义.

定义 9.0.5　设 X 为非空集合.

(1) X 上的一个能行拓扑空间是 $S=(X,\sigma,\nu)$,其中 σ 是 X 上可数的子集合的类使得

$$x=y \quad 如果 \quad \{A\in\sigma:x\in A\}=\{A\in\sigma:y\in A\}且\,\nu\,是\,\sigma\,的一个记号.$$

(2) X 上的一个可计算的能行的拓扑空间使得集合 $\{(u,v):u,v\in dom(\nu),\nu(u)=\nu(v)\}$ 是 r.e.的.

定义 9.0.6　(标准表示)设 $S=(X,\sigma,\nu)$ 为一个能行拓扑空间.定义 S 的标准表示为

$$\delta_S(p):=x$$

如果 $\langle w\rangle\lhd p\Rightarrow w\in dom(\nu)$ 且 $\{A\in\sigma:x\in A\}=\{\nu(w):\langle w\rangle\lhd p\}$ 对任意 $x\in X$,$w\in\Sigma^*$ 且 $p\in\Sigma^\omega$.

命题 9.0.1　(δ_S 的性质)设 $S=(X,\sigma,\nu)$,一个能行的拓扑.

(1) $\tau_{\delta_S}=\tau_S$ 其中 τ_S 是作为子基构成的拓扑.

(2) $\delta\leqslant_t\delta_S$ 对所有 X 的 (τ_C,τ_S)-连续表示成立.

定义 9.0.7　(可容性命名系统)设 (X,τ) 为一个拓扑空间.X 上的命名系统 δ 称为可容性 w.r.t. τ,如果 $\delta\equiv_t\delta_S$,对于 S 上某个能行拓扑 τ 有 $\tau_S=\tau$.

定理 9.0.2　(基本定理,main theorem)设 δ,γ 分别是 X,Y 的可容性命名系统,则对于任何函数 $f:\subseteq X\rightarrow Y$,$f$ 是 (δ,γ)-连续的当且仅当 f 是 $(\tau_\delta,\tau_\gamma)$-连续的.

推论 9.0.1　(可计算性蕴涵连续性)设 δ,γ 分别是 X,Y 的 w.r.t.τ_X,τ_Y 可容性命名系统,则对任何函数 $f:\subseteq X\rightarrow Y$,如果 f 是 (δ,γ)-可计算的,则 f 是 (τ_X,τ_Y)-连续的.

推论 9.0.2　设 δ 是 X 的可容性命名系统,它是与终拓扑连接的,又 γ 是 Y 的一个记号.则每个 (δ,γ)-连续或可计算,函数 $f:\subseteq X\rightarrow Y$ 是常数.

(**解读**:"好"的命名系统都是可容的.)

第十章　ℝ 上的可计算性

我们通过前面的命名系统来介绍ℝ 上的可计算性.下面将介绍ℝ 的一种表示 ρ.令ℚ 的一个记号函数 $\nu_{\mathbb{Q}}:\subseteq\Sigma^{*}\to\mathbb{Q}$,以后把 $\nu_{\mathbb{Q}}(\omega)$ 简写成$\overline{\omega}$.由于有理数集ℚ 在实数集上是稠密的,故任给一实数都存在任意逼近的有理数上界和下界.任给实数 x 都可以由集合:$\{(a;b)\mid a,b\in\mathbb{Q},a<x<b\}$来唯一确定.从而引出ℝ 的表示:

可计算拓扑空间 $S_{=}:=(\mathbb{R},Cb,I)$,其中 Cb 为ℝ 上所有以有理数为端点的开区间的集合,I 为 Cb 的记号,满足 $I(\iota(v)\iota(\omega)):=B(\bar{v},\overline{\omega})$,这里 $B(a,r):=\{x\in\mathbb{R}\mid d(x,a)<r\}$.令 $\rho:=\delta_{S_{=}}$ 为ℝ 的一个表示.

由于性质 $\nu_{\mathbb{Q}}(u)=\nu_{\mathbb{Q}}(v)$,$I(u)=I(v)$在$(u,v)$中是可决定的,故 $S_{=}$是可计算拓扑空间.由上一节的定义知:

$$\rho(p)=x\Leftrightarrow\{J\in Cb\mid x\in J\}=\{I(\omega)\mid\iota(\omega)\lhd p\}$$

粗略地说,p 是所有满足 $x\in J$ 的 J 的集合.(表面上看不出来,实际上是快速收敛的表示.因为 p 是所有满足 $x\in J$ 的 J 的集合,暗含了快速收敛信息.)ρ 的终拓扑即为拓扑 $\tau_{\mathbb{R}}$.另一个重要的实数表示是柯西(Cauchy)表示.由于每个实数都是一串有理数序列的极限,故这个有理数串可以作为这个实数的名.在柯西表示中只考虑那些“收敛”很快的有理数序列.

定义 10.0.1　柯西表示 $\rho_C:\subseteq\Sigma^{\omega}\to\mathbb{R}$ 的定义为:

$$\rho_C(p)=x:\Leftrightarrow\begin{cases}\text{存在 }\omega_0,\omega_1,\cdots\in dom(\nu_{\mathbb{Q}})\text{ 满足 }p=\iota(\omega_0)\iota(\omega_1)\iota(\omega_2)\cdots,\\ |\overline{\omega_i}-\overline{\omega_k}|\leqslant 2^{-i},i<k,x=\lim\limits_{i\to\infty}\overline{\omega_i}\end{cases}\tag{10.1}$$

可以证明 ρ 和 ρ_C 是等价的.类似的,我们有与 ρ 等价的表示.

定义 10.0.2　1.

$$\rho^{a}(p)=x:\Leftrightarrow\begin{cases}\text{存在 }\omega_0,\omega_1,\cdots\in dom(I^1)\text{满足 }p=\iota(\omega_0)\iota(\omega_1)\iota(\omega_2)\cdots,\\(\forall k)(I^1(\omega_{k+1}\subseteq I^1(\omega_k)))\text{且}|I^1(\omega_k)|<2^{-k}\\ \text{且}\{x\}=I^1(\omega_0)\cap I^1(\omega_1)\cap\cdots\end{cases}$$

2. 将柯西表示中的定义$|\overline{\omega_i}-\overline{\omega_k}|\leqslant 2^{-i}$分别替换为$|\overline{\omega_i}-\overline{\omega_k}|<2^{-i}$,$|\overline{\omega_i}-x|<2^{-i}$,$|\overline{\omega_i}-x|\leqslant 2^{-i}$就可得到相应的表示$\rho_C'$,$\rho_C'''$,$\rho_C'''$.

3. $\rho^{b}(p)=x$ 当且仅当$\{x\}=\bigcap\{I^1(\nu)\mid\iota(\nu)\lhd p\}$.(**解读:**上面几种与标准表示等价的,都是快速收敛的表示.)

一、常见的加减乘除等运算的可计算性

定理 10.0.1　$(x,y)\to x\cdot y$ 是可计算的.

证明:因为有理数上的乘法是$(\nu_{\mathbb{Q}},\nu_{\mathbb{Q}},\nu_{\mathbb{Q}})$-可计算的,故存在可计算函数 $f:\subseteq\Sigma^*\times\Sigma^*\to\Sigma^*$ 使得对任意 $u,v\in dom(\nu_{\mathbb{Q}})$满足 $\bar{u}\cdot\bar{v}=\nu_{\mathbb{Q}}f(u,v)$.从而存在 T2 - 图灵机使得对于任何输入$(p,q)$,均可映成 $r:\iota(y_0)\iota(y_1)\cdots$,其中 $y_i=f(u_{m+i},v_{m+i})$,$x=\rho_C'''(p)$,$p=\iota(u_0)\iota(u_1)\cdots\in dom(\rho_C''')$;$y=\rho_C'''(q)$,$q=\iota(v_0)\iota(v_1)\cdots\in dom(\rho_C''')$.另外 $m\in\mathbb{N}$ 是满足$|\bar{u}_0|+2\leqslant 2^{m-1}$和$|\bar{v}_0|+2\leqslant 2^{m-1}$的最小数.

$$|\bar{u}_n|\leqslant|\bar{u}_n-\rho_C'''|+|\rho_C'''-\overline{u_0}|+|\bar{u}_0|\leqslant 2+|\bar{u}_0|\leqslant 2^{m-1}$$

类似的,$|\bar{v}_n|\leqslant 2^{m-1}$,从而

$$\begin{aligned}|\bar{y}_i-x\cdot y|&=|\bar{u}_{m+i}\cdot\bar{v}_{m+i}-x\cdot y|\\&\leqslant|\bar{u}_{m+i}\cdot\bar{v}_{m+i}-\bar{u}_{m+i}\cdot y|+|\bar{u}_{m+i}\cdot y-x\cdot y|\\&\leqslant|\bar{u}_{m+i}\cdot(\bar{v}_{m+i}-y)|+|(\bar{u}_{m+i}-x)\cdot y|\\&\leqslant 2\cdot 2^{m-1}\cdot 2^{-m-i}=2^{-i}\end{aligned}$$

□

定理 10.0.2 $x\to\dfrac{1}{x}$.

证明:存在一个 T2 -机器 M 当它在输入 $p:=\iota(u_0)\iota(u_1)\cdots\in dom(\rho_C''')$时的工作如下:首先机器 M 搜索最小的 $N\in\mathbb{N}$ 使得$|\overline{u_N}|>3\cdot 2^{-N}$.一旦搜索到这样的一个数 N,机器 M 开始书写序列 $r:=\iota(y_0)\iota(y_1)\cdots$,其中 $\bar{y}_i=\dfrac{1}{\bar{u}_{2N+i}}$.

设 $x:=\rho_C'''(p)\neq 0$.则这样的 N 是存在的且$|\bar{u}_k|>2^{-N}$对所有$k\geqslant N$,因此$|x|\geqslant 2^{-N}$.我们可得

$$\left|\bar{y}_i-\frac{1}{x}\right|=\left|\frac{1}{\bar{u}_{2N+i}}-\frac{1}{x}\right|=\frac{|x-\bar{u}_{2N+i}|}{|\bar{u}_{2N+i}|\cdot|x|}\leqslant 2^{-2N}\cdot 2^N\cdot 2^N=2^{-i}$$

因此,f_M是倒数运算的(ρ_C''',ρ_C''')-实现. □

类似的,$(x_1,x_2,\cdots,x_n)\mapsto c$($c$ 是可计算的常数),$(x_1,\cdots,x_n)\mapsto x_i$,$(x,y)\mapsto\min(x,y)$,$x\mapsto|x|$,$(i,x)\mapsto x^i$ 等函数都是可计算的.

例 10.0.1 指数函数 exp: $\mathbb{R}\to\mathbb{R}$ 可计算.我们使用以下公式进行估算

$$\exp(x)=\sum\nolimits_{i=0}^{N}\frac{x^i}{i!}+r_N(x)$$

其中 $r_N(x)\leqslant 2\cdot\dfrac{|x|^{N+1}}{(N+1)!}$,如果$|x|\leqslant 1+\dfrac{N}{2}$.

设 M 为 T2 -机器用于计算序列 $q=\iota(v_0)\iota(v_1)\cdots$对任何 $p=\iota(u_0)\iota(u_1)\cdots\in dom(\rho_C)$使得对任何 n,v_n 定义如下:

(1) M 可确定最小的 $N_1\in\mathbb{N}$ 使得$|\bar{u}_0|+1\leqslant 1+\dfrac{N_1}{2}$.

(2) M 可确定最小的 $N\in\mathbb{N}$，$N\geqslant N_1$ 满足 $2\cdot\dfrac{\left|1+\dfrac{N_1}{2}\right|^{N+1}}{(N+1)!}\leqslant 2^{-n-2}$.

(3) M 可确定最小的 $m\in\mathbb{N}$ 满足 $2^{-m}\cdot\sum_{i=1}^{N}\dfrac{i\left(1+\dfrac{N_1}{2}\right)^{i-1}}{i!}\leqslant 2^{-n-2}$.

(4) M 可确定 $v_n\in\sum^*$ 使得 $\bar{v}_n=\sum_{i=0}^{N}\dfrac{\bar{u}_m^i}{i!}$.

假设 $x=\rho_C(p)=\rho_C(\iota(u_0)\iota(u_1)\cdots)$.则 $|x|\leqslant 1+\dfrac{N_1}{2}$ 且 $\bar{u}_m\leqslant 1+\dfrac{N_1}{2}$.我们可得

$$
\begin{aligned}
|\exp(x)-\bar{v}_n| &\leqslant \left|\sum_{i=0}^{N}\frac{x^i}{i!}-\sum_{i=0}^{N}\frac{\bar{u}_m^i}{i!}\right|+|r_N(x)|\\
&\leqslant |x-\bar{u}_m|\cdot\sum_{i=1}^{N}\frac{|x^{i-1}+x^{i-2}\bar{u}_m+\cdots+\bar{u}_m^{i-1}|}{i!}+2^{-n-2}\\
&\leqslant 2^{-m}\sum_{i=1}^{N}\frac{i\left(1+\dfrac{N_1}{2}\right)^{i-1}}{i!}+2^{-n-2}\\
&\leqslant 2^{-n-2}+2^{-n-2}\leqslant 2^{-n-1}
\end{aligned}
$$

进一步的，我们得到 $\exp(x)=\rho_C(\iota(v_0)\iota(v_1)\cdots)$，因为对任意 $i<j$ 有

$$|\bar{v}_i-\bar{v}_j|\leqslant|\bar{v}_i-\exp(x)|+|\bar{v}_j-\exp(x)|\leqslant 2^{-i-1}+2^{-j-1}\leqslant 2^{-i}$$

故 f_M 实现了指数函数 $\exp:\mathbb{R}\to\mathbb{R}$.

二、积分、导数的可计算性

定义 10.0.3 （$C(A)$的柯西表示）设 $A=[c,d]$ 为有理区间，一个 A 上有理的多边图(polygon)是一个函数 $f\in C(A)$：存在有理数 $a_0,b_0,\cdots,a_k,b_k$ 使得 $a_0<a_1<\cdots<a_k$，$a_0\leqslant c$，$d\leqslant a_k$，且对任何 $x\in A$，

$$f(x)=b_{i-1}+\frac{(x-a_{i-1})(b_i-b_{i-1})}{a_i-a_{i-1}}\text{ 如果 } a_{i-1}\leqslant x\leqslant a_i$$

令 ν_{Pg} 为有理多边图集合 Pg 的标准记号.$C(A)$集的柯西表示 δ_C^A 定义为

$\delta_C^A(p)=f$ 当且仅当 $p=\iota(w_0)\iota(w_1)\cdots$ 使得 $d(\nu_{Pg}(w_i),\nu_{Pg}(w_i))\leqslant 2^{-i}$ 对于 $i<k$ 且 $f=\lim\limits_{i\to\infty}\nu_{Pg}(w_i)$ (10.2)

(**解读**：函数 f 被可计算的有理数系数的多边图快速收敛表示.)

定理 10.0.3 积分函数

$$F_{[0,1]}:f\mapsto\int_0^1 f(x)\mathrm{d}x \text{ 对 } f\in C([0,1])$$

是$(\delta_C^{[0,1]},\rho_C''')$-可计算的.

证明:存在 T2-机器在输入为 $p:=\iota(w_0)\iota(w_1)\cdots$(其中 $w_i\in dom(\nu_{Pg})$)时打印序列 $q:=\iota(u_0)\iota(u_1)\cdots$使得

$$\nu_{(\otimes)}(u_i)=\int_0^1\nu_{Pg}(w_i)(x)\,\mathrm{d}x$$

设 $f:=\delta_C^{[0,1]}(p)$且 $f_i:=\nu_{Pg}(w_i)$.因为

$$\begin{aligned}|F_{[0,1]}(f)-\nu_{(\otimes)}(u_i)|&=\left|\int_0^1 f(x)\mathrm{d}x-\int_0^1 f_i(x)\mathrm{d}x\right|\\&=\left|\int_0^1(f(x)-f_i(x))\mathrm{d}x\right|\\&\leqslant\int_0^1|f(x)-f_i(x)|\,\mathrm{d}x\\&\leqslant 2^{-i}\end{aligned}$$

□

接下来我们来证明导数也是可计算的.

定义 10.0.4 1. 对任意两个命名系统 $\gamma_1:\subseteq\Sigma^\omega\to M_1$ 和 $\gamma_2:\subseteq\Sigma^\omega\to M_2$,$N\subseteq M_1$,令 $[\gamma_1\to\gamma_2]_N$ 为所有连续函数 $f:\subseteq M_1\to M_2$ 构成的集合 $C(\gamma_1,\gamma_2,N)$的表示使得

$$[\gamma_1\to\gamma_2]_N(p)=f \text{ 当且仅当 } f\circ\gamma_1(q)=\gamma_2\circ\eta_p^{\omega\omega}(q)\text{当 }\gamma_1(q)\in N$$

2. ($C([0,1])$的标准表示)定义 $\delta_{\to}^{[0,1]}:\subseteq\Sigma^\omega\to C([0,1])$满足

$$\delta_{\to}^{[0,1]}:=[\rho\to\rho]_{[0,1]}$$

3. 我们称 $g:\mathbb{N}\to\mathbb{N}$ 是函数 $f:\mathbb{R}\to\mathbb{R}$ 的模数(modulus)函数当且仅当$|f(y)-f(x)|\leqslant 2^{-k}$每当$|y-x|\leqslant 2^{-g(k)}$.

定理 10.0.4 设 $\delta_{\to}^{[0,1]}(p)=f$ 且$[\nu_{\mathrm{N}}\to\nu_{\mathrm{N}}](q)$是 f' 的模数函数 g,则$(f,g)\mapsto f'$是$(\delta_{\to}^{[0,1]},[\nu_{\mathrm{N}}\to\nu_{\mathrm{N}}],\delta_{\to}^{[0,1]})$-可计算的.

证明:函数 $F_0:\subseteq C^1[0;1]\times\mathbb{N}^{\mathbb{N}}\times\mathbb{R}\times\mathbb{N}\to\mathbb{R}$ 定义如下:

$$F_0(f,g,x,n):=2^{g(n)+2}\cdot(f(x+2^{-g(n)-2})-f(x))$$

易见 F_0 是$(\delta_{\to}^{[0,1]},[\nu_{\mathrm{N}}\to\nu_{\mathrm{N}}]_{\mathrm{N}},\rho,\nu_{\mathrm{N}},\rho)$-可计算的.

由中值定理知,存在 y,$x\leqslant y\leqslant x+2^{-g(n)-2}$使得

$$2^{g(n)+2}\cdot(f(x+2^{-g(n)-2})-f(x))=f'(y)$$

因为$|x-y|\leqslant 2^{-g(n)}$,$|f'(x)-f'(y)|\leqslant 2^{-n}$,因此

$$|f'(x)-F_0(f,g,x,n)|\leqslant 2^{-n}\text{且 }f'(x)=\lim_{n\to\infty}F_0(f,g,x,n)$$

因此$(f,g)\mapsto f'$是$(\delta_{\to}^{[0,1]},[\nu_{\mathrm{N}}\to\nu_{\mathrm{N}}],\delta_{\to}^{[0,1]})$-可计算的.

(**解读:**f 的名只能反映 f 的信息,故要计算 f'就需要 f'的信息反映在名中,而这部分信息反映在模数函数 g 的名中.) □

三、幂级数的可计算性

引理 10.0.1 设实数序列$\{x_0,x_1,\cdots\}$

(1) 投影 $pr:((x_0,x_1,\cdots),i)\mapsto x_i$ 是$([\rho]^\omega,\nu_{\mathrm{N}},\rho)$-可计算.

(2) 函数 $S_0:((x_0,x_1,\cdots),i)\mapsto x_0+x_1+\cdots+x_i$ 是$([\rho]^\omega,\nu_{\mathrm{N}},\rho)$-可计算.

(3) 函数 $S:(x_0,x_1,\cdots)\mapsto(y_0,y_1,\cdots)$是$([\rho]^\omega,[\rho]^\omega)$-可计算，其中 $y_i:=x_0+x_1+\cdots+x_i$.

证明:(1) $(\langle p_0,p_1,\cdots\rangle,\omega)\to p_{\nu\mathrm{N}(\omega)}$可实现投影.

(2)
$$\begin{cases} h(0,(x_0,x_1,\cdots))=x_0 \\ h(n+1,(x_0,x_1,\cdots))=h(n,(x_0,x_1,\cdots))+x_{n+1} \end{cases} \tag{10.3}$$

显然 S_0 可以递归定义，而且 S_0 是$([\rho]^\omega,\nu_{\mathrm{N}},\rho)$-可计算的. □

引理 10.0.2 函数 $\mathrm{e}:\mathbb{N}\to\mathbb{N}$ 称为收敛序列$(x_i)_{i\in\mathrm{N}}$的模数函数$\Leftrightarrow|x_i-x_k|\leqslant2^{-n}$对$\forall i,k\geqslant\mathrm{e}(n)$成立.设$(x_i)_{i\in\mathrm{N}}$为$(\nu_{\mathrm{N}},\rho)$-可计算实数序列，其模数函数为 $\mathrm{e}:\mathbb{N}\to\mathbb{N}$ 亦可计算.则 $x=\lim\limits_{i\to\infty}x_i$ 可计算.

证明:因为$(x_i)_{i\mathrm{N}}$是$(\nu_{\mathrm{N}},\rho_C)$-可计算，满足 $x_i=\rho_C(\iota(u_{i0})\iota(u_{i1})\cdots)$的字符 u_{ij} 可计算.定义 $v_i:=u_{\mathrm{e}(i+2),i+2}$且 $q:=(\iota(v_0)\iota(v_1))\cdots$.对所有 $k<m$

$$\begin{aligned}|\bar{v}_k-x|&=|\bar{u}_{\mathrm{e}(k+2),k+2}-x_{\mathrm{e}(k+2)}|+|x_{\mathrm{e}(k+2)}-x|\\&\leqslant2^{-k-2}+2^{-k-2}\leqslant2^{-k-1}\end{aligned}$$

且$|\bar{v}_k-\bar{v}_m|\leqslant|\bar{v}_k-x|+|\bar{v}_m-x|\leqslant2^{-k-1}+2^{-m-1}\leqslant2^{-k}$(**解读:**快速收敛的数列信息藏在模数函数中). □

因此，有下列定理:

定理 10.0.5 (序列的极限及级数)设$(x_0,x_1,\cdots)$为实数序列，$\mathrm{e}:\mathbb{N}\to\mathbb{N}$ 是它的模数函数，则下列函数是$([\rho]^\omega,[\nu_{\mathrm{N}}\to\nu_{\mathrm{N}}]_{\mathrm{N}},\rho)$-可计算的.

$$L:((x_0,x_1,\cdots),\mathrm{e})\to\lim_{i\to\infty}x_i \text{ 且}$$

$$SL:((x_0,x_1,\cdots),\mathrm{e})\to\sum\nolimits_{i\in\mathrm{N}}x_i$$

其中$((x_0,x_1,\cdots),\mathrm{e})\in dom(L)$当且仅当$|x_j-x_i|\leqslant2^{-n}$对于所有$j>i\geqslant\mathrm{e}(n)$成立;$((x_0,x_1,\cdots),\mathrm{e})\in dom(SL)$当且仅当对于所有 $j>i\geqslant\mathrm{e}(n)$有$|x_i+\cdots+x_j|\leqslant2^{-n}$.

从而有下列定理:

定理 10.0.6 (序列极限和函数级数)设表示 $\delta:\subseteq\Sigma^\omega\to M,X\subseteq M,(f_i)_{i\in\mathrm{N}}$为函数序列使得 $f_i:\subseteq M\to\mathbb{R}$ 且 $dom(f_i)=X$，则函数$(i,x)\to f_i(x)$是$(\nu_{\mathrm{N}},\delta,\rho)$-可计算.

(1) 如果存在可计算函数 $\mathrm{e}:\mathbb{N}\to\mathbb{N}$ 使得$|f_j(x)-f_i(x)|\leqslant2^{-n}$对所有 $j>i\geqslant\mathrm{e}(n)$且 $x\in X$ 成立，则函数 $f:\subseteq M\to\mathbb{R}$ 是(δ,ρ)-可计算的，其中 $dom(f)=x$ 且 $f(x)=\lim\limits_{i\to\infty}f_i(x)$.

(2) 如果存在函数 $\mathrm{e}:\mathbb{N}\to\mathbb{N}$ 使得$|f_i(x)+\cdots+f_j(x)|\leqslant2^{-n}$对所有$j\geqslant i\geqslant\mathrm{e}(n)$且 $x\in X$ 成立，则函数 $f:\subseteq M\to\mathbb{R}$ 是(δ,ρ)-可计算的，其中 $dom(f)=x$ 且 $f(x)=\sum\nolimits_{i\in\mathrm{N}}f_i(x)$.

定理 10.0.7 (可计算的复数函数)复数函数 $z\mapsto a$(a 可计算),$(z_1,z_2)\mapsto z_1+z_2$,$(z_1,z_2)\mapsto z_1\cdot z_2$,$z\mapsto\frac{1}{z}$,$z\mapsto|z|$,$z\mapsto\|z\|$,$z\mapsto Re(z)$,$z\mapsto Im(z)$可计算.进一步的,每一个系数均可计算的复数多项式,$(j,z)\mapsto z^j$ 都是可计算的.

定理 10.0.8 (幂级数)

$$P:((a_j)_{j\in\mathrm{N}},r,M,z)\mapsto\sum\nolimits_{j=0}^{N}a_j\cdot z^j$$

是$([\rho^2]^\omega,\nu_{\mathrm{Q}},\nu_{\mathrm{N}},\rho^2,\rho^2)$-可计算,其中$|z|<r$,且$\forall j(|a_j|\leqslant M\cdot r^{-j})$

证明:首先证明

$$Q:((a_j)_{j\in\mathrm{N}},r,s,M,z)\mapsto\sum\nolimits_{j=0}^{N}a_j\cdot z^j$$

是$([\rho^2]^\omega,\nu_{\mathrm{Q}},\nu_{\mathrm{Q}},\nu_{\mathrm{N}},\rho^2,\rho^2)$-可计算,其中$|z|<s<r$,且$\forall j(|a_j|\leqslant M\cdot r^{-j})$.

(1) 易见函数$(j,z)\mapsto z^j$ 是$(\nu_{\mathrm{N}},\rho^2,\rho^2)$-可计算.

(2) 易见函数$((a_j)_{j\in\mathrm{N}},z,k)\mapsto a_k\cdot z^k$ 是$([\rho^2]^\omega,\rho^2,\nu_{\mathrm{N}},\rho^2)$-可计算.因此

$$G:((a_j)_{j\in\mathrm{N}},z)\mapsto(a_j\cdot z^j)_{j\in\mathrm{N}}\text{是}([\rho^2]^\omega,\rho^2,[\rho^2]^\omega)\text{-可计算.}$$

接下来我们确定模数函数.

(1) 函数 $H:(r,s,M,n)\mapsto\min\left\{m\in\mathbb{N}\,\middle|\,M\cdot\left(\frac{s}{r}\right)^m\cdot\frac{r}{r-s}\leqslant 2^{-n}\right\}(s<r,r,s\in\mathbb{Q},M,n\in\mathbb{N})$是可计算的.

(2) 易见

$$H':(r,s,M)\mapsto\mathrm{e}\qquad\mathrm{e}(n):=H(r,s,M,n)$$

是$(\nu_{\mathrm{Q}},\nu_{\mathrm{Q}},\nu_{\mathrm{N}},[\nu_{\mathrm{N}}\to\nu_{\mathrm{N}}])$-可计算的.因此对$|z|\leqslant s<r$ 且$k\geqslant j\geqslant\mathrm{e}(n)$,我们有

$$|a_j\cdot z^j+\cdots+a_k\cdot z^k|\leqslant\sum\nolimits_{k\geqslant j}|a_k|\cdot|z^k|\leqslant\sum\nolimits_{k\geqslant j}M\cdot\left(\frac{s}{r}\right)^k$$
$$=M\left(\frac{s}{r}\right)^j\cdot\frac{r}{r-s}\leqslant 2^{-n}$$

(3)
$$\sum\nolimits_{i=0}^{\infty}a_i\cdot z^i=SL(G((a_j)_{j\in\mathrm{N}},z),H'(r,s,M))$$

如果$|z|\leqslant s<r$,且$|a_j|\leqslant M\cdot r^{-j}$对所有 j 成立.因此 Q 可计算.

多值函数 $h:\subseteq\mathbb{Q}\times\mathbb{C}\rightrightarrows\mathbb{Q}$ 是$(\nu_{\mathrm{Q}},[\rho]^2,\nu_{\mathrm{Q}})$-可计算,$h$ 的图 $R_h:=\{(r,z,s)\,|\,|z|<s<r\}$.将计算 h,Q 的计算机组合在一起即可.

(**解读:**看似复杂的证明其实是中规中矩的数学思想、优级数思想.信息被 M 控制了.) □

定理 10.0.9 设$(a_j)_{j\in\mathrm{N}}$是可计算的复序列,$R:=(\lim\sup_{j\to\infty}\sqrt[j]{|a_j|})^{-1}$.

(1) 函数 $f:z\mapsto\sum\nolimits_{i=0}^{\infty}a_i\cdot z^i$ 在每一个闭球$\{z\in\mathbb{C}\,|\,|z|\leqslant r\}(r<R)$上是可计算的.

(2) 设 $k\mapsto r_K$,$k\mapsto M_k(r_k\in\mathbb{Q},M_k\in\mathbb{N})$为可计算序列使得$|a_j|\leqslant M_k\cdot r_k^{-j}$ 对所有j,k 成立.则函数 $f:z\mapsto\sum_{i=0}^{\infty}a_i\cdot z^i$ 在开球$\{z\in\mathbb{C}\,|\,|z|<\sup_{k\in\mathrm{N}}r_k\}$上可计算.

证明:(1) 对于收敛半径 R,存在一个有理数 r' 使得 $r<r'<R$.从而存在 r' 的一个界 $M\in\mathbb{N}$.则对所有 $|z|<r'$,$f(z)=P((a_j)_{j\in\mathbb{N}},r',M,z)$.

(2) 对每个输入 z 寻找数 k 使得 $|z|<r_k$,再计算 $f(z)=P((a_i)_{i\in\mathbb{N}},r_k,M,z)$. □

例 10.0.2 1. $\ln(1+z)=\sum_{j=1}^{\infty}(-1)^{j+1}\frac{z^j}{j}$,显然其收敛半径为 1,并在其收敛域 $\{z\,|\,|z|<1\}$ 上可计算.因此 $\ln 2=\ln\left(1+\frac{1}{3}\right)-\ln\left(1-\frac{1}{3}\right)$ 可计算.存在一个机器 M,当输入为 p 且 $\rho(p)=x>0$ 时,机器 M 先确定某个整数 d 使得 $\frac{1}{2}<x\cdot 2^d<\frac{3}{2}$,再计算 $-d\ln 2+\ln(x\cdot 2^d)$.显然函数 f_{M} 实现了函数 $\ln x$.

2. 函数 $(x,y)\mapsto x^y\,(x>0,y\in\mathbb{R})$ 可计算,因为 $x^y=\exp(y\ln x)$.

3. 设 $(a_j)_{j\in\mathbb{N}}$ 是一个可计算的复系数序列,$z_0\in\mathbb{C}$ 是可计算的,且 $r<R:=(\limsup_{j\to\infty}\sqrt[j]{|a_j|})^{-1}$.则函数 $g:z\mapsto\sum_{i=0}^{\infty}a_i\cdot(z-z_0)^i$ 在每一个闭球 $\{z\in\mathbb{C}\,|\,|z-z_0|\leqslant r\}(r<R)$ 上是可计算的.

4. 令 $\exp(z)=\sum_{j=0}^{\infty}\frac{z^j}{j!}\,(z\in\mathbb{C})$,显然 $R:=(\limsup_{j\to\infty}\sqrt[j]{|a_j|})^{-1}=\infty$.则对每个 $N\in\mathbb{N}$,指数函数 $\exp(z)$ 在 $\{z\,|\,|z|\leqslant N\}$ 上可计算.这意味着,对每一个自然数 $N\in\mathbb{N}$,存在一个机器 M_N 可以计算指数函数 exp 于 $\{z\,|\,|z|\leqslant N\}$ 上.

对每个 $j\leqslant N$,有 $\frac{1}{j!}\leqslant 1\leqslant N^{N-j}=N^N\cdot N^{-j}$;对每个 $j>N$,我们有 $\frac{1}{j!}\leqslant\frac{1}{(N+1)(N+2)\cdots j}\leqslant\frac{1}{N^{j-N}}=N^N\cdot N^{-j}$,因此由定理 10.0.9,我们可得结论.

5. 由于函数 $\sin z=\frac{\exp(iz)-\exp(-iz)}{2i}$,$\cos z=\frac{\exp(iz)+\exp(-iz)}{2}$,故 $\sin z$,$\cos z$ 可计算.

下面看两个例子.从中我们可以看到可计算分析的强大,它甚至可以证明、计算很多重要的数学定理.先看经典的 Riesz 表示定理(部分符号由于专业性太强,在此就不做介绍了,有兴趣的可以找相应的资料去查阅).

定理 10.0.10 (里斯(Riesz)表示定理).[GP65]对任意连续线性算子 $F:C[a,b]\to\mathbb{R}$,存在 BVN 中的函数 $g:[a,b]\to\mathbb{R}$ 使得

$$F(f)=\int f\,\mathrm{d}g\quad(f\in C[a,b])$$

且

$$V(g)=\|F\|=\|g\|$$

它有一个可计算版本.

定理 10.0.11 (参见[1])1. 定义算子 $S:\subseteq BV[0;1]\times\to C'[0;1]$ 使得 $dom(S):=\{(g,b)\,|\,V(g)<b\}$,$S(g,b)(h)=\int h\,\mathrm{d}g$ 对每一个 $h\in C[0;1]$ 成立.则 S 是$(\delta_{BV},\rho,[\delta_C\to$

$\rho]$)-可计算的.

2. 定义算子 $S':\subseteq C'[0;1]\times\mathbb{R}:\to BV[0;1]$使得 $dom(S')=\{(F,c)\mid \|F\|=c\}$,$g\in S'(F,c)$当且仅当 $\|F\|=V(g)$,$F(h)=\int h\mathrm{d}g$ 对某个$h\in C[0;1]$成立.则 S'是 ($[\delta_C\to\rho]$,ρ,δ_{BV})-可计算.

类似的我们还有:

定理 10.0.12 (里斯表示定理)设 X 为局部紧的σ-紧豪斯多夫(Hausdorff)空间.则对每一个正的拥有紧支柱(compact support)的连续函数空间上的线性函数 $I:\mathcal{K}(X)\to\mathbb{R}$,存在唯一的正博雷尔(Borel)测度使得

$$I(f)=\int f\mathrm{d}\mu\quad 对所有\quad f\in\mathcal{K}(X)\tag{10.4}$$

定理 10.0.13 (可计算的里斯表示,computable Riesz representation)(参见[2])正线性函数 I 的算子 $S:I\to\mu$,如果满足 $I(f)=\int f\mathrm{d}\mu$,则 S 是($[\delta_K\to\rho]$,δ_m)-可计算的.另满足 $I(f)=\int f\mathrm{d}\mu$,$f\in\mathcal{K}(X)$的算子 $T:\mu\mapsto I$ 是(δ_M,$[\delta_K\to\rho]$)-可计算的.

可计算分析不仅可以处理数学分析的可计算问题,它还能处理测度论等等学科的可计算问题.

第三部分

算法信息

第十一章　实数函数的计算复杂性

我们用图灵机在离散系统上做的复杂性研究对于非离散的连续的更为复杂的系统是不适用的.

定义 11.0.1 （时间和空间的复杂性）设 M 为计算函数 $f_{\mathrm{M}}:\subseteq Y_1\times Y_2\times\cdots\times Y_m\to\Sigma^{\omega}$ 的 T2-机器.

(1) 对所有 $y\in Y_1\times Y_2\times\cdots\times Y_m$ 和所有 $k\in\mathbb{N}$ 定义：

$$Time_{\mathrm{M}}(y)(k):=\text{机器 M 计算输入 } y \text{ 得到第 } k \text{ 个输出元素所需要的步数} \tag{11.1}$$

$$La_{\mathrm{M}}(y)(k):=\text{机器 M 计算输入 } y \text{ 得到第 } k \text{ 个输出元素的所读符号的最大数目} \tag{11.2}$$

(2) 对所有 $A\subseteq dom(f_{\mathrm{M}})$ 和所有 $k\in\mathbb{N}$ 定义：

$$Time_{\mathrm{M}}^{A}(k):=\max_{y\in A} Time_{\mathrm{M}}(y)(k)$$
$$La_{\mathrm{M}}^{A}(k):=\max_{y\in A} La_{\mathrm{M}}(y)(k)$$

引理 11.0.1 对每个 T2-机器 M，设 M 计算函数 $f_{\mathrm{M}}:\subseteq Y\to\Sigma^{\omega}$

(1) 函数 $(y,k)\mapsto Time_{\mathrm{M}}(y)(k)$ 可计算；

(2) 函数 $(y,k)\mapsto La_{\mathrm{M}}(y)(k)$ 可计算；

(3) 集合 $\{(y,k,t)\in Y\times\mathbb{N}\times\mathbb{N}: Time_{\mathrm{M}}(y)(k)=t\}$ 是可判定的；

(4) 集合 $\{(y,k,t)\in Y\times\mathbb{N}\times\mathbb{N}: La_{\mathrm{M}}(y)(k)=t\}$ 是一般不可判定的.

更详细地，存在一个可计算函数 $g:\subseteq Y\times\Sigma^{*}\to\Sigma^{\omega}$ 使得 $Time_{\mathrm{M}}(y)(\nu_{\mathrm{N}}(u))=\nu_{\mathrm{N}}\circ g(y,u)$，集合 $\{(g,u,v)\mid Time_{\mathrm{M}}(y)(\nu_{\mathrm{N}}(u))=\nu_{\mathrm{N}}(v)\}$ 是可判定的.

证明： 我们仅证明(1).我们构造另一台机器 M_1，使得对于输入 (y,u)，$y\in Y$，$\nu_{\mathrm{N}}(u)=k$，M_1 模拟机器 M 对 y 进行计算，统计当第 k 个输出符号已经被书写后所花的步数.则 M_1 输出 v，其中 ν_{N} 是计算所花的步数. □

同图灵机类似，T2-机器也有下面的性质：

引理 11.0.2 对于每个 T2-机器 M 及 $f_{\mathrm{M}}:\subseteq Y\to\Sigma^{\omega}$，对每一个 $y\in Y$，$A\subseteq Y$，$La_{\mathrm{M}}(y)(k)\leqslant Time_{\mathrm{M}}(y)(k)$ 且 $La_{\mathrm{M}}^{A}(y)(k)\leqslant Time_{\mathrm{M}}^{A}(y)(k)$.

引理 11.0.3 （复合函数复杂性）设机器 $\mathrm{M},\mathrm{M}_1,\mathrm{M}_2,\cdots,\mathrm{M}_n$ 分别用于计算 $f:\subseteq(\Sigma^{\omega})^{n}\to\Sigma^{\omega}$，$g_1,g_2,\cdots,g_n:\subseteq(\Sigma^{\omega})^{m}\to\Sigma^{\omega}$.则存在机器 N 可以计算函数 $f\circ(g_1,g_2,\cdots,g_n)$ 的一个扩充，存在一个常数 c 使得对所有 $p\in(\Sigma^{\omega})^{m}$，$k\in\mathbb{N}$，

$$La_{\mathrm{N}}(p)(k)\leqslant La'(p)\circ La_{\mathrm{M}}(g_1(p),\cdots,g_n(p))(k)\text{ 且}$$
$$\begin{aligned}Time_{\mathrm{N}}(p)(k)\leqslant{}& c\cdot Time_{\mathrm{M}}(g_1(p),\cdots,g_n(p))(k)\\&+c\cdot Time'(p)\circ La_{\mathrm{M}}(g_1(p),\cdots,g_n(p))(k)+c\end{aligned} \tag{11.3}$$

其中

$$La'(p)(l):=\max\{La_{M_1}(p)(l),\cdots,La_{M_n}(p)(l)\}\text{且}$$
$$Time'(p)(l):=\max\{Time_{M_1}(p)(l),\cdots,Time_{M_n}(p)(l)\}$$

证明： 首先考察 $m=n=1$ 时的情况：令 N 为 T2 -机器使得 N 既能模拟机器 M 直到它需要下一个输入符号并暂停，又能模拟 M_1 计算 p 直到它书写下一个输出符号并暂停.

考虑 $p\in dom(f\circ g_1)$.对于输入 p，N 书写 $g_1(p)$于工作带，书写 $f\circ g_1(p)$于输出带.为了输出第 k 个符号，N 需要读取 $g_1(p)$的前 $La_M(g_1(p))(k)$个符号.因此

$$La_N(p)(k)\leqslant La'(p)\circ La_M(g_1(p))(k)\text{且}$$

$$Time_N(k)\leqslant c\cdot Time_M(g_1(p))(k)+c\cdot Time'(p)\circ La_M(g_1(p))(k)+c$$

再考察 $m=1,n>1$ 时的情况：在这种情况下，N 不过增加了几个工作带而已，同时模拟 $M_1,M_2,\cdots,M_n$.一个直接的模拟这种多带的运算，在最糟糕的情况下，也不过需要 $O(k^2)$ 步用于读取每个读头的 k 个符号.可以证明在这种情况下，存在一个模拟需要 $O(k)$工作步数.

□

不同于型 1 -可计算性，我们有下面的结论：

定理 11.0.1 （紧集上的一致复杂性）设 M 为 T2 -机器且 $f_M:\subseteq Y\to\Sigma^\omega$.对每个集 $A\subseteq dom(f_M)$，A 有 r.e.补，存在可计算函数 h,h'使得

$$Time_M^A(k)\leqslant h(k)\text{且 }La_M^A(k)\leqslant h'(k)$$

定理 11.0.2 （复杂性分层）对每一个可计算元素 $y\in Y$ 和可计算函数 $t:\mathbb{N}\to\mathbb{N}$，存在一个序列 $q\in\Sigma^\omega$使得下式成立：

如果 M 是一个 T2 -机器使得 $f_M(y)=q$，则对无穷多个 $k\in\mathbb{N}$，$Time_M(y)(k)>t(k)$.

总　结

本部分处理了实分析函数的可计算性，要计算这些可计算的函数，我们必须选择适当的名，给出适当的命名系统才有可能在计算机上完成它们的计算.万事万物莫不如此，我们虽然不可能知道每个具体函数的值，但我们知道如何去算即可获取它们的信息.信息传输也是如此，我们要的是它们的名和算法，这样我们就能处理它们的信息、获取它们的信息.在离散世界，由于输入有穷，我们只要有算法，我们就能获取每一个可计算函数的信息.在可计算分析中，我们要的不仅仅是算法，还要制定规则给出名来(因为输入的是无穷量，有无穷信息，除非有简单规律，否则不可能用有穷编码来获取无穷信息)，这样我们才能正确地表示出研究事物，例如实函数，才能计算函数、获取信息.所以处理信息，我们就要有名有算法.大千世界的每个无穷事物均是如此，它们中的许多都能找到名，因此也能计算，也能得到信息.在本书的每个部分，我们都有这个共性，我们都要传递信息，我们都有黑箱这个模型，我们其实传递的都不是事物本身，也不可能是事物本身，而是传递事物的名.因此我们需要学会如何选

取适当的名.

从本部分的内容,我们可以看到复杂事物在计算机上不是完全不可计算的,这有悖于我们一直以来的观念:只有能算的计算机才能算.前提是我们需要输入一些信息以帮助完成计算.例如在输入带上输入该函数的一些信息,或是在外部信息元带上放上难度更大、信息更多的函数即可.

习题 11.0

1. 设 $x_i := \sum_{k=0}^{i} \frac{1}{K!}$,则 $e=\lim_{i\to\infty} x_i$.证明:序列 $(x_i)_{i\in N}$ 是 (ν_N,ν_Q)-可计算.

2. 我们知道 $\frac{\pi}{4}=1-\frac{1}{3}+\frac{1}{5}-\frac{1}{7}\cdots$,设 $x_i = \sum_{k=0}^{i}(-1)^k\frac{1}{2k+1}$. 则 $(x_i)_{i\in N}$ 是 (ν_N,ν_Q)-可计算.

3. 证明:实数 x 可计算当且仅当存在可计算函数 f, g, h 使得 $\left|x-\frac{f(n)-g(n)}{1+h(n)}\right|\leqslant 2^{-n}$.

4. 下列函数可计算:(1) $x\mapsto -x$;(2) $(x,y)\mapsto x+y$;(3) $x\mapsto\frac{1}{x}$;(4) $(x,y)\mapsto \min(x,y)$;(5) $x\mapsto|x|$;(6) $(i,x)\mapsto x^i$;(7) $x\mapsto\sqrt{x}$;(8) $\arcsin(x)$.

5. $f(x)=3x$ 是 (ρ_C''',ρ_C''')-可计算的.

6. 每个程式转换(tupling)函数 $\langle\rangle: Y_1\times Y_2\times\cdots\times\rightarrow Y_0$ 是可计算的,且其逆的每个投影函数都是可计算的.

7. 设 M 为有 k 个带子的 T2-机器,T_M 为所有形如 $(u_1,u_2,\cdots,u_k,0^m,v)$ 元素构成的集合,使得 $u_k,v\in\Sigma^*$,对任意输入 $(y_1,y_2,\cdots,y_k)$,u_i 是 y_i 的前缀,而且在 m 步内,机器 M 从每个输入带子读取至多到前缀 u_i,并在输出带上书写 v.则 T_M 是可计算的.

8. 设 $\Sigma\subseteq\Delta$,$f:\subseteq\Sigma^{a1}\times\cdots\times\Sigma^{a_k}\rightarrow\Sigma^{a_0}$ 且 $g:\subseteq\Delta^{a1}\times\cdots\times\Delta^{a_k}\rightarrow\Delta^{a_0}$,另外 $graph(f)=graph(g)$.则 f 可计算当且仅当 g 可计算.

9. $i=0,1,\cdots,l$,令 $f_i':\subseteq Y_1\times Y_2\times\cdots\times Y_k\rightarrow Y_0$ 可计算,又 $f_{ia}:\subseteq\Sigma^*\times Y_0\times Y_1\times\cdots\times Y_k\rightarrow Y_0$ 可计算,证明由下式递归定义的函数 $g_i:\subseteq\Sigma^*\times Y_1\times Y_2\times\cdots\times Y_k\rightarrow Y_0$ 也是可计算函数.

$$\begin{cases} g_i(\lambda,y_1,\cdots,y_k)=f_i'(y_1,y_2,\cdots,y_k) \\ g_i(a\omega,y_1,\cdots,y_k)=f_{ia}(\omega,g(\omega,y_1,\cdots,y_k),\cdots,g_l(\omega,y_1,\cdots,y_k),y_1,\cdots,y_k) \end{cases} \tag{11.4}$$

其中 $\omega\in\Sigma^*$,$y_1\in Y_1,\cdots,y_k\in Y_k$ 且 $a\in\Sigma$.

10. 设可计算函数 $f:\subseteq\Sigma^\omega\rightarrow\Sigma^*$ 的定义域是紧致的.证明 f 有一个可计算的扩充函数 $g:\Sigma^\omega\rightarrow\Sigma^*$.

11. 证明存在可计算函数 $f:\Sigma^\omega\times\Sigma^\omega\rightarrow\Sigma^\omega$ 使得 $\eta^{*\omega}_{f(p,q)}(x)=\eta^{**}_p(x)\eta^{*\omega}_q(x)$,其中 $p,q\in\Sigma^\omega$,$x\in\Sigma^*$.

12. $(x_1,x_2,\cdots,x_k)$是$(\gamma_1,\cdots,\gamma_k)$-可计算当且仅当 x_i 是 γ_i -可计算,对每个 $1\leqslant i\leqslant k$.

13. 实数 π 是 $\rho_{b,10}$-可计算,其中 $\rho_{b,10}:\subseteq\Sigma^\omega\to\mathbb{R}$ 是无穷十进制小数的表示.3.141 59…$\in\Sigma^\omega$ 是可计算的唯一的 $\pi\in\mathbb{R}$ 的 $\rho_{b,10}$-名.

14. M 的一个序列是个函数 $f:\mathbb{N}\to M$,记为$(f_n)_{n\in\mathrm{N}}$.$(f_n)_{n\in\mathrm{N}}$称为 γ -可计算的当且仅当它是(ν_N,γ)-可计算的.

15. 证明:arcsin x 可计算.$\left(\text{因 } \arcsin x=x+\frac{1}{2}\cdot\frac{x^3}{3}+\frac{1\cdot 3}{2\cdot 4}\frac{x^5}{5}+\cdots.\right)$

16. $\sqrt{2}=2^{\frac{1}{2}}$,$\sqrt[n]{m}\,(m,n>1)$,$\log_a b=\frac{\log b}{\log a}$,$\pi=6\cdot\arcsin\frac{1}{2}$,$e^\pi$等等均可计算.

17. 设 $f:\mathbb{R}\to\mathbb{R}$ 可计算,c 是可计算常数,$g(x):=f(x,c)$对所有 x 成立,证明:$g(x,c)$可计算.

18. 设 $a_0,b_0,\cdots,a_n,b_n\in\mathbb{Q}$ 使得 $a_0<a_1<\cdots<a_k$,证明有理的多边图 $f:\mathbb{R}\to\mathbb{R}$ 是可计算的,其定义为

$$f(x)=\begin{cases} b_0 & \text{如果 } x<a_0 \\ b_{i-1}+\dfrac{(x-a_{i-1})(b_i-b_{i-1})}{a_i-a_{i-1}} & \text{如果 } a_{i-1}\leqslant x\leqslant a_i \\ b_n & \text{如果 } a_n<x \end{cases} \tag{11.5}$$

19. 证明函数 $((x_i)_{i\in\mathrm{N}},n)\to\prod_{i=0}^{n}x_i$ 是$([\rho]^\omega,\nu_\mathrm{N},\rho)$-可计算.

20. 设$(f_i)_{i\in\mathrm{N}}$是实函数序列,(1) $(i,x)\to f_i(x)$是$(\nu_\mathrm{N},\rho,\rho)$-可计算,(2) 存在可计算函数 $e:\mathbb{N}^2\to\mathbb{N}$ 使得$|f_i(x)-f_j(x)|\leqslant 2^{-n}$对所有 $i,j\geqslant e(n,k)$且$|x|<k$.证明该序列收敛于 $f:\mathbb{R}\to\mathbb{R}$.

21. 对于 $c\in\mathbb{C}$ 定义复数函数 $f_c:=z^2+c$.证明函数$(n,c)\mapsto f_c^n(0)$是$(\nu_\mathrm{N},\rho^2\cdot\rho^2)$-可计算.

22. 证明每一个连续函数 $f:\mathbb{R}^n\to\mathbb{R}$ 且 $range(f)\subseteq\mathbb{Q}$ 是常数函数.

23. 证明 $f\mapsto g,g(y):=\int_0^y f(x)\mathrm{d}x$,其中 $f\in C[0,1]$,是$(\delta^{[0,1]},\delta^{[0,1]})$-可计算.

有穷字符串的信息如何衡量?

我们知道熵、香农的熵,是从概率上定义的,它并没有真正完全反映每种具体事物的本质、内在的信息(当然从香农熵做出的巨大贡献上看,香农熵毕竟反映了所有事物依概率计算的信息量——最少用多少比特二进制来表示——这一重要特征).因此 Solomonov, Kolmogorov 和 Chaitin 三人各自研究建立完全相似的结果,以寻求每种具体事物的本质、内在的信息.这就产生了算法信息.我们在本章介绍 Komgorov 的思想和算法信息熵.

例 11.0.1

s_1=0101010101010101010101010101010101010101010101010101010101010101

s_2=1100100001100001110111101110110011111010010000100101011110010110

s_3=01101010000010011110011001100111 1

信息量谁多?

s_1 是 32 个 01；而 s_2 没规律，除了抄一遍之外，别无他法；s_3 是$\sqrt{2}$的二进制展开的前缀. 从复杂性看，$s_1 \leqslant s_3 < s_2$. □

§11.1　柯氏(Kolmogorov)复杂性

柯氏复杂性处理有穷字符串的复杂性.直观地说，如果一个字符串可以用几个词来形容，我们就认为它很简单，比如"一百万个 1"，如果没有这样的简短描述我们就认为它很复杂.例如一个字符串，除了它本身外我们没有办法用更短的字符串描绘它，我们就认为它非常复杂，实际上，Kolmogorov 认为这种字符串是随机字符串，很复杂很复杂.通常人们只对那些能在计算机上解码的算法、编码或描绘感兴趣，因为它们在计算机上是能行的.根据 Church 的论文，"可行的"的概念是用我们所学过的图灵机所描绘的、所形式定义的，我们找不到更好的形式地定义"可计算"的方法.下面我们定义的函数 K，虽然从形式上看是根据某种特定的机器模型定义的，但是由丘奇论题和通用图灵机我们知道，只要加一个常数，我们就避免了麻烦，就不再依赖这种或那种计算机了.形式地，我们有下面的定义：

定义 11.1.1　设有图灵机 $\mathcal{T}$ 和有穷字符串 x, y，我们定义 x, y 的复杂性如下

$$K_{\mathcal{T}}(x) = \min_P \{ l(P) \mid \mathcal{T}_{l(P)} = x \}$$

即描绘出 x 的所有程序或字符串长度的最小值，其中 $l(P)$ 为程序 P 用比特表示时的长度.

(**解读**:1. 这种定义方法，完全考虑了编码与信息完全的一致性，从想法上是最佳的.)

(**解读**:2. 这种定义依赖于图灵机，我们知道每台图灵机上只有一个程序，另外即使同一个可计算函数也有无穷个计算它的程序，因此有人会问，是否存在一个对所有图灵机都适用的计算机，并由此得到最短编码的定义?)

所以我们需要通用图灵机(用符号 $\mathcal{U}$ 表示它)，来处理这个问题.$\mathcal{U}$"几乎"拥有此性质——不依赖于特定计算机.如果 P 是 x 的最短程序或描绘，在机器 $\mathcal{T} = \mathcal{T}_i$ 上，则 $\langle i \rangle_P$ 是 x 在通用机器机 $\mathcal{U}$ 上的描绘，其中 $\langle i \rangle$ 是 i 的二进制编码.

(**解读**:3. 大家有没有注意到这个定义中的程序又是怎么定义的呢? 所以我在下面给出程序的定义，因为中文不易表达，我用部分英文表达.)

定义 11.1.2　(所谓程序的定义)一个 ω 的柯氏复杂性 is the length of the shortest such program (i.e.pair⟨*program*, *data*⟩)，$P = \langle \mathcal{T}, y \rangle$，这就是 $\mathcal{T}$ 的输入，经过图灵机 $\mathcal{T}$ 的计算就可输出 ω.(请注意此定义的不同!!! 下面我们讲的程序都是如此.)

命题 11.1.1　存在常数 c(只依赖于通用图灵机 $\mathcal{U}$)使得对于任何 w，

$$K_{\mathcal{U}} \leqslant |w| + c$$

证明:设 M 为计算恒等函数的编码.令 $|M| = c$.则对于任何 w，设 $\langle M, w \rangle$ 是 $\mathcal{U}$ 的输入，很明显它可以得到 w.它的长度是 $|w| + c$. □

命题 11.1.2　设 $\mathcal{U}, \mathcal{V}$ 为通用图灵机，则存在常数 c(只依赖于 $\mathcal{U}, \mathcal{V}$)使得

$$K_{\mathcal{V}} \leqslant K_{\mathcal{U}} + c$$

证明:在此情况下，c 就是让 $\mathcal{V}$ 用来模拟 $\mathcal{U}$ 的程序的长度. □

定义 11.1.3 对于字符串 x 相对于通用图灵机 $\mathscr{U}$ 的复杂性定义为

$$K_{\mathscr{U}}(x)=\min_P\{l(P)\mid \mathscr{U}_{l(P)}=x\}$$

即 $K_{\mathscr{U}}(x)$ 等于一切打印出 x 后停机的程序中最短的长度，也等于一切由计算机 $\mathscr{U}$ 给出的关于 x 精确描绘的最短描述长度.

例如 e 的平方根中前 1 234 567 891 825 931 位比特构成一个非常长的二元字符串，但是我们只需要用不多于 100 个字符就可精确描绘出这个字符串来："Print out the first 1 234 567 891 825 931 bits of the sequences root of e."

命题 11.1.3

$$K_{\mathscr{U}}(x)\leqslant K_{\mathscr{T}}(x)+C_{\mathscr{T}\mathscr{U}}$$

其中 $C_{\mathscr{T}\mathscr{U}}=l(i)$ 为这两个机器之间相差的常数.故在 $\mathscr{U}$ 上的 x 的最简短的描述只比在 $\mathscr{T}$ 上的最短描述至多大一个常数.

在 Solomonoff(1964)，Kolmogorov(1965) 和 Chaitin(1969) 证明了不变性定理的那天，算法信息理论诞生了.这个常数，人们习惯地记成 $O(1)$.

§11.2 前缀复杂性

算法复杂性存在许多变体，主要是出于技术原因.它们中的大多数在计算时只差那个常数.在本文中，K 是基于通用前缀图灵机基础上的前缀复杂性.

前缀图灵机是台图灵机，有一个单向输入带，一个单向输出带和一些双向工作带.输入带是只读的，输出带是只写的，单向带上读头只能从左向右移动.所有带都是二进制.如果 $\mathscr{T}(P)=x$，我们则称 x 为自定界(self-delimiting)程序.类似的，这里也有通用前缀图灵机.

定义 11.2.1 （前缀柯氏复杂性定义）

$$K(x):=\min_P\{l(P)\mid \mathscr{U}(P)=x\}\quad K(x\mid y):=\min_{\mathscr{U}(P,y)=x}\{l(P)\mid \mathscr{U}(P)=x\}$$

其中 $K(x)=K(x\mid\varnothing)$.

定理 11.2.1 1. (上界) $K(x)\leqslant l(x)+2\log l(x)$，$K(n)\leqslant l(n)+2\log\log l(n)$.

2. 克拉夫特(Kraft)不等式蕴含 $\sum_x 2^{-K(x)}\leqslant 1$.

3. (下界)对大多数 x，$K(x)\geqslant l(x)$.

4. $K(x\mid y)\leqslant K(x)\leqslant K(x,y)$.

5. $K(xy)\leqslant K(x,y)\leqslant K(x)+K(y\mid x)\leqslant K(x)+K(y)$ 等等.

我们发现一些类似于传统信息论的代数式.但信息论的 $I(X;Y)=I(Y;X)$ 以及 $H(XY)=H(X)+H(Y\mid X)$，在算法信息论中都没有.另外我们发现，存在不可压缩序列，这些序列已经没有任何形式的规律来简化生成它的程序，所以序列算法熵可以用来度量随机程度.因此，算法熵又称为算法随机熵.

在上面的定义中我们没有涉及 x 的长度，若假定计算机已经知道 x 的长度，则我们可以定义在已知 $l(x)$ 条件下的条件柯氏复杂性 $K_{\mathscr{U}}(x\mid l(x))$.

定义 11.2.2　$K_{\mathscr{U}}(x|l(x))=\min_{P:\ \mathscr{U}(P,l(x))=x}\{l(P)\}$

定理 11.2.2　如果 $\mathscr{U}$ 是通用图灵机，则对任何其他图灵机 $\mathscr{A}$ 以及 0,1 串 x，有

$$K_{\mathscr{U}}(x)\leqslant K_{\mathscr{A}}(x)+C_{\mathscr{A}}$$

其中 $C_{\mathscr{A}}$ 与 x 无关.所以

$$K_{\mathscr{U}}(x|l(x))=\min_{P:\ \mathscr{U}(P,l(x))=x} l(P)\leqslant\min_{P:\ \mathscr{U}(P,l(x))=x}(l(P)+C_{\mathscr{A}})\leqslant K_{\mathscr{A}}(x)+C_{\mathscr{A}}$$

证明:设 $\mathscr{A}(P_{\mathscr{A}})=x$，即在计算机 $\mathscr{A}$ 上程序 $P_{\mathscr{A}}$ 可算出或打印出字符串 x.由 $\mathscr{U}$ 通用知它可以模拟或仿真计算机 $\mathscr{A}$,不妨设其程序为 $P=S_{\mathscr{A}}P_{\mathscr{A}}$，其中 $S_{\mathscr{A}}$ 为通用图灵机前面加的那一小段仿真程序，它告诉 $\mathscr{U}$ 如何仿真 $\mathscr{A}$.因此

$$l(P)=l(S_{\mathscr{A}})+l(P_{\mathscr{A}})=l(P_{\mathscr{A}})+C_{\mathscr{A}}$$

其中 $l(S_{\mathscr{A}})=C_{\mathscr{A}}$，所以

$$\begin{aligned}K_{\mathscr{U}}(x)&=\min_{P:\ \mathscr{U}(P,l(x))=x} l(P)\\&\leqslant\min_{P:\ \mathscr{U}(P,l(x))=x}\{l(P)+C_{\mathscr{A}}\}\\&=K_{\mathscr{A}}(x)+C_{\mathscr{A}}\end{aligned}\tag{11.6}$$

□

我们不知道 $C_{\mathscr{A}}$ 到底多大，但不管怎么样，这个长度与 x 无关，所以对充分长的 x，我们可以忽略这个常数的影响.从而我们放心地认为柯氏复杂性与通用图灵机无关.因此在通常讨论中，我们常常省略下标 $\mathscr{U}$.

定理 11.2.3　$K(x|l(x))\leqslant l(x)+c$，即字符串的条件复杂性小于该字符串的长度.

证明:由于计算机事先早就知道 $l(x)$，故可用一个确定程序来打印或计算出 x.

“print the following 1-bit sequence: $x_1,x_2,\cdots,x_{l(x)}$”

因 l 给定，所以不需要知道字符串长度来描绘 l.上述程序长度为 $l(x)+c$.　□

例 11.2.1　(柯氏上限)$K(x)\leqslant K(x|l(x))+2\log l(x)+c$

证明:如果计算机不知道 $l(x)$，则要将之告诉计算机，使之在打印 $l(x)$ 比特后停机.我们可用如下的方法完成.设 $l(x)=n$，方法是:将 n 的二进制展开中每比特重复两次，然后用 01 来结束对 n 的描绘.如此，就可以用 $2\log n+2$ 来描绘 n 并将 $l(x)$ 通知计算机，从而

$$K(x)\leqslant K(x|l(x))+2\log l(x)+c$$　□

用上面方式向计算机描绘 $l(x)$ 并不有效，我们要用更有效的方法来描绘 $l(x)=n$.首先我们确定 n 的二进制表示长度 $\log n$，然后再给出 n 的二进制实际比特.如果用上面起“逗号”作用的 01 方法来通知计算机数字 $\log n$，需要用 $2\log\log n+2$ 个二进制，总计需 $\log n+2\log\log n+2$ 个二进制.进一步更有效地可以用 $2\log\log\log n+2$ 比特来表示特征计算机 $\log\log n$ 的大小，所需要的总比特位 $\log n+\log\log n+2\log\log\log n+2$，以此类推，我们记

$$\log^*=\log n+\log\log n+\log\log\log n+\cdots$$

上式求和直到出现无意义项为止.于是

$$K(x)\leqslant K(x|l(x))+\log^* l(x)+c$$

§11.3 柯氏复杂性与香农熵

例 11.3.1 1.(n 个 0 构成的序列)如果计算机已经知道 n,则程序"print the specified number of zeroes"与 n 无关,$K(00\cdots0|n)=c$.

2.(π 的柯氏复杂性)如果计算机已知 n,类似的,π 的前 n 位

$$K(\pi_1\pi_2\cdots\pi_n|n)=c$$

3.(正整数 n 的柯氏复杂性)如果计算机已经知道正整数 n 的二进制长度,则只需要提供这些比特的具体值即可,所以程序长度为 $\log n+c$.如果不知道 n 的长度,则如前所述,

$$K(n)\leqslant\log^* n+c$$

已知一个二进制序列的长度 n,其中含有 k 个 1,我们来考察它的复杂性.长度 n,包含 k 个 1 的序列共 C_n^k 个.计算机是按照字典序排列这些序列的,但打印的只能是其中一个,不妨设为第 i 位,则

"Generate, in lexicographic order, all sequences with k ones; of these sequences, print the i-th sequences."

就可以打印出所需序列,这个程序含 2 个变量 k 和 i.其总长度

$$\begin{aligned} l(P)&=C+\log k+\log C_n^k \\ &\leqslant C+2\log k+nH\left(\frac{k}{n}\right) \end{aligned} \tag{11.7}$$

在上面不等式中,我们利用了

$$\frac{1}{n+1}2^{nH\left(\frac{k}{n}\right)}\leqslant C_n^k\leqslant 2^{nH\left(\frac{k}{n}\right)}$$

从而我们得到下面的引理.

引理 11.3.1 二元序列的柯氏复杂性满足

$$K(x_1x_2\cdots x_n\mid n)\leqslant nH\left(\frac{\sum_{i=1}^n x_i}{n}\right)+2\log n+c$$

定理 11.3.1 $\{X_i\}$ 为彼此独立、同概率分布的随机序列,其共同分布函数为 $f(x)$,$x\in\Sigma$,其中 Σ 为有穷字母表.因 $f(x^n)=\prod_{i=1}^n f(x_i)$,则存在常数 c 使得

$$H(X)\leqslant\frac{1}{n}\sum_{x^n}f(x^n)K(x^n\mid n)\leqslant H(X)+\frac{|\Sigma|\log n}{n}+\frac{c}{n}$$

于是

$$E\left\{\frac{1}{n}K(x^n|n)\right\}\to H(X)$$

证明:先看下限.柯氏复杂性是前缀复杂性,所以满足克拉夫特不等式.因此这些最短程

序也相当于信源编码中的码字，平均码长必须大于熵，即

$$nH(X)=H(X_1,X_2,\cdots,X_n)\leqslant\sum_{x^n}f(X^n)K(x^n\mid n)$$

再看上限.如果Σ为二元字母表，$X_1,X_2,\cdots,X_n$ 是独立贝努里变量 θ

$$K(x_1x_2\cdots x_n\mid n)\leqslant H\left(\frac{\sum_{i=1}^{n}x_i}{n}\right)+2\log n+C$$

再用熵的凸性，可得

$$EK(X_1,X_2,\cdots,X_n|n)\leqslant nH(\theta)+2\log n+c\leqslant nH(X)+2\log n+c$$ □

定理 11.3.2　令 $X_1,X_2,\cdots,X_n$ 是按照独立贝努里变量 $\left(\theta=\frac{1}{2}\right)$ 抽取的独立、同分布序列，则

$$P\{K(X_1X_2\cdots X_n|n)<n-k\}<2^{-k}$$

证明：

$$\begin{aligned}P\{K(X_1X_2\cdots X_n\mid n)<n-k\}&=\sum_{x_1x_2\cdots x_n:K(x_1x_2\cdots x_n|n)<n-k}p(x_1x_2\cdots x_n)\\&=\sum_{x_1x_2\cdots x_n:K(x_1x_2\cdots x_n|n)<n-k}2^{-n}\qquad(11.8)\\&=|\{x_1x_2\cdots x_n:K(x_1x_2\cdots x_n\mid n)<n-k\}|\cdot 2^{-n}\\&\leqslant 2^{n-k}\cdot 2^{-n}=2^{-k}\end{aligned}$$

□

此定理表明，大多数序列的复杂性接近其本身的长度.

定义 11.3.1　1. 一个序列 $x_1x_2\cdots x_n$，如果 $K(x_1x_2\cdots x_n|n)\geqslant n$，则称为是算法随机的.

2. 一个序列 $x_1x_2\cdots x_n\cdots$，如果 $\lim\limits_{n\to\infty}\frac{K(x_1x_2\cdots x_n|n)}{n}=1$，则称为是不可压缩的.

定理 11.3.3　如果 $x_1x_2\cdots x_n\cdots$ 是不可压缩的无限二元序列，则它满足大数定律

$$\lim_{n\to\infty}\frac{1}{n}\sum_{i=1}^{n}x_i=\frac{1}{2}$$

即在不可压缩序列中 0,1 出现比例相同.

证明：令 $\theta_n=\frac{1}{n}\sum_{i=1}^{n}x_i$ 为 $x_1x_2\cdots x_n$ 中 1 出现的比例.我们知道可用长度不大于

$$nH(\theta_n)+2\log(n\theta_n)+c$$

的程序来描绘 $x_1x_2\cdots x_n$.

$$n-C_n\leqslant K(x^n|n)\leqslant nH(\theta_n)+2\log n+c$$

其中 $\lim\limits_{n\to\infty}\frac{C_n}{n}=0$，$c$ 与 n 无关，故

$$1 \geqslant H(\theta_n) \geqslant 1 - \frac{2\log n + C_n + c}{n}$$

当 $n \to \infty$ 时，$H(\theta_n) \to 1$，即 $\theta_n \to \frac{1}{2}$. □

§11.4 算法熵是不可计算的

1970 年，Chaitin 用数理逻辑证明了算法熵是不可计算的：找不到一种通用的方法，能够算出任意序列的算法熵.

考虑如下悖论："没有一句话是对的."很明显这是一个悖论，因为它自我相关了，有的书称之为自参考.

再看贝利（Perry，英国皇家图书馆管理员）悖论：不能由少于 30 个英文单词构成的英语表达式表示的最小正整数是什么？（"The least positive integer which is not denoted by an expression in the English language containing fewer than thirty words."）

对于算法熵而言，如果它可以计算，则我们可以用"给出算法熵$\geqslant 10^{10}$的第一个二元字符序列"来代替本应该有 10^{10} 个二元字符的程序，显然矛盾.产生悖论的原因是公理化系统的局限性.

柯氏复杂性理论的目的不在于去寻找产生给定任意序列的最短程序，因为这不可能，而在于它提供了一种理论，可以来研究这些问题.算法熵的不可计算性，对信源编码的研究是一个非常大的打击，这说明理想的通用编码方法是不可能的.

最后我们给出一个不可压缩的例子.

定义 11.4.1 $\Omega = \sum_{p:\mathscr{U}(p)\text{停机}} 2^{-l(p)}$，也就是当通用计算机输入均匀分布的二进制字符串时，计算机停机概率.

由于停机程序是无前缀的，所以其长度满足克拉夫特不等式

$$0 \leqslant \Omega \leqslant 1$$

令 $\Omega_n = 0.w_1 w_2 \cdots w_n$，其表示 Ω 的前 n 个比特.

Ω 有下列性质：

(1) Ω 不可计算.停机问题不可判定，所以没有可行的方法来计算 Ω.

(2) 如果 Ω 的前 n 比特已知，则我们可以判定任何用少于 n 比特写的数学定理的真假.但遗憾的是 Ω 不可计算.

(3) Ω 是算法随机的.

定理 11.4.1 Ω 是不可压缩的，即存在一个常数 c，使得对于一切 n 有

$$K(w_1 w_2 \cdots w_n) \geqslant n - c$$

证明：如果给出了 Ω 的前 n 比特，我们就可以确定长度$\leqslant n$ 的任何程序是否停机.我们还可以利用 $K(w_1 w_2 \cdots w_n)$ 比特长度的程序计算出 Ω 的前 n 比特 Ω_n.可以构造一张表格，它包含所有长度不大于 n 的停机程序以及相应输出字符串.按长度次序排列，我们找

到第一个不在这张表上的字符串 x_0.这个字符串是具有柯氏复杂性 $K(x_0)>n$ 的最短字符串.这个打印出 x_0 的程序的复杂性是 $K(\Omega_n)+c$,所以 $K(\Omega_n)+c\geqslant K(x_0)>n$,从而 $K(w_1w_2\cdots w_n)>n-c$. □

小　结

在这一部分,我们简单介绍了柯氏复杂性.正如我们知道的一样,这是一项伟大的工作,触及了事物结构的本质信息.但可惜它是不可计算的,是随机的.确定柯氏复杂性极其困难.假如一个数值有很长的位数,产生它的程序也差不多一样长,是否就能证明这个数值是随机的呢？当然不能,因为也许还存在一个你不知道的更简短的程序可以达到同样的目的,即这个数值可以用某种隐含的方法进行压缩.事实上你可能永远不会知道是否有一个最短的程序(除非你能证明这点,这个证明难度会非常高,因为你要了解的信息更多),不仅实际上不可能发现计算这个数值的最短程序,而且在理论上也行不通.这是令人沮丧的事情.

但柯氏复杂性并未因此被人抛弃.作为一个应用,柯氏复杂性可以用于研究随机可计算实数(Random c.e. reals),一门新兴的学科.我们身边充满了随机事件,从股票的价格到原子的运动,然而它们无从捉摸.经典的随机理论认为,我们永远生活在随机事件的汪洋大海中少数几个有序事件的海岛上,这是因为他们只能够研究可以描述的事物.一个真正的随机事件本身无规律可言,因此是不可描述的.但是柯氏复杂性的新观点彻底推翻了传统概念.数学家使用这个新理论发现了一件奇妙的事:在数学世界的某一个地方,角色发生了转换,在那里随机事件被有序事件包围着,就像湖被陆地包围着一样.这一发现对数学家而言或许是一个巨大的突破.计算机科学家甚至将这一发现与导致产生量子物理学的突破相提并论,它意味着即使随机的"湖"不是有限的,也有可能勾画出湖水的边缘.有了这样一张图,数学家将能够更好地研究随机事件的本质,解决迄今未能解决的难题.

柯氏复杂性更像是一个新奇的理论而不是一个实用的数学工具.最近几年中荷兰阿姆斯特丹大学数学与计算机科学中心的信息理论专家 Paul Vitanyi 在应用柯氏复杂性方面取得了巨大的进展.他们惊人的研究成果与二十世纪初德国数学家 Hans Heilbronn 提出的著名的几何学问题有关.这一问题讨论的是:如果在一个正方形中放置 n 块石子并在其间连接出一系列的三角形,石子如何分布才能使产生的最小三角形的面积最大.数学家将最小三角形的最大可能面积称为第 n 个 Heilbronn 数.

数学家现在有了一个强有力的方法可以准确地陈述随机事件而不仅仅是给出一个随机数.Vitanyi 说:"随机事件是可互换的,这是因为它们没有可用来有效地选择子集的特性.它们就像海洋中的水分子一样不可区分."对每一个有可能发生的随机事件的分布而言,上述答案都是正确的.最巨大的进步是数学家已经由完全忽略每一个随机序列飞跃到能够对所有的随机事件进行一些描述.由于绝大部分的数值是随机的,因此,这是一个令人瞩目的成就.所以,有学者称柯氏复杂性理论是一项可以与物理学的波粒二象性的发现相比拟的伟大理论.当物理学家不再认为亚原子粒子是位于空间中的某一点,而是一个分布在空间中的波后,他们就能够更好地预测粒子的特性.同样,通过将随机数当作不能确定的对象处理,数学家们有了一个崭新、强大的解决问题的方法.

第四部分

信息论

第十二章　信息论发展简史和现状

从本部分开始，我们来讲述如何处理离散的有穷事物的信息问题，讲述通信领域上的信息论，即香农（或仙农）提出的信息论.以概率、统计方法来研究信息的量化，以代数的方法来研究编码.信息论是关于信息的理论.那么什么是信息？什么是信息科学和信息论？

什么是信息？南唐诗人李中诗句“梦断美人存信息，目穿长路依楼台”，可见信息泛指音讯和消息.在牛津字典中，解释是“某人被通知或告知的内容、情报、消息”.广义信息是把信息的形式、内容等全都包含在内.作为技术术语的信息主要指信息的具体表达形式.统计信息则是一种有明确定义的科学名词，与内容无关，独立于形式.20 世纪 80 年代以来，信息科学的含义不断扩大，不但逐渐把计算机科学的内容统一包含在内，而且有把信息技术涉及的所有科学理论包含在内的趋势.从发展和长远的观点来看，把信息科学理解成能与信息技术相对应的基础科学还是比较合适的.

信息论方法的应用及其取得的成果列举如下：

1. 语音信号压缩.长途电话网标准的语音编码速率从 1972 年 CCITT G.711 标准中的 64 krm bit/s 降低为 1992 年 CCITT G.711 标准中的 16 krm bit/s.在移动通信中，欧洲 GSM 标准的语音编码速率为 13.2 krm bit/s，1989 年美国 CTIA 标准则为 7.95 krm bit/s.

实验室中已能实现 600 krm bit/s 的低速率语音编码，特别是按音素识别与合成原理构造的声码器，其速率可低于 100 bit/s，已接近信息论指出的极限.

2. 图像信号的压缩.

3. 计算机文件的压缩.

4. 模拟话路中数据传输速率的提高.

5. 降低信息传输所需的功率.

6. 计算机网络中数据可靠性的保证.

7. 计算机中的容错问题.

8. 图像信号的复原与重建.

9. 模式分类问题域树分类器的设计.

……

一、信息论是在长期的通信工程实践和理论研究的基础上发展起来的

信息论已有五十多年历史，现已成为一门独立的理论科学.信息论是在长期的通信工程实践和理论研究的基础上发展起来的.通信系统是人类社会的神经系统.电信系统已有 100 多年的历史了.日常生活、工农业生产、科学研究以及战争等等，一切都离不开消息传递和信息流动.

法拉第(M.Faraday)于 1820 年—1830 年发现电磁感应的基本规律，在 1832—1835 年莫尔斯(F.B.Morse)建立起电报系统.1876 年，贝尔(A.G.BELL)发明了电话系统.在 1888 年赫兹(H.Hertz)证明了电磁波的存在.接着在 1895 年英国马可尼(G.Marconi)和俄国波波夫(A.C.ПоПоВ)就发明了无线电通信.

20 世纪初(1907 年)，福雷斯特(L.De Forest)发明了能把电磁波进行放大的电子管.之后出现了远距离无线电通信系统，电视系统建立在 1925—1927 年.电子在电磁场运动过程中能量相互交换的规律被人们认识后，就出现了微波电子管(最初是磁控管，后来是速调管、行波管)，接着，在三十年代末和四十年代初的二次世界大战初期，微波通信系统、微波雷达系统等就迅速发展起来.五十年代后期发明了量子放大器，六十年代初发明的激光技术，使人类进入了光纤通信的时代.

二、随着工程技术的发展，有关理论问题的研究也逐步深入

1832 年莫尔斯电报系统中高效率编码方法对后来香农的编码理论是有启发的.1885 年凯尔文(L.Kelvin)曾经研究过一条电缆的极限传信率问题.1922 年卡逊(J.R.Carson)对调幅信号频谱结构进行了研究并建立了信号频谱概念.1924 年奈奎斯特(H.Nyquist)指出，如果以一个确定的速度来传输电报信号，就需要一定的带宽.他把信息率与带宽联系起来了.1928 年哈特莱(R.V.Hartley)发展了奈奎斯特的工作，并提出把消息考虑为代码或单语的序列.他的工作对后来香农的思想是有影响的.1936 年阿姆斯特朗(E.H.Armstrong)认识到在传输过程中增加带宽的办法对抑制噪声干扰肯定有好处.根据这一思想他提出了宽偏移的频率调制方法，该方法是有划时代意义的.

信息论主要归功于贝尔实验室的香农.他在 1948 年发表的论文《通信的数学理论》奠定了信息论的基础.控制论的创始人维纳也对信息论有不可忽视的贡献.香农和维纳的基本思想都是把通信作为统计过程来处理.他们采用的术语、方法也主要依靠统计理论.

信息论将信息的传递作为一种统计现象来考虑，给出了估算通信信道容量的方法.信息传输和信息压缩是信息论研究中的两大领域.这两个方面又由信息传输定理、信源-信道隔离定理相互联系.

信息论的研究范围极为广阔.一般把信息论分成三种不同类型：

(1) 狭义信息论是一门应用数理统计方法来研究信息处理和信息传递的科学.它研究通讯和控制系统中普遍存在着的信息传递的共同规律，以及如何提高各信息传输系统的有效性和可靠性.

(2) 一般信息论主要是研究通讯问题，但还包括噪声理论、信号滤波与预测、调制与信息处理等问题.

(3) 广义信息论不仅包括狭义信息论和一般信息论的问题，而且包括所有与信息有关的领域，如心理学、语言学、神经心理学、语义学等.信息就是一种消息，它与通讯问题密切相关.1948 年贝尔研究所的香农在题为《通讯的数学理论》的论文中系统地提出了关于信息的论述，创立了信息论.维纳提出的关于度量信息量的数学公式开辟了信息论的广泛应用前景.1951 年美国无线电工程学会承认信息论这门学科.20 世纪 50 年代是信息论向各门学科冲击的时期，60 年代信息论是一个消化、理解的时期，研究重点是信息和信源编码问题.到 70

年代,由于数字计算机的广泛应用,通讯系统的能力也有很大提高,如何更有效地利用和处理信息,成为日益迫切的问题.信息的概念和方法已广泛渗透到各个科学领域,它迫切要求突破香农信息论的狭隘范围,以便使它能成为人类各种活动中所碰到的信息问题的基础理论,从而推动其他许多新兴学科进一步发展.目前,人们已把早先建立的有关信息的规律与理论广泛应用于物理学、化学、生物学等学科中.一门研究信息的产生、获取、变换、传输、存储、处理、显示、识别和利用的信息科学正在形成.信息科学是人们在对信息的认识与利用不断扩大的过程中,在信息论、电子学、计算机科学、人工智能、系统工程学、自动化技术等多学科基础上发展起来的一门边缘性新学科.它的任务主要是研究信息的性质,研究机器、生物和人类关于各种信息的获取、变换、传输、处理、利用和控制的一般规律,设计和研制各种信息机器和控制设备,实现操作自动化,以便尽可能地把人脑从自然力的束缚下解放出来,提高人类认识世界和改造世界的能力.信息科学在安全问题的研究中也有着重要应用.香农被称为是"信息论之父".人们通常将香农于 1948 年 10 月发表于《贝尔系统技术学报》上的论文 *A Mathematical Theory of Communication* (《通信的数学理论》)作为现代信息论研究的开端.

第十三章　信息论的基本概念

1925 年 R.A. Fisher 给出了"信息"的定义.1948 年香农在《通信的数学理论》给出了熵(entropy)和互信息(mutual information)的定义,一个划时代的重大结果.克劳德·香农(Claude Shannon)被称为"信息论之父".香农给出了信息熵(以下简称为"熵")的定义,1959 年 S.K.Kullback 提出了鉴别信息(discrimination information).

§13.1　导　论

我们先叙述一些信息传输的例子,并以此导出信息论的基本概念,我们首先考虑极其简单却非常重要的信息形态——二元信息.

例 13.1.1　将十进制数用二进制数表示

$$\begin{pmatrix} 0 & 1 & 2 & 3 & 4 & 5 & 6 & 7 & 8 & 9 & 10 \\ 0000 & 0001 & 0010 & 0011 & 0100 & 0101 & 0110 & 0111 & 1000 & 1001 & 1010 \end{pmatrix}$$

例 13.1.2　消息符号 s_1,s_2,s_3,s_4,如果用代码 0,01,001,111 表示,则会产生一些问题.很容易可以发现有些二元代码序列是无法求得相应的消息符号的.111001 是对应 s_4s_3 还是对应 $s_4s_1s_2$?

例 13.1.3　另一种编码方法

$$\begin{Bmatrix} s_1 & s_2 & s_3 & s_4 \\ 0 & 10 & 110 & 1110 \end{Bmatrix}$$

例 13.1.4　信息传输中的一个问题:在上海和南京间建立一个通信系统,将南京天气情况传输到上海.(可以看到,这实质上是信息的传递,需要传送名.)

表 1	上海气候	α 码
消息	概率	码字
晴	$\frac{1}{4}$	00
阴	$\frac{1}{4}$	01
雨	$\frac{1}{4}$	10
雾	$\frac{1}{4}$	11

结论：在 α 码中，传送一个消息或消息的名平均需要 2 个二进制数

表 2	南京气候	β 码
消息	概率	码字
晴	$\frac{1}{4}$	10
阴	$\frac{1}{8}$	110
雨	$\frac{1}{8}$	1110
雾	$\frac{1}{2}$	0

第二种码(或名)的平均长度

$$
\begin{aligned}
L &= 2p(\text{晴})+3p(\text{阴})+4p(\text{雨})+1p(\text{雾}) \\
&= 2\cdot\frac{1}{4}+3\cdot\frac{1}{8}+4\cdot\frac{1}{8}+1\cdot\frac{1}{2}=\frac{15}{8}
\end{aligned}
$$

结论：在 β 码中，传送一个消息平均需要 $\frac{15}{8}$ 个二进制数，使用 β 比 α 在此情况下更省资源.

问题：有更好的编码吗？答案是肯定的：

表 3	南京气候	γ 码
消息	概率	码字
晴	$\frac{1}{4}$	10
阴	$\frac{1}{8}$	110
雨	$\frac{1}{8}$	111
雾	$\frac{1}{2}$	0

第三种码(或名)的平均长度

$$
\begin{aligned}
L &= 2p(\text{晴})+3p(\text{阴})+3p(\text{雨})+1p(\text{雾}) \\
&= 2\cdot\frac{1}{4}+3\cdot\frac{1}{8}+3\cdot\frac{1}{8}+1\cdot\frac{1}{2}=\frac{7}{4}
\end{aligned}
$$

这跟香农定义的熵是一致的.因为

$$
\begin{aligned}
H(X) &= -\left[\frac{1}{4}\log\frac{1}{4}+\frac{1}{8}\log\frac{1}{8}+\frac{1}{8}\log\frac{1}{8}+\frac{1}{2}\log\frac{1}{2}\right] \\
&= 2\cdot\frac{1}{4}+3\cdot\frac{1}{8}+3\cdot\frac{1}{8}+1\cdot\frac{1}{2}=\frac{7}{4}
\end{aligned}
$$

（**解读**：一个随机事件的熵其实就是其信息从概率上看平均最少用多少个二进制或三进制等等表示出来.因此这跟 Kolmogorov 衡量信息的角度是一致的！）

§13.2 离散熵的定义

熵定义最大的优势在离散上.

定义 13.2.1 设一个离散的随机变量 X，它有 n 个可能取值 $a_1, a_2, \cdots, a_n$，每个事件的概率分布 $P=(p_1, p_2, \cdots, p_n)$，其中 $p_i=P(a_i)$，$\forall i$.则定义随机变量的熵值 H 为：

$$H(p_1, p_2, \cdots, p_n) = -\sum_{n=1}^{N} p_n \log p_n$$

也可记为 $H(X)=H(P)=H(\boldsymbol{p})$，其中 $\boldsymbol{p}=(p_1, p_2, \cdots, p_n)$.

其数学模型：

$$\begin{pmatrix} X \\ P(x) \end{pmatrix} = \begin{bmatrix} a_1 & a_2 & \cdots & a_n \\ p_1 & p_2 & \cdots & p_n \end{bmatrix}$$

注意：

1. $\log p_n$ 实为 $\log_2 p_n$ 的简写.

2. 比特(bit)为 binary digit 缩写，1 比特表示需要 1 个二进制数表示；$\log_e p_n$ 的单位称为纳特；$\log_{10} p_n$ 的单位为哈特.

3. **解读**：一个随机事件的熵本质上其实就是从概率上看平均最少用多少个二进制或三进制……来表示信息.另一方面，同我们在第一、二部分看到的一样，这是通用的方法，是普适的，不是特定问题的特殊处理方法.

定义 13.2.2 在熵中，我们还可以定义单个事件本身的讯息（信息本体）为：

$$I_e = -\log_2 p_i\text{（对数以 2 为底，单位是比特(bit)）}$$

（或者 $I_e = -\ln p_i$（对数以 e 为底，单位是纳特(nats)））.

例如：英语有 26 个字母，假如每个字母在文章中出现次数平均的话，每个字母的讯息量为：$I_e = -\log_2 \frac{1}{26}$.而汉字常用的有 2 500 个，假如每个汉字在文章中出现次数平均的话，每个汉字的信息量为：$I_e = -\log_2 \frac{1}{2\,500}$.

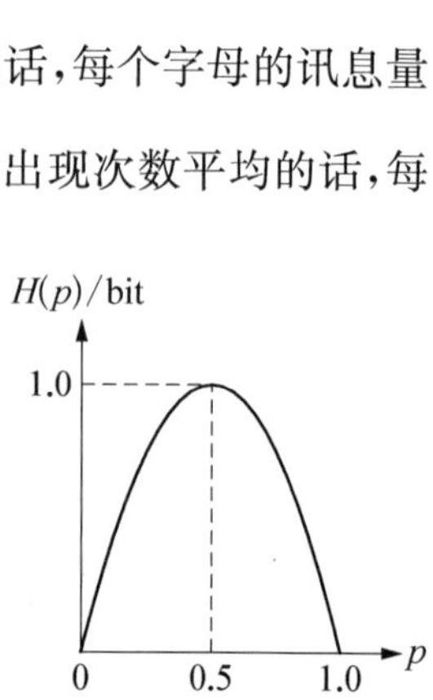

图 13-1 二元熵函数

熵是整个系统的平均消息量，即：$H(p_1, p_2, \cdots, p_n) = -\sum_{n=1}^{N} p_n \log p_n$.因为它和热力学中描述热力学熵的玻尔兹曼公式形式一样，所以它也被称为“熵”.信息论中熵的概念与物理学中的热力学熵有着紧密的联系.玻尔兹曼与吉布斯在统计物理学中对熵做了很多的工作.信息论中的熵也正是受之启发.如果两个系统具有同样大的消息量，如一篇用不同文字写的同一文章，由于是所有元素消息量的加和，那么中文文章应用的汉字就比英文文章使用的字母要少.所以汉字印刷的文章要比其他应用总体数量少的字母印刷的文章要短.即使一个汉字占用两个字母的空间，汉字印刷的文章也要比英文字母印刷的用纸少.实际上每个字母和每个汉字在文章中出现的次数并不平均，因此实际数值并不如同上述，但上述计算是一个总体概念.使用书写单元越多的文字，每个单元所包含的讯息量越大.

例 13.2.1　计算只输出“0,1”的二元熵函数的信息熵.

解：数学模型：

$$\begin{pmatrix} X \\ P(x) \end{pmatrix} = \begin{pmatrix} 0 & 1 \\ p & 1-p \end{pmatrix}$$

则 $H(X) = -p\log p - (1-p)\log(1-p) = H(p)$，而 $H'(p) = \log\dfrac{1-p}{p}$，令为 0.易证，当 $p=\dfrac{1}{2}$时，$H(p)$为最大值. 当 $p=0$ 时，因为

$$\lim_{p\to 0^+} p\log p = \lim_{p\to 0^+}\frac{\log p}{\frac{1}{p}} = \lim_{p\to 0^+}\frac{\frac{1}{p}}{-\frac{1}{p^2}} = -\lim_{p\to 0^+} p = 0$$

所以在信息论中定义 $0\log 0 = 1\log 1 = 0$. □

例 13.2.2　电视机图像由横 500 线和纵 600 线相交点组成.每点分不同灰度，假设灰度分为 10 级.整个图像的可能状态数目为 $10^{300\,000}$.如果这些图像以等概率出现，则该图像信源的熵为 $H(X) = \log 10^{300\,000} \approx 10^6$.

例 13.2.3　播音员使用单词总数为 10 000 个.一个播音员播出 1 000 个单词的熵为 $H(X) = \log 10\,000^{1\,000} \approx 1.3\times 10^4$.

例 13.2.4　掷一个均匀硬币直到出现“正面”为止.令 X 表示直到出现“正面”为止所需的次数，则

$$H(X) = \sum_{n=1}^{\infty}\frac{1}{2^n}\log 2^n = \sum_{n=1}^{\infty} n\frac{1}{2^n} = \frac{\frac{1}{2}}{\left(1-\frac{1}{2}\right)^2} = 2$$

例 13.2.5　掷一粒色子，各个点数出现的概率相等，即

$$\begin{pmatrix} X \\ P(x) \end{pmatrix} = \begin{bmatrix} 1 & 2 & 3 & 4 & 5 & 6 \\ \frac{1}{6} & \frac{1}{6} & \frac{1}{6} & \frac{1}{6} & \frac{1}{6} & \frac{1}{6} \end{bmatrix}$$

则熵为 $H(X) = -\sum_{n=1}^{6} p_n \log p_n = \log 6$.

当掷出色子，得知点数为 3 时，这时概率分布变为

$$\begin{pmatrix} X' \\ P(x') \end{pmatrix} = \begin{pmatrix} 1 & 2 & 3 & 4 & 5 & 6 \\ 0 & 0 & 1 & 0 & 0 & 0 \end{pmatrix}$$

因为事件已经确定，熵变为 $H(X')=0$.

故在此过程中，试验者获得的信息量为 $H(X)-H(X')=\log 6$.

例 13.2.6 同时掷两粒色子，设各个点数出现的概率相等，用随机变量 Y 表示两粒色子面上的点数之和时，有

$$\begin{pmatrix} Y \\ P(y) \end{pmatrix} = \begin{pmatrix} 2 & 3 & 4 & 5 & 6 & 7 & 8 & 9 & 10 & 11 & 12 \\ \frac{1}{36} & \frac{2}{36} & \frac{3}{36} & \frac{4}{36} & \frac{5}{36} & \frac{6}{36} & \frac{5}{36} & \frac{4}{36} & \frac{3}{36} & \frac{2}{36} & \frac{1}{36} \end{pmatrix}$$

则熵为 $H(Y)=-\sum_{n=1}^{11} p_n \log p_n = 3.274\,4$.

当掷出色子，得知点数为 7 时，试验者获得的信息量为 $H(Y)=3.274\,4$.

但若要确定色子各自朝上的点数 X_1X_2，则仍存在不确定性，因为它们可能是

$$\begin{cases} X_1 & : & 1 & 2 & 3 & 4 & 5 & 6 \\ X_2 & : & 6 & 5 & 4 & 3 & 2 & 1 \end{cases}$$

6 种等概率情况之一，当得知点数为 7 时 X_1X_2 的熵由原来的 $\log 36$ 变为

$$H(X_1X_2) = -\sum_{n=1}^{6} \frac{1}{6} \log \frac{1}{6} = \log 6$$

在此过程中，试验者获得的信息量为 $\log 36-\log 6=\log 6$.

例 13.2.7 已知 12 个球中有一个重量跟别的球不一样，但不知道它是轻还是重.用一架天平 3 次能找出这个次品吗?

天平有 3 种状态，即平衡，左重，左轻，所以每称一次消除的不确定性为 $\log 3$，12 个球中的不等重球(可较轻，也可较重) 的不确定性为：$-\log\left(\frac{1}{12}\cdot\frac{1}{2}\right)=\log 24$.

因为 $3\log 3>\log 24$，故 3 次能找出次品.

§ 13.3 熵的特性

1. 对称性(**解读**:在信息论中不强调次序.在信息论中次序不同、但组成各部分信息相同的两物体的熵是相等的).

命题 13.3.1 $H(p_1, p_2, \cdots, p_n) = H(p_2, p_3, \cdots, p_n, p_1)$.

2. 非负性(信息量是非负的).

命题 13.3.2 熵均大于等于零：$H(\boldsymbol{p})\geqslant 0$ 而且等号成立的充要条件是 X 有退化分布.

前半部分证明: 方法一:注意

$$H(\boldsymbol{p}) = -\sum_{n=1}^{N} p_n \log p_n$$

而 $0\leqslant p_n\leqslant 1$，所以 $\log p_n\leqslant 0$，故 $H(\boldsymbol{p})\geqslant 0$.

方法二(该方法严格地说是错的,但这是一般信息论教材的通用做法)：$\forall x>0$,有

$$\log x\leqslant x-1 \text{ 或 } \log\frac{1}{x}\geqslant 1-x$$

所以 $H(\boldsymbol{p})=-\sum_{n=1}^{N}p_n\log p_n\geqslant\sum_{n=1}^{N}p_n(1-p_n)\geqslant 0.$ □

注意,**解释如下**:同我们在微积分中学过的公式:

$$\ln(1+x)=x-\frac{1}{2}x^2+\frac{1}{3}x^3+\cdots+(-1)^{n-1}x^n+\cdots$$

$$\ln(1+x)\leqslant x$$

$$\ln x\leqslant x-1$$

$$\log_2 x=\frac{\ln x}{\ln 2}$$

比较后,可以发现上述证明只是少乘个系数,这是信息论的习惯用法或通用做法.

后半部分证明:由 $H(\boldsymbol{p})$的定义可知,等号成立的充要条件是 $p(x)=0$ 或者 $p(x)=1(\forall x)$,故 X 为退化分布. □

命题 13.3.3　对任何两组概率分布$(p_1,p_2,\cdots,p_K)$,$(q_1,q_2,\cdots,q_K)$,有

$$\sum_{k=1}^{K}p_k\log\frac{p_k}{q_k}\geqslant 0$$

证明:因为 $\log\frac{q_k}{p_k}=(\log \mathrm{e})\cdot\left(\ln\frac{q_k}{p_k}\right)\leqslant(\log \mathrm{e})\left(\frac{q_k}{p_k}-1\right)$,从而

$$\sum_{k=1}^{K}p_k\log\frac{q_k}{p_k}\leqslant(\log \mathrm{e})\cdot\left[\sum_{k=1}^{K}p_k\left(\frac{q_k}{p_k}-1\right)\right]=0$$

其中等号成立当且仅当$\forall k\left(\frac{q_k}{p_k}=1\right)$. □

定理 13.3.1　(可加性的一般结果)如果 q_{ij},$j=1,\cdots,k_i$,$i=1,\cdots,a$ 是一组非负数,满足条件:$q_{ij}\geqslant 0$,$p_i=\sum_{j=1}^{k_i}q_{ij}$,$\sum_{i=1}^{a}p_i=1$,则

$$\begin{aligned}&H(q_{11},q_{12},\cdots,q_{1k_1},q_{21},q_{22},\cdots,q_{2k_2},\cdots,q_{a1},q_{a2},\cdots,q_{ak_a})\\&=H(p_1,p_2,\cdots,p_a)+\sum_{i=1}^{a}p_iH\left(\frac{q_{i1}}{p_1},\cdots,\frac{q_{ik_i}}{p_i}\right)\end{aligned}$$

证明:按照熵的定义,

$$\begin{aligned}&H(q_{11},q_{12},\cdots,q_{1k_1},q_{21},q_{22},\cdots,q_{2k_2},\cdots,q_{a1},q_{a2},\cdots,q_{ak_a})\\&=-\sum_{i=1}^{a}\sum_{j=1}^{a}q_{ij}\log q_{ij}=-\sum_{i=1}^{a}\sum_{j=1}^{k_j}q_{ij}\log\left(\frac{q_{ij}}{p_i}\cdot p_i\right)\\&=-\sum_{i=1}^{a}p_i\log p_i-\sum_{i=1}^{a}p_i\left(\sum_{j=1}^{k_j}\frac{q_{ij}}{p_i}\log\frac{q_{ij}}{p_i}\right)\\&=H(p_1,p_2,\cdots,p_a)+\sum_{i=1}^{a}p_iH\left(\frac{q_{i1}}{p_1},\cdots,\frac{q_{ik_i}}{p_i}\right)\end{aligned}$$ □

定义 13.3.1 对于区域 D，如果 $\forall\alpha,\beta\in D$，$\forall\lambda\in[0,1]$均有

$$\lambda\alpha+(1-\lambda)\beta\in D$$

则称 D 为一个凸域.(凸域中任两点连线上的点还在该凸域中.)

定义 13.3.2 如果对于凸域上的 $f(x)$满足关系式

$$f(\lambda\alpha+(1-\lambda)\beta)\leqslant\lambda f(\alpha)+(1-\lambda)f(\beta),\ \forall\alpha,\beta\in D,\ \forall\lambda\in[0,1]$$

则称函数 $f(x)$为凸函数(或下凸函数).如果上式是严格不等式，则称函数 $f(x)$为严格凸函数.一个函数 f 称为凹函数(或上凸函数)，如果 $-f$ 为凸函数.

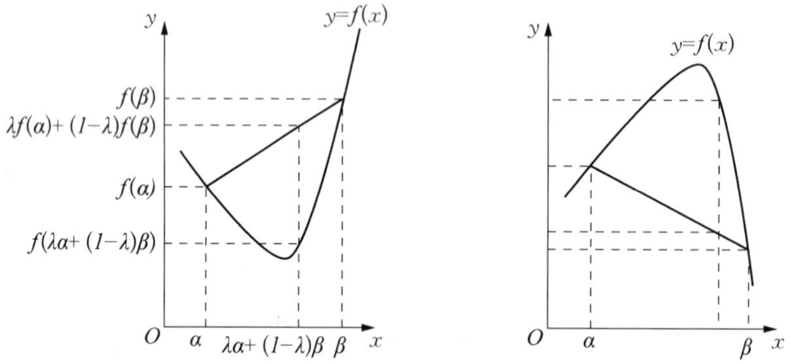

图 13-2 凸函数和凹函数示意图

常见的严格凸函数有 x^2，e^x，$x\log x$，严格凹函数有 $\log x$，$\sqrt{x}$ 等等.

命题 13.3.4 熵函数对 $\boldsymbol{p}$ 是上凸函数.

证明：(1)先证明概率矢量的 $\boldsymbol{p}=(p_1,p_2,\cdots,p_N)$集合组成一个凸域.

令 $\boldsymbol{p}_i=(p_{i1},p_{i2},\cdots,p_{iN})$，其中 $i=1,2$，则

$$\lambda\boldsymbol{p}_1+(1-\lambda)\boldsymbol{p}_2=(\lambda p_{11}+(1-\lambda)p_{21},\lambda p_{12}+(1-\lambda)p_{22},\cdots,\lambda p_{1N}+(1-\lambda)p_{2N})$$

显然各分量之和为 1，故为凸域.

(2)再证明 $H(\lambda\boldsymbol{p}_1+(1-\lambda)\boldsymbol{p}_2)\geqslant\lambda H(\boldsymbol{p}_1)+(1-\lambda)H(\boldsymbol{p}_2)$.因为

$$\begin{aligned}
&H(\lambda\boldsymbol{p}_1+(1-\lambda)\boldsymbol{p}_2)-\lambda H(\boldsymbol{p}_1)-(1-\lambda)H(\boldsymbol{p}_2)\\
&=-\sum_{n=1}^{N}(\lambda p_{1n}+(1-\lambda)p_{2n})\log(\lambda p_{1n}+(1-\lambda)p_{2n})\\
&\quad+\lambda\sum_{n=1}^{N}p_{1n}\log p_{1n}+(1-\lambda)\sum_{n=1}^{N}p_{2n}\log p_{2n}\\
&=\lambda\sum_{n=1}^{N}p_{1n}\log\frac{p_{1n}}{\lambda p_{1n}+(1-\lambda)p_{2n}}+(1-\lambda)\sum_{n=1}^{N}p_{2n}\log\frac{p_{2n}}{\lambda p_{1n}+(1-\lambda)p_{2n}}\\
&\geqslant\sum_{n=1}^{N}\left\{\lambda p_{1n}\left[1-\frac{\lambda p_{1n}+(1-\lambda)p_{2n}}{p_{1n}}\right]\right\}\\
&\quad+\sum_{n=1}^{N}\left\{(1-\lambda)\ p_{2n}\left[1-\frac{\lambda p_{1n}+(1-\lambda)p_{2n}}{p_{2n}}\right]\right\}\\
&=0\text{(整理一下即可得到.)}
\end{aligned}$$

其中用了信息论中“假”公式 $\log\frac{1}{x}\geqslant 1-x$. □

定理 13.3.2　对于离散的随机变量，当其可能的取值等概率分布时，其熵达到最大值.即 $\max H(X)=\log N$，其中 N 为 X 可能取值的个数.（**解读**:完全随机事件，无规律，计算难度更大，因此信息量更大.）

证明: 用拉格朗日乘数方法构造函数

$$F(p_1,p_2,\cdots,p_N)=H(p_1,p_2,\cdots,p_N)+\lambda\left[\sum_{i=1}^{N}p_i-1\right]$$

对 $p_1,p_2,\cdots,p_N$ 分别求导，得到 $-(1+\log p_i)+\lambda=0\ (\forall i)$.

因此 $p_i=2^{\lambda-1}$，代入约束条件 $\sum_{i=1}^{N}p_i=1$，可得到 $2^{\lambda-1}=\frac{1}{N}$.再代入熵函数即可得到结论. □

§13.4　联合熵、条件熵

设二元随机变量 (X,Y) 可能的取值为 (a_k,b_j)，$k=1,2,\cdots,K$，$j=1,2,\cdots,J$，其联合概率分布为 $(p(a_k,b_j))_{K\times J}$.

定义 13.4.1　$H(XY)=-\sum_{k=1}^{K}\sum_{j=1}^{J}p(a_k,b_j)\log p(a_k,b_j)$，称 $H(XY)$ 为二元随机变量 (X,Y) 的联合熵，它是二元随机变量 (X,Y) 的不确定性度量.（**解读**:联合熵 $H(XY)$ 是 X,Y 的联合信息.）

回顾

$$p(a_k)=\sum_{j=1}^{J}p(a_k,b_j)$$

$$p(b_j)=\sum_{k=1}^{K}p(a_k,b_j)$$

$$p(a_k,b_j)=p(a_k)p(b_j\mid a_k)=p(b_j)p(a_k\mid b_j)$$

因此

$$H(XY)=-\sum_{k=1}^{K}\sum_{j=1}^{J}p(a_k,b_j)\log p(a_k)p(b_j\mid a_k)$$

$$\begin{aligned}H(XY)&=-\sum_{k=1}^{K}\sum_{j=1}^{J}p(a_k,b_j)\log p(a_k)-\sum_{k=1}^{K}\sum_{j=1}^{J}p(a_k,b_j)\log p(b_j\mid a_k)\\&=-\sum_{k=1}^{K}\sum_{j=1}^{J}p(a_k,b_j)\log p(a_k)-\sum_{k=1}^{K}p(a_k)\sum_{j=1}^{J}p(b_j\mid a_k)\log p(b_j\mid a_k)\\&=-\sum_{k=1}^{K}p(a_k)\log p(a_k)+\sum_{k=1}^{K}p(a_k)H(Y\mid a_k)\end{aligned}$$

故有 $H(XY)=H(X)+H(Y|X)$.

定义 13.4.2　（条件熵的定义）

$$H(Y\mid X)=\sum_{k=1}^{K}p(a_k)H(Y\mid a_k)=\sum_{k=1}^{K}p(a_k)\sum_{j=1}^{J}p(b_j\mid a_k)\log\frac{1}{p(b_j\mid a_k)}$$

称 $H(Y|X)$ 为条件熵，它是 X 取值 a_k 条件下熵 $H(Y|a_k)$ 的平均值，$H(Y|a_k)$ 称为随机变量 X 在取值 a_k 条件下 Y 的熵.（**解读：**条件熵 $H(Y|X)$ 是在 Y 中但不在 X 中的信息.）

定理 13.4.1 （链法则）

$$H(XY)=H(X)+H(Y|X)$$

进一步的，

$$\begin{aligned} H(X_1,X_2,\cdots,X_N) &= \sum\nolimits_{i=1}^{n} H(X_i \mid X_{i-1},\cdots,X_1) \\ &= H(X_1)+H(X_2 \mid X_1)+\cdots+H(X_N \mid X_{N-1},\cdots,X_1) \end{aligned}$$

当二元随机变量的两个分量 X,Y 相互独立时，每个 a_k 与 b_j 无关，故有 $p(a_k,b_j)=p(b_j)p(a_k)$ 和 $p(b_j|a_k)=p(b_j)$ 成立.因此 $H(XY)=H(X)+H(Y)$，$H(X|Y)=H(X)$，$H(Y|X)=H(Y)$.

命题 13.4.1 在一般情况下，$H(XY)\leqslant H(X)+H(Y)$

证明：

$$\begin{aligned} H(XY)-H(X)-H(Y) &= -\sum\nolimits_{k=1}^{K}\sum\nolimits_{j=1}^{J} p(a_k,b_j)\log p(a_k,b_j) \\ &\quad + \sum\nolimits_{k=1}^{K} p(a_k)\log p(a_k) + \sum\nolimits_{j=1}^{J} p(b_j)\log p(b_j) \\ &= \sum\nolimits_{k=1}^{K}\sum\nolimits_{j=1}^{J} p(a_k,b_j)\log\frac{p(a_k)p(b_j)}{p(a_k,b_j)} \\ &\leqslant \sum\nolimits_{k=1}^{K}\sum\nolimits_{j=1}^{J} p(a_k,b_j)\left[\frac{p(a_k)p(b_j)}{p(a_k,b_j)}-1\right]=0 \end{aligned}$$ □

又考虑到 $H(XY)=H(X)+H(Y|X)=H(Y)+H(X|Y)$，因此 $H(X|Y)\leqslant H(X)$ 且 $H(Y|X)\leqslant H(Y)$.

这表明条件熵在一般情况下总是小于无条件熵.从直观上说，由于事物总是有联系的，因此对随机变量 X 的了解平均来讲总能使 Y 的不确定性减少.

注意，条件熵小于无条件熵是平均意义上的.对随机变量 X 取某一特定值，如 a_k 时，Y 的不确定性完全有可能增加、减少或不变，这取决于 $x=a_k$ 时，Y 取值的概率分布情况.

如果 X 和 Y 有确定的函数，且 X 可以完全确定 Y，则有 $H(Y|X)=0$.故 $H(XY)=H(X)$.

§ 13.5 离散互信息

为了介绍互信息，我们引入相对熵的概念.

定义 13.5.1 定义在同一个字母集合 X 上的两个概率分布 $p(x)$ 和 $q(x)$ 的相对熵（或称为信息散度、Kullback 熵）定义为

$$D(p\parallel q)=\sum\nolimits_{x\in X} p(x)\log\frac{p(x)}{q(x)}=E_p\left[\log\frac{p(x)}{q(x)}\right]$$

命题 13.5.1 $D(p\parallel q)\geqslant 0$ 且等号成立的充要条件是 $p(x)=q(x)$ 对所有 $x\in X$ 成立.

证明：

$$\begin{aligned}-D(p\parallel q)&=-\sum_{x\in X}p(x)\log\frac{p(x)}{q(x)}\\&=\sum_{x\in X}p(x)\log\frac{q(x)}{p(x)}\\&\leqslant\sum_{x\in X}p(x)\left(\frac{q(x)}{p(x)}-1\right)\\&=\sum_{x\in X}p(x)-\sum_{x\in X}q(x)=0\end{aligned}$$

□

我们重点关注的是互信息.互信息(mutual information)是另一有用的信息度量,它衡量两个事件集合之间的相关性.两个事件 X 和 Y 的互信息定义为：

定义 13.5.2　定义 $I(X;Y)=H(X)-H(X|Y)$ 或 $I(Y;X)=H(Y)-H(Y|X)$.(**解读**:$H(X)$表示 X 中的信息量,$H(X|Y)$表示在 X 中但不在 Y 中的信息量.因此它们的差为既在 X 中又在 Y 中的信息量,即互信息是 X,Y 共有信息量.)

命题 13.5.2　$I(X;Y)=I(Y;X)$

证明：

$$\begin{aligned}I(X;Y)&=H(X)-H(X\mid Y)\\&=-\sum_{k=1}^{K}p(a_k)\log p(a_k)+\sum_{k=1}^{K}\sum_{j=1}^{J}p(a_k,b_j)\log p(a_k\mid b_j)\\&=\sum_{k=1}^{K}\sum_{j=1}^{J}p(a_k,b_j)\log\frac{p(a_k,b_j)}{p(a_k)\ p(b_j)}\\&=-\sum_{j=1}^{J}p(b_j)\log p(b_j)+\sum_{k=1}^{K}\sum_{j=1}^{J}p(a_k,b_j)\log p(b_j\mid a_k)\\&=H(Y)-H(Y\mid X)=I(Y;X)\end{aligned}$$

□

另外一种定义为

定义 13.5.3　$I(X;Y)=\sum_{k=1}^{K}\sum_{j=1}^{J}p(a_k,b_j)\log\frac{p(a_k,b_j)}{p(a_k)\ p(b_j)}$

因此,在一般情况下,$I(X;Y)=H(X)+H(Y)-H(XY)$.

命题 13.5.3　$0\leqslant I(X;Y)\leqslant\min(H(X),H(Y))$

证明:由于 $H(X)\geqslant H(X|Y)$,$H(Y)\geqslant H(Y|X)$,所以 $I(X;Y)\geqslant0$.

由于 $H(X|Y)\geqslant0$,$H(Y|X)\geqslant0$,故 $I(X;Y)\leqslant H(X)$且 $I(X;Y)\leqslant H(Y)$.

所以 $I(X;Y)\leqslant\min(H(X),H(Y))$. □

命题 13.5.4　$I(X;Y)\geqslant0$ 且等号成立的充要条件是 X,Y 相互独立.此时 $H(X|Y)=H(X)$,$H(Y|X)=H(Y)$.

证明:注意到 $I(X,Y)=D(p(x,y)\parallel p(x)\cdot p(y))\geqslant0$ 其中等号成立的充要条件是 $p(x)\cdot p(y)=p(x,y)$,即 X,Y 相互独立. □

命题 13.5.5　当 X,Y 有确定关系时,如 X 可以唯一确定 Y,此时 $H(Y|X)=0$.于是 $I(X;Y)=H(Y)$.

§13.6 多个随机变量下的互信息

三个、多个随机变量下的互信息异常复杂.

我们考虑随机变量和二元随机变量之间的互信息.设这三个随机变量的密度函数分别是

$$\begin{pmatrix} X \\ P(x) \end{pmatrix} = \begin{bmatrix} a_1 & a_2 & \cdots & a_n \\ p(a_1) & p(a_2) & \cdots & p(a_n) \end{bmatrix}$$

$$\begin{pmatrix} Y \\ P(y) \end{pmatrix} = \begin{bmatrix} b_1 & b_2 & \cdots & b_n \\ p(b_1) & p(b_2) & \cdots & p(b_n) \end{bmatrix}$$

$$\begin{pmatrix} Z \\ P(z) \end{pmatrix} = \begin{bmatrix} c_1 & c_2 & \cdots & c_n \\ p(c_1) & p(c_2) & \cdots & p(c_n) \end{bmatrix}$$

其联合分布密度矩阵为$(p(a_k,b_j,c_l))_{K\times J\times L}$.

仿照前面二元随机变量之间的互信息的计算方法,我们定义

$$I(X;YZ)=H(X)-H(X|YZ)=H(YZ)-H(YZ|X)=H(X)+H(YZ)-H(XYZ)$$

由前面讨论可知 $I(X;YZ)=I(YZ;X)$.

在已知随机变量 Z 的条件下,定义随机变量 X 和 Y 之间条件互信息为

$$I(X;Y\mid Z)=\sum_{k=1}^{K}\sum_{j=1}^{J}\sum_{l=1}^{L}p(a_k,b_j,c_l)\log\frac{p(a_k,b_j\mid c_l)}{p(a_k\mid c_l)p(b_j\mid c_l)}$$

由此可以推导出

$$\begin{aligned}
&I(X;Y|Z)=H(X|Z)-H(X|YZ)\\
&I(X;Y|Z)=H(Y|Z)-H(Y|XZ)\\
&I(X;Y|Z)=H(X|Z)-H(XY|Z)+H(Y|Z)\\
&I(X;Y|Z)=H(XZ)-H(Z)-H(XYZ)+H(Z)+H(YZ)-H(Z)\\
&\qquad\qquad\;=H(XZ)+H(YZ)-H(XYZ)-H(Z)
\end{aligned}$$

可以证明 $I(X;Y|Z)\geqslant 0$.利用条件互信息,可以把联合互信息展开如下:

$$\begin{aligned}
I(X;YZ)&=H(X)-H(X|YZ)\\
&=H(X)-H(X|Y)+H(X|Y)-H(X|YZ)\\
&=I(X;Y)+I(X;Z|Y)
\end{aligned}$$

定义 13.6.1 设随机变量 X,Y,Z 的联合概率分布为 $p(x,y,z)$,在给定条件 Z 下 X 和 Y 是相互独立的,如果

$$p(x,y|z)=p(x|z)p(y|z)\ \forall x\in X,y\in Y,z\in Z$$

成立.这时也称 X,Y,Z 构成马氏链,记为 $X\rightarrow Y\rightarrow Z$.

定理 13.6.1　$I(X;Y|Z)=0$，且等号成立的充要条件是在给定 Z 条件下 X 和 Y 相互独立.

定理 13.6.2　（互信息的链法则）

$$I(X_1\cdots X_n;Y)=\sum_{i=1}^{n}I(X_i;Y\mid X_{i-1}\cdots X_1)$$

证明：
$$\begin{aligned}I(X_1\cdots x_n;Y)&=H(X_1\cdots X_nY)-H(X_1\cdots X_n\mid Y)\\&=\sum_{i=1}^{n}H(X_iY\mid X_{i-1}\cdots X_1)-\sum_{i=1}^{n}H(X_iY\mid X_{i-1}\cdots X_1,Y)\\&=\sum_{i=1}^{n}I(X_i;Y\mid X_{i-1}\cdots X_1)\end{aligned}$$

□

定理 13.6.3　如果 $X\to Z\to Y$ 构成马氏链，则有 $I(X;Y)\leqslant I(X;Z)$ 及 $I(X;Y)\leqslant I(Z;Y)$.

证明：
$$\begin{aligned}I(X;Z)&=I(X;YZ)-I(X;Z|Y)\leqslant I(X;YZ)\\&=I(X;Z)+I(X;Y|Z)=I(X;Z)\end{aligned}$$
□

定理 13.6.4　（数据处理不等式）如果 $U\to X\to Y\to V$ 构成马氏链，则有 $I(U;V)\leqslant I(X;Y)$.

三个随机变量之间的互信息量定义为

$$I(X;Y;Z)=\sum_{k=1}^{K}\sum_{j=1}^{J}\sum_{l=1}^{L}p(a_k,b_j,c_l)\log\frac{p(a_k,b_j)p(b_j,c_l)p(c_l,a_k)}{p(a_k)p(b_j)p(c_l)p(a_k,b_j,c_l)}$$

它可以化为

$$\begin{aligned}I(X;Y;Z)=&\sum_{k=1}^{K}\sum_{j=1}^{J}\sum_{l=1}^{L}p(a_k,b_j,c_l)\log\frac{p(a_k,b_j)}{p(a_k)p(b_j)}\\&-\sum_{k=1}^{K}\sum_{j=1}^{J}\sum_{l=1}^{L}p(a_k,b_j,c_l)\log\frac{p(c_l)p(a_k,b_j,c_l)}{p(b_j,c_l)p(c_l,a_k)}\\=&I(X;Y)-I(X;Y\mid Z)\end{aligned}$$

类似的，有

$$I(X;Y;Z)=I(Y;Z)-I(Y;Z\mid X)$$
$$I(X;Y;Z)=I(Z;X)-I(Z;X\mid Y)$$

例 13.6.1　求证：当随机变量 X 和 Z 统计独立时，有

$$I(X;Y)\leqslant I(X;Y|Z)$$

证明：由已知，可得 $I(X;Z)=0$.利用上面结论，有 $I(X;Y)-I(X;Y|Z)=I(Z;X)-I(Z;X|Y)=-I(Z;X|Y)\leqslant 0$. □

当 X,Y,Z 两两统计独立时，因为 $I(X;Y)=I(Y;Z)=I(Z;X)=0$，故有 $I(X;Y|Z)=I(Y;Z|X)=I(Z;X|Y)$.

注意：需要说明的是，$I(X;Y;Z)$可以小于 0.

例 13.6.2　有三个二元字母表 A,B,C，其中 a_i 和 b_j 以等概率选择 0 或 1，且相互统计独立，假定如果 a_i 和 b_j 相等时，c_k 取 0 值；如果 a_i 和 b_j 不相等时，c_k 取 1 值.

$$\begin{pmatrix} a_ib_jc_k & 000 & 001 & 010 & 011 & 100 & 101 & 110 & 111 \\ p(a_ib_jc_k) & \frac{1}{4} & 0 & 0 & \frac{1}{4} & 0 & \frac{1}{4} & \frac{1}{4} & 0 \\ p(a_i|b_jc_k) & 1 & 0 & 0 & 1 & 0 & 1 & 1 & 0 \\ p(a_ib_j|c_k) & \frac{1}{2} & 0 & 0 & \frac{1}{2} & 0 & \frac{1}{2} & \frac{1}{2} & 0 \\ p(a_ib_j) & \frac{1}{4} & \frac{1}{4} & \frac{1}{4} & \frac{1}{4} & \frac{1}{4} & \frac{1}{4} & \frac{1}{4} & \frac{1}{4} \\ p(a_i) & \frac{1}{2} & \frac{1}{2} & \frac{1}{2} & \frac{1}{2} & \frac{1}{2} & \frac{1}{2} & \frac{1}{2} & \frac{1}{2} \end{pmatrix}$$

有(1) $I(A;B)=0$;

(2) $I(A;B|C)=1$;

(3) $I(A;B;C)=I(A;B)-I(A;B|C)=-1$.

注意:在集合和信息之间有着某种类似的关系.

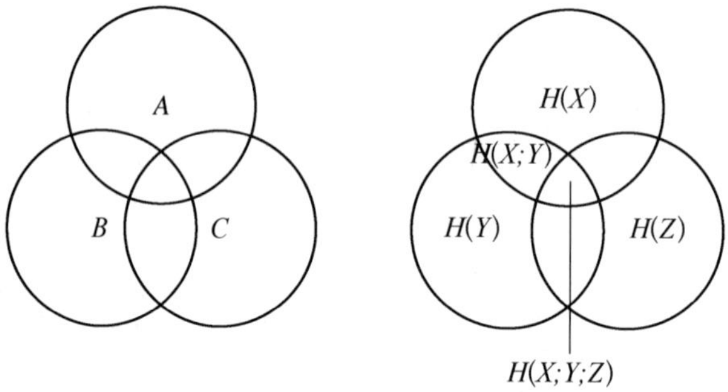

图 13-3　集合论与信息论公式对应关系

例 13.6.3　设有随机变量 X,Y,Z,均取值于$\{0,1\}$,已知 $I(X;Y)=0,I(X;Y|Z)=1$,求证:$H(Z)=1,H(XYZ)=2$.

证明:$I(X;Y|Z)=1=H(X|Z)-H(X|YZ)=H(Y|Z)-H(Y|XZ)$

因为 $0\leqslant H(X|Z),H(Y|Z)\leqslant 1$ 得 $H(X|Z)=H(Y|Z)=1,H(X|YZ)=H(Y|XZ)=0$ 故

$$H(XZ)=H(Z)+H(X|Z)=H(Z)+1=H(Z)+H(Y|Z)=H(YZ)$$
$$H(XYZ)=H(YZ)+H(X|YZ)=H(YZ)=H(XZ)$$

因为 $1=H(X|Z)\leqslant H(X)\leqslant 1$,故 $H(X)=H(Y)=1$.

从而 $H(XY)=H(X)+H(Y)-I(X;Y)=H(X)+H(Y)=2$.

从而 $H(XYZ)\geqslant H(XY)=2,H(XYZ)=H(YZ)\leqslant H(Y)+H(Z)\leqslant 2$.

因此 $H(XYZ)=2,H(Z)=1$.

§13.7　互信息的性质

$$I(X;Y)=\sum_{k=1}^{K}\sum_{j=1}^{J}p(a_k,b_j)\log\frac{p(a_k,b_j)}{p(a_k)\ p(b_j)}$$

由于

$$p(a_k)=\sum_{j=1}^{J}p(a_k,b_j)$$

$$p(b_j)=\sum_{k=1}^{K}p(a_k,b_j)$$

故在实际应用中我们常将

$$\begin{aligned}I(X;Y)&=\sum_{k=1}^{K}\sum_{j=1}^{J}p(a_k,b_j)\log\frac{p(a_k,b_j)}{p(a_k)\ p(b_j)}\\&=\sum_{k=1}^{K}\sum_{j=1}^{J}p(a_k)p(b_j\mid a_k)\log\frac{p(b_j\mid a_k)}{\sum_{i=1}^{K}p(a_i)p(b_j\mid a_i)}\end{aligned}$$

写成

$$I(X;Y)=\sum_{k=1}^{K}\sum_{j=1}^{J}p(a_k)q(b_j\mid a_k)\log\frac{q(b_j\mid a_k)}{\sum_{i=1}^{K}p(a_i)q(b_j\mid a_i)}$$

于是 $I(X;Y)$就成了随机变量 X 的概率矢量 $\boldsymbol{p}=(p(a_1),p(a_2),\cdots,p(a_k))$和条件概率矩阵 $\boldsymbol{Q}=(q(b_j|a_k))_{K\times J}$的函数,记为 $I(\boldsymbol{p},\boldsymbol{Q})$.

命题 13.7.1　$I(\boldsymbol{p},\boldsymbol{Q})$是 $\boldsymbol{p}$ 的凹函数.

证明: $I(X;Y)=H(X)-H(Y\mid \boldsymbol{X})=H(Y)-\sum_x p(x)H(Y\mid X=x)$

当 $p(y|x)$给定时,$p(y)$是 $p(x)$的线性函数,而 $H(Y)$是 $p(y)$的凹函数,也是 $p(x)$的凹函数,第二项是 $p(x)$的线性函数,从而它们的差仍然是 $p(x)$的凹函数. □

命题 13.7.2　$I(\boldsymbol{p},\boldsymbol{Q})$是 $\boldsymbol{Q}$ 的凸函数.

证明: 固定 $p(x)$,考虑两个不同的转移概率 $p_1(y|x)$和 $p_2(y|x)$,对应一个条件分布

$$p_\lambda(y|x)=\lambda\ p_1(y|x)+(1-\lambda)p_2(y|x)$$

及对应的联合分布

$$p_\lambda(x,y)=p(x)p_\lambda(y|x)=\lambda\ p_1(x,y)+(1-\lambda)\ p_2(x,y)$$

及关于 Y 的边际分布

$$p_\lambda(y)=\lambda\ p_1(y)+(1-\lambda)p_2(y)$$

如果设 $q_\lambda(x,y)=p(x)p_\lambda(y)$为 $p(x)$和 $p_\lambda(y)$的乘积分布,则

$$q_\lambda(x,y)=\lambda\ q_1(x,y)+(1-\lambda)q_2(x,y)$$

其中 $q_1(x,y)=p(x)p_1(y)$，$q_2(x,y)=p(x)p_2(y)$，因为互信息是联合分布关于边际分布的乘积分布的相对熵，即

$$I(X;Y)=D(p\parallel q)$$

由于 $I(X;Y)$（即相对熵 $D(p\parallel q)$）是 (p,q) 的凸函数，从而是条件分布 $p(y|x)$ 的凸函数. □

§13.8 熵函数形式的唯一性

定义 13.8.1 凡是满足下式的函数 f 就称为具有可加性.

$$f(p_1,p_2,\cdots,p_N)=f(p_1+p_2+\cdots+p_K,p_{K+1},\cdots,p_N)+ (p_1+p_2+\cdots+p_k)f(p_1',p_2',\cdots,p_K')$$

其中 $p_k'=\dfrac{p_k}{p_1+p_2+\cdots+p_K}$，$k=1,2,\cdots,K$.

定理 13.8.1 设离散随机变量的密度矩阵为

$$\begin{pmatrix} a_1 & a_2 & \cdots & a_N \\ p_1 & p_2 & \cdots & p_N \end{pmatrix}$$

函数 $f(p_1,p_2,\cdots,p_N)$ 是随机变量不确定性的量度，如果此函数具有连续性、等概率时的单调增函数性、可加性，则 $\exists$ 常数 C 使得

$$f(p_1,p_2,\cdots,p_N)=-C\sum\nolimits_{n=1}^{N}p_n\log p_n$$

证明：(1) 考虑随机变量 X 等概率分布的情况，此时 $p_n=\dfrac{1}{N}(n=1,2,\cdots,N)$

令

$$f\left(\frac{1}{N},\frac{1}{N},\cdots,\frac{1}{N}\right)=g(N)$$

由可加性可知

$$\begin{aligned} g(MN)&=f\left(\frac{1}{MN},\frac{1}{MN},\cdots,\frac{1}{MN}\right)\\ &=g(M)+\sum\nolimits_{i=1}^{M}\frac{1}{M}g(N)=g(M)+g(N) \end{aligned}$$

则有

$$g(s^m)=mg(s),g(t^m)=ng(t)$$

显然，我们可以选择 m,n，使之满足

$$s^m\leqslant t^n<s^{m+1}$$

两边取对数，得

$$m\log s \leqslant n\log t \leqslant (m+1)\log s$$

两边除以 $n\log s$，得

$$\frac{m}{n} \leqslant \frac{\log t}{\log s} < \frac{m+1}{n}$$

故

$$\left|\frac{m}{n} - \frac{\log t}{\log s}\right| < \frac{1}{n}$$

由等概率时的单调增函数性可得，

$$mg(s) \leqslant ng(t) \leqslant (m+1)g(s)$$

两边除以 $ng(s)$，得

$$\frac{m}{n} \leqslant \frac{g(t)}{g(s)} < \frac{m+1}{n}$$

故

$$\left|\frac{m}{n} - \frac{g(t)}{g(s)}\right| < \frac{1}{n}$$

故有

$$\left|\frac{g(t)}{g(s)} - \frac{\log t}{\log s}\right| < \frac{2}{n}$$

由于 s,t 任意，n 可任意大，

$$\frac{g(t)}{g(s)} = \frac{\log t}{\log s}$$

即存在某个常数 C 使 $g(t) = C\log t$.

(2) 考虑 X 非等概分布，但此时概率为有理数的情况，此时概率可表示为

$$p_n = \frac{m_n}{\sum_{n=1}^{N} m_n}$$

其中 m_n 为整数.令 $M = \sum_{n=1}^{N} m_n$，由可加性，$g(M)$可以写成

$$g(M) = f(p_1, p_2, \cdots, p_n) + \sum_{n=1}^{N} p_n g(m_n)$$

于是

$$\begin{aligned} f(p_1, p_2, \cdots, p_n) &= g(M) - \sum_{n=1}^{N} p_n g(m_n) \\ &= C\log M - \sum_{n=1}^{N} p_n C\log m_n \\ &= C\log M\left(\sum_{n=1}^{N} p_n\right) - C\sum_{n=1}^{N} p_n \log m_n \end{aligned}$$

则 $f(p_1,p_2,\cdots,p_n)=-C\sum_{n=1}^{N}p_n\log\frac{m_n}{M}=-C\sum_{n=1}^{N}p_n\log p_n$.

(3) 考虑 X 非等概分布,但此时概率为无理数的情况,根据无理数可以用有理数逼近,可以证明

$$f(p_1,p_2,\cdots,p_n)=-C\sum_{n=1}^{N}p_n\log p_n$$

□

有很多类似结果,例如:

引理 13.8.1 如果实函数 $f(x)(1\leqslant x)$ 满足以下条件:

(1) $f(x)\geqslant 0$;

(2) $f(x)$ 单调增;

(3) $f(x\cdot y)=f(x)+f(y)$.

则也有上面定理的结论.

证明: 反复使用(3),对任何自然数,有

$$f(x^k)=f(x\cdot x^{k-1})=f(x)+f(x^{k-1})=\cdots=kf(x)$$

从而 $f(1)=0$.进而由于(1)和(2),对于任意 $x>1$,$f(x)>0$,对于任意大于 1 的 x,y,对于任意自然数 k,总可找到非负整数 n,使得 $0<y^n\leqslant x^k<y^{n+1}$.

两边取对数并除以 $k\log y$,

$$\frac{n}{k}\leqslant\frac{\log x}{\log y}<\frac{n+1}{k}$$

另一方面,由(2)可得

$$nf(y)\leqslant kf(x)\leqslant(n+1)f(y+1)$$

或

$$\frac{n}{k}\leqslant\frac{f(x)}{f(y)}<\frac{n+1}{k}$$

故有

$$\left|\frac{f(x)}{f(y)}-\frac{\log x}{\log y}\right|<\frac{1}{k}$$

当 $k\to\infty$ 时,有

$$\frac{f(x)}{f(y)}=\frac{\log x}{\log y}$$

即存在某个常数 C 使得

$$\frac{f(x)}{\log x}=\frac{f(y)}{\log y}=C$$

或

$$f(x)=C\log x$$

□

总之,基于概率或熵意义上的定义是唯一的.

§13.9　连续随机变量下的熵与互信息

设连续随机变量 X 的可能取值在整个实数域上,即 $x\in(-\infty,+\infty)$,其概率密度函数为 $p(x)$,如果将 X 的值域分割成长度为 Δx 的小区间,则 X 的值在小区间$(x_i,x_i+\Delta x)$的概率近似为 $p(x_i)\Delta x$,于是,熵的近值为

$$H_{\Delta x}(X)=-\sum_{i=-\infty}^{+\infty}p(x_i)\Delta x\log(p(x_i)\Delta x)$$

当 $\Delta x\to 0$ 时,

$$\begin{aligned}\lim_{\Delta x\to 0}H_{\Delta x}(X)&=\lim_{\Delta x\to 0}\left[-\sum_{i=-\infty}^{+\infty}p(x_i)\Delta x\log(p(x_i)\Delta x)\right]\\&=-\int_{-\infty}^{+\infty}p(x)\log p(x)\mathrm{d}x-\lim_{\Delta x\to 0}\log\Delta x\int_{-\infty}^{+\infty}p(x)\mathrm{d}x\\&=-\int_{-\infty}^{+\infty}p(x)\log p(x)\mathrm{d}x-\lim_{\Delta x\to 0}\log\Delta x\end{aligned}$$

注意,上式中的后一项极限值为无穷大.但第一项仍然有一定的价值和意义,故

定义 13.9.1　香农直接定义连续随机变量下的熵(其被称为微分熵)为

$$h(x)=-\int_{-\infty}^{+\infty}p(x)\log p(x)\mathrm{d}x$$

定义 13.9.2　联合微分熵定义为

$$h(XY)=-\iint p(x,y)\log p(x,y)\mathrm{d}x\mathrm{d}y$$

定义 13.9.3　条件微分熵定义为

$$\begin{aligned}h(X\mid Y)&=-\iint p(x,y)\log p(x\mid y)\mathrm{d}x\mathrm{d}y\\&=-\int p(y)\mathrm{d}y\int p(x\mid y)\log p(x\mid y)\mathrm{d}x\end{aligned}$$

§13.10　鉴别信息

鉴别信息(discrimination information),又称交叉熵、Kullback 熵、相对熵、方向散度、K-L 数等.

离散随机变量的情形：

设随机变量 X 可能取值为 $\{a_1,a_2,\cdots,a_k\}$，且 X 的概率分布情况与假设 H_1 和 H_2 有关，即在假设 H_1 下，X 的概率分布为

$$\begin{pmatrix} X \\ P_1(x) \end{pmatrix} = \begin{pmatrix} a_1 & a_2 & \cdots & a_k \\ p_1(a_1) & p_1(a_2) & \cdots & p_1(a_K) \end{pmatrix}$$

在假设 H_2 下，X 的概率分布为

$$\begin{pmatrix} X \\ P_2(x) \end{pmatrix} = \begin{pmatrix} a_1 & a_2 & \cdots & a_k \\ p_2(a_1) & p_2(a_2) & \cdots & p_2(a_K) \end{pmatrix}$$

另外，假设 H_1 和 H_2 成立的概率分别为 $p(H_1)$ 和 $p(H_2)$，则有

$$p(H_1 \mid a_k) = \frac{p(H_1)p_1(a_k)}{p(H_1)p_1(a_k)+p(H_2)p_2(a_k)}$$

$$p(H_2 \mid a_k) = \frac{p(H_2)p_2(a_k)}{p(H_1)p_1(a_k)+p(H_2)p_2(a_k)}$$

其中 $p_1(a_k)=p(a_k \mid H_1)$ 和 $p_2(a_k)=p(a_k \mid H_2)$，故

$$\log\frac{p_2(a_k)}{p_1(a_k)} = \log\frac{p(H_2|a_k)}{p(H_1|a_k)} - \log\frac{p(H_2)}{p(H_1)}$$

上式右边第一项是已知 X 取 a_k 时，假设 H_2 和 H_1 的对数似然比，右边第二项是未知 X 取 a_k 时，假设 H_2 和 H_1 的对数似然比.可以看出，对数似然比 $\log\frac{p_2(a_k)}{p_1(a_k)}$ 刚好等于 X 在取 a_k 前后假设 H_2 和 H_1 的对数似然比之差.

$\log\frac{p_2(a_k)}{p_1(a_k)}$ 在假设 H_2 下的数学期望称为鉴别信息，记为 $I(p_2,p_1;X)$，即

$$I(p_2,p_1;X) = \sum_{k=1}^{K} p_2(a_k)\log\frac{p_2(a_k)}{p_1(a_k)}$$

在不需要指明随机变量的情况下，鉴别信息 $I(p_2,p_1;X)$ 一般简记为 $I(p_2,p_1)$.

鉴别信息 $I(p_2,p_1)$ 是为鉴别 H_2 和 H_1 而对随机变量 X 在 H_2 假设的分布下进行观察所平均得到的倾向于 H_2 的信息量.也可以理解为：观察者对 X 的了解由分布 $p_1(x)\rightarrow p_2(x)$ 时所获得的信息量，此时 $p_1(x)$ 相当于先验概率分布，$p_2(x)$ 则是观察后所得的后验概率分布.

注意，鉴别信息 $I(p_2,p_1)$ 是有方向的，故又称为方向散度，因为一般情况下 $I(p_2,p_1)\neq I(p_1,p_2)$.

在此基础上，我们可以定义两个概率分布之间的散度为

$$J(p_2,p_1;X) = I(p_2,p_1;X) + I(p_1,p_2;X)$$

小　结

本章介绍了熵、条件熵、联合熵、互信息等一些信息论传统的基本概念及这些信息熵的性质和意义，尝试着解读了它们的基本意义和特点.但更深刻的意义还需要进一步讨论和挖掘，在后面介绍信源编码、信道容量、信道编码时请大家进一步思考它们的本质.

第13章习题

1. 设随机变量 X 和 Y 的联合分布为：$p(X=0,Y=0)=p(X=0,Y=1)=p(X=1,Y=1)=\frac{1}{3}$，且 $p(X=1,Y=0)=0$.又设随机变量 $Z=X\oplus Y$，式中$\oplus$为模 2 和，求

(1) $H(X)$，$H(Y)$；

(2) $H(X|Y)$，$H(Y|X)$，$H(X|Z)$；

(3) $I(X;Y)$，$H(XYZ)$；

(4) 如果 Z 改成 $Z=X+Y$ 或者 $Z=XY$ 呢？

2. 设随机变量 X 的值取自集合$\{a_1,a_2,\cdots,a_k\}$，已知 $p(X=a_k)=a$，试证明：

(1) $H(X)=-a\log a-(1-a)\log(1-a)+(1-a)H(Y)$，其中 Y 的值取自$\{a_1,a_2,\cdots,a_{k-1}\}$，且有 $p(Y=a_i)=\dfrac{p(X=a_i)}{1-a}$，$i=1,2,\cdots,k-1$；

(2) $H(X)\leqslant -a\log a-(1-a)\log(1-a)+(1-a)\log(k-1)$.

3. 设随机变量 X,Y,Z 的值均取自集合$\{0,1\}$，试给出联合概率分布的实例，使其满足：$I(X;Y)=0$ bit，$I(X;Y|Z)=1$ bit.

4. 设随机变量 X,Y,Z，试着给出联合分布的两个实例，使其条件互信息分布满足：

(1) $I(X;Y|Z)>I(X;Y)$；

(2) $I(X;Y|Z)<I(X;Y)$.

5. 已知随机变量 X 和 Y 的联合概率分布 $p(a_k,b_j)$满足：

$$p(a_1)=\frac{1}{2},p(a_2)=p(a_3)=\frac{1}{4},p(b_1)=\frac{2}{3},p(b_2)=p(b_3)=\frac{1}{6}$$

试求能使得 $H(XY)$取得最大值的联合概率分布.

6. 设随机变量 X,Y,Z 满足 $p(xyz)=p(x)p(y|x)p(z|y)$，求证：

$$I(X;Y)\geqslant I(X;Y\mid Z)$$

7. 求证：$H(XYZ)=H(XZ)+H(Y|X)-I(Y;Z|X)$.

8. 求证：$I(X;Y;Z)=H(XYZ)-H(X)-H(Y)-H(Z)+I(X;Y)+I(Y;Z)+I(Z;X)$.

9. X,Y 为随机变量，设 $Y=f(X)$，试证 $H(Y)\leqslant H(X)$；当且仅当对所有概率不为 0 的 $x(x\in X)$，f 是双射时，等号成立.

10. 给定一个概率分布$(p_1,p_2,\cdots,p_n)$和一个整数m，$0\leqslant m\leqslant n$，设$q_m=1-\sum_{i=1}^{m}p_i$. 证明：

$$H(p_1,p_2,\cdots,p_n)\leqslant H(p_1,p_2,\cdots,p_m,q_m)+q_m\log(n-m)$$

并说明何时等号成立.

11. 假定有一离散无记忆信源的模型为

$$\begin{pmatrix} X \\ P(x) \end{pmatrix}=\begin{bmatrix} a_1 & a_2 & \cdots & a_m \\ p_1 & p_2 & \cdots & p_m \end{bmatrix}$$

令l_i表示对应于消息a_i的二元码字长度，C_i表示消息a_i重要性的加权，于是这个码的平均代价为$C=\sum_{i=1}^{m}p_il_iC_i$，在$\sum_{i=1}^{m}2^{-l_i}\leqslant 1$的约束下，求出最小化$C$的值.（提示：证明在$\sum_{i=1}^{m}2^{-l_i}\leqslant 1$的约束下最小化问题相当于在$\sum_{i=1}^{m}2^{-l_i}=1$的约束下的最小化问题.应用拉格朗日乘数方法，构造函数$J=\sum_{i=1}^{m}p_ic_il_i+\lambda\sum_{i=1}^{m}2^{-l_i}$，求导可得$\lambda=\frac{1}{\ln 2}\sum_{i=1}^{m}p_ic_i$.故当$l_i=-\log_2\frac{p_ic_i}{\lambda\ln 2}=\log_2\frac{\sum_{i=1}^{m}p_ic_i}{p_ic_i}$时，有$C_{\min}=\sum_{i=1}^{m}p_ic_i\left[\log_2\frac{\sum_{i=1}^{m}p_ic_i}{p_ic_i}\right]$.）

12. 设在一只布袋中装有100只手感完全相同的木球，每只涂上1种颜色.100只球的颜色有下列3种情况：(1) 红色球和白色球各50只；(2) 红色球99只，白色球1只；(3) 红、黄、蓝、白色各25只.求从布袋中随意取出一只球时，猜测其颜色所需要的信息量.

13. 有一个可旋转的圆盘，盘面上被均匀地分成38份，用1，2，…，38数字标示，其中有2份涂绿色，18份涂黑色，18份涂红色.圆盘停转后，盘面上指针指向某一数字和颜色.(1) 若仅对颜色感兴趣，计算其熵；(2) 若对颜色和数字都感兴趣，计算其熵；(3) 如果颜色已知，计算其条件熵.

14. 设一个系统传送10个数字0，1，2，…，8，9，奇数在传送时以0.5概率等可能地错成另外的奇数，而其他数字总能正确地接受. 试求接受一个数字后平均得到的信息量.

15. 令$d(X,Y)=H(X|Y)+H(Y|X)$为X和Y的信息距离，令$\rho(X,Y)=(H(X|Y)+H(Y|X))/H(X,Y)$为$X$和$Y$的信息距离系数，试着证明距离的3个公理.

(1) $d(X,X)=0$，$d(X,Y)\geqslant 0$；

(2) $d(X,Y)=d(Y,X)$；

(3) $d(X,Y)+d(Y,Z)\geqslant d(X,Z)$.

16. 定义$S(X,Y)=1-\rho(X,Y)=I(X;Y)/H(X,Y)$为$X$和$Y$之间的信息相似度，求证：(1) $0\leqslant S(X,Y)\leqslant 1$；(2) $S(X,Y)=1$；(3) $S(X,Y)=0$，X和Y独立时.

17. 对于$x_1\geqslant 0$和$x_2\geqslant 0$，有函数$f(x_1,x_2)=x_1(2-x_1)-(x_2+1)^2$.

(1) 求证$f(x_1,x_2)$是给定区间上的凸函数；

(2) 在定义域上求$f(x_1,x_2)$的极大值，并阐明它是极大的理由.

18. 设X与$Y=(Y_1,Y_2,\cdots,Y_n)$是随机变量，试问$I(X;Y)\leqslant\sum_{i=1}^{n}I(X;Y_i)$是否成立.

19. 如有 6 行、8 列的棋形方格，若有两个质点 A，B，分别以等概率落入任一方格内，且它们的坐标分别为(X_A, Y_A)，(X_B, Y_B)，但 A，B 不能落入同一个方格内.

(1) 若仅有质点 A，求 A 落入任一个方格的熵.

(2) 若已知质点 A 已落入，求 B 落入任一方格的熵.

(3) 如果 A，B 是可以分辨的，求 A，B 都落入的熵.

20. 设有一离散无记忆信源为

$$\begin{pmatrix} X \\ P(x) \end{pmatrix} = \begin{Bmatrix} a_1 & a_2 & a_3 & a_4 & a_5 & a_6 \\ 0.2 & 0.19 & 0.18 & 0.17 & 0.16 & 0.17 \end{Bmatrix}$$

求该信源的熵，并解释为什么 $H(X) \geqslant \log 6$ 不能满足信源的极值性.

21. 二次扩展信源的熵为 $H(X^2)$，而 1 阶马尔可夫信源熵为 $H(X_2|X_1)$，比较它们的大小，并说明原因.

22. 找出一个概率分布$\{p_1, p_2, \cdots, p_s\}$使得 $p_i > 0$ 且 $H(p_1, p_2, \cdots, p_s) = 2$.

23. 已知 $H(Y|X)=0$，求证 $\forall x, p(X)>0$，只存在一个 y 使得 $p(xy)>0$.

24. X, Y_1, Y_2 为二元随机变量，如果 $I(X;Y_1)=0$ 且 $I(X;Y_2)=0$，能不能推出 $I(X;Y_1Y_2)=0$？能则证明，否则给出反例.

第十四章 信源的熵率、冗余度压缩

本章重点研讨信源编码，信源研究包括三个方面：

(1) 信源建模：根据信源的信息特征建立模型，建立信号与信息之间的一一对应，同时使得信号与我们所需要表示的信息在信息层上完全一致或等价，即信号是信息的名、编码，信息完全被信号表示.

(2) 用熵率、冗余度表示信源输出信号中携带信息的效率高低.

(3) 信源输出信息的有效表示——信源编码.

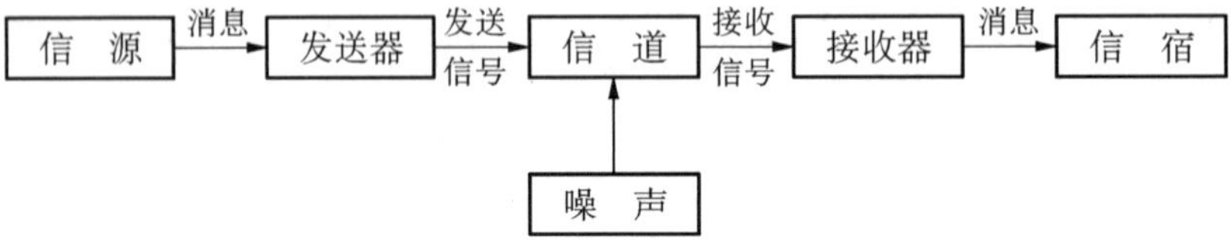

图 14-1 通信系统组成图

信源的输出被称为消息(message)，消息一般是不能直接进行信道传输的，通常需要经过发送器的编码变换成适合信道传输的信号后才能传送.

在一般情况下，消息和信号既有区别又是相互联系的.一方面，两者含义不同.一段新闻、一段录像、周杰伦的一段歌曲等，都可以是消息.而当信源的输出只被看成是随时间变化的某一物理量 $f(t)$ 或随时间、空间位置变化的某一物理量 $f((x,y,z),t)$ 时称为信号.另一方面，从信息论的观点来看，信源的输出无论是消息，还是信号，均含有信息.因此消息、信号、信息又都可以说是信源的输出，或者说它们是信源的三个方面.

§14.1 信源模型与信源编码

信源的完整数学模型应该包括三方面：(1) 信号取值的集合；(2) 信号取值时刻的集合；(3) 信号在各时刻取值的分布函数族.

根据信源输出信号所对应的随机过程可以导出不同的信源模型.例如，根据随机变量前后是否独立分为独立随机信源(或称为无记忆信源)和不独立随机信源(或称为有记忆信源)，根据随机过程是否平稳可分为平稳(稳恒)信源和非平稳(非稳恒)信源.另外，与特殊的随机过程相对应的特殊的信源模型.如高斯信源，马尔可夫信源等等.我们后面将重点介绍马尔可夫信源.这里要说的是，实际信源往往很复杂，找到精确模型是很困难的.

编码最早的含义是将携带信息的字母序列或符号序列映射为另一种字母序列或符号序

列.后来,编码扩展为离散数列或连续数列之间的映射.编码的模型为:

图 14-2　编码示意图

面对有穷序列时,编码是序列到序列的映射.根据不同的分组方式及其随后的映射关系可以构成不同结构的码,如分组码、树码.分组码是指将编码器两端的源字母序列和码字母序列各自分成组,映射是在分组的基础上独立进行的,即一定长度的源字母组唯一地确定了一定长度的码字母组.树码是指编码器输出的码字母不仅仅是由当前输入的源字母决定,还可能与以前的源字母或码字母有关.树码的映射关系可以用树图清楚地加以表示.树码也可分为定长到定长树码、定长到变长树码等.还可以按照其他特点构成其他特殊的树码,如映射关系不变时的树码称为滑动分组码,具有线性特性的滑动分组码称为卷积码等.

§14.2　离散稳恒信源的熵率、冗余度

定义 14.2.1　信源字母表离散,信号取值时刻也是离散的稳恒信源就称为离散稳恒信源.设离散稳恒信源的字母表为$\{a_1,a_2,\cdots,a_K\}$,信源的输出序列用

$$\{\cdots,u_{-2},u_{-1},u_0,u_1,u_2,\cdots,u_i,\cdots\}$$

来表示.根据稳恒随机过程的定义,信源输出序列的一切有限维概率分布与时间没有关系,即对于任意字母序列 **A** 和 $\forall N$

$$P(u_i,u_{i+1},\cdots,u_{i+N})=\mathbf{A}= P(u_j,u_{j+1},\cdots,u_{j+N})=\mathbf{A}$$

明显地,对于所有长度为 N 的序列 $u_{i+1},\cdots,u_{i+N}$,我们可以将之看成一个随机变量.该随机变量的熵为 $H(U_1U_2\cdots U_N)$,长度为 N 的序列中平均每个字母的熵或信息量定义为

$$H_N(U)=\frac{1}{N}H(U_1U_2\cdots U_N)$$

定义 14.2.2　熵率即无限长的序列中平均每个字母的信息量,定义为

$$H_\infty(U)=\lim_{N\to\infty}H_N(U)$$

命题 14.2.1　对于独立的稳恒信源,即无记忆稳恒信源,则有

$$H(U_1U_2\cdots U_N)=\sum_{i=1}^{N}H(U_i)=NH(U_i),i=1,2,\cdots,N$$

因此 $H_\infty(U)=H_N(U)=H(U_i)=H(U_1)=H_1(U)$.

事实上,设 $U_i=X$ 对每个 i,其字母表为$\{a_i:i=1,\cdots,r\}$,则

$H(X^N)=H(X_1X_2\cdots X_N)$

$$=-\sum_{i_1=1}^{r}\sum_{i_2=1}^{r}\cdots\sum_{i_N=1}^{r}p(a_{i_1}a_{i_2}\cdots a_{i_N})\log p(a_{i_1}a_{i_2}\cdots a_{i_N})$$
$$=-\sum_{i_1=1}^{r}\sum_{i_2=1}^{r}\cdots\sum_{i_N=1}^{r}p(a_{i_1}a_{i_2}\cdots a_{i_N})\log p(a_{i_1})p(a_{i_2})\cdots p(a_{i_N})$$
$$=-\sum_{i_1=1}^{r}\sum_{i_2=1}^{r}\cdots\sum_{i_N=1}^{r}p(a_{i_1}a_{i_2}\cdots a_{i_N})\log p(a_{i_1})$$
$$-\sum_{i_1=1}^{r}\sum_{i_2=1}^{r}\cdots\sum_{i_N=1}^{r}p(a_{i_1}a_{i_2}\cdots a_{i_N})\log p(a_{i_2})$$
$$\vdots$$
$$-\sum_{i_1=1}^{r}\sum_{i_2=1}^{r}\cdots\sum_{i_N=1}^{r}p(a_{i_1}a_{i_2}\cdots a_{i_N})\log p(a_{i_N})$$
$$=-\sum_{i_1=1}^{r}p(a_{i_1})\log p(a_{i_1})-\sum_{i_2=1}^{r}p(a_{i_2})\log p(a_{i_2})\cdots$$
$$-\sum_{i_N=1}^{r}p(a_{i_N}\log p(a_{i_N})$$
$$=H(X_1)+H(X_2)+\cdots+H(X_N)=NH(X)$$

定理 14.2.1 对于一般的稳恒信源，若 $H_1(U)<\infty$，则

$$H_{\infty}(U)=\lim_{N\to\infty}H(U_N\mid U_1U_2\cdots U_{N-1})$$

证明：(1) 先证 $H_{\infty}(U)$存在.

一方面，由信源的稳恒性，可知

$$H(U_{N-1}|U_1U_2\cdots U_{N-2})=H(U_N|U_2U_3\cdots U_{N-1})\geqslant H(U_N|U_1U_2\cdots U_{N-1})$$

这表明 $H(U_N|U_1U_2\cdots U_{N-1})$随着 N 增大而减小，于是

$$\begin{aligned}NH_N(U)&=H(U_1)+H(U_2|U_1)+\cdots+H(U_N|U_1U_2\cdots U_{N-2})\\&=H(U_N)+H(U_N|U_{N-1})+\cdots+H(U_N|U_1U_2\cdots U_{N-1})\\&\geqslant NH(U_N|U_1U_2\cdots U_{N-1})\end{aligned}$$

另一方面

$$\begin{aligned}NH_N(U)&=H(U_N|U_1U_2\cdots U_{N-1})+H(U_1U_2\cdots U_{N-1})\\&=H(U_N|U_1U_2\cdots U_{N-1})+(N-1)H_{N-1}(U)\end{aligned}$$

因此 $NH_N(U)\leqslant H_N(U)+(N-1)H_{N-1}(U)$，

$$H_N(U)\leqslant H_{N-1}(U)$$

因此$\{H_N(U)\}_N$是单调下降序列.

(2) 证明 $H_{\infty}(U)=\lim_{N\to\infty}H(U_N\mid U_1U_2\cdots U_{N-1})$.

因

$$\begin{aligned}(N+M)H_{N+M}(U)=&H(U_1U_2\cdots U_{N-1})+H(U_N|U_1U_2\cdots U_{N-1})+\cdots\\&+H(U_{N+M}|U_1U_2\cdots U_{N-1}U_N\cdots U_{N+M-1})\end{aligned}$$

$$(N+M)H_{N+M}(U)\leqslant(N-1)H_{N-1}(U)+(M+1)H(U_N|U_1U_2\cdots U_{N-1})$$

或

$$H_{N+M}(U) \leqslant \frac{N-1}{N+M} H_{N-1}(U) + \frac{M+1}{N+M} H(U_N | U_1 U_2 \cdots U_{N-1})$$

固定 N,令 $M \to \infty$,

$$H_{\infty} \leqslant H(U_N | U_1 U_2 \cdots U_{N-1}) \leqslant H_N(U)$$

再令 $N \to \infty$,得

$$H_{\infty} \leqslant \lim_{N \to \infty} H(U_N | U_1 U_2 \cdots U_{N-1}) \leqslant H_{\infty}$$

□

意义:(1) 信源输出前后字母间的依存关系是信号携带信息量减少的主要原因.(2) $\{H_N(U)\}_N$单调下降,上界为$<H_1(U)$.(**解读:**信息传输有依存关系时具有衰减性.)

定义 14.2.3 冗余度定义为 $\log K - H_{\infty}(U)$,相对冗余度定义为 $1 - \dfrac{H_{\infty}(U)}{\log K}$.(用于表示信源输出信号携带信息的效率.)

§14.3 渐进等同分割性与定长编码

一、渐进等同分割性定理(遍历性定理)

定理 14.3.1 设 $\boldsymbol{u} = u_1 u_2 \cdots u_n$ 是离散无记忆信源输出的任一特定序列,则对任给的 $\varepsilon > 0$和 $\delta > 0$,总存在整数 N_0,使得当 $N \geqslant N_0$ 时,有

$$P\left\{\left|\frac{\log p(\boldsymbol{u})}{N} + H_{\infty}(U)\right| < \delta\right\} > 1 - \varepsilon$$

(**解读:**注意分数$\dfrac{\log p(\boldsymbol{u})}{N}$表示的是序列长度为 N 的 $\boldsymbol{u} = u_1 u_2 \cdots u_n$ 中平均每个字母的信息量的相反数.)

证明:[**] 设序列 $\boldsymbol{u} = u_1 u_2 \cdots u_n$ 中取字母 a_k 值的次数为 $n_k (k = 1, 2, \cdots, K)$.从而

$$p(\boldsymbol{u}) = \prod_{k=1}^{K} p(a_k)^{n_k}$$

$$\log p(\boldsymbol{u}) = \sum\nolimits_{k=1}^{K} n_k \log p(a_k)$$

另外

$$H_{\infty}(U) = H_1(U) = -\sum\nolimits_{k=1}^{K} p(a_k) \log p(a_k)$$

所以

$$\frac{\log p(\boldsymbol{u})}{N}+H_{\infty}(U)=\sum_{k=1}^{K}\left(\frac{n_k}{N}-p(a_k)\right)\log p(a_k)$$

令 $\Delta_k=\dfrac{n_k}{N}-p(a_k)$ 并代入上式，再令 $\Delta_{\max}=\max_k|\Delta_k|$，可得

$$\left|\frac{\log p(\boldsymbol{u})}{N}+H_{\infty}(U)\right|=\left|\sum_{k=1}^{K}\Delta_k\log p(a_k)\right|\leqslant\Delta_{\max}\sum_{k=1}^{K}|\log p(a_k)|$$

（分析一下：此时若在所有可能序列中，有一部分序列的 $\Delta_{\max}$ 满足 $\Delta_{\max}\leqslant\delta/\sum_{k=1}^{K}|\log p(a_k)|$，$\forall\delta>0$，则该序列 $\boldsymbol{u}$ 满足 $\left|\dfrac{\log p(\boldsymbol{u})}{N}+H_{\infty}(U)\right|<\delta$.）

把满足上式的序列称为典型序列，并将其集合记为 $G(N,\delta)$，即 $G(N,\delta)=\left\{\boldsymbol{u}:\left|\dfrac{\log p(\boldsymbol{u})}{N}+H_{\infty}(U)\right|<\delta\right\}$.把不满足上式的序列的集合记为 G_1.显然，$G(N,\delta)$ 的补集 $(G(N,\delta))^C$ 是 G_1 的子集，下面我们来估算序列落入两个集合 G_1 和 $G(N,\delta)$ 中的概率.

对于 G_1，至少存在一个值 l，使得

$$\left|\frac{n_l}{N}-p(a_k)\right|\geqslant\Delta_{\max}$$

如果把满足上式的情况记为 E_l，则 G_1 中所有序列的概率之和为

$$P\left(\bigcup_{l=1}^{K}E_l\right)\leqslant\sum_{l=1}^{K}P(E_l)\leqslant K\max_l p(E_l)$$

按照大数定律，当 N 足够大时，对于任何 l 值总可以有一个整数 N_0，使得当 $N\geqslant N_0$，有

$$P(E_l)=P\left(\left|\frac{n_l}{N}-p(a_k)\right|\geqslant\Delta_{\max}\right)<\frac{\varepsilon}{K},\ \forall\varepsilon>0$$

即 $\dfrac{n_l}{N}$ 依概率收敛到 $p(a_l)$.这样我们得到 G_1 中序列的概率小于 ε

$$P\left(\bigcup_{l=1}^{K}E_l\right)<\varepsilon$$

所以 $G(N,\delta)$ 中序列的概率之和大于 $1-\varepsilon$. □

二、信源的定长编码定理

定义 14.3.1 1.（定长编码）设离散无记忆信源源字母表为 $\{a_1,a_2,\cdots,a_K\}$，码字母表为 $\{b_1,b_2,\cdots,b_J\}$，则 $f:(x_1,x_2,\cdots,x_N)\to(y_1,y_2,\cdots,y_M)$ 称为一个定长编码函数，它将长为 N 的源字映射为长为 M 的码字，其中 x_i,y_j 分别取自于源字母表和码字母表.

2.（扩张编码）记 $x^{(kn)}=(x_1^{(n)},x_2^{(n)},\cdots,x_k^{(n)})$，其中 $x_j^{(n)}=(x_{j1},\cdots,x_{jn})$，$j=1,\cdots,n$，那么我们定义

$$f^*(x^{(kn)})=(f(x_1^{(n)}),f(x_2^{(n)}),\cdots,f(x_k^{(n)}))$$

则称 f^* 为 f 的扩张编码.

在第 13 章导论中讲过一个例题,例 13.1.4:在上海和南京间建立一个通信系统,将南京天气情况传输到上海.南京有四种等概率的天气状况,分别为晴阴雨雾,其编码分别为 00,01,10,11.这就是个定长编码,每个消息的编码都是 2 个二进制数,其平均长度 $L=2\cdot\frac{1}{4}+2\cdot\frac{1}{4}+2\cdot\frac{1}{4}+2\cdot\frac{1}{4}=2$.熵 $H(X)=-\left[\frac{1}{4}\log\frac{1}{4}+\frac{1}{4}\log\frac{1}{4}+\frac{1}{4}\log\frac{1}{4}+\frac{1}{2}\log\frac{1}{4}\right]=2$.

定义 14.3.2 (离散无记忆信源的 N 次扩展信源定义)设有一个离散无记忆信源 X,其字母表为 $A=\{a_1,a_2,\cdots,a_K\}$,相应的概率分布为 $p(a_k)$.

定义离散无记忆信源 X 的 N 次扩展信源 Y,使其字母表为 $B=\{x_1x_2\cdots x_N|x_1,x_2,\cdots,x_N\in A\}$,显然 $|B|=K^N$ 且 $p(x_1x_2\cdots x_N)=p(x_1)p(x_2)\cdots p(x_N)$.

定理 14.3.2 (信源编码定理)设离散无记忆稳恒信源,$\{a_1,a_2,\cdots,a_K\}$为它的字母表,相应的概率分布为 $p(a_k)$:$k=1,2,\cdots,K$,其熵为 $H(U)=H_\infty(U)$,该信源被分成长为 N 的源字母组,并用长为 M 的码字母组进行编码,码字母表为 $B=\{b_1,b_2,\cdots,b_J\}$.则对任意给定的数 ε 和 δ,只要 N 足够大,且满足不等式

$$\frac{M}{N}\log J>H_\infty(U)+\delta$$

则源字母组没有自己特定码字的概率 P_0 可以小于 ε.

证明: ** 由渐近等同分割定理,离散无记忆信源输出中典型序列的概率满足条件

$$2^{-N(H_\infty(U)-\delta)}>p(\boldsymbol{u})>2^{-N(H_\infty(U)+\delta)}$$

设典型序列集合中的序列数目为 N_G,则有

$$1\geqslant\sum_{\boldsymbol{u}\in G}p(\boldsymbol{u})>N_G2^{-N(H_\infty(U)+\delta)}$$

$$N_G2^{-N(H_\infty(U)-\delta)}>\sum_{\boldsymbol{u}\in G}p(\boldsymbol{u})>1-\varepsilon$$

故典型序列集合 G 中的序列数目 N_G 为

$$N_G<\frac{1}{2^{-N(H_\infty(U)+\delta)}}=2^{N(H_\infty(U)+\delta)}$$

根据定理的条件 $\frac{M}{N}\log J>H_\infty(U)+\delta$,我们可以选择 δ,使其满足

$$M\log J\geqslant N(H_\infty(U)+\delta)$$

此即

$$J^M\geqslant2^{N(H_\infty(U)+\delta)}$$

其中,J^M 刚好是长为 M 的码字总数.上式说明对典型序列集合中的每一序列至少可以

有一个对应的码字.留下来的均为非典型序列,我们可以不给它们编码,或者都对应同一个编码序列 $\boldsymbol{y}_0=y_1y_2\cdots y_M$,而实际上没有一个典型序列对应此码字.于是每当收到 $\boldsymbol{y}_0$ 时,我们就认为出错. 当然,对典型序列,均可直接正确译码.根据渐近等同分割定理,当源字母序列长度 N 足够大时,非典型中序列的概率之和可以小于任给值 ε,因此信源字母组没有自己特定码字的概率 P_0 可以小于 ε. □

(**解读 1:** 编码时,如果 J 个符号是独立等概的,则每个码元符号能携带的信息量最大,码字最短,所以理论上最小码长 M 只要满足 $\frac{M}{N}\log J>H(U)$ 就可以实现无信息损耗.但要注意的是:$H(U)$ 是统计平均值,仅仅当 N 无穷长时,一个具体输出序列的平均每个符号的信息量才等于它.因此长度要足够长才能够使得 $\frac{M}{N}\log J>H_{\infty}(U)+\varepsilon_N$.当 $N\to\infty$ 时,有 $\varepsilon_N\to 0$,才能不降低效率.然而这样的编码并不能保证任何情况下单义可译.一对矛盾.)

(**解读 2:** 典型序列集的概率在整个信源输出序列集合中占据绝对优势,因此在信息论研究中常忽略非典型序列而只考察典型序列.虽然如此,但非典型序列所占的元素数目不一定小.)

定义 14.3.3 抛硬币,设正面、反面出现的概率为 $p,1-p$,设 $\boldsymbol{u}=u_1u_2\cdots u_N$ 为抛 N 次所得结果,$N(0)$ 表示正面出现次数,则 $p(\boldsymbol{u})=p^{N(0)}(1-p)^{N-N(0)}$.由大数定理,当 $N\to\infty$ 时,$\frac{N(0)}{N}\to p$.另显然 $N(0)\approx Np$,当 $N\to\infty$ 时,平均约 Np 次为正面,$N(1-p)$ 次反面,故每个典型序列出现的概率趋于 $p^{Np}(1-p)^{N(1-p)}$.

当 $p<0.5$ 时,全为反面的序列为非典型序列,它出现的概率为 $(1-p)^N>p^{Np}(1-p)^{N(1-p)}$.这个特殊的非典型序列出现的概率大于典型序列出现的概率.例如 $p=0.4$,此时 $H(X)=0.81$ bit,当 N 充分大时,取 $N=200$,则 $G(N,\varepsilon)\approx 2^{NH(X)}=2^{162}$.但此时 $|X^N|=2^{200}$,所以典型序列仅仅占 $\frac{2^{162}}{2^{200}}=2^{-38}$,故绝大多数为非典型序列.

§ 14.4 离散无记忆信源的变长编码

定义 14.4.1 (非特异的)设 C 为消息集 A 到所有码字序列的全体构成的集合 B 的映射,则称 C 为变长编码.在此字组编码中,如果 $\forall x_i\neq x_j(C(x_i)\neq C(x_j))$,则称此码字组为非特异的.例如,$s_1,s_2,s_3,s_4$ 的代码为 0,11,00,01,此为非特异的.

定义 14.4.2 1. 一个单义可译码,当属于此代码的码字在一长串代码序列中,不参照该码字的后续代码符号便可译出时,则称该单义可译码为即时可译码.

2. 在一个变长码中,如果没有一个码字是其他码字的前缀,则这一变长码称为前缀码.前缀码也称为异字头码,或即时码.(前缀码是唯一可译码,且无延时,反之却不对.)

例 14.4.1 有离散无记忆信源,见下表.码 A 与消息非一一对应,故不是唯一可译码.码 B 与消息虽然一一对应,但收到 11,它可译码为 a_4 也可译码为 a_2a_2,故也不是唯一可译码.

码 C 是唯一可译码,但延时,必须等到 0 才能译码.码 D 是逗号码,0 起了逗号作用.

表 14.1　信源 X 对应的不同编码

消息	概率	码 A	码 B	码 C	码 D
a_1	$\frac{1}{2}$	0	0	0	0
a_2	$\frac{1}{4}$	0	1	01	10
a_3	$\frac{1}{8}$	1	00	011	110
a_4	$\frac{1}{8}$	10	11	0111	1110

定理 14.4.1　唯一可译码与一一对应码的关系是:(1) 唯一可译码必定是一一对应码;(2) 如果 f 是一一对应码,则 f 是唯一可译码;(3) 变长的一一对应码,不一定是唯一可译码.

证明:(1)(2)显然.举例说明(3),f 是一个编码:$f(a)=0,f(b)=01,f(c)=001$.显然 f 是一一变长码,但不是唯一可译码.因 $f^*(c)=(0,0,1)$且 $f^*(a,b)=(f(a),f(b))=(0,0,1)$. □

定理 14.4.2　(克拉夫特不等式)含 K 个信源字母的信源要用 J 个字母的码字母表进行变长编码时,码字的长度为 $l_1,l_2,\cdots,l_K$ 的前缀码存在当且仅当克拉夫特不等式

$$\sum_{k=1}^{K} J^{-l_k} \leqslant 1$$

成立.

证明:(1) 必要性:将码字的长度为 $l_1,l_2,\cdots,l_K$ 的前缀码放在一棵 l 层 J 叉树上,且 $l \geqslant \max_k l_k$,在第 l 层上有 J^l 个结点.于是,长为 l_k 的码字在 J 叉树上砍去第 l 层上的 J^{l-l_k} 个结点,K 个码字总计砍掉的第 l 层上的结点数小于 J^l,即

$$\sum_{k=1}^{K} J^{l-l_k} \leqslant J^l$$

从而

$$\sum_{k=1}^{K} J^{-l_k} \leqslant 1$$

(2) 充分性:设 $l_1 \leqslant l_2 \leqslant \cdots \leqslant l_K$,在 l_1 层取一个结点作为码字,并砍掉其后的树枝,从而砍去 J^{l-l_1} 片叶子,剩下 $J^l - J^{l-l_1}$.

如此下去,到 l_k 层时,取一个结点作为码字,并砍掉其后的树枝,从而砍去 J^{l-l_k} 片叶子,剩下 $J^l - J^{l-l_1} - \cdots - J^{l-l_k}$ 片叶子……到 l_K 层时,应该剩下 $J^l - \sum_{k=1}^{K} J^{l-l_k}$ 片叶子,由 $\sum_{k=1}^{K} J^{-l_k} \leqslant 1$ 可以得到

$$J^l - \sum_{k=1}^{K} J^{l-l_k} \geqslant 0$$

□

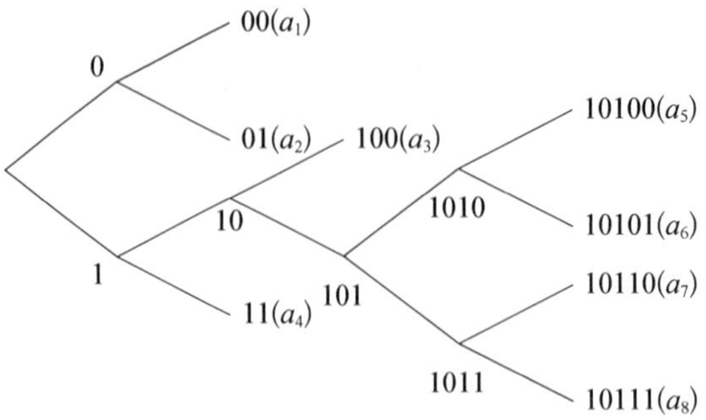

图 14－3　前缀码与二叉树

定理 14.4.3　(McMillan 定理)如果码 C 是 J 元唯一可译码,则其所有码字的长度 l_1, l_2,…,l_k 必定满足克拉夫特不等式,即

$$\sum_{k=1}^{K} J^{-l_k} \leqslant 1$$

其中,K,J 分别是源字母和码字母的总数.

证明: $\left(\sum_{k=1}^{K} J^{-l_k}\right)^r = \left(\sum_{k_1=1}^{K} J^{-l_{k1}}\right)\left(\sum_{k_2=1}^{K} J^{-l_{k2}}\right)\cdots\left(\sum_{k_r=1}^{K} J^{-l_{kr}}\right)$

$$= \sum_{k_1=1}^{K}\sum_{k_2=1}^{K}\cdots\sum_{k_r=1}^{K} J^{-(l_{k1}+l_{k2}+\cdots+l_{kr})}$$

其中 $l_{k_1}+l_{k_2}+\cdots+l_{k_r}$ 可以看成由 r 个码字组成的序列中的码字母总数.

当 k_1,k_2,…,k_r 分别取遍 1,2,…,K 时,$l_{k_1}+l_{k_2}+\cdots+l_{k_r}$ 就能得到含有 r 个码字的所有可能长度构成的序列.设这些序列中含 i 个码字母的序列个数为 r_i,则 i 的值域为 $i\in[1, rl_{\max}]$,其中 $l_{\max}=\max_k l_k$.故有

$$\left(\sum_{k=1}^{K} J^{-l_k}\right)^r \leqslant \left(\sum_{i=1}^{rl_{\max}} r_i J^{-i}\right)$$

由于该码是唯一可译码,所以总长为 i,由 r 个码字组成的序列一定互不相同,即长为 i 个码字母的序列的总数 r_i 不可能超过 J^i,

$$\sum_{k=1}^{K} J^{-l_k} \leqslant \left(\sum_{i=1}^{rl_{\max}} J^i J^{-i}\right)^{\frac{1}{r}} = (rl_{\max})^{\frac{1}{r}} \to 1$$

□

例 14.4.2　令 $A=\{0,1,2\}$ 且 $l_1=l_2=1$,$l_3=2$,$l_4=l_5=4$,$l_6=5$.因为 $\frac{1}{3}+\frac{1}{3}+\frac{1}{3^2}+\frac{1}{3^4}+\frac{1}{3^4}+\frac{1}{3^5}=\frac{196}{243}<1$ 满足克拉夫特不等式,我们构造一个前缀码 $C=\{0,1,20,2100,2101,21100\}$.

§14.5 变长编码的最优编码

如果信源字母的概率恰好取 $J^{-l_k}(k=1,2,\cdots,K)$，即

$$\begin{pmatrix} a_1 & a_2 & \cdots & a_K \\ J^{-l_1} & J^{-l_2} & \cdots & J^{-l_k} \end{pmatrix}$$

则对该信源编码时选用有 J 个字母的码字母表，并对概率为 J^{-l_k} 的源字母给予长度为 l_k 的码字，即可以使码字长度与源字母概率得到完全的适配，从而使信源的冗余度得到理想的压缩.

定义 14.5.1 平均码长

$$\bar{l}=\sum_{k=1}^{K} l_k p(a_k)$$

定理 14.5.1 （香农第一定理）当用 J 个字母的码字母表对熵率为 $H_\infty(U)$ 的离散无记忆稳恒信源进行变长编码时，如果概率为 $p(a_k)$ 的信源字母所对应的码长为 l_k，则平均码长必定满足

$$\frac{H_\infty(U)}{\log J}\leqslant\bar{l}$$

另一方面，必可以找到前缀码，使其平均码长满足 $\bar{l}\leqslant\dfrac{H_\infty(U)}{\log J}+1$.

进一步的，当我们考虑其 N 次扩展信源编码时，设 $\bar{l}_N$ 为 N 次扩展信源的源字母所对应的平均码长，则有

$$\frac{NH_\infty(U)}{\log J}\leqslant\bar{l}_N\leqslant\frac{H_\infty(U)}{\log J}+1$$

从而

$$\frac{H_\infty(U)}{\log J}\leqslant\frac{\bar{l}_N}{N}\leqslant\frac{H_\infty(U)}{\log J}+\frac{1}{N}$$

则有

$$\lim_{N\to\infty}\frac{\bar{l}_N}{N}=\frac{H_\infty(U)}{\log J}$$

证明：(1) 由已知可得

$$\begin{aligned} H_\infty(U)-\bar{l}\log J &= H_1(U)-\bar{l}\log J \\ &=-\sum_{k=1}^{K} p(a_k)\log p(a_k)-\log J\sum_{k=1}^{K} l_k p(a_k) \\ &=\sum_{k=1}^{K} p(a_k)\log\frac{J^{-l_k}}{p(a_k)} \end{aligned}$$

使用公式 $\log x \leqslant x-1$，可得

$$H_{\infty}(U)-\bar{l}\log J \leqslant \sum_{k=1}^{K} p(a_k)\left(\frac{J^{-l_k}}{p(a_k)}-1\right)=\sum_{k=1}^{K} J^{-l_k}-\sum_{k=1}^{K} p(a_k)$$

再应用克拉夫特不等式，则有 $H_{\infty}(U)-\bar{l}\log J \leqslant 1-1=0$. 如果对每个 $k=1,2,\cdots,K$，取 $p_k=J^{-l_k}$，则上面不等式的等号成立，这时平均码长达到它的下限 $\dfrac{H(U)}{\log J}$.

(2) 另一方面，选取码字长 l_k，使

$$J^{-l_k} \leqslant p(a_k) \leqslant J^{-(l_k-1)},\ k=1,2,\cdots,K$$

对上式的左边不等式求和，则有

$$\sum_{k=1}^{K} J^{-l_k} \leqslant \sum_{k=1}^{K} p(a_k)=1$$

也就是说，这种编码满足克拉夫特不等式，所以存在长度为 $l_1,l_2,\cdots,l_K$ 的前缀码. 对上上式右边不等式取对数，再取加权平均得

$$\sum_{k=1}^{K} p(a_k)\log p(a_k) < \sum_{k=1}^{K} p(a_k)\log J^{-(l_k-1)}$$

即

$$-H_{\infty}(U) < \sum_{k=1}^{K} p(a_k)(1-l_k)\log J=(1-\bar{l})\log J$$

□

构造前缀码的最简单方法是 1952 年提出的哈夫曼(Huffman)编码方法.

定理 14.5.2 对于给定的离散无记忆信源，

$$\begin{pmatrix} X \\ P(x) \end{pmatrix}=\begin{pmatrix} a_1 & a_2 & \cdots & a_K \\ p(a_1) & p(a_2) & \cdots & p(a_K) \end{pmatrix}$$

存在一个最优的二元码. 其概率最少发生的两个消息对应的码字必定等长且长度最长，同时两个码字之间只有最后一位码元取值不同.

证明：(1) 不妨设 $p(a_1) \geqslant p(a_2) \geqslant \cdots \geqslant p(a_K)$，易见 $l_1 \leqslant l_2 \leqslant \cdots \leqslant l_K$. 否则，假设 $p(a_m)>p(a_n)$，$l_m>l_n$，$m<n$，则将 a_m 的码字 $\boldsymbol{u}_m$ 与 a_n 的码字 $\boldsymbol{u}_n$ 进行交换，由于交换后的码字的平均长度变化量为

$$-p(a_m)l_m-p(a_n)l_n+p(a_n)l_m+p(a_m)l_n=-(p(a_m)-p(a_n))(l_m-l_n) \leqslant 0$$

故平均码长减小，可得更短的前缀码，与最优码矛盾.

(2) 因为对唯一可译码可以找到码字长度相同的前缀码，所以任何一个最优唯一可译码必定可以找到相应的前缀码. 由 $p(a_1) \geqslant p(a_2) \geqslant \cdots \geqslant p(a_K)$，易见 $p(a_{K-1}) \geqslant p(a_K)$ 为最小，其对应码字 $l_{K-1} \leqslant l_K$ 为最长. 如果 $l_{K-1} \neq l_K$，由于前缀码不存在码字为别的码的前缀，将 a_K 对应的码字的末段砍掉，使它们一样长即可得到更短的编码，矛盾.

(3) 如果与 a_K 等长的码字不是与 a_{K-1} 对应的码字，而是与其他 a_j 对应的码字，则显然

a_K, a_{K-1}, a_j 对应的码字长度相等，但它们的区别就不一定仅仅只在最后一位.则可以去掉这些码字中的末段，得到仍能相互区别、且不会与更短码字一致的码字，这样就得到更短的码字，矛盾. □

由上述定理可以推演出一种编码方法：

设一离散无记忆信源模型为

$$\begin{pmatrix} X \\ P(x) \end{pmatrix} = \begin{bmatrix} a_1 & a_2 & \cdots & a_K \\ p(a_1) & p(a_2) & \cdots & p(a_K) \end{bmatrix}$$

缩减信源是指对原信源两个概率最小者缩减成一个符号而得新信源，满足

$$\begin{pmatrix} X \\ P(x) \end{pmatrix} = \begin{bmatrix} a_1' & a_2' & \cdots & a_{K-2}' & a_{K-1}' \\ p(a_1) & p(a_2) & \cdots & p(a_{K-2}) & p(a_{K-1}') = p(a_{K-1}) + p(a_K) \end{bmatrix}$$

定理 14.5.3　设 C' 是某信源经缩减后得到的缩减信源的最优前缀码，将 C' 中由原信源中的最小概率的两个字母缩减得到的字母所对应的码字后各加 0 和 1，作为原信源的最小概率的两个码字，而其余码字不变，则这样得到的码对 C 是最优的.

证明：C 和 C' 满足

$$\begin{cases} l_k = l_k' & k = 1, 2, \cdots, K-2 \\ l_k = l_{K-1}' + 1 & k = K-1, K \end{cases} \tag{14.1}$$

C 的平均码长为

$$\begin{aligned} \bar{l} &= \sum_{k=1}^{K-2} p(a_k) l_k' + (l_{K-1}' + 1)(p(a_{K-1}) + p(a_K)) \\ &= \overline{l'} + p(a_{K-1}) + p(a_K) \end{aligned}$$

所以 $\overline{l'}$ 最短可得出 $\bar{l}$ 也应为最短.（事实上，也可用反证如下：假设 C 有最短码，其平均码长为 $\bar{l}_{\min}$，且 $\bar{l}_{\min} < \bar{l}$.则按照上面定理，有

$$\bar{l}_{\min} = \overline{l''} + p(a_{K-1}) + p(a_K) < \overline{l'} + p(a_{K-1}) + p(a_K)$$

故 $\overline{l''} < \overline{l'}$，矛盾.） □

例 14.5.1

$$\begin{pmatrix} X \\ P(x) \end{pmatrix} = \begin{bmatrix} \text{字母} & a_1 & a_2 & a_3 & a_4 \\ \text{概率} & \frac{1}{2} & \frac{1}{4} & \frac{1}{8} & \frac{1}{8} \\ \text{码字} & 0 & 10 & 110 & 111 \end{bmatrix}$$

信源熵率为

$$H_\infty(U) = H_1(U) = \frac{7}{4}$$

平均码长 $\bar{l}=\frac{7}{4}$

$$相对冗余度=1-\frac{H_{\infty}(U)}{\bar{l}\log J}=1-\frac{\frac{7}{4}}{\frac{7}{4}\log 2}=0$$

例 14.5.2 设有一个等概率离散信源，字母为 $s_1, s_2, \cdots, s_6$. 其编码分别为 00,01,100,101,110,111，缩减方法如下

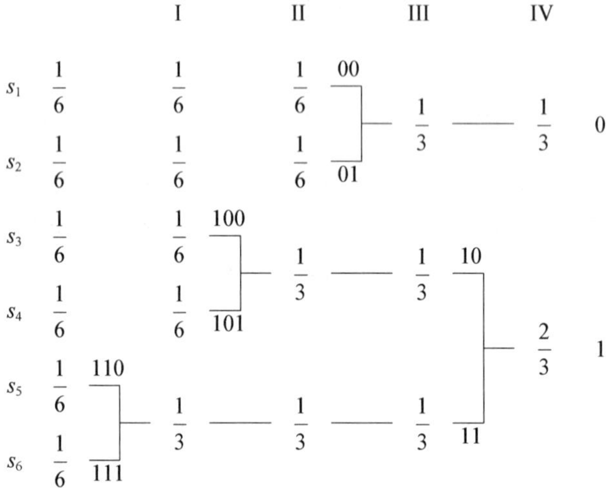

图 14－4　例 14.5.2 哈夫曼编码缩减图

注意：(1) 此处的冗余度与前面定义 14.2.3 的区别.(2) 该信源之所以取得这样的冗余度，是因为 $\log p(a_k)$ 均取整数. 一般情况下，做不到这点.

二元哈夫曼编码方法：

(1) 将 K 个信源符号按照概率分布 $P(a_i)$ 的大小，以递减次序排列，设 $p_1 \geqslant p_2 \geqslant \cdots \geqslant p_K$.

(2) 将概率最小的两个符号合并，得到含 $K-1$ 个符号的缩减信源.

(3) 重复前面的步骤，直到缩减信源只剩 2 个符号，将这两个符号分别用 0 和 1 表示，然后从最后一级缩减信源开始，往上返回，就得到对应的编码.

哈夫曼编码方便易行，效率高，但它也有不足：(1) 实际编码时平均码长与理论上的最优压缩率可能还有差距；(2) 哈夫曼编码是从下往上构造的，当信源字母集很大时，很不方便；(3) 从硬件实现上看，它有变长编码的固有缺点：需要缓存存储器；(4) 差错扩散：对变长码一旦产生错误，某个码字的前缀可能成为另一个码字而产生错译，并导致错误后传.

§ 14.6　其他变长编码

变长编码可通过扩展信源来改进压缩效果. 解决这问题的另外一种方法就是采用树码. 树码是指码字不仅由当前的源字母决定，还与以前的源字母或码字母有关. 在树码中，编码

器将输入的半无限长的信源字母序列映射为半无限长的码字母序列，而从码字母序列中无法单独分出码字.

一、香农(Shannon)编码法

设一离散无记忆信源模型为

$$\begin{pmatrix} X \\ P(x) \end{pmatrix} = \begin{pmatrix} a_1 & a_2 & \cdots & a_K \\ p_1 & p_2 & \cdots & p_K \end{pmatrix}$$

其中 $p_1 \geqslant p_2 \geqslant \cdots \geqslant p_K$.令 $P_k = \sum_{i=1}^{k} P_i$，用 $l_k = \lceil \log_2 \frac{1}{P_k} \rceil$ 个 bit 表示 P_k，即将 P_k 按照二进制展开到 l_k 位截断，其中 $\lceil x \rceil$ 表示 x 的上取整.于是

$$H(X) \leqslant \bar{l} = \sum_{k=1}^{K} l_k p_k < H(X) + 1$$

可以证明香农编码是前缀码，但不是最有效的.例如 $N=2$，$p_1=0.999\,9$，$p_2=0.000\,1$，这时编码码长分别为 1，14，显然很浪费.

二、费诺(Fano)编码

设一离散无记忆信源模型为

$$\begin{pmatrix} X \\ P(x) \end{pmatrix} = \begin{pmatrix} a_1 & a_2 & \cdots & a_K \\ p_1 & p_2 & \cdots & p_K \end{pmatrix}$$

其中 $p_1 \geqslant p_2 \geqslant \cdots \geqslant p_K$.

首先将消息分为两个大组，所得每组的概率尽可能相等，即选 k 个消息使得 $\left| \sum_{i=1}^{k} p_i - \sum_{i=k+1}^{N} p_i \right|$ 最小.将第 1 组指定"0"，第 2 组指定"1".然后再重复地把每组中消息继续分成两小组，使得每小组的概率尽可能地接近……反复使用此方法，就可以得到香农编码.虽然不是最佳，但可以使平均码长达到 $\bar{l} \leqslant H(P)+2$.

例 14.6.1　设一离散无记忆信源为

$$\begin{pmatrix} S \\ P(S) \end{pmatrix} = \begin{pmatrix} s_1 & s_2 & s_3 & s_4 & s_5 & s_6 & s_7 & s_8 \\ 0.40 & 0.18 & 0.10 & 0.10 & 0.07 & 0.06 & 0.05 & 0.04 \end{pmatrix}$$

求其费诺码.

表 14.2　例 14.6.1　费诺码

信源符号	概率	第 1 次分组	第 2 次	第 3 次	第 4 次	码字	码长
s_1	0.40	0	0			00	2
s_2	0.18	0	1			01	2

续 表

信源符号	概率	第1次分组	第2次	第3次	第4次	码字	码长
s_3	0.10	1	0	0		100	3
s_4	0.10	1	0	1		101	3
s_5	0.07	1	1	0	0	1100	4
s_6	0.06	1	1	0	1	1101	4
s_7	0.05	1	1	1	0	1110	4
s_8	0.04	1	1	1	1	1111	4

费诺码实际上是一种数码的构造方法，它是即时码.费诺码不失为一种好的编码方法，它考虑了信源的统计特性，使得概率大的信源符号对应码字长度短的码字，但它不一定能使短码得到充分利用，不一定是最优码.

三、算术码的存在性

设一离散无记忆信源模型为

$$\begin{pmatrix} X \\ P(x) \end{pmatrix} = \begin{bmatrix} a_0 & a_1 \\ p(a_0)=0.6 & p(a_1)=0.4 \end{bmatrix}$$

目的：将信源发出的输出序列一一对应于[0,1]中的一个实数 ρ.

(1) 将[0,1]分成两个区间，左半区间[0,0.6)和右半区间(0.6,1]，如果信源发出的第一个字母 $u_1=a_0$，则我们将要定义的 ρ 必定落在[0,0.6]中，并定义为 $[A_1,B_1]$.

如果 $u_1=a_1$，则 ρ 必定落在[0.6,1]中，并定义为 $[A_1,B_1]$.

(2) 如果信源发出的第二个字母 $u_2=a_0$，则我们将要定义的 ρ 必定落在 $[A_1,B_1]$ 的左半区间 $[A_2,B_2]$ 中，即 $A_1=A_2$，$B_2=A_1+0.6(B_1-A_1)$.如果 $u_2=a_1$，则 ρ 必定落在 $[A_1,B_1]$ 的右半区间 $[A_2,B_2]$ 中，即 $B_1=B_2$，$A_2=A_1+0.6(B_1-A_1)$.

(3) 按此方法定义下去，即如果在信源输出第 $n-1$ 个符号后，如果 ρ 所在的区间为 $[A_{n-1},B_{n-1}]$.

则当 $u_n=a_0$，有

$$\begin{cases} A_n = A_{n-1} \\ B_n = A_{n-1} + 0.6(B_{n-1} - A_{n-1}) \end{cases} \tag{14.2}$$

则当 $u_n=a_1$，有

$$\begin{cases} A_n = A_{n-1} + 0.6(B_{n-1} - A_{n-1}) \\ B_n = B_{n-1} \end{cases} \tag{14.3}$$

按照这一方法，序列的概率刚好等于 ρ 所在区间的长度.当序列为无穷序列时，ρ 所在区间为一点.显然，上述 ρ 可以用二进制数来表示，即可以将信源字母序列表示成码字表为{0,

1}的二元树码.当信源输出第 N 个源字母时,信源字母序列的概率为 $p(u_1u_2\cdots u_N)=\prod_{n=1}^{N}p(u_n)$,码字输出是此时 A_N 和 B_N 两点二进制表示中一致的部分.此时 $\frac{1}{2^m}>\prod_{n=1}^{N}p(u_n)>\frac{1}{2^{m+1}}$.

四、Shannon-Fano-Elias 码

算术码的存在性可以用累积概率分布加以说明.

设一离散无记忆信源模型为

$$\begin{pmatrix}X\\P(x)\end{pmatrix}=\begin{bmatrix}a_1 & a_2 & \cdots & a_K\\p(a_1) & p(a_2) & \cdots & p(a_K)\end{bmatrix}$$

用集合论中常用方法将字母按其角标排序,并记为 $a_1>a_2>\cdots>a_K$.定义 a_k 的累积概率为

$$F(a_k)=\sum_{a_i\geqslant a_k}p(a_i)$$

再定义修正的累积概率为

$$\overline{F}(a_k)=\sum_{a_i>a_k}p(a_i)+\frac{1}{2}p(a_k)$$

通常情况下,累积概率的数值与源字母是一一对应的,因此,可以将 $\overline{F}(a_k)$作为码字. $\overline{F}(a_k)$对应一个二进制数,取其足够长的位数,使之与 a_k 一一对应即可.

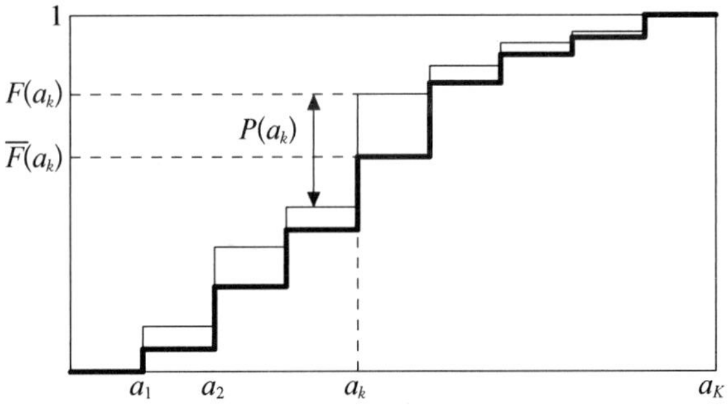

图 14-5　累积分布函数

设取 l_k 位来表示$\overline{F}(a_k)$,即取$\lfloor\overline{F}(a_k)\rfloor_{l_k}$小数点后的前 l_k 为小数.则

$$\overline{F(a_k)}-\lfloor F(a_k)\rfloor_{l_k}<2^{-l_k}$$

取 $l_k=\lceil log_2\frac{1}{p(a_k)}\rceil+1$ 时,有 $F(a_k)-\overline{F}(a_k)=\frac{1}{2}p(a_k)>2^{-l_k}$.故 $\overline{F}(a_k)-\lfloor\overline{F}(a_k)\rfloor_{l_k}<F(a_k)-\overline{F}(a_k)=\frac{1}{2}p(a_k)$.

这说明$\lfloor \bar{F}(a_k) \rfloor_{l_k}$位于$F(a_{k-1})$与$F(a_k)$之间.故$\lceil \overline{F(a_k)}_{l_k} \rceil$位于$l_k$步长之内,可见用$l_k$(bit)来描述$x_k$已足够了.而且此码时即时码.

例 14.6.2 设一离散无记忆信源模型为

a_k	$p(a_k)$	$F(a_k)$	$\bar{F}(a_k)$	$\bar{F}(a_k)$二进制表示	l_k	码字	哈夫曼编码
a_1	0.25	0.25	0.125	0.001	3	001	10
a_2	0.50	0.75	0.5	0.10	2	10	0
a_3	0.125	0.875	0.8125	0.1101	4	1101	110
a_4	0.125	1.00	0.9375	0.1111	4	1111	111

例 14.6.3 设一离散无记忆信源模型为

a_k	$p(a_k)$	$F(a_k)$	$\bar{F}(a_k)$	$\bar{F}(a_k)$二进制表示	l_k	码字	哈夫曼编码
a_1	0.25	0.25	0.125	0.001	3	001	01
a_2	0.25	0.5	0.375	0.011	3	011	10
a_3	0.20	0.70	0.60	0.10011	4	1001	11
a_4	0.15	0.85	0.775	0.1100011	4	1100	000
a_5	0.15	1.00	0.925	0.1110110	4	1110	001

上面的两个例子表明,编码效果不太理想.

五、算术编码

哈夫曼编码虽然是最佳编码,但对于二元信源,只有在对足够长的N长序列统一进行编码时才能使平均码长接近信源熵率.1968年前后,P.Elias发展了Shannon和Fano的编码方法,构造出从数学角度看来更为完美的Shannon-Fano-Elias编码.沿着这一编码方法的思路,1976年J.Rissanen提出了一种可以成功逼近信息熵极限的编码方法——算术编码.1982年,Rissanen和G.G.Langdon一起改进了算术编码. 之后,人们又将算术编码与J.G.Cleary和I.H.Witten于1984年提出的部分匹配预测模型相结合,构造出的编码压缩效果近乎完美.算术编码无须计算信源序列分布,直接对信源符号序列进行编码,可以达到渐近最佳的性能.

前面我们讲述了通过累积概率将信源序列与[0,1]中的数进行一一对应从而实现编码的方法.将前面的方法适当进行修改,我们可以得到算术编码的主要原理:同样把信源序列的累积概率映射到[0,1],使得每个信源序列对应该区间内的一个点,这些点将区间[0,1]分成许多个不同的小区间,这些小区间的长度等于对应信源序列的概率,在区间内取一个浮点小数,使其长度与该序列的概率相匹配,因而达到高效编码的目的.算术编码的主要任务就是计算这些小区间(当然最后还要将得到的二进制表示进行适当的截断作为序列的编码结果).

设信源模型为

$$\begin{pmatrix} X \\ P(x) \end{pmatrix} = \begin{bmatrix} x_1 & x_2 & x_3 & x_4 \\ p(x_1) & p(x_2) & p(x_3) & p(x_4) \end{bmatrix}$$

定义信源符号的累积概率为

$$F(x_k) = \sum_{i=1}^{k-1} p(x_i) \in [0,1) \tag{14.4}$$

再定义信源序列的累积概率的递推公式：

$$\begin{aligned} F(Sx_r) &= F(S) + p(S)F(x_r) \\ p(Sx_r) &= p(S)p(x_r) \end{aligned} \tag{14.5}$$

其中 $F(Sx_r)$为信源序列 S 添加信源符号 x_r 后所得新序列的累积概率，$p(S)$为信源序列的概率，$F(x_r)$为信源符号 x_r 的累积概率，$p(Sx_r)$为信源序列 S 添加信源符号 x_r 后所得新序列的概率，$p(x_r)$为信源符号 x_r 的概率.

最后定义码字长度.码字长度选取的原则主要是使其与该信源序列的概率匹配，可以根据下式选码长：

$$L = \left\lceil \log \frac{1}{p(S)} \right\rceil \tag{14.6}$$

递推公式的应用：实际编码时，用递推公式可逐位计算信源序列的累计概率，只要存储器容量允许，无论序列有多长，皆可一直计算下去，直至序列结束.

下面给出用信源序列累积概率的递推公式进行信源序列的算术编码的计算步骤.(1) 根据式(14.4)计算信源符号的累积概率.(2) 初始时设 $S=\varnothing, F(\varnothing)=0, p(\varnothing)=1$.(3) 根据式(14.5)计算序列的累积概率 $F(Sx_r)$和序列的概率 $p(Sx_r)$.(4) 根据式(14.6)计算码长 L.(5)将 $F(S)$写成二进制数的形式，取其前 L 位作为信源序列 S 的码字，若后面有尾数就进位到第 L 位.

例 14.6.4　设二元独立信源

$$\begin{pmatrix} X \\ P(x) \end{pmatrix} = \begin{pmatrix} 0 & 1 \\ 0.25 & 0.75 \end{pmatrix}$$

求信源序列 $S=1010$ 的算术码.

解：由式(14.4)可得信源符号的累积概率 $F(0)=0, F(1)=0.25$(注意此处)，则信源序列 $S=1010$ 算术码的相关数据如下表.

表 14.3　信源序列 1010 的算术编码

序列	$F(S)$的二进制	$p(S)$的二进制	L	序列的码字
$\varnothing$	**0**	**1**	0	
1	**0.01**	**0.11**	1	**1**
10	**0.01**	**0.0011**	3	**010**
101	**0.010011**	**0.001001**	3	**011**
1010	**0.010011**	**0.00001001**	5	**01010**

第 1 步：令 $F(\varnothing)=0, p(\varnothing)=1$.

第 2 步(输入第 1 个符号 1 时)：$F(\varnothing\mathbf{1})=F(\varnothing)+p(\varnothing)F(\mathbf{1})=0+1\times 0.25=\mathbf{0.01}$, $p(\varnothing\mathbf{1})=p(\varnothing)p(\mathbf{1})=1\times 0.75=\mathbf{0.11}$.

第 3 步(输入第 2 个符号 0 时)：$F(\mathbf{10})=F(\mathbf{1})+p(\mathbf{1})F(\mathbf{0})=\mathbf{0.01}+0.75\times 0=\mathbf{0.01}$, $p(\mathbf{10})=p(\mathbf{1})p(\mathbf{0})=0.75\times 0.25=\mathbf{0.0011}$.

第 4 步(输入第 3 个符号 1 时)：$F(\mathbf{101})=F(\mathbf{10})+p(\mathbf{10})F(\mathbf{1})=\mathbf{0.01}+\mathbf{0.0011}\times\mathbf{0.01}=\mathbf{0.010011}$, $p(\mathbf{101})=p(\mathbf{10})p(\mathbf{1})=\mathbf{0.0011}\times\mathbf{0.11}=\mathbf{0.001001}$.

第 5 步(输入第 4 个符号 0 时)：$F(\mathbf{1010})=F(\mathbf{101})+p(\mathbf{101})F(\mathbf{0})=\mathbf{0.010011}$, $p(\mathbf{1010})=p(\mathbf{101})p(\mathbf{0})=\mathbf{0.00001001}$.

例 14.6.5 设二元独立信源 X 为

$$\begin{pmatrix} X \\ P(x) \end{pmatrix}=\begin{pmatrix} a & b & c & d \\ 0.5 & 0.25 & 0.125 & 0.125 \end{pmatrix}$$

求信源序列 $S=abda$ 的算术码.

表 14.4 由(14.4)式得到的信源符号的累积概率

符号	概率	信源符号的累积概率
a	0.5	0
b	0.25	0.5
c	0.125	0.75
d	0.125	0.875

表 14.5 信源序列 $S=abda$ 的算术码

序列	$F(S)$的二进制	$p(S)$的二进制	L	序列的码字
$\varnothing$	**0**	**1**	0	
a	**0**	**0.1**	1	**0**
ab	**0.01**	**0.001**	3	**010**
abd	**0.0100111**	**0.000001**	6	**010111**
$abda$	**0.010111**	**0.0000001**	7	**0101110**

信源序列 $abda$ 的编码为 0101110 恰好是序列对应区间左端点值的小数部分.从上面的讨论可见，算术编码的编、译码方法有许多优点，尤其它的渐进最佳性.(但在实际应用中，还有一些问题必须解决，例如递推时有乘法运算，但乘法运算的计算量比较大，因此可以考虑去掉乘法运算.)

例 14.6.6 设无记忆信源

$$\begin{pmatrix} U \\ P(u) \end{pmatrix}=\begin{bmatrix} a_1 & a_2 & a_3 & a_4 \\ 0.5 & 0.25 & 0.125 & 0.125 \end{bmatrix}$$

求信源序列 $u=a_2a_1a_1a_3a_4a_1a_2a_1$ 的算术码.

表 14.6 由式(14.4)得到的信源符号的累积概率

符号	概率	信源符号的累积概率
a_1	0.5	0
a_2	0.25	0.5
a_3	0.125	0.75
a_4	0.125	0.875

按照编码规则 $P(u)=a_2a_1a_1a_3a_4a_1a_2a_1=(0.5)^4(0.25)^2(0.125)^2=2^{-14}$，码长为 14.则信源序列 $u=a_2a_1a_1a_3a_4a_1a_2a_1$ 算术码的相关数据如下表.

表 14.7 信源序列 $u=a_2a_1a_1a_3a_4a_1a_2a_1$ 算术码

序号	u_i	$p(u_i)$	$p(u_i)$	$L(u_i)$	序列的码字
0	$\varnothing$	1	0	0	
1	a_2	1/4	1/2	2	10
2	a_1	1/8	1/2	3	100
3	a_1	1/16	1/2	4	1000
4	a_3	1/128	35/64	7	1000110
5	a_4	1/1024	567/1024	10	1000110111
6	a_1	1/2048	567/1024	11	10001101110
7	a_2	1/8192	2269/4096	13	1000110111010
8	a_1	1/16384	2269/4096	14	10001101110100

u 的码字为 10001101110100，此信源的熵为

$$H(U)=-(0.5\log 0.5+0.25\log 0.25+0.125\log 0.125+0.125\log 0.125)=1.75$$

编码效率 $\eta=\dfrac{LH(U)}{n}=\dfrac{8\times 1.75}{14}=100\%$. □

算术编码效率高，编译码简单、速度快.在算术编码中使用的概率 $p(a)$不一定完全等于真实的概率分布，只要设定的分布近似于真实分布就很有效.在实际应用中，自适应算术编码可以在编码过程中根据输入的信源序列自行估计信源的分布，因此可以对任意概率分布的信源进行编码.算术编码在图像数据压缩标准(如 JPEG)中得到广泛应用.

六、LZ 编码

1965 年苏联数学家 Kolmogolov 提出利用信源序列结构的特性来编码.而两位以色列研究者 J.Ziv 和 A.Lempel 独辟蹊径，完全摆脱哈夫曼及算术编码的设计思路，创造出了一套比哈夫曼码更有效、比算术码更快捷的通用压缩算法，这些算法统称为 LZ 系列算法.之后

Ziv 和 Lempel 于 1977 年提出了 LZ77 算法.在 1978 年,二人又提出了改进算法,后被命名为 LZ78.在 1984 年,T.A.Welch 提出了 LZ78 算法的一个变种,即 LZW 算法.1990 年后,T.C. Bell 等人又陆续提出了许多 LZ 系列算法的变体或改进版本.LZ 系列算法用一种巧妙的方式将字典技术应用于通用数据压缩领域,而且可以从理论上证明 LZ 系列算法同样可以逼近信息熵的极限.

设信源符号集 $A=\{x_1,x_2,\cdots,x_K\}$ 共 K 个符号,输入信源符号序列为 $u=(u_1,u_2,\cdots,u_L)$,编码是将此序列分成不同的几段.

分段的规则是:尽可能取最少个相连的信源符号,并保证各段都不相同.

开始时,先取一个符号作为第一段,然后继续分段.若出现与前面相同的符号时,就再取紧跟后面的一个符号一起组成一个段,使之与前面的段不同.这些分段构成字典.当字典达到一定大小后,再分段时就应查看是否与字典中的短语相同,若有重复就添加符号,以便与字典中短语不同,直至信源序列结束.

编码的码字由段号加一个符号组成.设 $\boldsymbol{u}$ 构成的字典中的短语共有 $M(\boldsymbol{u})$ 个.若编码为二元码,段号所需码长 $n=\lceil \log M(\boldsymbol{u}) \rceil$(注:代表上取整符号),每个符号需要的码长为 $\lceil \log K \rceil$.单符号的码字段号为 0,非单字符的码字段号为除最后一个符号外字典中相同短语的段号.

设信源序列按照此规则分段的结果为:$u_1,u_2,u_3,\cdots,u_C$,式中,C 为信源序列段数.归纳构造,假设 $j>i$,则 $u_j=u_ix_r$,即第 j 段由第 i 段符号后面跟着信源符号 x_r 构成,或者说第 j 段由两个数字 i 和 r 确定.因此 y_j 的编码由 u_i 的段号连上 x_r 作为信源符号时的编码构成.

例 14.6.7 设 $U=\{a_1,a_2,a_3,a_4\}$,若有信源符号序列为 $a_1a_2a_1a_3a_2a_4a_2a_4a_3a_1a_1a_4\cdots$,按照分段规则,可以分为 7 段:$a_1,a_2,a_1a_3,a_2a_4,a_2a_4a_3,a_1a_1,a_4$.

不妨设 a_1,a_2,a_3,a_4 的二进制编码分别为 00,01,10,11.

可以看出,LZ 编码的编码方法非常简捷,译码也很简单,可以一边译码一边建立字典,只要传输字典的大小,无须传输字典本身.当编码的信源序列增长时,编码效率会提高,平均码长会逼近信源熵.

表 14.8 信源序列为 $a_1a_2a_1a_3a_2a_4a_2a_4a_3a_1a_1a_4\cdots$时的 LZ 编码

段号	短语	编码	编码由来
1	a_1	00000	单符号的码字段号为 0
2	a_2	00001	同上
3	a_1a_3	00110	去 a_3 后的 a_1 的段号 1 的二进制 001 连同 a_3 的编码
4	a_2a_4	01011	去 a_4 后的 a_2 的段号 2 的二进制 010 连同 a_4 的编码
5	$a_2a_4a_3$	10010	去 a_3 后的 a_2a_4 的段号 4 的二进制 100 连同 a_3 的编码
6	a_1a_1	00100	去 a_1 后的 a_1 的段号 1 的二进制 001 连同 a_1 的编码
7	a_4	00011	单符号的码字段号为 0

§14.7 离散的马尔可夫信源的熵率

我们研究一类相对简单的马尔可夫离散稳恒信源，在这类信源中，信源在某一时刻发出字母的概率除与该字母有关外，只与此前的有限个字母有关.我们定义这几个字母为一个状态，则信源在某一时刻发出字母的概率除与该字母有关外，只与该时刻信源所处的状态有关，而与信源过去的状态无关，因为将来的状态只取决于现在的状态及其后发出的字母.将来只与现在和过去发生联系，一旦现在的状态被确定，将来的状态不再会与过去有联系.这类信源就是马尔可夫信源.

一、马尔可夫链的基本概念

设信源字母表为$\{a_1,a_2,\cdots,a_K\}$，信源输出序列为$u_1u_2\cdots u_N$.如果信源输出任一字母的概率只与此前的m个字母有关，则可将此m个字母组成的各种可能的序列排序命名为状态$\{1,2,\cdots,S\}$，其中$S=K^m$.各个时刻的状态记为$s_1s_2\cdots s_N$.

信源在时刻n由状态i进入时刻$n+1$的状态j的概率称为转移概率，记为$q_{ij}(n)$，即$q_{ij}(n)=P(s_{n+1}=j|s_n=i)$.如果$q_{ij}(n)$与$n$无关，则称为齐次的马尔可夫链.

$$q_{ij}^{(m)}(n)=P(s_{n+m}=j\mid s_n=i)$$

为m步转移概率.

齐次的马尔可夫链可以用其状态转移图来表示.如果$q_{ij}^{(n)}>0$，则称i可以到达j；如果两个状态可以相互到达，则称此状态相通；如果一个状态经过若干步以后总能到达某一其他状态，但不能从其他状态返回，则称此状态为过渡态；一个只能从自身返回自身而不能到达其他任何状态的状态称为吸收态；如果经过有限步后迟早要返回的状态称为常返态；在常返态中，有些状态仅当n能被某整数d整除时，才有$q_{ij}^{(n)}>0$，则称此状态为周期性的；非周期性的、常返的状态称为遍历状态.

如果状态中的某一子集中的任何一状态都不能到达该子集以外的任何状态，则称该子集为闭集，闭集中除自身外再没有其他闭集的闭集称为不可约的或既约的.注意，对于一个既约的马尔可夫信源而言，从任一个状态出发，经过有穷步到达其他任何一个状态的概率都是正的.

一个不可约的、非周期的、状态有限的马尔可夫链，其n步转移概率$q_{ij}^{(n)}$在$n\to\infty$时趋于一个和初始状态无关的极限概率$p(j)$，它是满足方程组

$$p(j)=\sum_i p(i)q_{ij},\sum_i p(j)=1$$

的唯一解.称$p(j)$为马尔可夫链的一个平稳分布，且$p(j)$就是系统处于状态j的概率.所以一个马尔可夫链从一个既约的、遍历的状态集合出发，经过足够长的时间以后，此马尔可夫链是稳恒和遍历的.

那么在什么条件下，齐次的马尔可夫链才具备遍历性？在此我们引入马尔可夫链的各

态遍历定理.

定理 14.7.1 (马尔可夫链的各态遍历定理)对于有限状态的齐次马尔可夫链,若存在一个正整数 $n\geqslant 1$,对任意 i,j 有 $P_{ij}^{(n)}>0$,则此马尔可夫链具有遍历性.此时对任意 j 都存在不依赖 i 的极限

$$\lim_{n\to\infty}P^{(n)}(E_j\mid E_i)=P(E_j)$$

其极限概率 $P(E_j)$ 是以下方程组

$$p(E_j)=\sum_i p(E_i)P(E_j\mid E_i),\sum_i p(E_j)=1$$

的唯一解.其中 E_j 表示状态 j.

因此为了证明有限个状态的马尔科夫链是遍历的,只需要找一个正整数 $n\geqslant 1$,使得 n 步转移概率矩阵 P^n 无零元.另外与其他信源类似,马尔可夫信源的熵率也有如下定理

定理 14.7.2 $H_\infty(U)=\sum_{j=1}^{S}P(j)H(U\mid s=j)$

由于马尔可夫信源字母分布不均匀以及信源字母序列前后间的约束关系,马尔可夫信源的熵率更小.

语言文字是马尔可夫信源的实例.以英文为例,其字母的概率分布不均匀,且每一个字母的产生概率还受前面字母的影响.在书籍的某一章末尾发现印刷不清,有可能借助开头的内容来猜测得到.英文字母的发生概率在考虑前 5 个左右字母之后就变化不大.这说明用一个 5 阶马尔可夫信源来近似实际的英文信源就已经足够精确了.

二、离散马尔可夫信源的编码定理与最优编码

定理 14.7.3 (马尔可夫信源的变长编码定理)当用 J 个字母的码字母表对熵率为 $H_\infty(U)$ 的离散马尔可夫信源进行变长编码时,其平均码长 $\bar{l}$ 必定满足

$$\frac{H_\infty(U)}{\log J}\leqslant l\leqslant\frac{H_\infty(U)}{\log J}+\frac{1}{N}$$

其中 N 是信源字母分组的长度.

例 14.7.1 图 14-6 为一离散稳恒遍历马尔可夫信源,它有三个字母 a,b 和 c,同时有三种状态 1,2 和 3,此信源的一步转移概率如下:

$$q_{11}=\frac{1}{3}\quad q_{12}=\frac{1}{3}\quad q_{13}=\frac{1}{3}$$

$$q_{21}=\frac{1}{4}\quad q_{22}=\frac{1}{2}\quad q_{23}=\frac{1}{4}$$

$$q_{31}=\frac{1}{4}\quad q_{32}=\frac{1}{4}\quad q_{33}=\frac{1}{2}$$

在各种状态下字母 a,b 和 c 的概率分别为

$$P(a|s=1)=P_1(a)=\frac{1}{3}\qquad P_1(b)=\frac{1}{3}\qquad P_1(c)=\frac{1}{3}$$

$$P(a|s=2)=P_2(a)=\frac{1}{4} \qquad P_2(b)=\frac{1}{2} \qquad P_2(c)=\frac{1}{4}$$

$$P(a|s=3)=P_3(a)=\frac{1}{4} \qquad P_3(b)=\frac{1}{4} \qquad P_3(c)=\frac{1}{2}$$

由该信源的平稳分布方程组

$$p(j)=\sum_{i=1}^{3}p(i)q_{ij},\sum_{j=1}^{3}p(j)=1$$

可以解得

$$P(1)=\frac{3}{11},P(2)=\frac{4}{11},P(3)=\frac{4}{11}$$

稳恒后字母 a,b 和 c 的概率分别为

$$P(a)=\sum_{i=1}^{3}p(i)q_i(a)=\frac{3}{11}$$

$$P(b)=\sum_{i=1}^{3}p(i)q_i(b)=\frac{4}{11}$$

$$P(c)=1-P(a)-P(b)=\frac{4}{11}$$

则此马尔可夫信源的熵率为

$$H_\infty(U)=\sum_{j=1}^{3}P(j)H(U\mid s=j)=\frac{3}{11}\log 3+\frac{4}{11}\log 2^{\frac{3}{2}}+\frac{4}{11}\log 2^{\frac{3}{2}}$$

(1) 如果此信源看成无记忆信源,只对平稳时的字母按其概率进行变长的哈夫曼编码,则可得 $a\to01$;$b\to00$;$c\to1$. 此时平均码长为 $\bar{l}=\frac{18}{11}$.

(2) 如果按马尔可夫信源进行变长的哈夫曼编码,则在不同状态时可得其码字和平均码长如下:

状态 1 时,有

$$a\to1,b\to00,c\to01,\bar{l}_1=\frac{5}{3}$$

状态 2 时,有

$$a\to10,b\to0,c\to11,\bar{l}_2=\frac{3}{2}$$

状态 3 时,有

$$a\to10,b\to11,c\to0,\bar{l}_3=\frac{3}{2}$$

此时总的平均码长为 $\bar{l}=p(1)\bar{l}_1+p(2)\bar{l}_2+p(3)\bar{l}_3=\frac{17}{11}$.

注意:把

$$p(j)=\sum_i p(i)q_{ij},\sum_i p(j)=1$$

写成矩阵的形式,或许计算更简便一点. 设 $W=(p(1),p(2),\cdots,p(K^m))$,$P=(q_{ij})$,从而得到 $WP=P$ 即 $W(P-I)=0$,$\sum_i p(i)=1$.

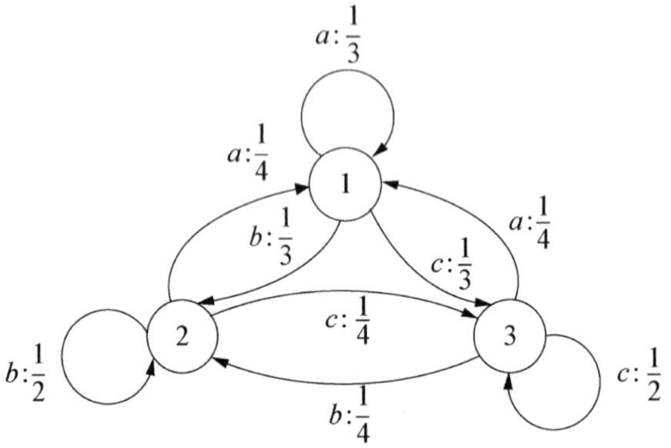

图 14-6　离散马尔可夫信源状态转移图

小　结

本章讨论了离散无记忆信源的 3 个主要问题:第一,多种离散信源的模型及熵率;第二,讲述了如何进行信源编码;第三,多种算术码.

离散信源的编码无论是等长还是变长编码,都必须接近各种熵,必须满足香农第一定理.

本章给出的哈夫曼编码是最佳的,香农-费诺编码、算术码等是非常实用的渐进最佳编码.

第 14 章习题

1. 设随机变量以等概取 M 种可能值.

(1) 试着给出此信源的最优二元前缀码;

(2) M 取何值时,平均码长 $\overline{L}=\log_2 M$.

2. 设有二阶马尔可夫信源 X,其信源符号集为{0,1}满足 $p(0/00)=p(1/11)=0.8$;$p(1/00)=p(0/11)=0.2$;$p(0/01)=p(0/10)=p(1/01)=p(1/10)=0.5$.试着计算此信源的熵率.

3. 设有一个离散稳恒遍历马尔可夫信源.此信源有三个字母 a,b 和 c,同时有三种状态 1,2 和 3,状态 1 到 2 有两条路径,一条产生字母 b,其概率为$\frac{1}{4}$,另外一条产生字母 a,其概率为$\frac{1}{2}$；状态 2 到 2 有一条路径，产生字母 b，其概率为$\frac{1}{2}$；状态 1 到 3 时产生字母 c，其概率为$\frac{1}{4}$；状态 3 到 1 时产生字母 a，其概率为 1；状态 2 到 3 时产生字母 c，其概率为$\frac{1}{2}$.

试求：(1) 信源的熵率；

(2) 信源的有效编码及平均码字长.

4. 设离散无记忆信源的字母表为$\{a_i, i=1,2,\cdots,7\}$，各字母的出现概率为 0.3，0.25，0.15，0.1，0.1，0.05，0.05，试着构造二元和三元哈夫曼编码.

5. 设有离散无记忆信源的字母表及各个字母的概率如下表所示，填写下表

a_k	$p(a_k)$	$F(a_k)$	$\bar{F}(a_k)$	$\bar{F}(a_k)$二进制表示	l_k	码字
a_1	0.25					
a_2	0.25					
a_3	0.20					
a_4	0.125					
a_5	0.125					
a_6	0.05					

6. 设二元信源的字母概率为 $p(0)=\frac{1}{4}$，$p(1)=\frac{3}{4}$，如果信源输出序列为 1011011110110111.

(1) 试求其信息熵，并构造出一个即时码，求出码率和编码效率.

(2) 对其二次扩展信源进行编码，求出码率和编码效率.

(3) 对其进行算术编码.

(4) 对其进行 LZ 编码.

7. 对第 5 题的离散无记忆信源进行费诺编码，并求其信息熵、平均码长、编码效率.

8. 设有一个一阶马尔可夫信源，有 3 种状态：0，1，2. 从 0 变到 0、1、2 的概率分别为 $\bar{p}$，$\frac{p}{2}$，$\frac{p}{2}$，从 1 变到 0、1、2 的概率分别为$\frac{p}{2}$，$\bar{p}$，$\frac{p}{2}$，从 2 变到 0、1、2 的概率分别为$\frac{p}{2}$，$\frac{p}{2}$，$\bar{p}$，其中 $\bar{p}=1-p$.

(1) 请画出状态图. (2) 求信源的熵率. (3) p 取何值时，熵率最大.

9. 一个四元信源字符表为 $A=\{$起，止，0，1$\}$，该信源特性如下：(1) 起符后必有 0 或 1；(2) 任何时刻，0 与 1 都等概率发生；(3) 0 与 1 后面接止符的概率为 0.1；(4) 止符后总是接起符.

试画出状态转移图并计算每种状态的稳定概率分布.

10. 证明：$\lim\limits_{n\to\infty}\frac{1}{2}H(X_nX_{n-1}|X_1\cdots X_{n-1})=H_\infty$.

11. 二次扩展信源的熵为 $H(X^2)$，而一阶马尔可夫信源的熵为 $H(X_1X_2)$，试比较两者的大小并说明原因.

12. 一个马尔可夫过程的基本符号为 0,1,2,这三个符号等概率出现,并且具有相同的转移概率.

(1) 画出一阶马尔可夫过程的状态图,并求稳定状态下的一阶马尔可夫信源的熵及信源冗余度.

(2) 画出二阶马尔可夫过程的状态图,并求稳定状态下的二阶马尔可夫信源的熵及信源冗余度.

13. 请找出一个唯一可译码,既不满足前缀码条件也不满足后缀条件.

14. (1) 当 $r=2$ 时,请问无限长的即时码 $l_1=1, l_2=2, \cdots, l_k=k, \cdots$ 是否满足克拉夫特不等式?

(2) 将上面问题推广到任意 r 的情况.

15. 上机实验:判断一个编码是否是唯一可译码.

16. 上机实验:给出香农编码的算法.

17. 上机实验:给出哈夫曼编码的算法.

18. 上机实验:给出 LW 编码的算法.

19. 上机实验:给出算术码的算法.

第十五章　信道容量及其有效利用

信道即信息传输的通道.信息传输的物理通道，如电缆、光纤、电波传布的空间、载波线路等等. 信息论中研究的信道还包括那些在时间上将信息进行传输的信道.

§15.1　信道模型与分类

(1) 按输入、输出信号在幅度和时间上的取值分类:离散信道(或数字信道)、连续信道等.

(2) 按输入、输出之间的记忆性来划分:有记忆分类、无记忆分类等.信道输出只与信道该时刻的输入有关而与其他时刻的输入无关，是无记忆的.

(3) 按输入、输出信号之间是否确定关系来划分:有噪声信道、无噪声信道等.

§15.2　离散无记忆信道及信道容量

输入 X、输出 Y 分别取自字母表 $\{a_1, a_2, \cdots, a_K\}$ 和 $\{b_1, b_2, \cdots, b_J\}$.输入与输出的统计关系用 $q(b_j | a_k)$ 所组成的矩阵 $\boldsymbol{Q}$ 表示.

$$\boldsymbol{Q}=\begin{pmatrix} q_{11} & q_{12} & \cdots & q_{1J} \\ q_{21} & q_{22} & \cdots & q_{2J} \\ \vdots & \vdots & \ddots & \vdots \\ q_{K1} & q_{K2} & \cdots & q_{KJ} \end{pmatrix}$$

或

$$\boldsymbol{Q}=\begin{matrix} \\ a_1 \\ a_2 \\ \vdots \\ a_K \end{matrix}\begin{matrix} \begin{matrix} b_1 & b_2 & \cdots & b_J \end{matrix} \\ \begin{pmatrix} q_{11} & q_{12} & \cdots & q_{1J} \\ q_{21} & q_{22} & \cdots & q_{2J} \\ \vdots & \vdots & \ddots & \vdots \\ q_{K1} & q_{K2} & \cdots & q_{KJ} \end{pmatrix} \end{matrix}$$

矩阵 $\boldsymbol{Q}$ 称为前向转移矩阵.一个信道由输入字母表、输出字母表、信道矩阵三部分确定.

$$\begin{matrix} a_1 \\ a_2 \\ \vdots \\ a_K \end{matrix} \rightarrow \boldsymbol{Q}(Y|X) \rightarrow \begin{matrix} b_1 \\ b_2 \\ \vdots \\ b_J \end{matrix}$$

例 15.2.1 两个最简单信道：二元对称信道

$$Q_1=\begin{pmatrix}1-\varepsilon & \varepsilon\\ \varepsilon & 1-\varepsilon\end{pmatrix}$$

其中 ε 称为错误传输概率.

二元删除信道

$$Q_2=\begin{pmatrix}1-\varepsilon & 0 & \varepsilon\\ 0 & 1-\varepsilon & \varepsilon\end{pmatrix}$$

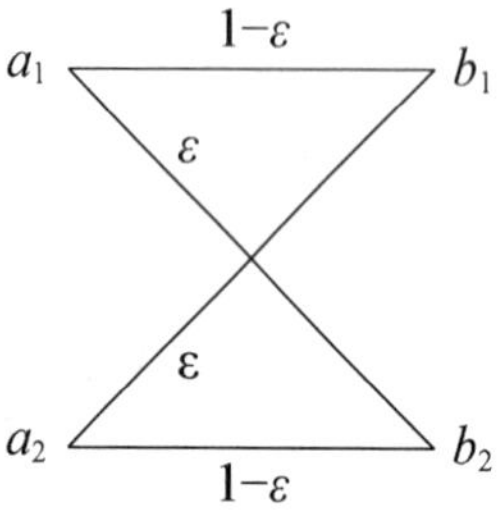

图 15－1　二元对称信道

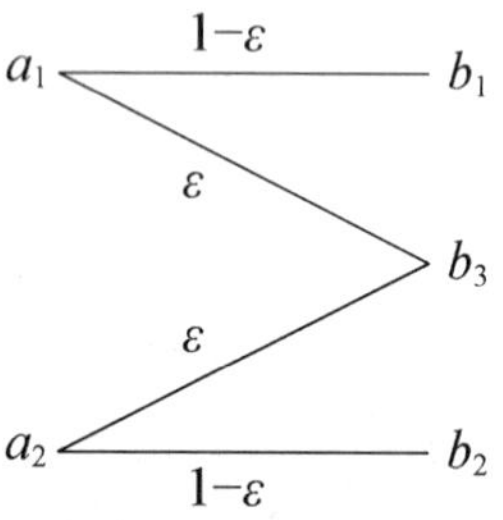

图 15－2　二元删除信道

命题 15.2.1 对于每一个信道，假如 $p(a_1),p(a_2),\cdots,p(a_K)$ 已知，则 $p(b_1),p(b_2),\cdots,p(b_J)$ 可以通过下式求得.

$$\begin{cases}p(a_1)q_{11}+p(a_2)q_{21}+\cdots+p(a_K)q_{K1}=p(b_1)\\ p(a_2)q_{12}+p(a_2)q_{22}+\cdots+p(a_K)q_{K2}=p(b_2)\\ \qquad\vdots\\ p(a_1)q_{1J}+p(a_2)q_{2J}+\cdots+p(a_K)q_{KJ}=p(b_J)\end{cases}\tag{15.1}$$

反之，如果已知输出字母的 $p(b_1),p(b_2),\cdots,p(b_J)$ 及信道矩阵 $\boldsymbol{Q}$，则不一定能求得 $p(a_1),p(a_2),\cdots,p(a_K)$.

命题 15.2.2 利用贝叶斯公式可得

$$p(a_i|b_j)=\frac{p(b_j|a_i)p(a_i)}{p(b_j)}$$

例 15.2.2 给定一个二元信道 $A=\{0,1\},B=\{0,1\}$ 以及

$$\boldsymbol{Q}=\begin{pmatrix}\frac{2}{3} & \frac{1}{3}\\ \frac{1}{10} & \frac{9}{10}\end{pmatrix}$$

再设 $p(a=0)=\frac{3}{4},p(a=1)=\frac{1}{4}$.

解：

$$p(b=0)=\frac{3}{4}\times\frac{2}{3}+\frac{1}{4}\times\frac{1}{10}=\frac{21}{40}\qquad p(b=1)=\frac{3}{4}\times\frac{1}{3}+\frac{1}{4}\times\frac{9}{10}=\frac{19}{40}$$

$$p(a=0\mid b=0)=\frac{\frac{3}{4}\times\frac{2}{3}}{\frac{21}{40}}=\frac{20}{21}\qquad p(a=1\mid b=1)=\frac{\frac{1}{4}\times\frac{9}{10}}{\frac{19}{40}}=\frac{9}{19}$$

$$p(a=1\mid b=0)=1-\frac{20}{21}=\frac{1}{21}\qquad p(a=0\mid b=1)=1-\frac{9}{19}=\frac{10}{19}$$

□

当信道输入端输入序列为 $x_1x_2\cdots x_N$，输出端的输出为 $y_1y_2\cdots y_N$ 时，输入与输出端的互信息为 $I(X_1X_2\cdots X_N;Y_1Y_2\cdots Y_N)$.作为信息传输的通道，我们希望通过的信息量越多越好，所以一般情况下，我们给出如下定义

定义 15.2.1　信道容量 $C=\lim\limits_{N\to\infty}\frac{1}{N}\max I(X_1X_2\cdots X_N;Y_1Y_2\cdots Y_N)$，它表示通过信道可以传输的最大信息量.(**解读**:信道容量定义的是 N 趋向无穷大时，输入或输出 N 个字符时，单个字母在信道中可以传输的最大信息量.注意无记忆时可以简化.)

定理 15.2.1　对于离散的无记忆信道有

$$I(X_1X_2\cdots X_N;Y_1Y_2\cdots Y_N)\leqslant\sum_{n=1}^{N}I(X_n;Y_n)$$

等号成立当且仅当输入序列为独立随机序列(即信源是离散无记忆).(**解读**:离散无记忆信道是说，信道输出只与信道该时刻的输入有关而与其他时刻的输入无关时，信道是无记忆的.信息在传递时，每个时刻或称为每个部分传输的信息量是减少的，这就导致总信息量的减少.请关注证明过程中，为什么只需考虑信源是离散无记忆的即可证明总信息没有减少.)

证明: $q(\boldsymbol{y}\mid\boldsymbol{x})=q(y_1y_2\cdots y_N\mid x_1x_2\cdots x_N)=\prod\limits_{n=1}^{N}q(y_n\mid x_n)$

$$I(X_1X_2\cdots X_N;Y_1Y_2\cdots Y_N)=I(\boldsymbol{X};\boldsymbol{Y})=H(\boldsymbol{Y})-H(\boldsymbol{Y}\mid\boldsymbol{X})$$

$$H(\boldsymbol{Y})=H(Y_1)+H(Y_2\mid Y_1)+\cdots+H(Y_N\mid Y_1Y_2\cdots Y_{N-1})\leqslant\sum_{n=1}^{N}H(Y_n)$$

$$H(\boldsymbol{Y}\mid\boldsymbol{X})=\sum_{n=1}^{N}H(Y_N\mid X_N)$$

(事实上，对于离散的无记忆信道有

$$H(\boldsymbol{Y}\mid\boldsymbol{X})=-\sum_{\boldsymbol{x},\boldsymbol{y}}p(x_1x_2\cdots x_N,y_1y_2\cdots y_N)\log\left(\prod_{n=1}^{N}q(y_n\mid x_n)\right)$$

$$=-\sum_{n=1}^{N}\sum_{\boldsymbol{x},\boldsymbol{y}}p(\boldsymbol{x},\boldsymbol{y})\log q(y_n\mid x_n)$$

$$=-\sum_{n=1}^{N}\sum_{x_n,y_n}p(x_n,y_n)\log q(y_n\mid x_n)$$

$$=\sum_{n=1}^{N}H(Y_n\mid X_n).)$$

因此，对离散无记忆信道，$I(\boldsymbol{X};\boldsymbol{Y})\leqslant\sum_{n=1}^{N}I(X_n;Y_n)$ 当且仅当输入序列为独立随机

序列(即信源是离散无记忆)时,$p(\boldsymbol{x})=\prod_{n=1}^{N}p(x_n)$. 此时

$$p(y)=\sum_{\boldsymbol{x}}p(\boldsymbol{x})q(\boldsymbol{y}\mid\boldsymbol{x})=\sum_{\boldsymbol{x}}\prod_{n=1}^{N}p(x_n)\prod_{n=1}^{N}q(y_n\mid x_n)$$
$$=\sum_{\boldsymbol{x}}\prod_{n=1}^{N}p(x_n)\,q(y_n\mid x_n)=\prod_{n=1}^{N}p(y_n)$$

又 $H(\boldsymbol{Y})=\sum_{n=1}^{N}H(Y_n)$,从而有 $I(\boldsymbol{X},\boldsymbol{Y})=\sum_{n=1}^{N}I(X_n;Y_n)$. □

推论 15.2.1 离散的无记忆信道信道容量 $C=\max_{\boldsymbol{p}}I(\boldsymbol{p},\boldsymbol{Q})$,其中 $\boldsymbol{p}$ 为输入字母的概率分布.

证明:因为 $I(\boldsymbol{X};\boldsymbol{Y})\leqslant\sum_{n=1}^{N}I(X_n;Y_n)$,当信源稳恒时,

$$I(X_n;Y_n)=I(X;Y)=\sum_{k=1}^{K}\sum_{j=1}^{J}p(a_k)q(b_j\mid a_k)\log\frac{q(b_j\mid a_k)}{\sum_{i=1}^{K}p(a_i)q(b_j\mid a_i)}$$

它也可以表示为 $I(\boldsymbol{p},\boldsymbol{Q})$.因此

$$I(\boldsymbol{X};\boldsymbol{Y})\leqslant NI(\boldsymbol{p},\boldsymbol{Q})\Rightarrow C=\max_{\boldsymbol{p}}I(\boldsymbol{p},\boldsymbol{Q})$$

这一数值代表了通过该离散无记忆信道传输信息的最大速率. □

从该推论可知,对离散无记忆信道而言,求信道容量,只要求 $I(\boldsymbol{p},\boldsymbol{Q})$的最大值即可.在第 13 章,我们介绍过 $I(\boldsymbol{p},\boldsymbol{Q})$是 $p(x)$的上凸函数,是 $q(y|x)$的下凸函数,故 $I(\boldsymbol{p},\boldsymbol{Q})$对于 $\boldsymbol{p}$ 而言必有唯一的极大值存在,该极大值也就是最大值.从本节的定理及推论的证明可以看出,这最大值只有满足下面两个条件时才能达到:(1) 信道输入的字母序列是一个独立的随机序列,即信源是离散无记忆时.(2) 信道输入字母的概率分布是所有可能分布中能使互信息量 $I(\boldsymbol{p},\boldsymbol{Q})$到达最大值的分布.这不是在说信道容量由输入字母的概率分布决定.而是说,信道容量将只取决于信道的前向转移概率矩阵.

§ 15.3 离散无记忆信道容量的计算

求信道容量,实际上就是求 $I(\boldsymbol{p},\boldsymbol{Q})$在以下约束条件下的最大值.

$$\begin{cases}\sum_{k=1}^{K}p(a_k)=1\\ p(a_k)\geqslant 0\end{cases}\tag{15.2}$$

只需要将微积分学中求最值的方法应用到 $I(\boldsymbol{p},\boldsymbol{Q})$上即可.

定理 15.3.1 设 $f(\boldsymbol{x})$是定义在所有分量均非负值的半无限矢量空间上的可微下凸函数(即凸函数),$M=\min f(\boldsymbol{x})$是在此空间上的最小值,则 $\boldsymbol{x}=\boldsymbol{x}^*$ 时能达到此最小值 M 的充分必要条件是

$$\left.\frac{\partial f(\boldsymbol{x})}{\partial x_n}\right|_{\boldsymbol{x}=\boldsymbol{x}^*}=0 \quad 当\ x_n>0\ 时$$

$$\left.\frac{\partial f(\boldsymbol{x})}{\partial x_n}\right|_{\boldsymbol{x}=\boldsymbol{x}^*}\geqslant 0 \quad 当\ x_n=0\ 时$$

证明:因 $f(\boldsymbol{x})$可微且下凸,故 $f(\boldsymbol{x})$必有极值.若极值点不在边界上,即$\forall(x_n>0)$,则其极限值即为最小值.故

$$\left.\frac{\partial f(\boldsymbol{x})}{\partial x_n}\right|_{\boldsymbol{x}=\boldsymbol{x}^*}=0 \quad 当\ x_n>0\ 时$$

如果极值点在边界上,则其充分必要条件是 $f(\boldsymbol{x})$沿此 $x_n=0$ 的分量向内时其值增加,即

$$\left.\frac{\partial f(\boldsymbol{x})}{\partial x_n}\right|_{\boldsymbol{x}=\boldsymbol{x}^*}\geqslant 0 \quad 当\ x_n=0\ 时$$

□

注意:(1) 对应可微上凸函数,只需将上面不等号反向即可.

(2) $I(\boldsymbol{p},\boldsymbol{Q})$是上凸函数(即凹函数),因此我们有:

定理 15.3.2 (离散无记忆信道容量定理)对前向转移概率矩阵为 $\boldsymbol{Q}$ 的离散无记忆信道,其输入字母的概率分布 $\boldsymbol{p}^*$ 能使 $I(\boldsymbol{p},\boldsymbol{Q})$取得最大值的充分必要条件是

$$I(x=a_k;Y)|_{\boldsymbol{p}=\boldsymbol{p}^*}=C,当\ p^*(a_k)>0\ 时$$

$$I(x=a_k;Y)|_{\boldsymbol{p}=\boldsymbol{p}^*}\leqslant C,当\ p^*(a_k)=0\ 时$$

其中

$$I(x=a_k;Y)=\sum_{j=1}^{J}q(b_j\mid a_k)\log\frac{q(b_j\mid a_k)}{p(b_j)}$$

是信源字母 a_k 传送的平均互信息,C 就是这一信道的信道容量.

证明:已知信道容量是在约束条件 $\sum_{k=1}^{K}p(a_k)=1$ 下 $I(\boldsymbol{p},\boldsymbol{Q})$ 的最大值.按照拉格朗日乘数法,定义

$$g(\boldsymbol{p})=I(\boldsymbol{p},\boldsymbol{Q})-\lambda\left(\sum_{k=1}^{K}p(a_k)-1\right)$$

易见 $g(\boldsymbol{p})$仍是上凸函数,所以

$$\left.\frac{\partial g(\boldsymbol{p})}{\partial p(a_n)}\right|_{\boldsymbol{p}=\boldsymbol{p}^*}=0 \quad 当\ a_n>0\ 时$$

$$\left.\frac{\partial g(\boldsymbol{x})}{\partial p(a_n)}\right|_{\boldsymbol{p}=\boldsymbol{p}^*}\leqslant 0 \quad 当\ a_n=0\ 时$$

而

$$\frac{\partial g(\boldsymbol{p})}{\partial p(a_k)}=\frac{\partial}{\partial p(a_k)}\left[\sum_{i=1}^{K}p(a_i)\sum_{j=1}^{J}q(b_j\mid a_i)\log\frac{q(b_j\mid a_i)}{p(b_j)}\right]-\lambda$$

$$=\sum_{j=1}^{J}q(b_j\mid a_k)\log q(b_j\mid a_k)-$$

$$\sum_{j=1}^{J}q(b_j\mid a_k)\log p(b_j)-\sum_{j=1}^{J}p(b_j)\frac{q(b_j\mid a_k)}{p(b_j)}\log \mathrm{e}-\lambda$$

$$=\sum_{j=1}^{J}q(b_j\mid a_k)\log\frac{q(b_j\mid a_k)}{\log p(b_j)}-\log \mathrm{e}-\mu$$

$$=I(x=a_k;Y)-\log \mathrm{e}-\lambda$$

因此

$$I(x=a_k;Y)=\lambda+\log \mathrm{e},\text{当 } p(a_k)>0 \text{ 时}.$$

$$I(x=a_k;Y)\leqslant\lambda+\log \mathrm{e},\text{当 } p(a_k)=0 \text{ 时}.$$

令 $C=\log \mathrm{e}+\lambda$，即得所要结果.此时

$$I(X;Y)=\sum_{k=1}^{K}p(a_k)I(x=a_k;Y)=C$$

解读：1. 我们在上节指出，信道容量必须是在离散无记忆信源、离散无记忆信道的条件下取得的，它仅依赖于信道输入字母的概率分布.此定理的条件只是离散无记忆信道，因此它也一定是在离散信源的条件下取得的，否则信息在传输的过程中就会损耗掉，达不到信道容量.

2. 此定理的结果有一个很简单的直观理解.通过信道的互信息量 $I(X;Y)$ 是所有 $I(x=a_k;Y)$ 的加权平均值.根据本定理，我们可以看到，在取得信道容量时每个输入字母的概率分布可能是不一样的，甚至有些输入字母的概率为 0.我们需要考察那些真正被使用的输入字母相应的信息量 $I(x=a_k;Y)$.从定理可以看出达到信道容量时每个输入字母的 $I(x=a_k;Y)$ 都是相等的.这表明了每个输入字母都在取得信道容量时对应的概率下充分地传输了信息.试想一下如果有一个落后于其他输入字母，别的输入字母必定会调整其输入概率，使得大家的传输信息量相等，从而整体的信道信息达到最大.同样的，如果某个 a_k 可传送的互信息 $I(x=a_k;Y)$ 比其他字母传送的互信息量大，我们也需要根据信道矩阵的每一个固定的数据，或提高 $p(a_k)$ 或下调 $p(a_k)$ 以达到总的信息量增加的目的.反复调整输入字母的概率分布，最终必然使得所有字母的互信息 $I(x=a_k;Y)$ 相等，此时调整也必随之终止，互信息量 $I(X;Y)$ 达到最大.

§ 15.4 某些简单情况下信道容量的解

定义 15.4.1 所谓准对称信道，即一信道，其输出字母的集合可以划分为若干子集合，对于每个子集合而言，其前向概率矩阵中每一行都是其他行元素的一个排列.每一列又都是其他列的一个排列.

注意：准对称信道的信道矩阵不一定是数学中的对称矩阵.

定理 15.4.1 对于准对称的离散无记忆信道，当输入字母等概率时达到信道容量.(**解读**：准对称信道矩阵的行列的准对称结构信息决定了本定理.)

证明:设信道的输入字母等概分布,即 $p(a_k)=\frac{1}{K}(\forall k)$

$$I(x=a_k;Y)=\sum_{j=1}^{J}q(b_j\mid a_k)\log\frac{q(b_j\mid a_k)}{p(b_j)}=\sum_{j=1}^{J}q(b_j\mid a_k)\log\frac{q(b_j\mid a_k)}{\frac{1}{K}\sum_{i=1}^{K}q(b_j\mid a_i)}$$

根据准对称定义,将输出字母分成适当的若干子集,在每个子集合内部,其输出字母的概率 $p(b_j)$是相同的,这是因为 $p(b_j)=\frac{1}{K}\sum_{i=1}^{K}q(b_j\mid a_i)$ 且在同一个子集中信道矩阵的每一行是同一个行向量的不同排列而已.所以

$$q(b_j\mid a_k)I(x=a_k;y=b_j)=q(b_j\mid a_k)\log\frac{q(b_j\mid a_k)}{p(b_j)}$$

所组成的矩阵同矩阵 $\boldsymbol{Q}$ 有相同的特性,即在输出字母划分的相应子集合内部,其各行(或各列)都是其他行(或列)的一个排列.从而有

$$\sum_{i=1}^{n}q(b_j\mid a_k)I(x=a_k;y=b_j),i=1,2,\cdots,n$$

对所有的 k 均相等,于是 $I(x=a_k;Y)$均相等. □

例 15.4.1 求二元对称信道和二元删除信道的信道容量.

解:对于二元对称信道,有

$$p(b_1)=\sum_{k=1}^{2}p(a_k)q(b_1\mid a_k)=\frac{1}{2}$$

$$p(b_2)=p(b_1)=\frac{1}{2}$$

$$I(x=a_k;Y)=\sum_{j=1}^{2}q(b_j\mid a_k)\log\frac{q(b_j\mid a_k)}{p(b_j)}=(1-\varepsilon)\log\frac{1-\varepsilon}{\frac{1}{2}}+\varepsilon\log\frac{\varepsilon}{\frac{1}{2}}=1-H(\varepsilon)$$

所以 $C=1-H(\varepsilon)$.

而对于二元删除信道,

$$p(b_1)=\sum_{k=1}^{2}p(a_k)q(b_1\mid a_k)=\frac{1}{2}(1-\varepsilon)$$

$$p(b_2)=\sum_{k=1}^{2}p(a_k)q(b_2\mid a_k)=\frac{1}{2}(1-\varepsilon)$$

$$p(b_3)=\varepsilon$$

$$I(x=a_k;Y)=\sum_{j=1}^{3}q(b_j\mid a_k)\log\frac{q(b_j\mid a_k)}{p(b_j)}=(1-\varepsilon)\log\frac{1-\varepsilon}{\frac{1}{2}(1-\varepsilon)}+\varepsilon\log\frac{\varepsilon}{\varepsilon}=1-\varepsilon$$

所以 $C=1-\varepsilon$. □

例 15.4.2 设有单符号的离散信道,其信道矩阵为

$$\boldsymbol{Q}=\begin{array}{c} \\ a_1 \\ a_2 \\ \vdots \\ a_r \end{array}\begin{array}{c} \begin{array}{cccc} a_1 & a_2 & \cdots & a_r \end{array} \\ \begin{pmatrix} 1-\varepsilon & \dfrac{\varepsilon}{r-1} & \cdots & \dfrac{\varepsilon}{r-1} \\ \dfrac{\varepsilon}{r-1} & 1-\varepsilon & \cdots & \dfrac{\varepsilon}{r-1} \\ \vdots & \vdots & & \\ \dfrac{\varepsilon}{r-1} & \dfrac{\varepsilon}{r-1} & \cdots & 1-\varepsilon \end{pmatrix}\end{array}$$

则该信道称为强对称信道.

$$\begin{aligned} H(Y \mid X) &= \sum\nolimits_{i=1}^{r}\sum\nolimits_{j=1}^{r} p(a_i)p(a_j \mid a_i)\log p(a_j \mid a_i) \\ &= -p(a_1)\{p(a_1 \mid a_1)\log p(a_1 \mid a_1)+\cdots+p(a_r \mid a_1)\log p(a_r \mid a_1)\} \\ &\quad -p(a_2)\{p(a_1 \mid a_2)\log p(a_1 \mid a_2)+\cdots+p(a_r \mid a_2)\log p(a_r \mid a_2)\} \\ &\qquad\qquad \cdots \\ &\quad -p(a_r)\{p(a_1 \mid a_r)\log p(a_1 \mid a_r)+\cdots+p(a_r \mid a_r)\log p(a_r \mid a_r)\} \\ &= p(a_1)H\left(1-\varepsilon,\frac{\varepsilon}{r-1},\frac{\varepsilon}{r-1},\cdots,\frac{\varepsilon}{r-1}\right) \\ &\quad +p(a_2)H\left(\frac{\varepsilon}{r-1},1-\varepsilon,\frac{\varepsilon}{r-1},\cdots,\frac{\varepsilon}{r-1}\right) \\ &\qquad\qquad \cdots \\ &\quad +p(a_r)H\left(\frac{\varepsilon}{r-1},\frac{\varepsilon}{r-1},\frac{\varepsilon}{r-1},\cdots,1-\varepsilon\right) \\ &= H\left(1-\varepsilon,\frac{\varepsilon}{r-1},\frac{\varepsilon}{r-1},\cdots,\frac{\varepsilon}{r-1}\right) \\ &= H(\varepsilon)+\varepsilon\log(r-1) \end{aligned}$$

所以

$$\begin{aligned} C=\max\nolimits_{p(x)}\{I(X;Y)\} &= \max\nolimits_{p(x)}\{H(Y)-H(Y|X)\} \\ &= \max\nolimits_{p(x)}\{H(Y)-H(\varepsilon)-\varepsilon\log(r-1)\} \\ &= \max\nolimits_{p(x)}\{H(Y)\}-H(\varepsilon)-\varepsilon\log(r-1) \\ &= \log r-H(\varepsilon)-\varepsilon\log(r-1) \end{aligned}$$

例 15.4.3 设有单符号的离散信道,其信道矩阵为

$$\boldsymbol{Q}=\begin{array}{c} \\ 0 \\ 1 \end{array}\begin{array}{c} \begin{array}{cc} 0 & 1 \end{array} \\ \begin{pmatrix} \dfrac{3}{4} & \dfrac{1}{4} \\ \dfrac{1}{4} & \dfrac{3}{4} \end{pmatrix}\end{array}$$

类似的，有 $C=\log 2-H\left(\frac{1}{4}\right)$.

例 15.4.4　设有单符号的离散信道，其信道矩阵为

$$Q=\begin{bmatrix}0&0&1&0\\1&0&0&0\\0&0&0&1\\0&1&0&0\end{bmatrix}$$

由题知，该信道为一般无噪声信道，随机变量 Y 完全可以确定 X，而且 X 也确定 Y，满足 $H(X|Y)=H(Y|X)=0$，故有

$$C=\max\{I(X;Y)\}=\max\{H(X)-H(X|Y)\}=\max\{H(X)\}=\log 4=2$$

例 15.4.5　设有单符号的离散信道，其信道矩阵为

$$Q=\begin{matrix} & b_1 & b_2 & b_3 \\ a_1 & 1 & 0 & 0\\ a_2 & 1 & 0 & 0\\ a_3 & 0 & 1 & 0\\ a_4 & 0 & 1 & 0\\ a_5 & 0 & 0 & 1\\ a_6 & 0 & 0 & 1\end{matrix}$$

由题知，该信道为归并性无噪声信道，满足 $H(Y|X)=0$，故有

$$C=\max\{I(X;Y)\}=\max\{H(Y)-H(Y|X)\}=\max\{H(Y)\}=\log 3$$

符号达到信道容量时，有 $p(b_1)=p(b_2)=p(b_3)=\frac{1}{3}$.

达到信道容量时的输入符号概率分布不唯一，因为满足下式的概率分布有很多种.

$$\begin{cases}p(b_1)=p(a_1)+p(a_2)=\dfrac{1}{3}\\ p(b_2)=p(a_3)+p(a_4)=\dfrac{1}{3}\\ p(b_3)=p(a_5)+p(a_6)=\dfrac{1}{3}\end{cases}$$

例 15.4.6　设有单符号的离散信道，其信道矩阵为

$$Q=\begin{matrix} & b_1 & b_2 & b_3 & b_4 & b_5 & b_6 & b_7 & b_8 & b_9 & b_{10}\\ a_1 & 0.1 & 0.2 & 0.3 & 0.4 & 0 & 0 & 0 & 0 & 0 & 0\\ a_2 & 0 & 0 & 0 & 0 & 0.3 & 0.7 & 0 & 0 & 0 & 0\\ a_3 & 0 & 0 & 0 & 0 & 0 & 0 & 0.4 & 0.2 & 0.1 & 0.3\end{matrix}$$

由题知，该信道为发射型无噪声信道，满足 $H(X|Y)=0$，故有

$$C=\max\{I(X;Y)\}=\max\{H(X)-H(X|Y)\}=\max\{H(X)\}=\log 3$$

符号达到信道容量时，有

$$p(a_1)=p(a_2)=p(a_3)=\frac{1}{3}$$

例 15.4.7 设有一个离散信道，其信道矩阵为

$$\boldsymbol{P}=\begin{pmatrix}\bar{p}-\varepsilon & p-\varepsilon & 2\varepsilon\\ p-\varepsilon & \bar{p}-\varepsilon & 2\varepsilon\end{pmatrix}$$

求信道容量.

解：这是准对称信道，故等概时达到信道容量. $p(b_1)=p(b_2)=\frac{1}{2}-\varepsilon$，$p(b_3)=2\varepsilon$

$$I(x=a_1;y)=I(x=a_2;y)=(\bar{p}-\varepsilon)\log(\bar{p}-\varepsilon)+(p-\varepsilon)\log(p-\varepsilon)-(1-2\varepsilon)\log\left(\frac{1}{2}-\varepsilon\right)$$

例 15.4.8 英文 26 个字母中每个以 0.5 的概率复制成它本身，以 0.5 的概率变成下一个字母.求信道容量

解：

$$I(X;Y)=H(Y)-H(Y|X)=H(Y)-1$$

故 $C=\max(H(Y)-1)=\log 26-1=\log 13$.

例 15.4.9 设有一个离散无记忆信道，其信道矩阵为

$$\boldsymbol{P}=\begin{pmatrix}1 & 0\\ \varepsilon & 1-\varepsilon\end{pmatrix}$$

这种信道称为 Z 信道，求(1) 最佳的输入概率分布；

(2) 求 $\varepsilon=1/2$ 时的信道容量；

(3) 求当 $\varepsilon\to 0$ 和 $\varepsilon\to 1$ 时的最佳输入分布值.

解：(1) 令 $\delta=1-\varepsilon$，并令 $p(X=1)=p$，则 $p(Y=1)=p(1-\varepsilon)=p\delta$.

$$I(X;Y)=H(Y)-H(Y|X)=H(p\delta)-pH(\varepsilon)=H(p\delta)-pH(\delta)$$

对互信息求极小值

$$\frac{\mathrm{d}I}{\mathrm{d}p}=\delta\log\frac{1-p\delta}{p\delta}-H(\delta)=\delta\log\frac{1-p\delta}{p\delta}+\delta\log\delta+(1-\delta)\log(1-\delta)=0$$

整理可得

$$p=(1-\delta)^{\frac{1-\delta}{\delta}}/[1+\delta(1-\delta)^{\frac{1-\delta}{\delta}}]=\varepsilon^{\frac{\varepsilon}{1-\varepsilon}}/[1+(1-\varepsilon)\varepsilon^{\frac{\varepsilon}{1-\varepsilon}}]$$

故最佳分布为

$$p(X=0)=1-\varepsilon^{\frac{\varepsilon}{1-\varepsilon}}/[1+(1-\varepsilon)\varepsilon^{\frac{\varepsilon}{1-\varepsilon}}]$$

$$p(X=1)=\varepsilon^{\frac{\varepsilon}{1-\varepsilon}}/[1+(1-\varepsilon)\varepsilon^{\frac{\varepsilon}{1-\varepsilon}}]$$

(2) $\varepsilon=\dfrac{1}{2}$时，代入上式有 $p=\dfrac{1/2}{1+1/4}=\dfrac{2}{5}$，所以

$$C=H(Y)-H(Y|X)=H\left(\frac{1}{5}\right)-\frac{2}{5}=0.322$$

(3) 令 $\gamma=\varepsilon^{\frac{\varepsilon}{1-\varepsilon}}$，则

$$\lim_{\varepsilon\to0}\gamma=\lim_{\varepsilon\to0}\varepsilon^{\varepsilon}=1$$

$$\lim_{\varepsilon\to0}p=\lim_{\varepsilon\to0}\frac{\gamma}{1+(1-\varepsilon)\gamma}=1/2$$

故当 $\varepsilon\to0$ 时，Z 信道趋于一个无噪声信道，当输入等概率时达到信道容量.

当 $\varepsilon\to1$ 时，

$$\lim_{\varepsilon\to1}\gamma=\lim_{\varepsilon\to1}\varepsilon^{\frac{\varepsilon}{1-\varepsilon}}=\lim_{\delta\to0}(1-\delta)^{\frac{1-\delta}{\delta}}=\lim_{\delta\to0}(1-\delta)^{\frac{1}{\delta}}=\lim_{n\to\infty}\left(1-\frac{1}{n}\right)^{n}=\mathrm{e}^{-1}$$

$$\lim_{\varepsilon\to1}p=\lim_{\varepsilon\to1}\frac{\gamma}{1+(1-\varepsilon)\gamma}=1/\mathrm{e}=0.368$$

这时 $C=(1-\varepsilon)\mathrm{e}^{-1}\log \mathrm{e}=0.513$. □

§15.5　可逆矩阵的信道容量

前提条件：$|\boldsymbol{Q}_{K\times J}|\neq0$.

因为 $C=I(x=a_k;Y)=\sum_{j=1}^{J}q(b_j\mid a_k)\log\dfrac{q(b_j\mid a_k)}{p(b_j)}$，$k=1,2,\cdots,K$，$j=1,2,\cdots,J$，故 $\sum_{j=1}^{J}q(b_j\mid a_k)\log q(b_j\mid a_k)=C+\sum_{j=1}^{K}q(b_j\mid a_k)\log p(b_j)$.

从而得到一个方程组

$$\begin{cases}\sum_{j=1}^{J}q(b_j\mid a_1)\log q(b_j\mid a_1)=C+\sum_{j=1}^{J}q(b_j\mid a_1)\log p(b_j)\\ \sum_{j=1}^{J}q(b_j\mid a_2)\log q(b_j\mid a_2)=C+\sum_{j=1}^{J}q(b_j\mid a_2)\log p(b_j)\\ \vdots\\ \sum_{j=1}^{J}q(b_j\mid a_K)\log q(b_j\mid a_K)=C+\sum_{j=1}^{J}q(b_j\mid a_K)\log p(b_j)\\ p(b_1)+p(b_2)+\cdots+p(b_J)=1\end{cases}\tag{15.3}$$

它含 $K+1$ 个方程，$K+1$ 个未知数 $p(b_1),p(b_2),\cdots,p(b_K)$ 和 C.因 $\boldsymbol{Q}$ 可逆，故这些未知数均可求得.

$$\begin{cases} p(a_1)q_{11}+p(a_2)q_{21}+\cdots+p(a_K)q_{K1}=p(b_1) \\ p(a_2)q_{12}+p(a_2)q_{22}+\cdots+p(a_K)q_{K2}=p(b_2) \\ \vdots \\ p(a_1)q_{1J}+p(a_2)q_{2J}+\cdots+p(a_K)q_{KJ}=p(b_J) \\ \sum_{k=1}^{K}p(a_k)=1 \end{cases} \tag{15.4}$$

因此由上式也可以解出 $p(a_k),k=1,2,\cdots,K$.但我们一般用下面的方法求可逆信道矩阵的信道容量.进一步的,

$$-H(Y\mid x=a_k)=C\sum_{j=1}^{J}q(b_j\mid a_k)+\sum_{j=1}^{J}q(b_j\mid a_k)\log p(b_j),k=1,2,\cdots,K$$

即

$$-H(Y\mid a_k)=\sum_{j=1}^{J}q(b_j\mid a_k)[C+\log p(b_j)],k=1,2,\cdots,K$$

令

$$\beta_j=C+p(b_j),j=1,2,\cdots,J$$

因此

$$\boldsymbol{Q}\begin{pmatrix}\beta_1\\ \beta_2\\ \vdots\\ \beta_J\end{pmatrix}=-\begin{pmatrix}H(Y|a_1)\\ H(Y|a_2)\\ \vdots\\ H(Y|a_J)\end{pmatrix}$$

因此

$$\begin{pmatrix}\beta_1\\ \beta_2\\ \vdots\\ \beta_J\end{pmatrix}=-\boldsymbol{Q}^{-1}\begin{pmatrix}H(Y|a_1)\\ H(Y|a_2)\\ \vdots\\ H(Y|a_J)\end{pmatrix}$$

(**解读**:式中 $H(Y|a_k)$其实是矩阵 $\boldsymbol{Q}$ 的第 k 行概率分布的熵.因此由上式很容易求得每个 β_j.)故 $p(b_j)=2^{\beta_j-C}$,又 $\sum_{j=1}^{J}2^{\beta_j-C}=1$,故由每个 β_j 可算出 C.

$$C=\log_2\left(\sum_{j=1}^{K}2^{\beta_j}\right)$$

例 15.5.1 设有两个离散信道,其信道矩阵分别为

$$\boldsymbol{P}=\begin{pmatrix}1 & 0\\ \frac{1}{3} & \frac{2}{3}\end{pmatrix}$$

$$\boldsymbol{Q}=\begin{pmatrix}0.50 & 0.25 & 0.125 & 0.125\\ 0.25 & 0.50 & 0.125 & 0.125\end{pmatrix}$$

求它们的信道容量.

解:(1) 令 $\varepsilon=\frac{1}{3}$

$$\begin{bmatrix}\beta_1\\ \beta_2\end{bmatrix}=-\boldsymbol{P}^{-1}\begin{bmatrix}0\\ \varepsilon\log\frac{1}{\varepsilon}+(1-\varepsilon)\log\frac{1}{1-\varepsilon}\end{bmatrix}=-\frac{1}{1-\varepsilon}\begin{bmatrix}1-\varepsilon & 0\\ -\varepsilon & 1\end{bmatrix}\begin{bmatrix}0\\ H(\varepsilon)\end{bmatrix}$$

$$=\begin{bmatrix}-1 & 0\\ \frac{1}{2} & -\frac{3}{2}\end{bmatrix}\begin{bmatrix}0\\ \log 3-\frac{2}{3}\end{bmatrix}$$

故 $C=\log\left(1+2^{3H\left(\frac{1}{3}\right)}\right)=\log\left(1+2^{-\frac{3}{2}\log 3+1}\right)$

(2) 这是准对称信道,故等概时达到信道容量.

$$C=I(X,Y)=H(Y)-H(Y|X)=\frac{5}{4}-\frac{3}{4}\log 3$$

例 15.5.2　已知信道矩阵

$$\boldsymbol{P}=\begin{pmatrix}0.5 & 0.3 & 0.2\\ 0.3 & 0.5 & 0.2\end{pmatrix}$$

求信道容量.

解:设输入概率分布 $p(x_1)=a$,$p(x_2)=1-a$,则输出 y_1,y_2,y_3 的概率分布为

$$\boldsymbol{P}_Y=(a,1-a)\begin{pmatrix}0.5 & 0.3 & 0.2\\ 0.3 & 0.5 & 0.2\end{pmatrix}=(0.3+0.2a,0.5-0.2a,0.2)$$

其中,$p(y_3)$为定数.

$$\begin{aligned}I(X;Y)&=H(Y)-H(Y\mid X)\\ &=-\sum\nolimits_j p(y_j)\log p(y_j)+\sum\nolimits_i p(x_i)\sum\nolimits_j p(y_j\mid x_i)\log p(y_j\mid x_i)\\ &=-(0.3+0.2a)\log(0.3+0.2a)-(0.5-0.2a)\log(0.5-0.2a)\\ &\quad-0.2\log 0.2+0.5\log 0.5+0.3\log 0.3+0.2\log 0.2\end{aligned}$$

由 $\frac{\partial I(X;Y)}{\partial a}=0$,得

$$0.2\log(0.3+0.2a)-0.2+0.2\log(0.5-0.2a)+0.2=0$$

解得 $a=0.5$,即输入等概率时可取得信道容量,且 $C=0.036$ 比特/符号

§ 15.6　级联信道和并联信道的信道容量

一、级联信道

1. 级联信道可以理解成串联信道.信道 1 的输出恰好是信道 2 的输入.

2. 级联信道的信道容量计算方法：设 N 个信道级联，各信道的前向转移概率矩阵分别为 $\boldsymbol{Q}_1,\boldsymbol{Q}_2,\boldsymbol{Q}_3,\cdots,\boldsymbol{Q}_N$.利用级联信道各输入、输出组成马尔可夫链可以证明，总的级联信道的前向转移概率矩阵为

$$\boldsymbol{Q}=\boldsymbol{Q}_1\boldsymbol{Q}_2\boldsymbol{Q}_3\cdots\boldsymbol{Q}_N=\prod_{n=1}^{N}\boldsymbol{Q}_n$$

例 15.6.1 求 N 个相同的二元对称信道组成的信道级联的信道容量.

解：设单个二元对称信道的前向转移概率矩阵为

$$\boldsymbol{Q}_0=\begin{pmatrix}1-\varepsilon & \varepsilon\\ \varepsilon & 1-\varepsilon\end{pmatrix}$$

总信道级联的前向转移概率矩阵为 $\boldsymbol{Q}=\boldsymbol{Q}_0^N.\boldsymbol{Q}$ 对称，故可用正交变换转化为对角矩阵，即

$$\boldsymbol{T}^{-1}\boldsymbol{Q}_0\boldsymbol{T}=\boldsymbol{\Lambda}=\begin{pmatrix}1 & 0\\ 0 & 1-2\varepsilon\end{pmatrix}$$

其中

$$\boldsymbol{T}=\frac{\sqrt{2}}{2}\begin{pmatrix}1 & 1\\ -1 & 1\end{pmatrix}=\boldsymbol{T}^{-1}$$

所以

$$\boldsymbol{Q}=\boldsymbol{Q}_0^N=\boldsymbol{T}\boldsymbol{\Lambda}^N\boldsymbol{T}^{-1}=\boldsymbol{T}\begin{bmatrix}1 & 0\\ 0 & (1-2\varepsilon)^N\end{bmatrix}=\frac{1}{2}\begin{bmatrix}1+(1-2\varepsilon)^N & 1-(1-2\varepsilon)^N\\ 1-(1-2\varepsilon)^N & 1+(1-2\varepsilon)^N\end{bmatrix}$$

故总信道级联的信道容量为

$$C_N=1-H\left(\frac{1}{2}[1-(1-2\varepsilon)^N]\right)$$

当 $N\to\infty$时，信道级联的前向转移概率矩阵为

$$\lim_{N\to\infty}\boldsymbol{Q}=\begin{bmatrix}\frac{1}{2} & \frac{1}{2}\\ \frac{1}{2} & \frac{1}{2}\end{bmatrix}$$

此时其信道级联的信道容量为

$$\lim_{N\to\infty}C_N=1-H\left(\frac{1}{2}\right)=0$$

□

二、输入并接信道

并联信道三种方式：输入并接信道、并用信道、和信道.我们先简单介绍输入并接信道.

输入并接信道，即输入端共用的并联信道的信道容量是很难求的.我们大概估算一下其上下界.

$$I(X;Y_1Y_2\cdots Y_N)=I(X;Y_N)+I(X;Y_1|Y_N)+\cdots+I(X;Y_{N-1}|Y_1Y_2\cdots Y_N)$$

表明并接信道的信道容量一定大于其中任意一个组成信道的信道容量(找到一个下界).

$I(X;Y_1Y_2\cdots Y_N)\leqslant H(X)-H(X|Y_1Y_2\cdots Y_N)\leqslant H(X)$，可以看出并接信道的信道容量的一个上界.

三、并用信道的信道容量(即平行组合信道的信道容量)

并用信道由 N 个信道并联而成，每个信道的输入、输出各自独立，互不相同.其概率特征为：

$$p(y_1y_2\cdots y_N \mid x_1x_2\cdots x_N)=\prod_{n=1}^{N}p(y_n \mid x_n)$$

因此

$$I(\boldsymbol{X};\boldsymbol{Y})=H(\boldsymbol{Y})-H(\boldsymbol{Y} \mid \boldsymbol{X})=H(\boldsymbol{Y})-\sum_{n=1}^{N}H(Y_n \mid X_n)$$

而

$$H(\boldsymbol{Y})\leqslant \sum_{n=1}^{N}H(Y_n)$$

所以

$$I(\boldsymbol{X};\boldsymbol{Y})\leqslant \sum_{n=1}^{N}[H(Y_n)-H(Y_n \mid X_n)]=\sum_{n=1}^{N}I(X_n;Y_n)$$

并用信道的信道容量为

$$C=\max_{p(x)}I(\boldsymbol{X};\boldsymbol{Y})=\max\sum_{n=1}^{N}I(X_n;Y_n)\leqslant \sum_{n=1}^{N}C_n$$

四、和信道的信道容量

设和信道有 N 个组成信道，传输时每次只用其中一个.若前向转移概率矩阵分别为 $\boldsymbol{Q}_1,\boldsymbol{Q}_2,\boldsymbol{Q}_3,\cdots,\boldsymbol{Q}_N$，第 n 个信道输入字母总数为 K_n，输出字母总数为 J_n，转移概率矩阵为 $\boldsymbol{q}_n(b_{j_n}|a_{k_n})$，则

$$\boldsymbol{Q}=\begin{pmatrix}\boldsymbol{Q}_1 & & & \\ & \boldsymbol{Q}_2 & & \\ & & \ddots & \\ & & & \boldsymbol{Q}_N\end{pmatrix}$$

设第 n 个信道的使用概率为 $p_n(C)$，则第 n 个信道中

$$I_n(a_{k_n};Y)=\sum_{j_n=1}^{J_n}\boldsymbol{q}_n(b_{j_n}\mid a_{k_n})\log\frac{\boldsymbol{q}_n(b_{j_n}\mid a_{k_n})}{p_n(C)\sum_{i=1}^{K_n}p_n(a_i)\boldsymbol{q}_n(b_{j_n}\mid a_i)}$$

$$I_n(a_{k_n};Y)=C_n+\log\frac{1}{p_n(C)}=C$$

又

$$\sum_{n=1}^{N}p_n(C)=1$$

和信道的信道容量为

$$C=\log\sum_{n=1}^{N}2^{C_n}$$

此时

$$p_n(C)=2^{C_n-C}$$

§ 15.7 输出字母概率分布唯一性

本节介绍两个重要定理(证明略去).

定理 15.7.1 使互信息达到信道容量的输出概率分布是唯一的.任何导致这一输出概率的输入概率都能使得互信息量达到信道容量.

定理 15.7.2 在达到信道容量时,如果输入概率分布中具有0概率的字母总数达到最大,则此时非零概率可被唯一确定,且这些非零概率的输入字母总数不会超出输出字母的总数.

§ 15.8 信道容量的迭代算法

信道及信道容量是信息论基本概念之一,也是通信理论和工程研究的基本问题之一.本章目的在于建立关于信道、信道容量的研究方法,并没有涉及如何实现这些模型.对于离散无记忆信道而言,其信道容量还有一个解法:迭代法.

定理 15.8.1 设信道的前向转移矩阵为 $\boldsymbol{Q}=(Q(y_j\mid x_i))_{K\times J}$,$P^0$ 是任给的输入字母的一个初始概率分布,其所有分量 $P^0(x_k)\neq 0$.按照下式不断地对概率分布进行迭代,更新:

$$P^{r+1}=P^r(x_k)\frac{\beta_k(P^r)}{\sum_{i=1}^{K}P^r(x_i)\beta_i(P^r)}$$

其中

$$\begin{aligned}\beta_k(P^r)&=\exp[I(X=x_k;Y)]\mid_{P=p^r}\\&=\exp\left\{\sum_{j=1}^{J}Q(y_i\mid x_k)\log\frac{Q(y_i\mid x_k)}{\sum_{i=1}^{K}P^rQ(y_i\mid x_k)}\right\}\end{aligned}$$

由此所得 $I(P^r,\boldsymbol{Q})$序列收敛于信道容量 C.(此过程可以写成算法以便编程实现.)

下面给出信道容量的迭代算法(可以任意接近离散信道的信道容量).

$$
\begin{aligned}
I(X;Y) &= H(X)-H(X|Y) \\
&= -\sum_{k=1}^{K} p(a_k)\log p(a_k)+\sum_{k=1}^{K}\sum_{j=1}^{J} p(a_k,b_j)\log p(a_k \mid b_j)
\end{aligned}
$$

$I(X;Y)$是关于 $p(a_k)$和 $p(a_k|b_j)$的上凸函数.先固定 $p(a_k)$,再求 $I(\boldsymbol{p},\boldsymbol{Q})$关于 $p(a_k|y_j)$的极值,即在约束条件 $\sum_k p(a_k \mid y_j)=1, j=1,2,\cdots,J$ 下的条件极值.设

$$F=I(\boldsymbol{p},\boldsymbol{Q})-\sum_j \lambda_j \sum_k p(a_k \mid b_j)$$

$$
\begin{aligned}
\frac{\partial F}{\partial p(a_k \mid b_j)} &= \frac{\partial}{\partial p(a_k \mid b_j)}\Big[-\sum_{k=1}^{K} p(a_k)\log p(a_k) \\
&\quad +\sum_{k=1}^{K}\sum_{j=1}^{J} p(a_k)p(b_j \mid a_k)\log p(a_k \mid b_j)-\sum_j \lambda_j \sum_k p(a_k \mid b_j)\Big] \\
&= \frac{p(a_k)p(b_j \mid a_k)}{p(a_k \mid b_j)}-\lambda_j
\end{aligned}
$$

再令其为 0,得

$$\lambda_j=\frac{p(a_k)p(b_j|a_k)}{p(a_k|b_j)}$$

$$p(a_k|b_j)=\frac{p(a_k)p(b_j|a_k)}{\lambda_j}$$

有约束条件 $\sum_k p(a_k \mid b_j)=\sum_k \dfrac{p(a_k)p(b_j \mid a_k)}{\lambda_j}=1$, 所以

$$\lambda_j=\sum_k p(a_k)p(b_j \mid a_k)$$

因此,求得使 $I(\boldsymbol{p},\boldsymbol{Q})$达到极值的 $p(a_k|b_j)^*$ 为

$$p(a_k \mid b_j)^*=\frac{p(a_k)p(b_j \mid a_k)}{\sum_k p(a_k)p(b_j \mid a_k)} \tag{15.5}$$

在求得 $p(a_k|b_j)^*$ 后,再固定 $p(a_k|b_j)$,求 $I(\boldsymbol{p},Q)$关于 $p(a_k)$的极值,约束条件是 $\sum_k p(a_k)=1$.

设辅助函数为

$$
\begin{aligned}
G &= I(\boldsymbol{p},\boldsymbol{Q})-\lambda\sum_k p(a_k) \\
&= -\sum_{k=1}^{K} p(a_k)\log p(a_k)+\sum_{k=1}^{K}\sum_{j=1}^{J} p(a_k)p(b_j \mid a_k)\log p(a_k \mid b_j) \\
&\quad -\lambda\sum_k p(a_k) \quad \frac{\partial G}{\partial p(a_k)} \\
&= -\log p(a_k)-1+\sum_j p(b_j \mid a_k)\log p(a_k \mid b_j)-\lambda
\end{aligned}
$$

再令其为 0,得

$$-\log p(a_k)-1+\sum_j p(b_j \mid a_k)\log p(a_k \mid b_j)-\lambda=0$$

所以

$$p(a_k)=\exp\left[\sum_j p(b_j \mid a_k)\log p(a_k \mid b_j)-\lambda-1\right]=\frac{\exp\left(\sum_j p(b_j \mid a_k)\log p(a_k \mid b_j)\right)}{\exp(1+\lambda)}$$

利用约束条件 $\sum_k p(a_k)=1$ 得

$$\sum_k p(a_k)=\sum_k \frac{\exp\left(\sum_j p(b_j \mid a_k)\log p(a_k \mid b_j)\right)}{\exp(1+\lambda)}=1$$

所以

$$\exp(1+\lambda)=\sum_k \exp\left(\sum_j p(b_j \mid a_k)\log p(a_k \mid b_j)\right)$$

$$1+\lambda=\log \sum_k \exp\left(\sum_j p(b_j \mid a_k)\log p(a_k \mid b_j)\right)$$

所以使得 $I(\boldsymbol{p},\boldsymbol{Q})$ 达到极值的 $p(a_k)^*$ 为

$$p(a_k)^*=\frac{\exp\left(\sum_j p(b_j \mid a_k)\log p(a_k \mid b_j)\right)}{\sum_k \exp\left[\sum_j p(b_j \mid a_k)\log p(a_k \mid b_j)\right]} \tag{15.6}$$

故

$$-\sum_k p(a_k)\log p(a_k)+\sum_k p(a_k)\sum_j p(b_j \mid a_k)\log p(a_k \mid b_j)=1+\lambda$$

得

$$I(\boldsymbol{p}^*,\boldsymbol{Q}^*)=1+\lambda=\log \sum_k \exp\left[\sum_j p(b_j \mid a_k)\log p(a_k \mid b_j)\right] \tag{15.7}$$

利用(15.5)、(15.6)、(15.7)三个式子便可对信道容量进行迭代计算.

算法如下:

(1) 初始化 $\boldsymbol{p}=(p_1,p_2,\cdots,p_K)$ 为均匀分布,迭代计数器 $i=0$,$C^{(0)}=-\infty$,相对误差 ε;

(2) $\varphi_{kj}^{(i)}=\dfrac{p(b_j \mid a_k)p_k^{(i)}}{\sum_k p(b_j \mid a_k)p_k^{(i)}}$;

(3) $p_k^{(i+1)}=\dfrac{\exp[\sum_j p(b_j \mid a_k)\log \varphi_{kj}^{(i)}]}{\sum_k \exp[\sum_j p(b_j \mid a_k)\log \varphi_{kj}^{(i)}]}$;

(4) $C^{(i+1)}=\log\{\sum_k \exp[\sum_j p(b_j \mid a_k)\log \varphi_{kj}^{(i)}]\}$;

(5) 如果$\dfrac{|C^{(i+1)}-C^{(i)}|}{C^{(i+1)}}\leqslant\varepsilon$,则进入第 7 步;

(6) 令 $i+1\to i$,进入步骤 2;

(7) 输出 $p_k^{(i+1)}$ 和 $C^{(i+1)}$,并停机.

关于$\lim\limits_{i\to\infty}|C^{(i+1)}-C^{(i)}|=0$ 的证明略去.

小　结

本章研究了几种信道的简单模型,并给出了信道容量的计算方法.最佳方法是最后一节的迭代方法,它由 Arimoto(1972)和 Blahut(1972)独立解决.

第 15 章习题

1. 设信道矩阵为

$$\boldsymbol{P}=\begin{bmatrix}\frac{1}{2} & \frac{1}{4} & \frac{1}{8} & \frac{1}{8}\\ \frac{1}{4} & \frac{1}{2} & \frac{1}{8} & \frac{1}{8}\end{bmatrix}$$

求信道容量.

2. 设信道矩阵为

$$\boldsymbol{P}=\begin{bmatrix}1 & 0\\ \frac{1}{4} & \frac{3}{4}\end{bmatrix}$$

求信道容量及达到信道容量时的输入概率分布.

3. 设离散无记忆信道矩阵分别为

$$\boldsymbol{P}=\begin{bmatrix}1 & 0\\ \varepsilon & 1-\varepsilon\end{bmatrix}$$

$$\boldsymbol{Q}=\begin{pmatrix}\bar{p}-\varepsilon & p-\varepsilon & 2\varepsilon\\ p-\varepsilon & \bar{p}-\varepsilon & 2\varepsilon\end{pmatrix}$$

其中 $p+\bar{p}=1$,求它们的信道容量.

4. 设有一个离散无记忆信道,其信道矩阵为

$$\boldsymbol{P}=\begin{pmatrix}1/2 & 1/2 & 0 & 0 & 0\\ 0 & 1/2 & 1/2 & 0 & 0\\ 0 & 0 & 1/2 & 1/2 & 0\\ 0 & 0 & 0 & 1/2 & 1/2\\ 1/2 & 0 & 0 & 0 & 1/2\end{pmatrix}$$

(1) 计算信道容量；

(2) 找出一个码字长为 2 的重复码，其信息传输率为 $\log 5$. 当输入码字为等概率分布时，如果按照最大似然译码方法译码，求其平均差错率.

5. 设有码 C，在用此码传输时能使 $H(\boldsymbol{U}|\boldsymbol{Y})=0$，其中 $\boldsymbol{U}$ 表示码字矢量，$\boldsymbol{Y}$ 表示接收矢量，试着证明此时的码率必定小于该信道的信道容量.

6. 设有一个离散无记忆信道，其信道矩阵为

$$\boldsymbol{P}=\begin{bmatrix}1 & 0 & 0 \\ 0 & 1-\varepsilon & \varepsilon \\ 0 & \varepsilon & 1-\varepsilon\end{bmatrix}$$

求信道容量及其最佳的输入概率分布，并求当 $\varepsilon=0$ 和 $\varepsilon=1/2$ 时的信道容量.

7. 上机实验：信道容量的迭代算法. 实验要求是

(1) 输入信道矩阵；

(2) 输出信道容量 C 及达到信道容量时的输入、输出概率分布.

第十六章　信道编码

差错概率不为 0 时,信道输出并不可靠. 先编码、再传送,并在接收端选用合适的译码,就可能实现近乎全真的传输. 这一结论用定理严格地表述以后被称为信道编码定理.香农成功给出了在遭到干扰情况下如何保证译码信息的出错率尽可能低的答案.

§16.1　信道编码概述

信道编码与信源编码一样都是一种编码,信源编码的作用在于压缩冗余度以得到信息的有效表示.而信道编码在于提高信息传输时的抗干扰能力以增强信息传输的可靠性.为区别起见,前者称为信源编码,后者称为信道编码. 下图为信道编码与通信系统的组成模型.

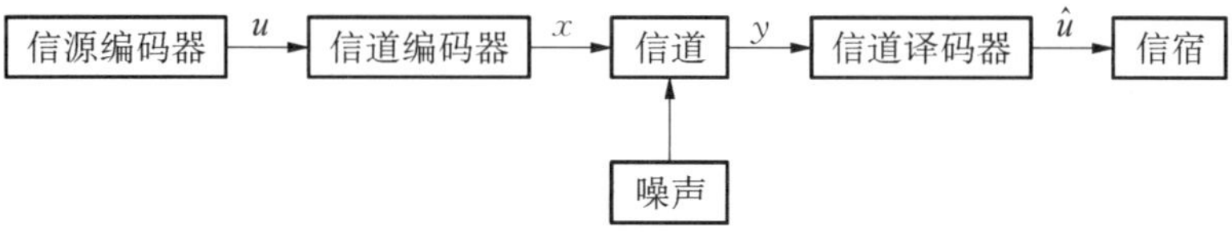

定义 16.1.1　*在分组码中,输入信道的输入序列$\cdots,u_{-1},u_0,u_1,\cdots$先被分组,例如 L 个输入字母一组,然后对每一组输入字母赋予一个相应的码字.如果编码器输入字母共有 M 种可能的组合,我们用 $m=0,1,2,\cdots,M-1$ 对它们编号,相应的码字用 $\boldsymbol{c}_m$ 命名,这就建立了$\{0,1,2,\cdots,M-1\}$到 $\boldsymbol{c}_0,\boldsymbol{c}_1,\cdots,\boldsymbol{c}_{M-1}$的一一映射,称为编码函数.*

需要注意的是:码字经过信道传输后在接收端会收到与发送码字长度相同的信道输出字母序列 $\boldsymbol{y}$,此 $\boldsymbol{y}$ 被称为接收矢量.信道译码器就根据此接收矢量进行评估并输出 $\hat{m}$. 由于信道中存在噪声,此 $\hat{m}$ 很可能不同于原来发送的码字 m,这时译码发生差错. 我们主要用平均译码差错概率来衡量信息传输质量.

在分组码中,每一个码字携带的最大可能信息量为 $\log M$.如果码字长为 N,码字字母表的大小为 A_X,则信道携带信息的效率可用其码率 $R=\log M/N$ 表示.当$|A_X|=2,M=2^K$时,$R=K/N$(bit/字母).

在以$\{0,1\}$为输入输出字母的二元对称信道中,设其信道矩阵为

$$\boldsymbol{Q}_1=\begin{pmatrix}1-\varepsilon & \varepsilon \\ \varepsilon & 1-\varepsilon\end{pmatrix}$$

为了提高信息传输的正确率,我们常将输入的每一个字母 0 或 1,反复输三遍,即输入

000 或 111，这种码称为重复码.输入 000，接收到 000 的概率为$(1-\varepsilon)^3$，差错概率为$1-(1-\varepsilon)^3$.

1. 模型：发送的是接收码字 $\boldsymbol{c}_m=(c_{m1},c_{m2},\cdots,c_{mN})$，在信道的输出端接收矢量空间中的接收矢量 $\boldsymbol{y}=(y_1,y_2,\cdots,y_N)$.

例如，在重复码中，发送的接收码字为 000，111.而接收矢量空间 $\boldsymbol{Y}$ 为{000，001，010，100，011，101，110，111}.

2. 译码方法：将 $\boldsymbol{Y}$ 分为 M 个互不相交的子集合 $\boldsymbol{Y}_m$，$m=0,1,\cdots,M-1$，将 $\boldsymbol{Y}_m$ 中的 $\boldsymbol{y}$ 翻译为 m 或 $\boldsymbol{c}_m$.

3. 译码函数：$g(\boldsymbol{y})=m \Leftrightarrow \boldsymbol{y}\in\boldsymbol{Y}_m$.

4. 从理论上讲，最小差错概率为评判译码好坏的标准.

§16.2 信道译码准则

一、理想译码

1. 译码准则：当接收矢量为 $\boldsymbol{y}$ 时，最自然的方法就是将 $\boldsymbol{y}$ 翻译为使得 $p(\boldsymbol{c}_m|\boldsymbol{y})$ 最大的那个 $\boldsymbol{c}_m$，即

$$p(g(\boldsymbol{y})\mid\boldsymbol{y})=\max_m p(\boldsymbol{c}_m\mid\boldsymbol{y})$$

注意：$p(\boldsymbol{c}_m|\boldsymbol{y})$是反向转移概率.

2. 如何计算平均的译码差错概率.

(1) 对每个 m，计算 $p(\boldsymbol{c}_m|\boldsymbol{y})=\dfrac{p(\boldsymbol{y}|\boldsymbol{c}_m)p(\boldsymbol{c}_m)}{p(\boldsymbol{y})}$.

(2) 其中 $p(\boldsymbol{y})=\sum_{m=0}^{M-1}p(\boldsymbol{c}_m)p(\boldsymbol{y}\mid\boldsymbol{c}_m)$.

(3) $P_{\mathrm{e}|\boldsymbol{y}}=1-p(\boldsymbol{c}_m|\boldsymbol{y})$

(4) $P_{\mathrm{e}}=\sum_{\boldsymbol{y}}p(\boldsymbol{y})P_{\mathrm{e}|\boldsymbol{y}}=\sum_{\boldsymbol{y}}p(\boldsymbol{y})(1-p(\boldsymbol{c}_m\mid\boldsymbol{y}))=1-\sum_{\boldsymbol{y}}p(\boldsymbol{y})p(\boldsymbol{c}_m\mid\boldsymbol{y})$

注意：理想译码要求反向转移概率 $p(\boldsymbol{c}_m|\boldsymbol{y})$，而它依赖于输入的分布 $p(\boldsymbol{c}_m)$.因此，当输入分布改变时，理想译码器就失去了其理想性.

二、最大似然译码

1. 译码准则：当接收矢量为 $\boldsymbol{y}$ 时，最自然的方法就是将 $\boldsymbol{y}$ 翻译为使得 $p(\boldsymbol{y}|\boldsymbol{c}_m)$最大的那个 $\boldsymbol{c}_m$，即 $p(\boldsymbol{y}|g(\boldsymbol{y}))=\max_m p(\boldsymbol{y}|\boldsymbol{c}_m)$.

2. 如何计算平均的译码差错概率.

(1) $P_{\mathrm{e}|m}=\sum_{\boldsymbol{y}\in\boldsymbol{Y}_m^C}p(\boldsymbol{y}\mid\boldsymbol{c}_m)$，其中 $\boldsymbol{Y}_m^C$ 是 $\boldsymbol{Y}_m$ 的补集.

(2) $P_{\mathrm{e}}=\sum_m p(\boldsymbol{c}_m)P_{\mathrm{e}|m}$

当输入码字等概率分布时，有

$$p(\boldsymbol{c}_m \mid \boldsymbol{y}) = \frac{1}{Mp(\boldsymbol{y})} p(\boldsymbol{y} \mid \boldsymbol{c}_m)$$

因此 $\max_m p(\boldsymbol{c}_m|\boldsymbol{y}) = \max_m \dfrac{1}{Mp(\boldsymbol{y})} p(\boldsymbol{y}|\boldsymbol{c}_m) = \dfrac{1}{Mp(\boldsymbol{y})} \max_m p(\boldsymbol{Y}|\ \boldsymbol{c}_m)$.

这时取前向转移概率最大的 m 等于反向转移概率最大的 m，两种准则等价.

三、重复码

1. 对于以$\{0,1\}$为输入输出字母的二元对称信道中，

$$\boldsymbol{Q}_1 = \begin{pmatrix} 1-\varepsilon & \varepsilon \\ \varepsilon & 1-\varepsilon \end{pmatrix}$$

其中 $\varepsilon < \dfrac{1}{2}$.

2. 发送码字传输后有 l 个字母发生差错的概率为 $\varepsilon^l(1-\varepsilon)^{3-l}$.按照最大似然准则译码，应该将接收矢量译成与其差别最小的码字，即

$\boldsymbol{Y}_0 = \{000,001,010,100\}$，$\boldsymbol{Y}_1 = \{111,110,011,101\}$.

则平均译码差错概率为

$$P_e = \sum_m p(\boldsymbol{c}_m) P_{e|m} = p(000)P_{e|0} + p(111)P_{e|1} = \frac{1}{2}P_{e|0} + \frac{1}{2}P_{e|1}$$

$$= P_{e|0} = P_{e|1} = \sum_{l=2}^{3} C_3^l (\varepsilon)^l (1-\varepsilon)^{3-l} = 3\varepsilon^2 - 2\varepsilon^3$$

例 16.2.1 设有一个离散无记忆信道，其信道矩阵为

$$\boldsymbol{P} = \begin{pmatrix} \frac{1}{2} & \frac{1}{2} & 0 \\ 0 & \frac{1}{2} & \frac{1}{2} \\ \frac{1}{2} & 0 & \frac{1}{2} \end{pmatrix}$$

若输入字母的概率为 $p(a_1) = \dfrac{2}{3}$，$p(a_2) = p(a_3) = \dfrac{1}{6}$，求理想译码时的译码函数$g(x)$，并计算其平均译码错误概率.

解: $p(b_1) = \dfrac{5}{12}$，$p(b_2) = \dfrac{5}{12}$，$p(b_3) = \dfrac{1}{6}$

$p(a_1|b_1) = \dfrac{4}{5}$，$p(a_2|b_1) = 0$，$p(a_3|b_1) = \dfrac{1}{5}$，故 $g(b_1) = a_1$

$p(a_1|b_2) = \dfrac{4}{5}$，$p(a_2|b_2) = \dfrac{1}{5}$，$p(a_3|b_2) = 0$，故 $g(b_2) = a_1$

$p(a_1|b_3) = 0$，$p(a_2|b_1) = \dfrac{1}{2}$，$p(a_3|b_1) = \dfrac{1}{2}$，故 $g(b_3) = a_2$

$$P_e = 1 - \frac{5}{12} \cdot \frac{4}{5} - \frac{5}{12} \cdot \frac{4}{5} - \frac{1}{6} \cdot \frac{1}{2} = \frac{1}{4}$$

□

例 16.2.2 设有一个离散信道，其信道矩阵为

$$\boldsymbol{P} = \begin{pmatrix} \frac{1}{2} & \frac{1}{3} & \frac{1}{6} \\ \frac{1}{6} & \frac{1}{2} & \frac{1}{3} \\ \frac{1}{3} & \frac{1}{6} & \frac{1}{2} \end{pmatrix}$$

当信源是等概信源时，按最大似然译码准则选择译码函数 $g(x)$，并计算其平均译码错误概率.

解：(1) 译码函数为 $g(b_1)=a_1$；$g(b_2)=a_2$；$g(b_3)=a_3$.

(2) 平均译码错误概率为 $P_e = 1 - \frac{1}{3} \cdot \frac{1}{2} - \frac{1}{3} \cdot \frac{1}{2} - \frac{1}{3} \cdot \frac{1}{2} = \frac{1}{2}$. □

§16.3 联合典型序列和联合渐近等同分割定理

设$(\boldsymbol{X};\boldsymbol{Y})$是长为 N 的随机序列对，$p(\boldsymbol{x};\boldsymbol{y}) = \prod_{n=1}^{N} p(x_n, y_n)$，则在这些随机序列中满足下列条件的序列对被称为联合典型序列：

$$\left| \frac{1}{N} \log p(\boldsymbol{x}) + H(X) \right| < \delta$$

$$\left| \frac{1}{N} \log p(\boldsymbol{y}) + H(Y) \right| < \delta$$

$$\left| \frac{1}{N} \log p(\boldsymbol{xy}) + H(XY) \right| < \delta$$

式中 δ 是任意小的数.联合典型序列的全体构成联合典型序列集，记为 G.

定理 16.3.1 （联合渐近等同分割定理）设随机变量$(\boldsymbol{X};\boldsymbol{Y})$的联合概率 $p(\boldsymbol{x};\boldsymbol{y}) = \prod_{n=1}^{N} p(x_n, y_n)$，则对任意小的数 $\delta>0$，我们总能找到足够大的 N 使得全体序列对的集合被分成满足下列条件的集合 G 及其补集 G^C：

(1) $P\{(\boldsymbol{X};\boldsymbol{Y}) \in G^C\} < \delta$；$P\{(\boldsymbol{X};\boldsymbol{Y}) \in G\} > 1-\delta$

(2) $|G| \leqslant 2^{N(H(XY)+\delta)}$；$|G| \geqslant (1-\delta) 2^{N(H(XY)-\delta)}$

(3) 设$(\boldsymbol{X}';\boldsymbol{Y}')$是相互独立的随机序列对，它与$(\boldsymbol{X};\boldsymbol{Y})$有相同的边缘分布即

$$P\{(\boldsymbol{X}';\boldsymbol{Y}') = (\boldsymbol{x};\boldsymbol{y})\} = p(\boldsymbol{x}) p(\boldsymbol{y})$$

则

$$P\{(\boldsymbol{X}';\boldsymbol{Y}')\in G\}\leqslant 2^{-N(I(X;Y)-3\delta)}$$

$$P\{(\boldsymbol{X}';\boldsymbol{Y}')\in G\}\geqslant(1-\delta)2^{-N(I(X;Y)+3\delta)}$$

§16.4　信道编码定理,即香农第二定理

1948 年,香农在他著名的论文中给出了信息传输的最基本定理——信道编码定理:

定理 16.4.1　香农第二定理:设信道容量为 C,信道的信息传输码率为 R,$\varepsilon>0$ 为任意小的数,则只要 $R<C$,总存在码字长为 N,码字数为 $M=2^{NR}$ 的分组码使信道译码的最小平均错误译码概率 $P_e<\varepsilon$.

香农当时给出的这一定理的证明不是很严格,但在证明中所用的随机编码的方法却在以后的严格证明中一直被采用.另外在证明中香农巧妙回避了寻找“好码”这一世界难题.下面我们简单介绍一下所谓随机编码的定义.

设信道输入字符集合 X 有 K 个字符,码 $C=\{\boldsymbol{x}_1,\boldsymbol{x}_2,\cdots,\boldsymbol{x}_M\}\subset X^N$,这是我们将来要定义的信道编码. 而所谓随机编码是指,在集合 X^N 中随机取出一个长度为 N 的序列作为 $\boldsymbol{x}_1$,然后再放回;再在 X^N 中随机取出一个长度为 N 的序列作为 $\boldsymbol{x}_2$,然后再放回;反复如此直到找满 M 个码字,这 M 个码字就构成随机编码.这样的构成,每个编码都是随机的,相互独立的,但码字可能重复.

第 16 章习题

1. 设有一个离散信道,其信道矩阵为

$$\boldsymbol{P}=\begin{pmatrix}0.50 & 0.25 & 0.25\\0.25 & 0.50 & 0.25\\0.25 & 0.25 & 0.50\end{pmatrix}$$

当信源是等概信源时,按最大似然译码准则选择译码函数,并计算其平均译码错误概率.

第十七章　线性分组码

§17.1　纠错码分类

纠错码分为树码和分组码.树码分为非线性码和线性码树码.分组码也分为非线性码和线性码.线性码分为循环码、非循环码、卷积码(见图 17－1).

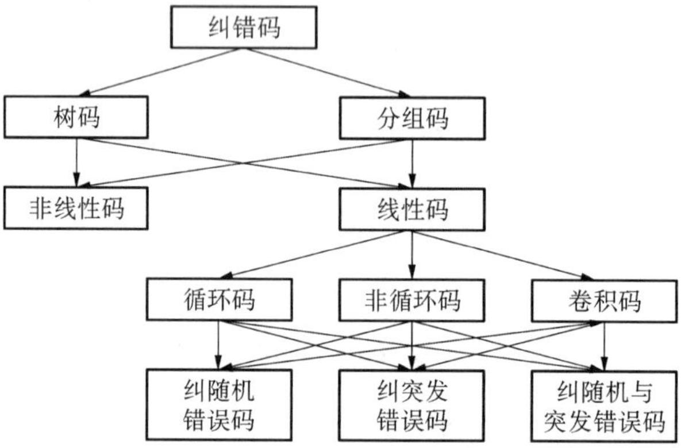

图 17－1　纠错码分类图

§17.2　线性分组码概述

分组码编码步骤:(1) 将信源输出序列分为 k 位一组的消息组;(2) 将 k 位消息变换为长为 n 的码字.

(n,k)线性分组码,如果码的数域为 $GF(q)$,即模为 q 的域$\{\bar{0},\bar{1},\cdots,\overline{q-1}\}$,其中 q 为质数,则消息组共有 q^k 个消息.根据代数学中定理,在 $GF(q)$中的 q 不一定为素数,q 通常为:$q=p^m$,p 为质数.本章中我们常取 p 为 2.

定义 17.2.1　当且仅当 q^k 个 n 重矢量的集合 C 构成 n 维线性空间的一个 k 维子空间时,C 称为(n,k)线性分组码.

§17.3　生成矩阵、一致校验矩阵

本节考察(n,k)线性分组码 C.根据分组码的定义,设 C 为 n 维空间的 k 维子空间,记为

V_n^k，又设 $\boldsymbol{v}_1,\boldsymbol{v}_2,\cdots,\boldsymbol{v}_k\in C$ 为 V_n^k 的基，设 $\boldsymbol{v}_i=(v_{i1},v_{i2},\cdots,v_{in})$，令

$$\boldsymbol{G}=\begin{pmatrix}\boldsymbol{v}_1\\\boldsymbol{v}_2\\\vdots\\\boldsymbol{v}_k\end{pmatrix}=(v_{ij})_{k\times n}$$

则 $\boldsymbol{G}$ 称为(n,k)线性分组码 C 的生成矩阵. 满足条件

$$\boldsymbol{H}\boldsymbol{x}^T=0\Leftrightarrow\boldsymbol{x}\in C$$

的矩阵 $\boldsymbol{H}$ 称为线性分组码 C 的一致校验矩阵.$\boldsymbol{H}\boldsymbol{x}^T=0$ 或 $\boldsymbol{x}\boldsymbol{H}^T=0$ 称为码 C 的一致校验方程组.

例 17.3.1

$$\boldsymbol{G}_1=\begin{pmatrix}1&0&1&0&1&1\\1&1&0&1&0&1\\1&1&1&0&0&0\end{pmatrix}$$

$$\boldsymbol{G}_2=\begin{pmatrix}1&0&0&1&1&0\\0&1&0&0&1&1\\0&0&1&1&0&1\end{pmatrix}$$

为同一个(6,3)码的生成矩阵.

下面我们来看消息与对应码字的关系.令消息 $\boldsymbol{m}=(m_1,m_2,\cdots,m_k)$，由

$$(m_1,m_2,\cdots,m_k)\boldsymbol{G}=(m_1,m_2,\cdots,m_k)\begin{pmatrix}\boldsymbol{v}_1\\\boldsymbol{v}_2\\\vdots\\\boldsymbol{v}_k\end{pmatrix}$$

$$=m_1\boldsymbol{v}_1+m_2\boldsymbol{v}_2+\cdots+m_k\boldsymbol{v}_k$$

就可得到每个消息对应的码字，即消息的编码.所有码字均可以用上式得到.

在本例中，$\boldsymbol{G}_2$ 生成的码是系统码，其前 k 位码字与消息完全相同.

消息	用 $\boldsymbol{G}_1$ 得到的码	用 $\boldsymbol{G}_2$ 得到的码
000	000000	000000
001	111000	001101
010	110101	010011
011	001101	011110
100	101011	100110
101	010011	101011
110	011110	110101
111	100110	111000

命题 17.3.1

$$\boldsymbol{G}\boldsymbol{H}^T=0$$

$$r(\boldsymbol{G})+r(\boldsymbol{H})=n$$

其中 $\boldsymbol{G},\boldsymbol{H}$ 的行空间互为正交补子空间或零化空间.

命题 17.3.2 如果 $\boldsymbol{G}=(I_k,\boldsymbol{A})$，则 $\boldsymbol{H}=(-\boldsymbol{A}^T,I_{n-k})$.

§17.4 线性码的距离、重量和检错、纠错能力

定义 17.4.1 (1) 码字的非零分量数目称为汉明重量，如 $\boldsymbol{v}_i=(1101001)$，则汉明重量 $w(\boldsymbol{v}_i)=4$.

(2) 两码字间的不同符号的个数称为汉明距离，例如 $\boldsymbol{v}_j=(0000011)$，则汉明距离 $d(\boldsymbol{v}_i,\boldsymbol{v}_j)=4$.

(3) 一个线性码，互异码字的汉明距离中数值最小值称为最小汉明距离，记为 $d_{\min}$.

(4) 在非零码中，重量最小者称为最小汉明重量，记为 $w_{\min}$.

定理 17.4.1 $d_{\min}=w_{\min}$

定理 17.4.2 $w(\boldsymbol{v}_i)+w(\boldsymbol{v}_j)\geqslant w(\boldsymbol{v}_i+\boldsymbol{v}_j)$

定理 17.4.3 $d(\boldsymbol{v}_i,\boldsymbol{v}_j)+d(\boldsymbol{v}_j,\boldsymbol{v}_k)\geqslant d(\boldsymbol{v}_i,\boldsymbol{v}_k)$

定理 17.4.4 若线性码 C 是 $\boldsymbol{H}$ 的零化空间，即 $\forall\boldsymbol{\alpha}\in C,\boldsymbol{H\alpha}^T=0$. 则对每一个重量为 w 的码矢，$\boldsymbol{H}$ 中有相应的 w 列线性相关；反之，$\boldsymbol{H}$ 中如果有 w 列线性相关，那么就存在一个重量为 w 的码矢.

证明: 设 $\boldsymbol{H}=\{\boldsymbol{h}_1,\boldsymbol{h}_2,\cdots,\boldsymbol{h}_n\}$，其中 $\boldsymbol{h}_1,\boldsymbol{h}_2,\cdots,\boldsymbol{h}_n$ 是 $\boldsymbol{H}$ 的所有列向量. 设 $\boldsymbol{v}=(v_1,v_2,\cdots,v_n)\in C$ 且 $w(\boldsymbol{v})=w$，即 $\boldsymbol{v}$ 中恰有 w 个分量为 1.

$$\boldsymbol{Hv}^T=0\Rightarrow\boldsymbol{vH}^T=\boldsymbol{v}\{\boldsymbol{h}_1,\boldsymbol{h}_2,\cdots,\boldsymbol{h}_n\}^T=v_1\boldsymbol{h}_1^T+v_2\boldsymbol{h}_2^T+\cdots+v_n\boldsymbol{h}_n^T=0$$

故 $\boldsymbol{H}$ 中有 w 列线性相关.反之，亦然. □

推论 17.4.1 线性分组码的最小重量为 $w_{\min}$ 的充要条件是：一致校验矩阵的任意 $w_{\min}-1$ 列线性无关，而有 $w_{\min}$ 列线性相关.

如果码字在传输过程中发生至少一个差错至多 t 个差错，变成了一个非码字(因此就能检测出来)，那么这个码就称为 t -检错码.我们说一个码字是严格的 t -检错码，如果一个码是 t -检错码，但非$(t+1)$-检错码.一个码称为 t -纠错码，如果按照最大似然译码方法可以纠正任何$\leqslant t$ 个差错.我们说一个码字是严格的 t -纠错码，如果一个码是 t -纠错码，但非$(t+1)$-纠错码.

定理 17.4.5 (编码纠错理论基本定理)最小距离为 $d_{\min}$ 的线性分组码，如果用于检测，最多可发现 $d_{\min}-1$ 位错误；如果用于纠正错误，最多可以发现 $\left[\dfrac{d_{\min}-1}{2}\right]$ 位错误.换言之，一个码字是严格的 t -检错码当且仅当 $d(C)=t+1$；一个码字是严格的 t -纠错码当且仅当 $d(C)=2t+1$ 或 $d(C)=2t+2$.

证明: 在检测错误时，如果发送的是码字 $\boldsymbol{x}$，经过信道传送后接收的是 $\boldsymbol{y}$，我们知道这个 $\boldsymbol{y}$ 不一定是原来发送的码矢 $\boldsymbol{x}$，但如果 $\boldsymbol{y}$ 恰好是另外一个码矢量，则我们很可能认为码字发送成功，没有错误.因此在检错码字时，只要发生错位的码矢量不至于被误认为另一个许用

码字就可以发现差错.由于许用码字间的距离最小等于 $d_{\min}$,所以含错位数 $t \leqslant d_{\min}-1$ 的接收码字一定不属于许用码字,因此错误都可以发现.

容易看出:如果每个码字出现的概率都为均等的,都是$\dfrac{1}{M}$,则接收者的最好译码方法是把接收矢量 $\boldsymbol{y}$ 译为离 $\boldsymbol{y}$ 最近的码字,即用最大似然方法译码,这样的差错率是最低的. 因此我们可以用距离来考察该问题.

以图 17－2 为例,假定 $d(\boldsymbol{u},\boldsymbol{v})=d_{\min}$.如果信道引入的错位数$\leqslant t$,且发送的码字为 $\boldsymbol{v}$,则接收矢量 $\boldsymbol{R}$ 是不会超过以 v 为球心,以 t 为半径的球面的.当 $\boldsymbol{R}$ 处于 $\boldsymbol{u},\boldsymbol{v}$ 的中间位置 $\mathbf{A}$ 时,最容易与 $\boldsymbol{u}$ 相混,故正确译码的条件是

$$d(\boldsymbol{u},\mathbf{A})=t\leqslant d(\mathbf{A},\boldsymbol{u})-1$$

因此 $d(\boldsymbol{u},\mathbf{A})\geqslant t+1$.因而 $d_{\min}=d(\boldsymbol{v},\mathbf{A})+d(\mathbf{A},\boldsymbol{u})\geqslant 2t+1$. □

定理 17.4.6　已知线性码的最小距离 $d_{\min}\geqslant t+t'+1$,且 $t'>t$.在译码时如果错误数不超过 t,则可以纠正错误;如果错位数超过 t 但不超过 t' 时,则只能发现错误但不能纠正错误.换言之,如果线性码的 $d_{\min}\geqslant t+t'+1$,其中 $t'>t$,则这种码可以纠正 t 位差错,同时发现 t' 位差错.

证明:根据已知条件,$d_{\min}\geqslant t+t'+1>2t+1$,根据定理 17.4.5,此码可以纠正$\leqslant t$ 位差错.当错位数超过 t 但不超过 t'时,在图 17－3 中,如果接收矢量落在 $\boldsymbol{B}$ 处时,最靠近码矢 $\boldsymbol{u}$,这种情况最难发现错误.此时仍能发现差错的条件是

$$d(\boldsymbol{B},\boldsymbol{u})\geqslant t+1,\text{即 } d_{\min}\geqslant t+t'+1$$

因为这种情况下接收矢量不可能错译成 $\boldsymbol{v}$,也不可能错译成 $\boldsymbol{u}$. □

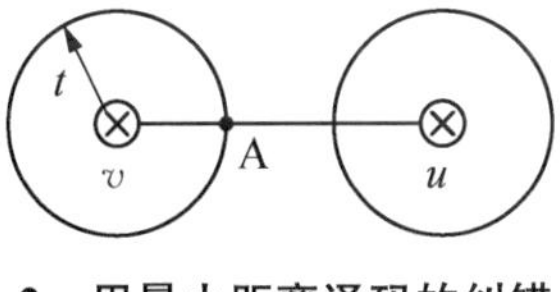

图 17－2　用最小距离译码的纠错示意图

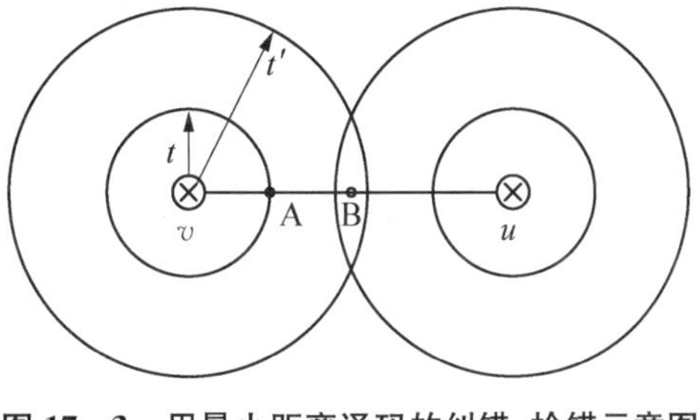

图 17－3　用最小距离译码的纠错、检错示意图

(n,k)线性码能够纠正 t 个错误当且仅当 $d_{\min}=2t+1$ 或 $t=\left[\dfrac{d_{\min}-1}{2}\right]$的几何意义:如果以线性码的每个码矢在 n 维线性空间中对应点为中心,以码的纠错能力 t 为半径作球.如图 17－2.由于任意两球球心距离都大于等于 $2t+1$.因此所有球都不相交或相切.当某个码字中包含$<t$ 个错误时所得接收矢量在 n 维空间中对应的点,仍在以原发送码字为球心的球内,即最靠近原发送码字而远离其他码字,于是能正确译码.

(n,k)线性码能发现接收矢量 $\boldsymbol{R}$ 中 t 个错误的充要条件是码的最小距离为 $d_{\min}=t+1$ 的几何意义:在图 17－3 中,以任意码矢 $\boldsymbol{u},\boldsymbol{v}$ 为球心,以 t 为半径作球,由于 $d_{\min}$大于 t,故任何球不会把其他球心(码矢)包含进去,所以当码矢中发生少于 t 个错误时,接收矢量不会落

在以发送码矢为球心的球外，则不会误认成其他码矢量而发现不了错误.当接收码矢落在两球重叠区域时，虽无法区分 $\boldsymbol{R}$ 属于哪个球导致无法纠错，但尚能发现错误.

(n,k)线性码能发现纠正 t 个错误并能发现 t'个错误($t'>t$)的充要条件是码的最小距离为 $d_{\min}=t+t'+1$ 的几何意义：在图 17－3 中，内球面是纠正 t 个错误的球面，外球面是检测 t'个错误的球面.当接收矢量 $\boldsymbol{R}$ 中不包含错误或$\leqslant t$ 个错误时，$\boldsymbol{R}$ 落在内球内部或球面上，因而 $\boldsymbol{R}$ 可译码为原发送码字.当接收矢量 $\boldsymbol{R}$ 包含$>t$ 而$\leqslant t'$个错误时，$\boldsymbol{R}$ 不会落在任何码字的纠错球面内部.代表纠错的内球球面和代表检错的外球面不相交或相切，于是纠错区域和检错区域得到区分.

例 17.4.1 $C=\{(000),(111),(222),\cdots,(nnn)\}$ 为重复码，显然 $d(C)=3$，它可以纠正 $\left[\frac{3-1}{2}\right]=1$ 个错误，检测 $3-1=2$ 个错误.

§ 17.5 陪集、标准阵列和译码方法

(n,k)线性纠错码中的码字称为许用码字，共 2^k 个，其余的 2^n-2^k 个码字为禁用码字.发送的必须为许用码字，接收的却可能是任何一个 n 重矢量.译码方法：将 2^n 个 n 重矢量分为 2^k 个互不相交的子集合 $D_1,D_2,\cdots,D_{2^k}$，每个只含有一个码字.下面讲解如何分集合. 设 G 为群$(G,*)$，H 为 G 的子群.

定义 17.5.1 设 H 是群 G 的子群，g 为 G 中任意一个元素，$h_1,h_2,\cdots$是 H 中所有元素的一个排列，定义 $g*H=\{g*h_1,g*h_2,\cdots\}$，称之为 H 在 G 中的一个左陪集. 陪集中左边第一个元素为陪集首.H 中的第一个元素规定为 G 中的恒等元 e.

在编码中用的是交换群，因此左陪集等于右陪集，简称陪集.设 G 中元素为 $g_1',g_2',\cdots$.在第一行中排列 H 中元素，取 $g_1=g_1'$，并在第 2 行中排列 g_1 的陪集取 G 中不在上面两行中出现的元素作为 g_2，并在第 3 行中排列 g_2 的陪集……

H	$h_1=e$	h_2	h_3	$\cdots$
陪集	g_1*h_1	g_1*h_2	g_1*h_3	$\cdots$
陪集	g_2*h_1	g_2*h_2	g_2*h_3	$\cdots$
$\vdots$	$\vdots$	$\vdots$	$\vdots$	$\vdots$

定理 17.5.1 群 G 的两个元素 g 和 g'属于子群 H 的同一个陪集$\Leftrightarrow g^{-1}*g'\in H$.

定理 17.5.2 两个陪集或者相等或者互不相交.(由于陪集已学习过，上面内容只是简述.)

设信道输入和输出字母表的元素均为 $GF(q)$中的元素，码字长为 N，如果信道噪声是加性的，则接收矢量 $\boldsymbol{y}$ 为

$$\boldsymbol{y}=(y_0,y_1,\cdots,y_{N-1})=\boldsymbol{c}+\boldsymbol{z}=(c_0,c_1,\cdots,c_{N-1})+(z_0,z_1,\cdots,z_{N-1})$$

式中 $\boldsymbol{z}$ 是随机噪声矢量，$\boldsymbol{z}$ 的具体数值称为差错模式或差错图样.$\boldsymbol{c}$ 是发送码字.

定义 17.5.2 $\boldsymbol{s}=\boldsymbol{y}\cdot\boldsymbol{H}^T=(\boldsymbol{c}+\boldsymbol{z})\boldsymbol{H}^T\neq 0$，其中 $\boldsymbol{s}$ 称为伴随式.

下面是(n,k)线性码标准阵列. 这是第一种译码方法.

$$\begin{array}{cccccc} & D_1 & D_2 & D_3 & \cdots & D_{2^k} \\ \text{许用码字} & \boldsymbol{v}_1=\boldsymbol{E}_1 & \boldsymbol{v}_2 & \boldsymbol{v}_3 & \cdots & \boldsymbol{v}_{2^k} \\ \text{禁用码字} & \boldsymbol{E}_2 & \boldsymbol{E}_2+\boldsymbol{v}_2 & \boldsymbol{E}_2+\boldsymbol{v}_3 & \cdots & \boldsymbol{E}_2+\boldsymbol{v}_{2^k} \\ & \vdots & \vdots & \vdots & \ddots & \vdots \\ & \boldsymbol{E}_{2^{n-k}} & \boldsymbol{E}_{2^{n-k}}+\boldsymbol{v}_2 & \boldsymbol{E}_{2^{n-k}}+\boldsymbol{v}_3 & \cdots & \boldsymbol{E}_{2^{n-k}}+\boldsymbol{v}_{2^k} \end{array}$$

其中 $\boldsymbol{v}_1=\boldsymbol{E}_1$ 为全零码,每一行都是一个陪集,每一列都是一个子集 D_i,D_i 中每一个元均翻译为 $\boldsymbol{v}_i$,注意这种译码方法是唯一的.

设接收矢量 $\boldsymbol{R}$ 落在集合 D_i 和陪集 $\boldsymbol{E}_j$,即 $\boldsymbol{R}=\boldsymbol{E}_j+\boldsymbol{v}_i$.但实际收到的 $\boldsymbol{R}$ 是发送码字 $\boldsymbol{v}$ 与错误图样 $\boldsymbol{E}$ 的和,即 $\boldsymbol{R}=\boldsymbol{E}+\boldsymbol{v}$.要使译码输出 $\boldsymbol{v}_i=\boldsymbol{v}$,则必须使 $\boldsymbol{E}_j=\boldsymbol{E}$.可见,正确译码的先决条件为:凡是实际信道错误图样属于陪集首的,译码是正确的,否则就是错误的.因此为了使译码尽可能正确,应该把实际信道中最频繁出现的错误图样作为陪集首.在错误概率小于 $\frac{1}{2}$ 的 BSC 信道中,就是要选择禁用码字中重量最小的矢量作为陪集首.

$$\boldsymbol{G}=\begin{pmatrix}1&0&0&0&1&1\\0&1&0&1&0&1\\0&0&1&1&1&0\end{pmatrix}$$

其(6,3)线性码标准阵列

000000	001101	010011	011110	100110	101011	110101	111000
000001	001100	010010	011111	100111	101010	110100	111001
000010	001111	010001	011100	100100	101001	110111	111010
000100	001001	010111	011010	100010	101111	110001	111100
001000	000101	011011	010110	101110	100011	111101	110000
010000	011101	000011	001110	110110	111011	100101	101000
100000	101101	110011	111110	000110	001011	010101	011000
100001	101100	110010	111111	000111	001010	010100	011001

第二种方法:

设(6,3)线性码的一致校验矩阵为

$$\boldsymbol{H}=\begin{pmatrix}1&0&1&1&0&0\\1&1&0&0&1&0\\0&1&1&0&0&1\end{pmatrix}$$

(1) 设 $\boldsymbol{R}=(100011)$,根据 $\boldsymbol{R}\,\boldsymbol{H}^T=(101)$.

(2) $(x_1,x_2,x_3,x_4,x_5,x_6)\boldsymbol{H}^T=(101)$,求方程组的通解.

(3) 找出重量最小者作为陪集首,可得(001000).(在实际计算中,通常不需要用线性代数中求极大线性无关组的通解,而只需要将 $\boldsymbol{c}_1=(1,0,0,\cdots,0)$,$\boldsymbol{c}_2=(0,1,0,\cdots,0)$,$\boldsymbol{c}_3=(0,0,1,\cdots,0)$,…代入上面的方程组中,检查方程两边等不等,通常即可找到重量最小者.万一找不到，在 n 个分量中取两个为 1，其余为 0，再依照上法代入即可.）

（4）输出码字，即译码为 $\boldsymbol{v}=\boldsymbol{R}+(001000)=(101011)$. □

§17.6 小结："好"的分组码

作为这章的小结，我们谈谈何为好的分组码.信息论关注三个问题：(1) 最好码可能达到的限.(2) 如何构造好码？(3) 如何译码.我们只处理第 1 个问题，简单介绍一下分组码能达到的上限、下限.

定义 17.6.1 设 $V(n,q)$ 为 $F_q^{(n)}$，表示 F_q 上的 n 维向量空间.如果 C 是 $V(n,q)$ 的任一个非空子集，那么称 C 为 q 元分组码.如果 $|C|=M$，那么称 C 为 (q,n,M) 码或 q 元 (n,M). 码率定义为 $R=\log_q M/n$.

从线性分组码的检错、纠错内容，我们可以发现分组码关心的主要指标为码率 R 和 $d_{\min}$.因此，编码理论的基本问题是在以下条件下构造 q 元的 (n,M,d_{min}) 码：(1) 在码率 R 固定时，使得最小距离 $d_{\min}$ 尽量大；(2) 在最小距离 $d_{\min}$ 固定条件下，使得码率 R 尽量大.这里 $d_{\min}$ 尽量大意味着可以纠正更多错，而 M 尽量大意味着可以多发送信息.当码长 n 和最小距离 $d_{\min}$ 固定时，完备码有最大可能的码字数，可惜完备码比较少.在一般给定 $q,n,d_{\min}$ 条件下，最大可能的码字数定义为：

$$A(n,d_{\min})=\max M\{:\boldsymbol{c}_1,\cdots,\boldsymbol{c}_M \text{ 是最小汉明距离大于 } d_{\min} \text{ 的分组码}\}$$

这个值很难确定，除非 $q,n,d_{\min}$ 比较小.编码理论是要寻求 $A(n,d_{\min})$ 的上限、下限(证明省略).

定理 17.6.1 最小距离为 $d_{\min}$ 的 q 元 (n,k) 线性码存在的充分条件是

$$\sum_{i=0}^{d_{\min}-2} C_{n-1}^{i}(q-1)^i \geqslant q^{n-k}$$

注意：当 $q=2$ 且 n 和 $d_{\min}$ 都很大，$\dfrac{d_{\min}}{n}\geqslant p$，$0\leqslant\dfrac{1}{2}$ 时，定理中不等式可改为

$$\sum_{i=0}^{d_{\min}-2} C_{n-1}^{i}(q-1)^i \geqslant 2^{nH\left(\frac{d_{\min}}{n}\right)}$$

由此有 $R>1-H\left(\dfrac{d_{\min}}{n}\right)$.这给出了一个下限，称为瓦尔沙莫夫-吉尔伯特限，简称 V-G 限. 1952 年至今未得到任何改进，相反地上限却越来越接近下限，所以人们猜测 $1-H\left(\dfrac{d_{\min}}{n}\right)$ 也为码的实际上限.人们发现了很多上限，其中最好的是通过线性规划得到的.

在这里我们看到信息论中关注的"好"码与可计算性理论、可计算分析中关注的侧重点不同.信息论更关注实用性，大多数线性码在码长加大时的渐进性能都很差.

第 17 章习题

1. 试证：当且仅当一致校验矩阵 $\boldsymbol{H}$ 的所有 $d-1$ 列均线性独立时码的最小重量才大于

等于 d.

2. 试证：(n,k)线性码的最小重量 d 满足 $n-k\geqslant d-1$.

3. 试证：(1) 二元线性码中码字重量必定全为偶数或奇偶各半.

(2) (n,k)线性码的平均码字重不过$\frac{N}{2}$.

4. 令 C 是一致校验矩阵为 $\boldsymbol{H}=[\boldsymbol{B}I_{n-k}]$的$(n,k)$线性码，其中 $\boldsymbol{B}$ 为$(n-k)\times k$ 矩阵.若 $1\leqslant t\leqslant k$，码 C_t 的一致校验矩阵为 $\boldsymbol{H}_t=[\boldsymbol{B}_t I_{n-k}]$，$\boldsymbol{B}_t$ 为$(n-k)\times(k-t)$矩阵，$\boldsymbol{B}_t$ 是通过删去$\boldsymbol{B}$ 的前 t 列而得到的.证明：(a) C_t 是由 C 的前 t 个坐标均为 0 且删去这些坐标的全部码字构成；(b) C_t 是一个$(n-t,k-t)$线性码；(c) $d_{\min}(C_t)\geqslant d_{\min}(C)$，即码 C_t 的最小汉明距离$\geqslant C$ 的最小距离.

5. 设有线性分组码的一致校验矩阵为

$$\boldsymbol{H}=\begin{pmatrix}1&0&1&1&1&0&0\\1&1&0&1&0&1&0\\0&1&1&1&0&0&1\end{pmatrix}$$

(1) 求接收序列为 $R=(1000001)$时的译码；(2) 写出其生成矩阵.

6. 设线性码的一致校验矩阵为 $\boldsymbol{H}$，则 $d_{\min}=rank(\boldsymbol{H})+1$ 对吗？为什么？

7. 设 $\boldsymbol{H}$ 为线性码C 的一致校验矩阵，则 C 至少能纠正一位错误，当且仅当 $\boldsymbol{H}$ 中没有全零列，且没有一列为其他列的倍数. 为什么？

8. 设 $\boldsymbol{H}$ 为线性码C 的一致校验矩阵，码 C 的最小重量 $W_{\min}$为奇数. 构造一个新的线性码 C_1，使得它的一致校验矩阵 $\boldsymbol{H}_1$ 的第 1 行为 $1,1,\cdots,1,1$，它的最后一列为 $1,0,\cdots,0$，它的左下角为 $\boldsymbol{H}$.(a) 证明 C_1 是$(n+1,k)$线性码；(b) 证明 C_1 中每个码矢的重量均为偶数；(c) 证明 C_1 的最小重量为 $W_{\min}+1$.

9. 设 C 为数域$GF(q)$上(n,k)线性码，$x_j\in C$，如果与 x_j 汉明距离为i 的码字个数为 A_i，则(a) A_i 也是汉明重量为i 的码字个数，为什么？(b) 汉明距离 $d(x,y)=i$ 的码字对(x,y)的个数为多少，为什么？

10. 将 16 个等概率出现的消息构造为线性分组码.

11. 令 C 为域$GF(q)$上的(n,k)线性分组码，对任一 $y\in V_n(q)$，定义 $C-y=\{x-y: x\in C\}$.显然 $C-y$ 是C 的一个陪集. 证明：$C-y=C$ 当且仅当$y\in C$.从而证明：如果 x_j 是C 的一个固定的码字，对 x_j 来说汉明距离为i 的码字个数如果为A_i，则汉明重量为 i 的码字个数也为A_i.

12. 设 $\boldsymbol{H}$ 为某一个(n,k)线性分组码 C 的一致校验矩阵，$\boldsymbol{G}$ 为 C 对应的生成矩阵，求$(\boldsymbol{H},\boldsymbol{H})$作为一致校验矩阵时所对应的生成矩阵.

13. 设 $\boldsymbol{H}$ 为线性码C 的一致校验矩阵.构造一个新的线性码C_1，使得它的一致校验矩阵H_1 的第 1 行为 $1,1,\cdots,1,1$，它的最后一列为 $1,0,\cdots,0$，它的左下角为 $\boldsymbol{H}$.

(1) 证明 C_1 是$(n+1,k)$线性码；

(2) 如果 $\boldsymbol{H}$ 的生成矩阵$\boldsymbol{G}=(\alpha_1,\alpha_2,\cdots,\alpha_k)$，请写出 C_1 对应的生成矩阵.

14. 下列码字代表 8 个字符：0000000，1000111，0101011，0011101，1101100，1011010，0110110，1110001.找出最小的汉明距离 d 并说明该组码字的检错和纠错能力.

15. 接收到 3 次重复码序列如下：

(a) 0001,1000,1111,1101,0000

(b) 1111,1111,0111,0010,0000

(c) 0100,0101,1111,0000,0111

试译出该 3 个字符序列.

16. 对于一个码字长为 15 位的线性码，如果允许 2 个随机错误，需要多少不同的伴随式？至少需要多少位监督位？

17. 下面是一个(n,k)线性二元码的全部码字 000000,000111,011001,011110,101011,101100,110010,110101.

求 n,k、生成矩阵、一致校验矩阵、最小汉明距离.

18. 求证最小汉明距离为 $d_{\min}$的码用于二元对称信道能够纠正小于 $d_{\min}/2$ 个错误.

19. 求码长为 n 的 q 元重复码的生成矩阵.

20. 上机实验：给出线性分组码的译码算法

第十八章　循环码

循环码是线性分组码的一个非常重要的子类，自 1957 年 Prange.N 开始研究.由于它是在严格的现代代数理论基础上发展起来的，其编码和译码电路简单易行，且纠错能力较强，它是目前研究最成熟、应用最广泛的一类码.受重视的两大原因：其编码和伴随式的计算可以用一种移位寄存器来实现，有相当多的代数结构可以用来简化译码方法.

§ 18.1　循环码的定义及特性

定义 18.1.1　(n,k)线性码 C 的任何一个码字 $\boldsymbol{v}=(v_{n-1},v_{n-2},\cdots,v_0)$循环左移(或循环右移)一位，得到的 $\boldsymbol{v}^{(1)}=(v_{n-2},v_{n-3},\cdots,v_0,v_{n-1})\in C$，则称线性码 C 为(n,k)循环码.

例 18.1.1　1. 二元线性码 $C=\{000,101,011,110\}$是循环码.

2. 有一个线性分组码，其生成矩阵为

$$\boldsymbol{G}_1=\begin{pmatrix}1&0&2&0\\1&1&2&2\end{pmatrix}$$

则这个 3 进制码的 9 个码字为 $\boldsymbol{c}_1=(1020)$，$2\boldsymbol{c}_1=(2010)$，$\boldsymbol{c}_2=(1122)$，$\boldsymbol{c}_1+\boldsymbol{c}_2=(2112)$，$2\boldsymbol{c}_1+\boldsymbol{c}_2=(0102)$，$2\boldsymbol{c}_2=(2211)$，$\boldsymbol{c}_1+2\boldsymbol{c}_2=(0201)$，$2\boldsymbol{c}_1+2\boldsymbol{c}_2=(1221)$，$\boldsymbol{c}_0=(0000)$.

它是一个循环码，由循环可得其完整列表：

$\boldsymbol{c}_1\to2\boldsymbol{c}_1+\boldsymbol{c}_2$，$2\boldsymbol{c}_1\to\boldsymbol{c}_1+2\boldsymbol{c}_2$，$\boldsymbol{c}_2\to\boldsymbol{c}_1+\boldsymbol{c}_2$，$\boldsymbol{c}_1+\boldsymbol{c}_2\to2\boldsymbol{c}_2$，$2\boldsymbol{c}_1+\boldsymbol{c}_2\to2\boldsymbol{c}_1$，$2\boldsymbol{c}_2\to2\boldsymbol{c}_1+2\boldsymbol{c}_2$，$\boldsymbol{c}_1+2\boldsymbol{c}_2\to\boldsymbol{c}_1$，$2\boldsymbol{c}_1+2\boldsymbol{c}_2\to\boldsymbol{c}_2$　□

我们用多项式环理论研究循环码.我们研究系数属于 $GF(2)$的零多项式和次数小于等于 $n-1$ 的多项式组成的集合，记为 $R_n(x)$，即 $R_n(x)=F_2[x]_{x^n-1}$.$R_n(x)$的加法和乘法是模 x^n-1 的运算.R_n 关于模运算作成了一个带单位元 1 的交换环.我们用环理论研究循环码.我们建立码字与多项式之间的一一对应(思考一下为什么简单的码字要用复杂的表示？其目的在于引出什么？)：

$$\boldsymbol{v}=(v_{n-1},v_{n-2},\cdots,v_0)\leftrightarrow v(x)=v_{n-1}x^{n-1}+v_{n-2}x^{n-2}+\cdots+v_1x+v_0$$

为方便起见，我们常常将$(v_{n-1},v_{n-2},\cdots,v_0)$与多项式 $v_{n-1}x^{n-1}+v_{n-2}x^{n-2}+\cdots+v_1x+v_0$ 看成是相同的.对循环码我们既可以用线性分组码方式定义，又可以用环 R_n 定义.

易见 $\boldsymbol{v}=(v_{n-1},v_{n-2},\cdots,v_0)$循环左移(或循环右移)$i$ 位后对应的码字为

$$\boldsymbol{v}^{(i)}=(v_{n-1-i},v_{n-2-i},\cdots,v_0,v_{n-1},\cdots,v_{n-i})$$

故 $v^{(i)}(x)=v_{n-i-1}x^{n-1}+\cdots+v_1x^{i+1}+v_0x^i+v_{n-1}x^{i-1}+\cdots+v_{n-i}$.

实际上上式右边为 $x^iv(x)\bmod(x^n-1)$.故

$$x^i\,v(x)\equiv v^{(i)}(x)\bmod(x^n-1)$$

事实上,如果 $\boldsymbol{v}=(v_{n-1},\cdots,v_1,v_0)$,则 $v(x)=v_{n-1}x^{n-1}+\cdots+v_1x+v_0$,$xv(x)=v_{n-1}x^n+\cdots+v_1x^2+v_0x=v_{n-1}(x^n-1)+\cdots+v_1x^2+v_0x+v_{n-1}\equiv v_{n-2}x^{n-1}+\cdots+v_1x^2+v_0x+v_{n-1}$,其对应向量为$(v_{n-2},\cdots,v_1,v_0,v_{n-1})$.$\boldsymbol{v}$ 循环左移一位所得向量对应多项式 $v^{(1)}(x)=v_{n-2}x^{n-1}+\cdots+v_0x+v_{n-1}$.从而 $xv(x)-v^{(1)}(x)=v_{n-1}(x^n-1)\equiv0$ 得证.

以后为方便起见,我们直接称 $x^i\,v(x)$是一个码多项式,而 $\bmod(x^n-1)$的运算是不言而喻的.再设码多项式的系数均取自于 $GF(2)$,故加法就是减法.例如,$-x+1=x+1=x-1=-x-1$.

定理 18.1.1 一个码 $C\subseteq R_n$ 是循环码当且仅当 C 满足下列条件:

(1) $\forall a(x),b(x)\in C$,有 $a(x)+b(x)\in C$

(2) $\forall a(x)\in C,r(x)\in R_n$,有 $r(x)a(x)\in C$

证明:必要性:设 C 是循环码,故 C 是线性分组码,可知(1)成立;对于任意的 $r(x)=r_{n-1}x^{n-1}+\cdots+r_1x+r_0$,$a(x)\in C$,有

$$r(x)=r_{n-1}x^{n-1}a(x)+\cdots+r_1xa(x)+r_0a(x)$$

而 $x^ia(x)\in C$ 对每个 i 成立,C 是循环码,故 $r(x)a(x)\in C$,从而(2)成立.

充分性:设(1)和(2)成立,取 $r(x)$为 F_2 中的常数,(1)和(2)表明 C 是线性分组码.取 $r(x)=x$,则(2)成立意味着 C 是循环码. □

由定理 18.1.1 可以看出,一个码 $C\subseteq R_n$ 是循环码当且仅当 C 是 R_n 的一个理想.设 $f(x)\in R_n(x)$,令$(f(x))=\{r(x)f(x)\mid r(x)\in R_n\}$,易见$(f(x))$是交换环 R_n 的理想,由定理 18.1.1 可以得到

定理 18.1.2 如果 $f(x)\in R_n$,则$(f(x))$为循环码.并称$(f(x))$为由 $f(x)$生成的循环码.

定理 18.1.3 在(n,k)循环码中,存在唯一的非零的最低次码多项式 $g(x)$.

证明:(1) 均指的是首 1 多项式.因为 C 非空,C 中存在非零多项式,进而存在最低次非零多项式,记为 $g(x)$.

(2) 反证.假设 $g(x)=x^r+g_{r-1}x^{r-1}+\cdots+g_1x+g_0$ 和 $g'(x)=x^r+g'_{r-1}x^{r-1}+\cdots+g'_1x+g'_0$,为两个不同的最低次码多项式,则

$$g(x)+g'(x)=(g_{r-1}+g'_{r-1})x^{r-1}+\cdots+(g_1+g'_1)x+(g_0+g'_0)\in C$$

(根据线性码的封闭性,$g(x)+g'(x)$对应的向量属于 C),但其次数 $\partial(g(x)+g'(x))<\partial g(x)$,矛盾! □

定理 18.1.4 在(n,k)循环码中,令 $g(x)=x^r+g_{r-1}x^{r-1}+\cdots+g_1x+g_0$ 为(n,k)循环码的非零的最低次码多项式,则次数小于等于 $n-1$ 的任意一个多项式为码多项式当且仅当它是 $g(x)$的倍式.故进一步由定理 18.1.1 知 $C=(g(x))$.

证明:充分性:根据码多项式的定义,$g(x),xg(x),\cdots,x^{n-r-1}g(x)$仍然是码多项式,而且很显然它们是线性无关的. 又因为 C 为循环码,

$$(m_{n-r-1}x^{n-r-1}+m_{n-r-2}x^{n-r-2}+\cdots+m_1x+m_0)g(x)$$

仍然是码多项式，这就说明 $g(x)$ 的倍式仍然是码多项式.

必要性：要证明次数 $\leqslant n-1$ 的任意一个码多项式 $v(x)$ 必定是 $g(x)$ 的倍式.设 $v(x)=a(x)g(x)+b(x)$，其中 $\partial(b(x))<\partial(g(x))$.

因为 $a(x)g(x)$ 仍然是码多项式，$v(x)-a(x)g(x)=b(x)$ 仍然是码多项式，但 $\partial(b(x))<\partial(g(x))$，根据上述定理，$b(x)=0$. □

推论 18.1.1　$g(x)$ 生成循环码，因此 $g(x)$ 称为在 (n,k) 循环码的生成多项式.

定理 18.1.5　(n,k) 循环码中 $g(x)$ 的次数 $=n-k$ 且 $g_0\neq 0$ 且 $g_0=1$.

证明：设 $v(x)$ 为次数小于等于 $n-1$ 的任意一个码多项式，且存在 $m(x)$ 使得 $v(x)=m(x)g(x)$，其中 $\partial(m(x))\leqslant n-r-1$.故 $v(x)=(m_{n-r-1}x^{n-r-1}+m_{n-r-2}x^{n-r-2}+\cdots+m_1x+m_0)g(x)$.因其系数取自 $GF(2)$，故 (n,k) 循环码的总数为 2^{n-r}，但 (n,k) 循环码又是线性码，其数为 2^k.故 $2^{n-r}=2^k$，所以 $r=n-k$.

下证 $g_0\neq 0$.反证法，设 $g_0=0$，则 $g(x)=x(x^{r-1}+g_{r-1}x^{r-2}+\cdots+g_2x+g_1)$，将它对应的码字循环左移 $n-1$ 次，得到的 $x^{r-1}+g_{r-1}x^{r-2}+\cdots+g_2x+g_1$ 仍然是码多项式，但其次数小于 r.矛盾. □

定理 18.1.6　(n,k) 循环码的生成多项式 $g(x)$ 一定是 x^n-1 的因式.

证明：考察 $x^kg(x)$，一方面，它为码多项式.另一方面，

$$x^kg(x)\equiv g^{(k)}(x)\bmod(x^n-1)$$

即 $x^kg(x)=g^{(k)}(x)+x^n-1$，但 $g^{(k)}(x)$ 仍然是码多项式，从而 $g^{(k)}(x)=m(x)g(x)$，故 $x^n-1=(x^k-m(x))g(x)$. □

定理 18.1.7　如果 $f(x)$ 为 x^n-1 的 $n-k$ 次因式，则 $f(x)$ 生成一个 (n,k) 循环码.

证明：不妨设 $f(x)=x^{n-k}+f_{n-k-1}x^{n-k-1}+\cdots+f_1x+f_0$，其中 $f_0=1$.且

$$x^n-1=f(x)h(x)$$

(1) 根据循环码的定义，如果 $f(x)$ 要生成一个 (n,k) 循环码，则 $\boldsymbol{f},D\boldsymbol{f},\cdots,D^{k-1}\boldsymbol{f}$ 必定线性无关，且仍是码字(其中 D 是循环左移算子)，其中

$$f(x)\leftrightarrow\boldsymbol{f}=(0,\cdots,0,1,f_{n-k-1},\cdots,f_1,f_0)$$
$$xf(x)\equiv\boldsymbol{f}^{(1)}\leftrightarrow D\boldsymbol{f}=(0,\cdots,0,1,f_{n-k-1},\cdots,f_1,f_0,0)$$
$$\vdots$$
$$x^{k-1}f(x)\equiv\boldsymbol{f}^{(k-1)}\leftrightarrow D^{k-1}\boldsymbol{f}=(1,f_{n-k-1},\cdots,f_1,f_0,\cdots,0)$$

(2) 如果 $f(x)$ 要生成一个 (n,k) 循环码，则

$$\boldsymbol{G}=\begin{pmatrix}0&\cdots&0&0&1&f_{n-k-1}&\cdots&f_1&f_0\\0&\cdots&0&1&f_{n-k-1}&\cdots&f_1&f_0&0\\&&&&\vdots&&&&\\1&\cdots&f_4&f_3&f_2&f_1&f_0&\cdots&0\end{pmatrix}$$

必定为生成矩阵.

(3) 下证 $D^k\boldsymbol{f}$ 由 $\boldsymbol{f},D\boldsymbol{f},\cdots,D^{k-1}\boldsymbol{f}$ 生成即可.我们只需要证明 $x^kf(x)$ 可以由 $x^{k-1}f(x)$，

$x^{k-2}f(x),\cdots,xf(x),f(x)$线性表示即可.事实上,$x^kf(x)-x^n+1=(x^k-h(x))f(x)=f(x)(b_{k-1}x^{k-1}+\cdots+b_1x+b_0)$.

(4) 类似可以证 $D^{k+1}\boldsymbol{f},D^{k+2}\boldsymbol{f},\cdots$可以由 $\boldsymbol{f},D\boldsymbol{f},\cdots,D^{k-1}\boldsymbol{f}$ 生成. 因此 $f(x)$生成一个(n,k)循环码. □

自然地,下一个问题是:如何寻找一个(n,k)循环码的生成多项式 $g(x)$? 这就要对 x^n+1 做因式分解,化为多个既约多项式的乘积,然后再选择其中的$(n-k)$次多项式,或其中几个多项式合并成的$(n-k)$次多项式作为生成多项式.在下表中我们给出了 n 为一些具体值时的因式分解:

表 18.1 x^n+1 的八进制因式分解

7	3.15.13
9	3.7.111
15	3.7.31.23.37
17	3.471.727
21	3.7.15.13.165.127
23	3.6165.5343
25	3.37.4102041
27	3.7.111.1001001
31	3.51.45.75.73.67.57
63	3.7.15.13.141.111.165.155.103.163.133.147.127

上表用 8 进制来表示多项式系数,例如 x^3+x^2+1 的二进制表示为 001101,其八进制为 15.

表 18.2 $n=7$ 时循环码的生成多项式

(n,k)	$g(x)$
(7,6)	$x+1$
(7,4)	x^3+x+1 或 x^3+x^2+1
(7,3)	$(x+1)(x^3+x+1)$或$(x+1)(x^3+x^2+1)$
(7,1)	$(x^3+x+1)(x^3+x^2+1)$

例 18.1.2 在 $GF(2)[x]/(x^3-1)$ 中的子集 $I(C)=\{0,1+x,1+x^2,x+x^2\}$是一个理想,故 $C=\{(0,0,0),(1,1,0),(1,0,1),(0,1,1)\}$是循环码.

例 18.1.3 设 $R_3=F_2[x]_{x^3-1}$,$f(x)=1+x^2\in R_3$,试求由 $f(x)$生成的循环码.

解: 要求由 $f(x)$生成的循环码,也就是求 $f(x)$在 R_3 中生成的理想,该理想中每个多项式对应的码字组成的集合便是 $f(x)$生成的循环码.

$$R_3=\{0,1,x,1+x,x^2,1+x^2,x+x^2,1+x+x^2\}$$

R_3 的元素与 $1+x^2$ 乘积模 x^3-1 的结果为

$$0\cdot(1+x^2)=0$$
$$x^2\cdot(1+x^2)=x+x^2$$
$$x\cdot(1+x^2)=1+x$$
$$(x+x^2)\cdot(1+x^2)=1+x^2$$
$$1\cdot(1+x^2)=1+x^2$$
$$(1+x^2)\cdot(1+x^2)=1+x$$
$$(1+x)\cdot(1+x^2)=x+x^2$$
$$(1+x+x^2)\cdot(1+x^2)=0$$

按照理想的对应,上面元素组成的集合

$$(1+x^2)=\{0,1+x,1+x^2,x+x^2\}$$

就是所求的理想,它们对应的向量形成的集合就是所求的循环码

$$C=\{000,110,101,011\}$$

□

§18.2 循环码的生成矩阵和一致校验矩阵

令 $\boldsymbol{g}=(0,\cdots,0,1,g_{n-k-1},\cdots,g_1,g_0)$,再引入移位因子 D,从而得到生成矩阵

$$\boldsymbol{G}=\begin{pmatrix}D^{k-1}\boldsymbol{g}\\D^{k-2}\boldsymbol{g}\\\vdots\\\boldsymbol{g}\end{pmatrix}$$

例 18.2.1 取 $g(x)=x^3+x+1$ 作为(7,4)的生成多项式,$\boldsymbol{g}=(0001011)$

$$\boldsymbol{G}=\begin{pmatrix}1&0&1&1&0&0&0\\0&1&0&1&1&0&0\\0&0&1&0&1&1&0\\0&0&0&1&0&1&1\end{pmatrix}$$

□

设 $g(x)$ 为 x^n-1 的 $n-k$ 因式,故有 $x^n-1=g(x)h(x)$.由 $g(x)$ 可以导出生成矩阵,那么由 $h(x)$ 是否可以得到一致校验矩阵?

因 $g(x)h(x)\equiv0(\mathrm{mod}(x^n-1))$,考察一般情况,设

$$c(x)=a(x)b(x)=0(\mathrm{mod}(x^n-1))$$

则 $c(x)$ 的各次幂的系数都等于 0,设 $c_j(x)$ 为 x^j 的系数,另外 $a(x)$,$b(x)$ 按照降幂排列,则

$$c_j=a_{n-1}b_{j+1}+\cdots+a_{j+1}b_{n-1}+a_jb_0+a_{j-1}b_1+\cdots+a_1b_{j-1}+a_0b_j=0$$

(注意上式中右边下标之和为 j),它相当于下面两个向量的内积

$$c_j=(a_{n-1},a_{n-2},\cdots,a_0)\cdot(b_{j+1},\cdots,b_{n-1},b_0,b_1,\cdots,b_{j-1},b_j)=0$$

注意

$$\boldsymbol{a}\leftrightarrow a(x)=a_{n-1}x^{n-1}+a_{n-2}x^{n-2}+\cdots+a_0$$

$$\boldsymbol{b}^*\leftrightarrow b^*(x)=b_0x^{n-1}+b_1x^{n-2}+\cdots+b_{n-2}x+b_{n-1}$$

其中 $b^*(x)$称为 $b(x)$的互反多项式.定义为 $b^*(x)=x^{n-1}b(x^{-1})$.故不管 $\boldsymbol{b}^*$ 如何循环移位,$\boldsymbol{a}$ 与 $\boldsymbol{b}^*$ 均正交.同理可得

$$\boldsymbol{g}\cdot D^{\lambda}\boldsymbol{h}^*=0,\lambda=0,1,\cdots,n-1$$

由此可知,$D^{\lambda}\boldsymbol{h}^*$ 在 G 的行空间的零化空间中,即 $\boldsymbol{h}^*$ 可用来生成一致校验矩阵 $\boldsymbol{H}$.$\boldsymbol{h}^*$ 由 $h(x)$ 转化而来.$h(x)$为一致校验多项式.g,h^* 生成的码互为对偶码. 实际上这是一个定理,叙述如下:

定理 18.2.1 设 $h(x)$是循环码 $C=(g(x))$的校验多项式,则

(1) $C=\{p(x)\in F_q[x]_{x^n-1}\mid p(x)h(x)\equiv 0(\mathrm{mod}\ (x^n-1))\}$;

(2) 如果 $h(x)=h_0+h_1x+\cdots+h_{n-k}x^{n-k}$,则 C 的一致校验矩阵为

$$\boldsymbol{H}=\begin{pmatrix} h_{n-k} & & \cdots & h_0 & 0 & 0 & \cdots & 0\\ 0 & h_{n-k} & & \cdots & h_0 & 0 & \cdots & 0\\ 0 & 0 & h_{n-k} & & \cdots & h_0 & & \cdots\\ & & & \vdots & & & & \\ 0 & 0 & \cdots & 0 & h_{n-k} & \cdots & & h_0 \end{pmatrix}$$

(3) 码 C 的对偶码 C'是$(n,n-k)$线性码,生成多项式为 $h^*(x)=(h_0)^{-1}x^{n-k}h(x^{-1})$.

例 18.2.2 (7,4)循环码的 $g(x)=x^3+x^2+1$,由于 $x^7+1=(x+1)(x^3+x+1)(x^3+x^2+1)$,所以 $h(x)=(x+1)(x^3+x+1)=x^4+x^3+x^2+1$.从而 $h^*(x)=x^4+x^2+x+1$ 故

$$\boldsymbol{H}=\begin{pmatrix}1&0&1&1&1&0&0\\0&1&0&1&1&1&0\\0&0&1&0&1&1&1\end{pmatrix}$$

第 18 章习题

1. (1) 设循环码由 $g(x)=x^8+x^7+x^6+x^4+1$ 生成,求其生成矩阵、一致校验矩阵、最小距离.进一步的,如果接收多项式为 $m(x)=x^{10}+x^7+x^5+x^3+1$,问:接收序列是码多项式吗?

(2) 有一个(n,k)循环码,由 $g'(x)$生成,n 为奇数且 $x+1$ 不是 $g'(x)$的因式,试证全 1 的矢量为一个码字.

2. 域 $GF(2)$上,设 $g(x)=x^3+x^2+1$,(1) 问 $g(x)$为什么可以作为生成多项式用于构造(7,4)循环码.(2) 求其生成矩阵.(3) 设 $x^7+1=g(x)h(x)$,求 $h^*(x)$及一致校验矩阵.(4) 当接收序列为 0010011 时,问:接收序列是否有错,为什么?(5) 求该循环码的最小距离.

3. C 为域 $GF(2)$ 上的一个 (n,k) 循环码，$\boldsymbol{v}\in C$ 为非零码矢，C' 为以 $\boldsymbol{v}$ 为基通过任意次循环左移和矢量加法得到的封闭集合，

(1) 问：C' 是否是循环码，为什么？

(2) 问：C' 是否等于 C？何时相等？为什么？

4. 在域 $GF(2)$ 上，(1) 设循环码由 $g(x)=x^8+x^7+x^6+x^4+1$ 生成，证明此码长度为15.(2) 求其生成矩阵与一致校验矩阵. (3) 令 $\boldsymbol{G}=[I_k,\boldsymbol{P}]$ 是 (n,k) 循环码的生成矩阵，如果 $h(x)=x^k+h_{k-1}x^{k-1}+\cdots+h_1x+1$ 是此码的一致校验多项式，证明 $\boldsymbol{P}$ 的第一列为 $(1,h_1,\cdots,h_{k-1})^T$.

5. 令 α 是 $GF(2^6)$ 的本原元，试求 α^7 的阶及其最小多项式 $g(x)$，若以 $g(x)$ 为码生成多项式，所得循环码的长度是多少？

6. 是否存在 $(12,7)$ 线性码，其最小距离为 5？

7. 在 F_2 上把 x^5-1 分解成不可约多项式的乘积，确定所有码长是 5 的二元循环码，并写出每个码的生成矩阵和校验矩阵.

8. 设 $C_1=(g_1(x))$ 和 $C_2=(g_2(x))$ 是 R_n 中的循环码，令

$$C_1+C_2=\{\boldsymbol{c}_1+\boldsymbol{c}_2\,|\,\boldsymbol{c}_1\in C_1,\boldsymbol{c}_2\in C_2\}$$

则 (1) $C_1\subset C_2\Leftrightarrow g_2(x)\,|\,g_1(x)$；

(2) $C_1\cap C_2=(lcm(g_1(x),g_2(x)))$；

(3) $C_1+C_2=(gcd(g_1(x),g_2(x)))$.

9. 设 E_n 是 $V(n,2)$ 中所有具有偶数重量的向量的集合，C 是一个码字长为 n 的二元循环码，则

(1) $E_n=(x-1)$；

(2) $C=(g(x))\subset E_n\Leftrightarrow x-1\,|\,g(x)$.

10. 设 $C=(g(x))$ 是一个二元循环码且至少含有一个具有奇数重量的码字，C_1 是 C 中所有具有偶数重量的码字的集合.证明：C_1 是 C 的循环子码，并求 C_1 的生成多项式.

11. 设在 F_q 上 x^n-1 可分解成 t 个不同的不可约多项式的乘积，试问有多少个码字长为 n 的 q 元循环码？

12. 设 $C=(g(x))$ 是一个二元循环码，证明分量全为 1 的向量 $(11\cdots1)\in C$ 的充要条件是 $g(1)\neq 0$.

13. 设 $C=(g(x))$ 是一个二元循环码，证明分量全为 1 的向量 $(11\cdots1)\in C$ 的充要条件是 C 包含一个重量为奇数的码字.

14. 设 $C=(g(x))$ 是循环码，$h(x)$ 是码 C 的校验多项式，设多项式 $p(x)$ 与 $h(x)$ 互素，证明：$C=(p(x)g(x))$.

15. 设 C_1 和 C_2 是 R_n 中的循环码，求证 C_1+C_2 是包含 C_1 和 C_2 的最小循环码.

16. 上机实验：给出循环码的编码算法.

(1) 输入生成多项式，给定 n；

(2) 输出循环码的每个码字及相应的码多项式.

第十九章　卷积码

卷积码，又称为连环码，1955 年由 Elias 提出，1957 年 Wozencraft 提出序列译码方法. 1963 年 Massey 给出门限译码方法，一种代数方法，其主要特点是算法简便，译码延时是固定的，使理论走向实用.1967 年 Viterbi 提出最大似然方法，广泛应用于现代通信. 我们将在一个二进制输入信道上应用这类码，即信道输入字母表为有限域 $GF(2)$.卷积码与线性分组码有很多类似之处，其差别仅仅在于其生成矩阵的元素是有限域上的多项式.另外卷积码的译码与前后数据有关.由于卷积码的方法很多，编写教材时，我们选择了易于数学系学生理解的、更偏向于数学理论方面的知识的方式.

它是一种非分组码.它不同于分组码之处：在分组码中，监督码元与本组的信息码元有关；而在卷积码中，不仅与监督组元有关，而且与前 m 组的信息码元有关.卷积码有三种定义方法：多项式矩阵法、标量矩阵法、移位寄存器法.

§19.1　多项式矩阵法

一个(n,k)卷积码 CC 同线性分组码一样也由 $k\times n$ 生成矩阵来表示.

例 19.1.1

$$\boldsymbol{G}=(x^2+1\quad x^2+x+1)$$

是一个$(2,1)CC$ 的生成矩阵.我们称为 $CC1$.

例 19.1.2

$$\boldsymbol{G}=\begin{pmatrix}1 & 0 & x+1\\ 0 & 1 & x\end{pmatrix}$$

是一个$(3,2)CC$ 的生成矩阵.我们称为 $CC2$.

定义 19.1.1　(1) 记忆：$M=\max\partial(g_{ij})$，其中 ∂ 表示多项式次数；

(2) 约束长度：$K=M+1$；

(3) 速率：$R=k/n$.

易见 $CC1$ 的 $M=2,K=3,R=\dfrac{1}{2}$.$CC2$ 的 $M=1,K=2,R=\dfrac{2}{3}$.同线性分组码一样，卷积码也有消息、码字，其定义如下.k 重多项式

$$I=(I_0(x),I_1(x),\cdots,I_{k-1}(x))$$

为多项式消息,"码字"为 $\boldsymbol{C}=(c_0(x),c_1(x),\cdots,c_{n-1}(x))$,一个 n 重多项式,两者关系满足

$$\boldsymbol{C}=I\cdot\boldsymbol{G}$$

(**解读**:这表明函数也可用于编码.)

例 19.1.3　1. 在 $CC1$ 中,如果多项式信息为 $I=(x^3+x+1)$,多项式码字为 $\boldsymbol{C}=(x^5+x^2+x+1,x^5+x^4+1)$.

2. 在 $CC2$ 中,设多项式信息为 $I=(x^2+x,x^3+1)$,多项式码字为 $\boldsymbol{C}=(x^2+x,x^3+1,x^4+x^3)$.

§19.2　标量矩阵法

在计算机上,上面的码字和消息多是不可传的,因为 x 的取值可能有无穷位,因此要重新建立一一对应关系或编码.只要用代数中的矩阵思想,将系数单独拿出来做成向量即可,在信息论中此方法称为比特标量.

设多项式码字 $\boldsymbol{C}=(c_0(x),c_1(x),\cdots,c_{n-1}(x))$,其中 $C_j(x)=C_{j0}+C_{j1}x+C_{j2}x^2+\cdots$,则 $\boldsymbol{C}$ 的标量定义为

$$\boldsymbol{C}=(C_{00},C_{10},\cdots,C_{n-10},C_{01},\cdots,C_{n-11},\cdots)$$

即依次排列 $c_0(x),c_1(x),\cdots,c_{n-1}(x)$ 这些多项式的常数项,一次项,二次项等等的系数.

类似的,生成矩阵的标量形式也可依此法写出.设 CC 的记忆为 M,显然 $G=\sum_{v=0}^{M}G_v x^v$,则其标量生成矩阵

$$\boldsymbol{G}=\begin{pmatrix} G_0 & G_1 & G_2 & \cdots & G_M & 0 & 0 \\ 0 & G_0 & G_1 & G_2 & \cdots & G_M & 0 \\ 0 & 0 & G_0 & G_1 & G_2 & \cdots & G_M \\ \vdots & \vdots & \vdots & \vdots & \vdots & \vdots & \vdots \end{pmatrix}$$

例 19.2.1　$CC1$ 多项式生成矩阵

$$\boldsymbol{G}=\sum_{v=0}^{M}G_v x^v=[1,1]+[0,1]x+[1,1]x^2$$

多项式生成矩阵的 CC 的标量生成矩阵

$$\boldsymbol{G}=\begin{pmatrix} 1 & 1 & 0 & 1 & 1 & 1 & & & & & \\ & & 1 & 1 & 0 & 1 & 1 & 1 & & & \\ & & & & 1 & 1 & 0 & 1 & 1 & 1 \\ \cdots & \cdots & \cdots & \cdots & \cdots & \cdots & \cdots & & & \end{pmatrix}$$

多项式信息为 $I=(x^3+x+1)$ 的标量为(1101),多项式码字为 $\boldsymbol{C}=(x^5+x^2+x+1,x^5+x^4+1)$的标量为 (111010000111).

例 19.2.2　$CC2$ 多项式生成矩阵

$$\boldsymbol{G}=\begin{pmatrix} 1 & 0 & 1 \\ 0 & 1 & 0 \end{pmatrix}+\begin{pmatrix} 0 & 0 & 1 \\ 0 & 0 & 1 \end{pmatrix}x$$

多项式生成矩阵的 CC 的标量生成矩阵

$$\boldsymbol{G}=\begin{pmatrix}1&0&1&0&0&1&&&&&&\\0&1&0&0&0&1&&&&&&\\&&&1&0&1&0&0&1&&&\\&&&0&1&0&0&0&1&&&\\&&&&&&1&0&1&0&0&1\\&&&&&&0&1&0&0&0&1\\\cdots&\cdots&\cdots&\cdots&\cdots&\cdots&\cdots&&&&&\end{pmatrix}$$

多项式信息为 $I=(x^2+x,x^3+1)$ 的标量为(01101001)，多项式码字为 $\boldsymbol{C}=(x^2+x,x^3+1,x^4+x^3)$ 的标量为 (010100100011001).

理论上看，信息多项式可以有任意高的次数.但在实际应用中这是不可能的.如同可计算分析做的一样，每次都必须限定实际计算的次数.

定义 19.2.1 CC 的 L 次截断定义为：$\forall i\partial(I_i(x))\leqslant L-1$.

我们简单估算一下码率.由 $\boldsymbol{C}=\boldsymbol{I}\cdot\boldsymbol{G}$，在 $\boldsymbol{C}=(c_0(x),c_1(x),\cdots,c_{n-1}(x))$ 中，每一分量次数 $\leqslant M+L-1$，$I=(I_0(x),I_1(x),\cdots,I_{k-1}(x))$ 为 kL 比特，故码字 $\boldsymbol{C}$ 由 $n(M+L)$ 比特表示.从 I 到 $\boldsymbol{C}$ 的编码以标量方法可表示为 $\boldsymbol{C}=\boldsymbol{I}\cdot\boldsymbol{G}_L$.这里标量矩阵 $\boldsymbol{G}_L$ 是前面 $\boldsymbol{G}$ 的截断，如下：

$$\boldsymbol{G}=\begin{pmatrix}G_0&G_1&G_2&\cdots&G_M&&&&\\&G_0&G_1&G_2&\cdots&G_M&&&\\&&G_0&G_1&G_2&\cdots&G_M&&\\\cdots&\cdots&\cdots&\cdots&\cdots&\cdots&\cdots&&\\&&&&G_0&G_1&G_2&\cdots&G_M\end{pmatrix}$$

注意此矩阵的行数、列数为 kL、$n(M+L)$，因此一个卷积码的 L 次截断可以看成 $(n(M+L),kL)$ 线性分组码，其码率为

$$R=\frac{kL}{n(M+L)}$$

§19.3 移位寄存器法

卷积码之所以非常成功在于移位寄存器，一种简单的电路.让我们欣赏一下它是如何计算多项式乘法的.它有三种逻辑元件：触发器、加法器、常数乘法器.

触发器只有 0、1 两种状态，当有信号时，触发器的内容按照箭头方向从触发器输出，通过电路直达下一触发器，并在这里停止，直到下一时刻.

加法器是将两个输入符号进行模 2 加法的器具.

乘法器，当然计算乘法了，将输入信号 0，1 乘以常数 a，当 $a=1$ 时，乘法器起导线作用，当 $a=0$ 时，当然是断路了.

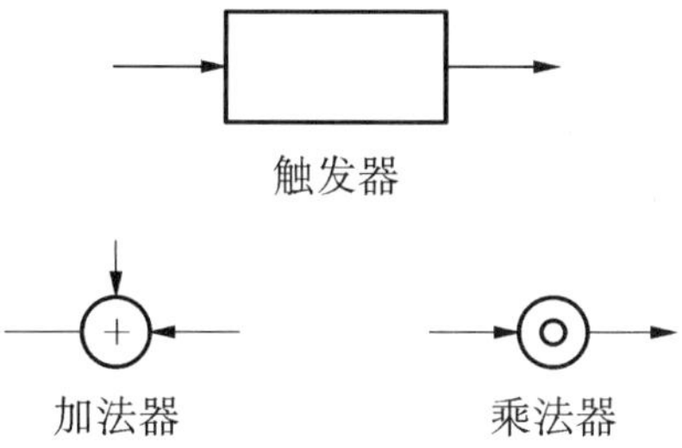

图 19-1　三种逻辑元器件

例如：要计算 $I(x)g(x)$ 的乘积 $C(x)=c_0+c_1x+\cdots+c_{n1}x^{n-1}$，容易知道

$$\begin{aligned} c_0&=I_0g_0\\ c_1&=I_0g_1+I_1g_0\\ c_2&=I_0g_2+I_1g_1+I_2g_0\\ &\vdots\\ c_{n-1}&=I_{k-1}g_{n-k}\end{aligned}$$

解释如下：

第 0 时刻，输入为 I_0，移存器内容为 $[0,0,\cdots,0]$，输出为 I_0g_0；

第 1 时刻，输入为 I_1，移存器内容为 $[I_0,0,\cdots,0]$，输出为 $I_0g_1+I_1g_0$；

……

第 j 时刻，输入为 I_j，移存器内容为 $[I_j,\cdots,I_1,I_0,0,\cdots,0]$，输出为 $I_0g_j+\cdots+I_jg_0$.

……

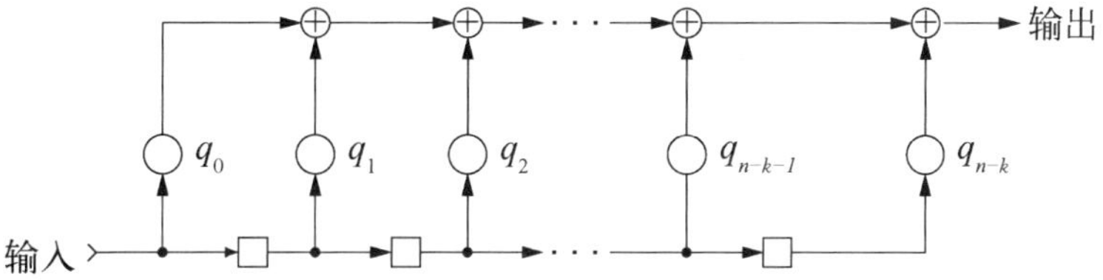

图 19-2　多项式乘法电路

我们主要讲述原理，为方便起见，我们考虑简单模型，设计一个 CC1 编码器，以接收信息 $I=(I_0,I_1,\cdots)$ 作为输入，产生编码流为 $\boldsymbol{C}=(c_{00},c_{10},c_{01},c_{11},\cdots)$，其中 I 和 $\boldsymbol{C}$ 满足

$C_0(x)=c_{00}+c_{01}x+\cdots=(x^2+1)(I_0+I_1x+\cdots)=(x^2+1)I(x)$

$C_1(x)=c_{10}+c_{11}x+\cdots=(x^2+x+1)(I_0+I_1x+\cdots)=(x^2+x+1)I(x)$

容易看出，

$$\begin{cases}C_{0j}=I_j+I_{j-2}\\ C_{1j}=I_j+I_{j-1}+I_{j-2}\end{cases}\quad j=0,1,\cdots \tag{19.1}$$

这只要带有 3 个触发器的移位寄存器即可实现.(**解读**：借助于物理性质可以实现很多编码.技术变革导致革命性成果.)

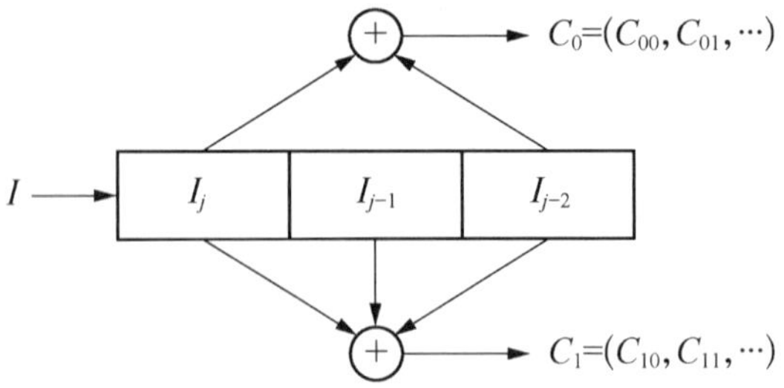

图 19－3 移位寄存器工作原理示意图

§19.4 状态、格图和 Viterbi 译码法

把移位寄存器的即时状态定义为最右边两个触发器的内容，即 I_{j-1}，I_{j-2}.因此总共有四种状态：00，01，10，11. 移位寄存器接收一个输入 I_j 后，原状态变为另一个状态(I_{j-1}，I_{j-2})，并产生输出 C_{0j} 和 C_{1j}.因此，移位寄存器的即时状态可以由状态图来描述.

四种状态记为 a，b，c，d，分别代表 00，01，10，11.见图 19－4，从 a 变到 a 时，输入为 0，输出为 00；从 a 变到 c 时，输入为 1，输出为 11；从 c 变到 d 时，输入为 1，输出为 10；从 d 变到 b 时，输入为 0，输出为 10；从 b 变到 a 时，输入为 0，输出为 11；从 b 变到 c 时，输入为 1，输出为 00；从 c 变到 b 时，输入为 0，输出为 01；从 d 变到 d 时，输入为 1，输出为 01.

图中四个方框为四种状态，一状态变到另一状态时，输入 0 时对应的边是实边，输入 1 对应的是虚边，边上的两个数字表示它此时移位寄存器的输出.例如，从状态 c(10)变到状态 d(11)的边，移存器内容为(110)，该边是虚线，输入为 1，而输出的 $C_{0j}=1$，$C_{1j}=0$，因此边上的数字为 10.

根据状态图，已知输入序列就可得到输出序列.例如，输入为 1101001，我们走的路径为 $acdbcbac$，输出则为 11101000011111；输入为 0110…时，输出序列为 000111101011….

引进参量时间来改进状态图，我们就可以描绘出状态变化的轨迹.在网格图中，状态 a，b，c，d 的脚标记为 j，表示第 j 时刻的状态.脚标 j 称为层或深度.层 j 的状态与层 $j+1$ 的状态由一条边连接，当且仅当状态图中存在一根连接着两个状态的边.

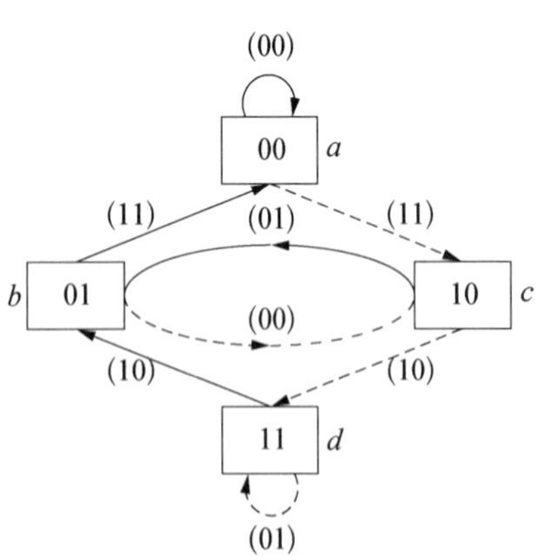

图 19－4 状态图

$j=0$ 时，移存器的内容为$[I_0,0,0]$，因此起始状态为 $a=00$.例如：相应于输入流 110110…的输出流为(111010000111)，可由路径 $a_0c_1d_2b_3c_4b_5a_6\cdots$ 的轨迹查出.

注意：输入 6 个输入比特 I_0，I_1，I_2，I_3，I_4，I_5，为什么产生 8 边路径？移存器在各时刻的内容为$[I_0,0,0]$，$[I_1,I_0,0]$，$[I_2,I_1,I_0]$，$[I_3,I_2,I_1]$，$[I_4,I_3,I_2]$，$[I_5,I_4,I_3]$，$[0,I_5,I_4]$，$[0,0,I_5]$.在格图中的 8 边相应于编码器 8 对输出.这也解释了为什么通过格图的任一路径，

最后两根线都是实边.(注意:译码延时 2 个时间单位.)

下面解释如何用格图译出卷积码.比如,设 $CC1$ 的 $L=6$ 截断用于错误概率 $p<\frac{1}{2}$ 的 BSC 上,问题是收到是任意一个序列,例如 $\boldsymbol{R}=[1011001110111100]$时,我们如何从概率上进行译码. 这个码为(16,6)线性分组码,最大似然译码器必须在 64 个码字中找到一个在汉明距离意义上最接近于 $\boldsymbol{R}=[1011001110111100]$的序列.

办法一:直接与 64 个码字比较.此方法从算法上看计算量大,比较繁杂.

方法二:图论中最短路径法,用 Viterbi 译码法.

我们将 $\boldsymbol{R}=[1011001110111100]$ 写在格图的最上方. 对于每条路径,譬如,$a_0a_1a_2c_3b_4c_5d_6b_7a_8$,我们计算它对应的输出(0000110100101011)与接收矢量 $\boldsymbol{R}=[1011001110111100]$的汉明距离,此为 $1+2+2+1+1+1+1+2=11$.并把它作为该路径的标号.64 个码字相应于格图上的 64 个路径.因此问题实际上转化为找 a_0 到 a_8 最短路径问题.

Viterbi 译码法的关键:

设经过一些中间点从 a_0 到 a_8 最短路径为 P,中间点 x 将 P 分为两段,P_1 和 P_2.显然 P_1 是 a_0 到 x 的最短路径,P_2 是 x 到 a_8 的最短路径.

用 Viterbi 译码法对 $\boldsymbol{R}=[1011001110111100]$译码,我们可以得到:从 a_0 到 a_8 最短路径为 $a_0a_1c_2b_3a_4c_5d_6a_7a_8$,长度为 4,译码器的输出为 010010.

Vierbi 方法是对最大似然译码的一种简化,它不是在格图上比较所有路径,而是接收一段,比较一段,选择一段有最小汉明距离的码段,从而放弃了那些不可能的路径,减少了计算量,因此应用广泛.

其解题步骤如下(以本题为例),从第 1 层开始,递归操作如下:

(1) 先找出 a_0 到 a_1 的所有长度为 1 的路径,本题只有 1 条,即 a_0a_1,这时查找状态图上 a 到 a 边上的数字,并同 $\boldsymbol{R}$ 的前两位比较,看有几位不同,不妨设为 t 位不同,并记 $d(a_0,a_1)=t$,用实线连接 a_0a_1(因状态中 a 到 a 的边为实线),并在下面的格图 a_1 处标记为 t.

(2) 类同第 1 步,找出 a_0 到 b_1 所有长度为 1 的路径,本题有 0 条,什么都不做.

(3) 同第 1 步类似,找出 a_0 到 c_1 的所有长度为 1 的路径,本题有 1 条,即 a_0c_1,这时查找状态图上 a 到 c 边上的数字,并同 $\boldsymbol{R}$ 的前两位比较,看有几位不同,不妨设为 t,则记 $d(a_0,c_1)=t$,在下面的格图中用虚线连接 a_0c_1,并在下面的格图 c_1 处标记为 t.

(4) 类似地找到 a_0 到 d_1 的最短路径.现在假设我们已经完成了第 m 层,我们来操作第 $m+1$ 层,先找出 s_m 到 a_{m+1}的所有长度为 1 的路径(s 可能为 a,b,c,d 中的任一个字母),不妨设有 2 条,例如 a_ma_{m+1} 和 c_ma_{m+1},这时分别查找状态图上 a 到 a 边上的数字和 c 到 a 边上的数字,并同 $\boldsymbol{R}$ 的第 $2m+1$,$2m+2$ 位比较,看有几位不同,不妨设为 t_1,t_2,计算 $t_1+d(a_0,a_m)$ 和 $t_2+d(a_0,c_m)$,取最小者作为最短路径距离,如果两者相等,任取 1 条(由 Viterbi 译码法知其做法合理). 用实线或虚线连接 a_{m+1} 与此时的最短者 a_m 或 c_m(根据状态中相应的边是否为实边),并在下面的格图 a_{m+1} 处标记为此时的最短距离.

(5) 递归操作直到第 8 层.本题应该有 8 边,注意最后两条边必须为实边.

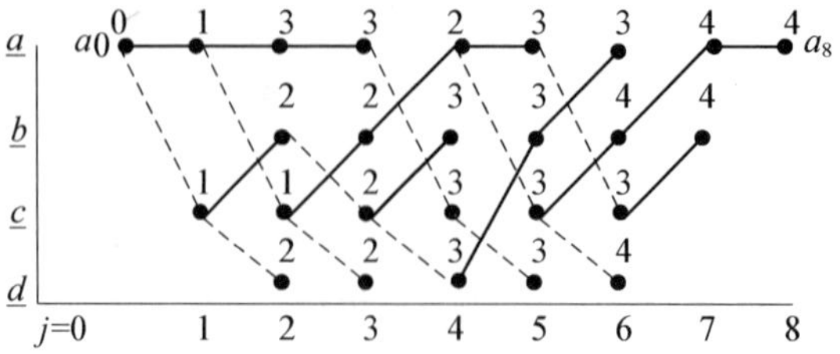

图 19-5　格图

小　结

本章简单介绍了卷积码的编码、译码方法.卷积码性能比分组码好得多,它的概率译码方法适用于大多数信道,因而在通信中较分组码有更为广泛的应用.但在数据存储和数据保密系统中,分组码占主要地位.卷积码的大多数逻辑译码在国际卫星中的按需分配的SPADE系统和数字电视DITEC系统中都曾采用.

第19章习题

1. 有一个编码器,共有四种状态:a,b,c,d,分别代表00,01,10,11.从a变到a时,输入为0,输出为00;从a变到c时,输入为1,输出为11;从c变到d时,输入为1,输出为10;从d变到b时,输入为0,输出为10;从b变到a时,输入为0,输出为11;从b变到c时,输入为1,输出为00;从c变到b时,输入为0,输出为01;从d变到d时,输入为1,输出为01.现收到信息$R=(001100111100)$,设此卷积码被用于$L=4$的截断于错误概率$p<0.5$的二元对称信道,画出状态图,并用Viterbi译码方法算出此时的最大似然码字及其对应的消息.

2. 在域$GF(2)$上,$\boldsymbol{G}=[x+1, x^2+x+1]$,信息多项式$I(x)=[x+1]$,求它的多项式码字及标量形式.

3. 上机实验:给出卷积码的译码算法.

(1) 输入接收矢量;

(2) 输出对应的消息.

第二十章　汉明码、BCH 码

§20.1　汉明码和完备码

1950 年由汉明提出的一种能纠正单个码错的线性分组码，称为汉明码.它不仅性能好而且编码、译码电路非常简单，因此是工程中常见的一种纠错码.汉明码的参数分别为：

码长：$n=2^m-1$；

信息位数：$k=2^m-m-1$.

其中 m 为任何不小于 2 的整数.一旦 m 给定，就可以构造出具体的(n,k)汉明码，这可以从建立一致校验矩阵入手.从线性码的一致校验矩阵的介绍可知，矩阵的列数就是码长 n，行数就是 m.如 $m=3$，就可以算出 $n=7$，$k=4$.因此是(7,4)线性码.

由于汉明码的最小码距为 3，故汉明码能够纠正一位随机码错或纠正两个码错，且码的一致校验矩阵(或码的监督矩阵)中任意两列线性无关.汉明码的一致校验矩阵 $\boldsymbol{H}$ 由所有 $m(m=n-k)$维非零二元矢量排列而成，即一致校验矩阵 $\boldsymbol{H}$ 的列由所有非零 m 维矢量组成，所以一旦 m 给定，就可具体构造出(n,k)汉明码.

令 h_{ij} 为 $\boldsymbol{H}$ 中第 i 行第 j 列的元素，设 $\boldsymbol{v}=(v_1,v_2,\cdots,v_7)$为该汉明码的任一码字.我们知道 $\boldsymbol{vH}^T=0$ 为它的一致校验方程组，对一致校验矩阵的各行任意地交换位置，对码的结构毫无影响.矩阵 $\boldsymbol{H}$ 各列的位置变动，只是相当于码字分量的次序做了相应的变动，因此这只是码字形式的变化，码字重量的分布却没有变化，所以检错、纠错的能力是等效的.在等价的意义上我们认为(n,k)汉明码是唯一的.

定义 20.1.1　在纠正 t 个错误的(n,k)码中，凡小于等于 t 的所有错误图样数目之和正好等于标准阵列陪集首数 2^{n-k}，那么这种码就称为完备码.完备码的校验位得到了充分利用，因此汉明码是最佳码.

汉明码，正好是 $t=1$ 的完备码，因为 $\sum_{i=0}^{1}C_n^i=1+n=2^m=2^{n-k}$，可见，不论 m 为何值，汉明码都是纠 1 位错误的完备码.对于纠 1 位差错来说，其伴随式等于错误位置对应的 $\boldsymbol{H}$ 的列矢量.

为了纠错的方便，将 1 到 7 的十进制换成二进制作为 $\boldsymbol{H}$ 的对应列，即

$$\boldsymbol{H}=\begin{pmatrix}0&0&0&1&1&1&1\\0&1&1&0&0&1&1\\1&0&1&0&1&0&1\end{pmatrix}$$

这就是非系统的(7,4)汉明码的一致校验矩阵，如果要得到系统码，可通过调整各列次序来实现，如

$$H=\begin{pmatrix}0&1&1&1&1&0&0\\1&0&1&1&0&1&0\\1&1&0&1&0&0&1\end{pmatrix}$$

有了 $\boldsymbol{H}$，按照 $\boldsymbol{v}\boldsymbol{H}^T=0$ 就可以得到系统码的校验位，下表就是依照此方法得到的(7,4)汉明码

消息	码字	消息	码字	消息	码字	消息	码字
0000	0000000	0001	0001111	0010	0010110	0011	0011001
0100	0100101	0101	0101010	0110	0110011	0111	0111100
1000	1000011	1001	1001100	1010	1010101	1011	1011010
1100	1100110	1101	1101001	1110	1110000	1111	1111111

下面举一个三进制的汉明码.

例 20.1.1 求 $q=3, m=3$ 的汉明码的参数及 $\boldsymbol{H}$ 矩阵和 $\boldsymbol{G}$ 矩阵.

根据汉明码的一般定义有

$$n=\frac{q^m-1}{q-1}=13, k=n-m=10$$

因为汉明码是纠正一位错误的完备码，所以 $d_{\min}=3$. 根据 $\boldsymbol{H}$ 矩阵的性质，只要任意 $w_{\min}-1$ 列线性无关就行，所以可以直接写出 $\boldsymbol{H}$ 矩阵(不是唯一的)：

$$H=\begin{pmatrix}1&1&1&1&1&1&1&1&0&0&1&0&0\\0&0&1&1&1&2&2&2&1&1&0&1&0\\1&2&0&1&2&0&1&2&1&2&0&0&1\end{pmatrix}$$

$$G=\left(\begin{array}{c|c} & 101\\ & 102\\ & 110\\ & 111\\ I_{10} & 112\\ & 120\\ & 121\\ & 122\\ & 011\\ & 012\end{array}\right)$$

§ 20.2 BCH 码

霍昆格姆(Hocquenghem)、博斯(Bose)、查德胡里(Chaudhuri)在 1959 年提出的 BCH 码是迄今所发现的一类很好的分组码，而且与有限域有着非常多的联系.

BCH 码的构造：我们知道汉明码是纠 1 位错的完备码，它的一位差错的伴随式 $\boldsymbol{s}(x)$ 都对应于 $\boldsymbol{H}$ 中的某一列.如果出现两位差错，$\boldsymbol{s}(x)$ 对应于相应的两列之和.这两列之和等于另外的某一列，故无法实现纠错.BCH 码就是在汉明码的基础上，增加 $\boldsymbol{H}$ 矩阵的行数来提高纠错能力.通常 BCH 码的分析是从建立生成多项式 $\boldsymbol{g}(x)$ 着手的.

设 BCH 码的生成矩阵 $\boldsymbol{g}(x)$ 的根为 $\beta,\beta^2,\cdots,\beta^{2t}\in GF(2^m)$，即这 $2t$ 个元素都是任意码字 $\boldsymbol{v}(x)=v_{n-1}x^{n-1}+v_{n-2}x^{n-2}+\cdots+v_0=0$ 的根，故

$$\begin{pmatrix} \beta^{n-1} & \beta^{n-2} & \cdots & 1 \\ (\beta^2)^{n-1} & (\beta^2)^{n-2} & \cdots & 1 \\ \vdots & \vdots & & \vdots \\ (\beta^{2t})^{n-1} & (\beta^{2t})^{n-2} & \cdots & 1 \end{pmatrix} \begin{pmatrix} v_{n-1} \\ v_{n-2} \\ \vdots \\ v_0 \end{pmatrix} = 0$$

上式就是以矩阵形式给出的 BCH 码定义，即 $\boldsymbol{H}\boldsymbol{v}^T=0$.由多项式理论可知，每一个 β^i 对应一个最小多项式 $m_i(x)$，故 $\boldsymbol{g}(x)$ 的这 $2t$ 个根包含在 $\prod_{i=1}^{2t}m_i(x)$ 中.同时，$\boldsymbol{g}(x)$ 还必须是码字最低次多项式，因此 $\boldsymbol{g}(x)$ 是 $m_1(x),m_2(x),\cdots,m_{2t}(x)$ 的最小公倍式即

$$\begin{aligned} \boldsymbol{g}(x) &= [m_1(x),m_2(x),m_3(x),\cdots,m_{2t}(x)] \\ &= [m_1(x),m_3(x),\cdots,m_{2t-1}(x)] \end{aligned}$$

在上式中，可不包括下标为偶数的最小多项式，于是 BCH 码可简化为

$$\boldsymbol{H}=\begin{pmatrix} \beta^{n-1} & \beta^{n-2} & \cdots & 1 \\ (\beta^3)^{n-1} & (\beta^3)^{n-2} & \cdots & 1 \\ \vdots & \vdots & & \vdots \\ (\beta^{2t-1})^{n-1} & (\beta^{2t-1})^{n-2} & \cdots & 1 \end{pmatrix}$$

如果 $t=1$，就得到汉明码的 $\boldsymbol{H}$ 矩阵.

如果，$\beta=\alpha^k(1\leqslant k\leqslant n-1)$ 是 $GF(2^m)$ 中的本原元，则得到本原 BCH 码.本原 BCH 码的码字的码长 $n=2^m-1$，而非本原 BCH 码的码字的码长为 2^m-1 的因子.对于本原 BCH 码，k 一般取 1，而 $\alpha^{n-1},\alpha^{n-2},\cdots,\alpha^0$ 这 n 个元素可用它们相应值的 $\mathrm{mod} f(\alpha)$ 余式排成列来表示，其中 $f(\alpha)$ 为 m 次本原多项式.对于非本原 BCH 码，其 H 矩阵也做同样处理.

例 20.2.1 求 $n=15,t=2$ 的 BCH 码的 $\boldsymbol{H}$ 矩阵，因 $n=2^4-1=15$，所以此码是本原的，$m=4$，取 $f(\alpha)=\alpha^4+\alpha+1$，则由 $\alpha^4=\alpha+1$ 及 $\alpha^{15}=1$ 得到的 $\boldsymbol{H}$ 矩阵为

$$\boldsymbol{H}=\begin{pmatrix} 1&1&1&1&0&1&0&1&1&0&0&1&0&0&0 \\ 0&1&1&1&1&0&1&0&1&1&0&0&1&0&0 \\ 0&0&1&1&1&1&0&1&0&1&1&0&0&1&0 \\ 1&1&1&0&1&0&1&1&0&0&1&0&0&0&1 \\ 1&1&1&1&0&1&1&1&1&0&1&1&1&1&0 \\ 1&0&1&0&0&1&0&1&0&0&1&0&1&0&0 \\ 1&1&0&0&0&1&1&0&0&0&1&1&0&0&0 \\ 1&0&0&0&1&1&0&0&0&1&1&0&0&0&1 \end{pmatrix}$$

这就是 $(n,k,d)=(15,7,5)$ 的本原 BCH 码的一致校验矩阵.

定理 20.2.1 设 $(\alpha_0,\alpha_1,\cdots,\alpha_{n-1})$ 是域 $GF(2^m)$ 中非零元素的一种排序，令 $t\leqslant 2^{m-1}-1$ 是一个正整数，那么矩阵

$$H=\begin{pmatrix} \alpha_0 & \alpha_1 & \cdots & \alpha_{n-1} \\ (\alpha_0)^3 & (\alpha_1)^3 & \cdots & (\alpha_{n-1})^3 \\ (\alpha_0)^5 & (\alpha_1)^5 & \cdots & (\alpha_{n-1})^5 \\ \vdots & \vdots & \ddots & \vdots \\ (\alpha_0)^{2t-1} & (\alpha_1)^{2t-1} & \cdots & (\alpha_{n-1})^{2t-1} \end{pmatrix}$$

是能纠正所有重量$\leqslant t$ 的错误模式的维数$k\geqslant n-mt$ 的二进制码(n,k)的一致校验矩阵.

证明:$\boldsymbol{C}=(c_0,c_1,\cdots,c_{n-1})\in V_n$ 是一个码字,当且仅当 $\boldsymbol{HC}^T=0$,这等价于下述 c_i 序列的 t 个线性方程的方程组

$$\sum_{i=0}^{n-1} c_i\alpha_i^j=0,j=1,3,\cdots,2t-1$$

两边平方,得到

$$\left(\sum_{i=0}^{n-1} c_i\alpha_i^j\right)^2=\sum_{i=0}^{n-1} c_i^2\alpha_i^{2j}=\sum_{i=0}^{n-1} c_i\alpha_i^{2j}=0$$

(理由是:在模 2 域上,$(x+y)^2=x^2+y^2$;在 F_2 中,$x^2=x$)

因此,该码的等价定义是下面的 $2t$ 个方程的方程组

$$\sum_{i=0}^{n-1} c_i\alpha_i^j=0,j=1,2,\cdots,2t$$

因此,要描述这个码,我们也可应用一致校验矩阵

$$H'=\begin{pmatrix} \alpha_0 & \alpha_1 & \cdots & \alpha_{n-1} \\ (\alpha_0)^2 & (\alpha_1)^2 & \cdots & (\alpha_{n-1})^2 \\ (\alpha_0)^3 & (\alpha_1)^3 & \cdots & (\alpha_{n-1})^3 \\ \vdots & \vdots & \ddots & \vdots \\ (\alpha_0)^{2t} & (\alpha_1)^{2t} & \cdots & (\alpha_{n-1})^{2t} \end{pmatrix}$$

来定义.$\boldsymbol{H}'$是一个纠正 t 个错误码的一致校验矩阵当且仅当 $\boldsymbol{H}'$的任意 $2t$ 或少于 $2t$ 的列的每个子集是线性独立的. 事实上,任取一个 $r\leqslant 2t$ 列子式

$$\boldsymbol{\beta}=\begin{pmatrix} \beta_1 & \beta_2 & \cdots & \beta_r \\ (\beta_1)^2 & (\beta_2)^2 & \cdots & (\beta_r)^2 \\ \vdots & \vdots & & \vdots \\ (\beta_1)^{2t} & (\beta_2)^{2t} & \cdots & (\beta_r)^{2t} \end{pmatrix}$$

其中 $\beta_1,\beta_2,\cdots,\beta_r$ 是 F_{2m} 的非零元素.下面考虑其前 r 行组成的矩阵$\boldsymbol{\beta}'$

$$\begin{pmatrix} \beta_1 & \beta_2 & \cdots & \beta_r \\ (\beta_1)^2 & (\beta_2)^2 & \cdots & (\beta_r)^2 \\ \vdots & \vdots & & \vdots \\ (\beta_1)^{r} & (\beta_2)^{r} & \cdots & (\beta_r)^{r} \end{pmatrix}$$

我们可以断定$\boldsymbol{\beta}'$是非奇异的.因为

$$|\boldsymbol{\beta}'|=\beta_1\cdots\beta_r\begin{vmatrix} 1 & 1 & \cdots & 1 \\ \beta_1 & \beta_2 & \cdots & \beta_r \\ \vdots & \vdots & & \vdots \\ (\beta_1)^{r-1} & (\beta_2)^{r-1} & \cdots & (\beta_r)^{r-1} \end{vmatrix}=\beta_1\cdots\beta_r\prod_{i<j}(\beta_j-\beta_i)\neq 0$$

因此$\boldsymbol{\beta}'$的列不可能线性相关，因此该码能纠正所有重量$\leqslant t$ 的错误模式. □

这个定理中描述的码我们将它表示为 BCH(n,t).(这个表述是稍微有点含糊的，因为该码取决于 F_{2^m} 的非零元素的排序$(\alpha_0,\alpha_1,\cdots,\alpha_{n-1})$.)

回顾 BCH(n,t)的定义：$\boldsymbol{C}=(c_0,c_1,\cdots,c_{n-1})$是一个码字，当且仅当

$$\sum\nolimits_{i=0}^{n-1} c_i\alpha_i^j=0,j=1,3,\cdots,2t-1$$

(等效地，$j=1,2,\cdots,2t$).

其中$(\alpha_0,\alpha_1,\cdots,\alpha_{n-1})$是任意的但却是固定排序的.显然在一个无记忆信道上将此排序变成另外一个排序并不影响码的纠错能力.然而，对于现实来说，有一个"最好"的排序.这个排序就是 $\alpha_i=\alpha^i$，其中 α 为 F_{2^m} 的一个本原根.

由于这个排序，BCH(n,t)的定义变为：$\boldsymbol{C}=(c_0,c_1,\cdots,c_{n-1})$是一个码字，当且仅当

$$\sum\nolimits_{i=0}^{n-1} c_i\alpha^{ij}=0,j=1,3,\cdots,2t-1$$

其中 α 为 F_{2^m} 的一个本原根.基于这点，BCH(n,t)变为一个循环码.若 $\boldsymbol{C}$ 是一个 BCH(n,t)码的码字，$\boldsymbol{C}(x)=c_0+c_1x+\cdots+c_{n-1}x^{n-1}$.我们不把 BCH$(n,t)$看成 $V_N(F_2)$上的一个子空间，而看成为 $F_2[x]$的次数$\leqslant n-1$ 的多项式环.

由此观点，多项式 $C(x)\in F_2[x]$属于 BCH(n,t)，当且仅当 $C(\alpha^j)=0,j=1,3,\cdots,2t-1$和次数 $\partial(C(x))\leqslant n-1$.

定理 20.2.2　码 BCH(n,t)定义为满足 $C(\alpha^j)=0,j=1,3,\cdots,2t-1$ 且次数 $\partial(C(x))\leqslant n-1$ 的多项式集合，那么存在一个唯一的 $g(x)\in F_2[x]$，使得 $C(x)\in$ BCH(n,t)，当且仅当

$$(1)\ C(x)\equiv 0\pmod{g(x)}\text{且}$$
$$(2)\ \partial(C(x))\leqslant n-1$$

此 $g(x)$称为码的生成多项式.

证明：设 F_2 上满足 $C(\alpha^j)=0,j=1,3,\cdots,2t-1$ 的多项式集合为

$$S=\{C(x)\in F_2[x]:C(\alpha^j)=0,j=1,3,\cdots,2t-1\}$$

显然 S 有下述两个特性：

(1) $C_1(x),C_2(x)\in S$ 意味着 $C_1(x)-C_2(x)\in S$；

(2) $f(x)\in F_2[x]$意味着 $C(x)f(x)\in S$.

从而 S 是环 $F_2[x]$上的一个理想，即 S 由唯一的多项式 $g(x)$的倍式构成.这意味着 $C(\alpha^j)=0,j=1,3,\cdots,2t-1$ 等价于定理中的条件(1). □

推论 20.2.1　BCH(n,t)的维数 $k=n-\partial(g(x))$.

证明：由定理，$C(x)$是一个码字，当且仅当 $C(x)=g(x)I(x)$且 $\partial(I(x))\leqslant n-1-\partial(g(x))=k-1$.于是 $I(x)=I_0+I_1x+\cdots+I_{k-1}x^{k-1}$.显然，对 $I(x)$存在 2^k 个选择，因此有 2^k 个码字. □

第二十一章　有限域基本性质

多项式环理论、有限域理论在通信编码、纠错编码中有着非常重要的作用.

§21.1　循环群

定义 21.1.1　如果非空集合 G 及 G 上运算 $*$ 满足下列条件:(1) 封闭性: $\forall a\in G(a*b\in G)$;(2) 结合律: $\forall a,b,c\in G((a*b)*c=a*(b*c))$;(3) 单位元 e: $\forall a\in G(a*\mathrm{e}=\mathrm{e}*a=a)$;(4) 逆元: $\forall a\in G$, $\exists b\in G$ 使得 $a*b=b*a=\mathrm{e}$,则称 b 为 a 的逆元,并记为 a^{-1},则称$(G,*)$为群.如果还满足(5) 交换律: $\forall a,b\in G(a*b=b*a)$,则称群$(G,*)$为交换群,也叫阿贝尔群.

例 21.1.1　1. $G=\{0,\pm1,\pm2,\pm3,\cdots\}$,则$(G,+)$是加法交换群.

2. p 为素数,$Z=\{0,1,2,\cdots,p-1\}$,定义 $a\oplus b=(a+b)(\mathrm{mod}\ p)$,则$(Z,\oplus)$是含 p 个元素的交换群.

定义 $a\odot b=a\cdot b(\mathrm{mod}\ p)$,则$(Z,\odot)$也是 p 个元素的交换群.后者是群,其证明中关键一点在于,a 与 p 互素,则存在整数 c 和 d,使得 $ac+pd=1$,从而 $ac=1(\mathrm{mod}\ p)$.因此 a 有逆元,$(Z,\oplus,\odot)$为有限域.当 p 不是素数时,$(Z,\oplus,\odot)$不是域.

定义 21.1.2　1. $(G,\cdot)$为乘法群,$\forall a\in G$,使 $a^m=\mathrm{e}$ 成立的最小自然数 m 称为 a 的阶,如果不存在这样的数,则称 a 的阶为无穷.

2. 如果 G 为乘法群,且 $G=\{\mathrm{e},a,a^2,\cdots,a^{n-1}\}$,则 G 为 n 阶循环群,即由一个元素的一切幂次所构成的群称为循环群,且该元素 a 称为循环群的生成元或本原元.乘法恒等元 e,我们也常常习惯地记为 1.

例 21.1.2　$\alpha^0=1,\alpha^1=\mathrm{e}^{\frac{2\pi i}{3}},\alpha^2=\mathrm{e}^{\frac{4\pi i}{3}},\alpha^3=\mathrm{e}^{2\pi i}=1,\alpha^4=\mathrm{e}^{2\pi i+\frac{2\pi i}{3}}=\alpha^1,\cdots$,就是一个循环的交换乘群.群的元素就 3 个,$\{1,\alpha,\alpha^2\}$.

定义 21.1.3　如果元素 α 生成循环群,就把 $\alpha^n=1$ 的最小正整数 n 称为生成元的阶.

有限循环群特点:

(1) $1,\alpha,\alpha^2,\cdots,\alpha^{n-1}$这些元素互不相同.否则,可设 $\alpha^j=\alpha^k$ 且 $0\leqslant k<j<n$,则有 $\alpha^{j-k}=1$,则 $0<j-k<n$,与假设 n 是 $\alpha^n=1$ 的最小正整数 n 矛盾.(**解读:**α 既然是生成元,且是 n 阶的,则它的信息量必定只有 n 个,因此它生成的前 n 个元素必定是线性无关的,它们的信息必定不同.否则必定导致它不是生成元,它的信息量少于 n 个.对于循环码中的生成多项式 $g(x)$也有点类似,它本身是 $n-k$ 次因式,因此它循环左移 k 次得到的 k 向量构成了循环码的基,这已经是最大限度的,因为 $n-(n-k)=k$.)

(2) 设 α 为 n 阶元素，则 α 的一切幂次元都在 $G(\alpha)=\{1,\alpha,\alpha^2,\cdots,\alpha^{n-1}\}$ 中.设 $m=qn+r,0\leqslant r<n$，于是 $\alpha^m=\alpha^{qn}\cdot\alpha^r=(\alpha^n)^q\cdot\alpha^r=\alpha^r$，所以 α 的一切幂次都在群中.（**解读**：α 既然是生成元，且是 n 阶的，它生成的前 n 个元素必定是线性无关的，但其信息只有 n 个，因此其余元必定是与之重复的.）

(3) 凡是循环群必定是交换群，但反之不一定成立.$\alpha^{m1}\cdot\alpha^{m2}=\alpha^{m1+m2}=\alpha^{m2+m1}=\alpha^{m2}\cdot\alpha^{m1}$.而无限交换群就不是循环群.

循环群的阶有如下的性质.

命题 21.1.1 如果 G 为乘法群，$\alpha\in G$ 是 n 阶元素，则 $\alpha^m=1$ 当且仅当 $n|m$.

证明：如果 $\alpha^m=1,m=qn+r,0\leqslant r<n$，则 $1=\alpha^m=\alpha^{qn+r}=(\alpha^n)^q\cdot\alpha^r=\alpha^r$，即 $\alpha^r=1$.故 $r=0$，从而 $n|m$.反之亦然.（**解读**：α^m 重复的是 α^n 的信息.） □

命题 21.1.2 如果 G 为乘法群，$\alpha,\beta\in G,\alpha\in G$ 是 n 阶元素，$\beta\in G$ 是 m 阶元素，$\alpha\beta=\beta\alpha$，且最大公约数 $(n,m)=1$，则 $\alpha\cdot\beta$ 乘积之阶为 mn.

证明：(1) 易见 $(\alpha\cdot\beta)^{mn}=\alpha^{mn}\beta^{mn}=1$，设 $\alpha\cdot\beta$ 乘积之阶为 k，则 $k|mn$.

(2) $(\alpha\beta)^k=1$，故 $\alpha^k=\beta^{-k},\alpha^{mk}=\beta^{-mk}=(\beta^m)^{-k}=1$，从而 $n|mk$，但 $(m,n)=1$，因此 $n|k$.类似可得 $m|k$.故得 $k=mn$.（**解读**：α,β 的信息量分别为 n 个和 m 个，而且它们的信息相互独立，因此它们的信息量的组合共有 mn 种.） □

命题 21.1.3 如果 G 为乘法群，$\alpha\in G$ 是 n 阶元素，则 α^k 之阶为 $\frac{n}{(k,n)}$.

证明：(1) $(\alpha^k)^{\frac{n}{(k,n)}}=(\alpha^n)^{\frac{k}{(k,n)}}=1$.(2) 设 α^k 的阶为 m，可知 $m\left|\frac{n}{(k,n)}\right.$.因 $(\alpha^k)^m=1$，故 $n|km$.因此 km 是 n,k 的公倍数.设 $km=[n,k]t$.但 $kn=[k,n](k,n)$，故 $km=\frac{kn}{(k,n)}t$，即 $m=\frac{n}{(k,n)}t$，因此 $\frac{n}{(k,n)}\left|m\right.$.由 $m|n/(k,n)$、$\frac{n}{(k,n)}\left|m\right.$，得 $m=n/(k,n)$. □

（**解读**：在数学中，我们同样需要关注信息，例如我们可以看到循环群的信息由生成元、阶数两部分构成. 但这类信息多具有特殊属性，无法计算，无法编码. 数学研究就是寻找这类信息的联系、规律.找不到信息间的联系，就无法研究数学. 我们在本节中使用的线性无关信息的方法可以推广到线性空间中使用，可以帮助我们直观地获得数学研究所需信息.）

§21.2 环、理想、整环、同构等概念

一、环

定义 21.2.1 设 R 为非空集合，有加法和乘法运算，满足：

(1) $(R,+)$ 是加法阿贝尔群；

(2) 结合律：$\forall a,b,c\in R,(a\cdot b)\cdot c=a\cdot(b\cdot c)$；

(3) 分配律：$\forall a,b,c\in R,a\cdot(b+c)=a\cdot b+a\cdot c$ 和 $(b+c)\cdot a=b\cdot a+c\cdot a$，则称

R 为环，记为$(R,+,\cdot)$.如果对乘法满足交换率，则称之为交换环.

例 21.2.1 1. $(\mathbb{Z},+,\cdot)$，$(\mathbb{Q},+,\cdot)$，$(\mathbb{R},+,\cdot)$都是交换环.

2. 设 $Z=\{0,1,2,\cdots,n-1\}$，$n\in\mathbb{Z}^+$，$\forall a,b\in Z$ 定义 $a\oplus b=a+b\pmod n$，$a\odot b=a\cdot b\pmod n$，则$(Z,\oplus,\odot)$为有限交换环.

定义 21.2.2 设 R，R'是两个环，σ 是 R 到 R'的映射，如果 $\forall a,b\in R$，有

$$\sigma(a+b)=\sigma(a)+\sigma(b),\sigma(ab)=\sigma(a)\sigma(b)$$

则称 σ 为 R 到 R'的同态映射.如果 σ 为双射，则称 σ 为 R 到 R'的同构映射.(**解读**:同态的事物在结构上有相似的信息.)

在环 R 中，如果 $ab=0$，但 $a,b\neq 0$，则称 a,b 分别为 R 的左零因子、右零因子.在环中，零因子存在与否与消去律有关.容易证明：

定理 21.2.1 R 是无零因子环当且仅当 R 中消去律成立，即对于 $a\neq 0$，$b,c\in R$，有 $ab=ac\Rightarrow b=c$ 或 $ba=ca\Rightarrow b=c$.(**解读**:这说明在这种情况下不存在左零因子、左消去律在左乘运算上信息是一样的.这种方法可以帮助我们更好地理解概念.)

环 R 称为整环，如果 R 是有单位元的交换环且无零因子.整环的许多性质与整数环是类似的，它可以看成为整数环的一个自然推广.一个环称为除环，如果 R 是元数$\geqslant 2$ 的有单位元的环，且每个非零元素有逆元.如果除环是交换环，则 R 是域.

定理 21.2.2 如果 R 为无零因子环，则 R 中所有非零元对加法而言，其阶都是相等的.

证明:如 R 中每个非零元素的阶都是无限大，则结论成立.(**解读**:此时对任意元素 $a\in R$，$a,2a,3a,\cdots$都有不同的信息.)

设 $0\neq a\in R$，其阶为 n，设 $b\neq a$，$b\neq 0$，则$(na)b=a(nb)=0$，因为 $a\neq 0$ 且 R 无零因子，故 $nb=0$，故 b 的阶不超过 a 的阶.同理，a 的阶不超过 b 的阶，故 a,b 的阶相等.(**解读**:此时存在一个 n，对任意元素 $a\in R$，$a,2a,3a,\cdots,(n-1)a$ 都有不同的信息，其余的都是重复的.因此整个环对这个 n 循环.这个 n 对 R 中所有元素成立，而这些元素的复杂性信息是无穷多的.因此这个 n 自身是不可分割的.因此此时这个 n 必定为素数.下面的定理证明体现了这个观点.) □

定理 21.2.3 如果 R 为无零因子环，则 R 的特征[char]$R=\infty$或 p，其中 p 为素数.

证明:设 char $R=n$ 且 n 不为素数，$n=n_1n_2$.则对于 R 中非零元 a，显然 $n_1a\neq 0$，$n_2a\neq 0$，但$(n_1a)(n_2a)=(n_1n_2)a^2=0$.与 R 无零因子矛盾. □

与群类似，我们有

定理 21.2.4 设环 R 与 R'同态，则 R 的零元、负元、逆元、单位元的像分别是 R'的零元、负元、逆元、单位元.特别的，环 R 与 R'同构时，R 是整环(除环、域)当且仅当 R'是整环(除环、域).

定理 21.2.5 (挖补定理)设环 R'与 S 是两个环且 $S\cap R'=\varnothing$，R 是 S 的子环且 $R\cong R'$，则存在一个环 S'使得 R'是 S'的子环且 $S\cong S'$.(**解读**:结构相同的物体相互替换后关于结构的信息还是一样.)

证明:(简述)令 $S'=R'\cup(S-R)$.设 η 是 R 到 R'的同构映射.再构造同构映射 φ 使得 $\varphi=\eta$，当 R 到 R'时；φ 为恒等函数，当 $S-R$ 到 $S-R$ 时. □

定理 21.2.6 设 R 是整环，则存在一个包含 R 的域 F 使得对任意 $f\in F$，存在 $a,b\in R$，

$b\neq 0$ 满足 $f=ab^{-1}=b^{-1}a$.(**解读**:整环和域在微观上从本质上看具有一样的基本信息,因此整环可以扩充为域.)

证明:(简述)用从整数环到有理数域的构造方法构造即可.令 $X=\left\{\frac{a}{b}\,\middle|\, a,b\in R, b\neq 0\right\}$.规定等价类$\left[\frac{a}{b}\right]$.再令 $F_0=\left\{\left[\frac{a}{b}\right]\right\}$即可.(请大家试着解读.) □

定义 21.2.3 F 称为整环 R 的分式域(商域),如果包含 R 的最小域可表示为 $F=\left\{\frac{b}{a}\,\middle|\, a,b\in R \text{ 且 } a\neq 0\right\}$,其中$\frac{b}{a}=ba^{-1}$.

定理 21.2.7 设 R 是整环,则 R 的商域是包含 R 的最小域.

证明:设 F 是包含 R 的域,由定理 21.2.6 知存在 $\forall a,b\in R, b\neq 0, ab^{-1}=b^{-1}a=\frac{a}{b}\in F$.令 $F'=\left\{\frac{a}{b}\,\middle|\, a,b\in R, b\neq 0\right\}$,则 F' 是商域. □

定理 21.2.8 同构的环的商域也同构,即在同构的意义下,一个环至多有一个商域.(**解读**:相同的结构有相同的信息.)

证明:由定理 21.2.7 可知,环 R 的商域的加法、乘法完全取决于 R 的加法和乘法.从而 R 的商域的构造完全取决于 R 的构造,因此同构的环的商域也同构. □

二、理想

设 R 为环,I 是它的子环,I 称为 R 的左理想(右理想),如果对于任意的 $r\in R, a\in I$,都有 $ra(ar)\in I$.I 称为 R 的理想,如果对于任意的 $r\in R, a\in I$,都有 $ra\in I, ar\in I$.(**解读**:I 是 R 的子集合,但对 R 中的元素关于乘法,无论是左乘还是右乘运算都是封闭的,还在 I 中.)

任意环 R 至少有两个理想,环 R 本身(称为单位理想),零元素的集合(也是 R 的理想),称为零理想,记为(0).如果 R 没有非平凡理想,则称为单环.

如果 S 是环 R 的非空子集,则 $\cap\{I\,|\,I$ 是 R 的包含 S 的理想$\}$是 R 的包含 S 的最小理想,称其为由 S 生成的理想,记为(S).如果 S 只含一个元素 a,则称 a 生成的理想(a)为主理想.设(a)为环 R 的主理想,则$(a)=\{(x_1ay_1+\cdots+x_may_m)+sa+at+na\,|\,x_i,y_i,s,t\in R, n$ 是整数$\}$.如果 R 是有单位元的交换环,则$(a)=\{ra\,|\,r\in R\}$.

一个整环 R 称为主理想环,如果它的每个理想均为主理想.整数环有两个重要性质:整数环是主理想环;整数环欧氏环,可以进行带余除法.

下面我们讨论极大理想和素理想的性质.

定理 21.2.9 (佐恩(Zorn)引理)设 S 是偏序集,若 S 中每个链在 S 中都有上界,则 S 有极大元.(在集合论中,佐恩引理与选择公理和良序原则等价.)

I 称为环 R 的极大理想,如果 $I\neq R$ 且包含 I 的理想只有 R 和 I 自身,即 R 中不存在满足 $I\subset J\subset R$ 的理想 J.

在整数环$\mathbb{Z}$中,素数 p 生成的理想(p)是极大理想.因为:如果 $J\supset(p)$,则存在 $a\in J$ 但 $a\notin(p)$,从而$(a,p)=1$.于是存在 r,s 使得 $ra+sp=1$,但 $ra\in J, sp\in(p)$,从而 $1\in J$,故 $J=\mathbb{Z}$,因此(p)是极大理想.(**解读**:素数有两个特性,一是不可分割性,二是与其他素数的

互质性.因此别的素数与素数 p 没有公共信息.因此如果有理想包含 (p)，这个理想必定含有其他素数的信息，这个理想只能是 $\mathbb{Z}$ 本身.可依靠此方法考察其他极大理想.)

定理 21.2.10 设 R 是有单位元 1 的环，$I\neq R$ 是 R 的理想，则 R 有一个极大理想 M 使得 $I\subseteq M$.特别的，R 有极大理想.

证明:令 $S=\{J\mid I\subseteq J, J$ 是 R 的理想且 $R\neq J\}$，则 S 是 $\subseteq$ 的非空偏序集.对于任意链 Γ，令 $J=\bigcup_{A\in\Gamma}A$，易证 J 是包含 I 的理想.显然 $J\neq R$，由佐恩引理，S 有极大元 M，从而 M 是 R 的一个包含 I 的极大理想.特别的，因 R 有单位元 1，$R\neq 0$，故 R 必有不同于自身的理想，从而有极大理想.(**解读:**整环与域的本质信息完全相同，因此整环可以扩充为域.类似的，理想也可以让其信息充分释放变为极大理想.) □

定理 21.2.11 环 R 的一个理想 I 是极大的当且仅当 R/I 是单环.(**解读:**极大理想可以理解成:极大理想已经是最大限度地进行了信息扩充，这些信息之间是协调的，而别的信息已经不可能再加进来，否则必定导致平凡化.从单环的信息可以看出，单环只有两个平凡理想，零理想中一旦加入别的信息再扩充成理想只能是单环本身.因此从扩充上看两者都已经不能再扩充.)

证明:容易看出，M 是 R 的理想满足 $I\subset M\subset R$ 当且仅当 M/I 是 R/I 的非零理想. □

定理 21.2.12 设 R 是有单位元 1 的交换环，则 R 是单环当且仅当 R 是域.

证明:必要性:设 $0\neq a\in R$，则 $(a)=R$，特别的，$1\in(a)$.于是存在 $b\in R$ 使得 $ab=ba=1$，这说明 R 中每个非零元都有逆元，故 R 是域.

充分性:设 I 是 R 的理想，设 $0\neq a\in I$，则 a 在 R 中有逆元 a^{-1}，从而 $a^{-1}a=1\in I$，于是 $I=R$，即 R 是单环. □

推论 21.2.1 设 R 是有单位元 1 的交换环，R 的一个理想 I 是极大的当且仅当 R/I 是域.

交换环 R 的一个理想 P 称为素理想，如果 $R\neq P$ 且 R 中两元 a,b 的积 $ab\in P$，则 a,b 中至少有一个元素属于 P.交换环 R 的素理想的概念与整数环类似，我们知道，如果 p 为素数，则当 $p\mid ab$ 时必有 $p\mid a$ 或 $p\mid b$.如用理想表述，则为:如果 $ab\in(p)$，则 $a\in(p)$ 或 $b\in(p)$.(**解读:**从中可以看出，p 的不可分割性或素性决定了要么 $a\in(p)$，要么 $b\in(p)$.)显然有下列定理.

定理 21.2.13 设 R 是有单位元 1 的交换环，R 的一个理想 P 是素理想当且仅当 R/P 是整环.(**解读:**R/P 是整环，实际上在说，如果 $[ab]=[a][b]=[0]$，就有 $[a]=[0]$ 或 $[b]=[0]$.两种说法对有单位元的交换环等价.)

定理 21.2.14 设 R 是有单位元 1 的交换环，则 R 的一个极大理想一定是素理想.

例 21.2.2 求证:$\mathbb{R}[x]/(x^2+1)\cong\mathbb{C}$.

证明:定义 $\varphi:\mathbb{R}[x]\to\mathbb{C}$ 使得 $\varphi(f(x))=f(i)$.不难看到 φ 是 $\mathbb{R}[x]\to\mathbb{C}$ 的满同态.如果 $f(x)\in Ker\varphi$，则有 $\varphi(f(x))=f(i)=0$，即 $i,-i$ 都是多项式 $f(x)$ 的根，即 $f(x)$ 含有 x^2+1 因子.反之，亦然.故 $Ker\ \varphi=\{(x^2+1)p(x)\mid p(x)\in\mathbb{R}[x]\}=(x^2+1)$. □

例 21.2.3 设 R 是偶数环，p 是素数，显然 $(4)=\{4n\mid n\in\mathbb{Z}\}$，$(2p)=\{n\cdot 2p\mid n\in\mathbb{Z}\}$.则 (4) 不是素理想，$(2p)$ 是素理想.

证明:因为 $2\cdot 2=4\in(4)$，但是 $2\notin(4)$，故 (4) 不是理想.

又设 $ab\in(2p)$，其中 a,b 是偶数，设 $a=2s, b=2t, ab=2pq$，故 $p\mid st$，从而 $p\mid s$ 或 $p\mid t$，因此可得 $a\in(2p)$ 或 $b\in(2p)$，结论成立. □

三、整环（本小节中的定理证明略去）

如果 $a=bc, a, b, c \in I$，则称整环中元素 a 被 b 整除.如果 $a=\varepsilon b$，其中 ε 是 I 的单位，则称 a 为 b 的相伴，记为 $a \backsim b$.（**解读**：相伴或等价的元素的信息是相同的.）

命题 21.2.1 设 I 是整环，对于任意的 $a, b \in I$，$a \mid b$ 当且仅当 $(b) \subseteq (a)$，进一步的，$a \mid b, b \mid a$ 当且仅当 $a \backsim b$ 当且仅当 $(a)=(b)$.

一个整环 I 称为唯一分解环，如果 I 的每一个既不是零元也不是单位的元素都有唯一分解.即对于任何 $a \in I$，如果 $a=p_1 \cdots p_r$ 和 $a=q_1 \cdots q_s$，则 $r=s$，且适当调整 q 的顺序，则有 $\forall i(q_i=\varepsilon_i p_i)$，其中 ε_i 是 I 的单位.

定理 21.2.15 设 I 是唯一分解环，则 $\forall p \in I$（p 是素元）$\Leftrightarrow p$ 有性质：$\forall a, b \in I(p \mid ab \Rightarrow p \mid a$ 或 $p \mid b)$.（**解读**：素元是不可分割的.另外 ab 也是唯一分解的.）因此 p 为素元当且仅当 (p) 为 I 的非零素理想.

定理 21.2.16 设 I 为主理想环，$p \in I$，则 p 为素元当且仅当 (p) 为 I 的极大理想.

定理 21.2.17 主理想环一定是唯一分解环.

定义 21.2.4 设 I 为整环，I 称为欧氏环，如果存在一个从 I 到非负整数的集合 $\mathbb{N}$ 的映射 φ 满足 $\varphi(x)=0$ 当且仅当 $x=0$，且对于 $a, b \in I, b \neq 0$，一定存在 $q, r \in I$ 使得 $a=bq+r$，其中 $r=0$ 或 $\varphi(r)<\varphi(b)$，这时 q 称为商元，r 称为余元，φ 称为欧氏映射.

按照定义，整数环是欧氏环，只要取 $\varphi(n)=|n|$ 即可证明.

定理 21.2.18 欧氏环是主理想环，从而是唯一分解环.

定理 21.2.19 设 I 是整环，则 I 是唯一分解环当且仅当 $I(x)$ 是唯一分解环.

定义 21.2.5 设 R 是具有单位元的整环，$a \in R$ 称为多项式 $f(x) \in R[x]$ 中的根（或零点），如果 $f(a)=0$.

定理 21.2.20 设 F 是域，在 $F[x]$ 中，当多项式 $f(x)$ 除 $x-a$ 时，则余式为 $f(a)$，其中 $a \in F$.因此，$x-a$ 是 $f(x)$ 的因式当且仅当 a 是 F 的根.

证明：$F[x]$ 是欧氏环，故 $f(x)=g(x)(x-a)+r(x)$，其中 $r(x)=0$ 或 $deg(r(x))<1$.因此余式为 $r_0 \in F$，即 $f(x)=g(x)(x-a)+r_0$.所以 $f(a)=r_0$. □

§21.3 域的扩张

域 E 称为 F 的扩域，如果 F 是 E 的子域.一个域称为素域，如果它不含真子域.

定理 21.3.1 设 E 是域，如果 $\text{char}\, E=0$，则 E 含有一个与有理数域同构的子域；如果 $\text{char}\, E=p$，p 为素数，则 E 含有一个与 $\mathbb{Z}/(p)$ 同构的子域.

证明：设 e 是 E 的单位元，令 $R=\{n\mathrm{e} \mid n \in \mathbb{Z}\}$，则 $\varphi: n \mapsto n\mathrm{e}$ 是 $\mathbb{Z}$ 到 R 的同态满射，设 $Ker\ \varphi=I$.

如果 $\text{char}\, E=0$，则 φ 是同构映射.从而 $\mathbb{Z} \cong R$.因为 $R \subset E$，从而 R 的商域 $F \subseteq E$，又 $\mathbb{Z}$ 的商域为有理数域 $\mathbb{Q}$，由定理 21.2.8 知，$F \cong \mathbb{Q}$.（**解读**：特征为 0 的内在本质决定了元素的相异性，因此 E 才有与 $\mathbb{Z}$ 的商域类似的属性.）

如果 char $E=p$，p 为素数，则$\mathbb{Z}/I\cong R$.因为 $\varphi(p)=pe=0$，故 $p\in I$.从而$(p)\subseteq I$.又 $\varphi(1)=e\neq 0$，故 $I\neq\mathbb{Z}$，但(p)为极大理想，故 $I=(p)$，由此得到$\mathbb{Z}/(p)\cong R$.（**解读**：特征为 p 决定了元素的循环性，因此 E 同构于$\mathbb{Z}/(p)$.） □

推论 21.3.1 设 F 为素域，则当 char $F=0$ 时，$F\cong\mathbb{Q}$；当 char $F=p$，p 为素数时，$F\cong\mathbb{Z}/(p)$.

设 S 是域 E 的子集合.令 $F(S)$为包含 F 和 S 的最小子域，称为添加 S 于 F 所得的扩域.具体的，$F(S)$恰好包含 E 的一切下列形式的元：

$$\frac{f(\alpha_1,\alpha_2,\cdots,\alpha_n)}{g(\alpha_1,\alpha_2,\cdots,\alpha_n)}\quad 其中\ \alpha_i\in S,f,g\ 为多项式$$

如果 $S=\{\alpha_1,\alpha_2,\cdots,\alpha_n\}$为有限集，则

$$F(S)=F(\alpha_1,\alpha_2,\cdots,\alpha_n)=F(\alpha_1)(\alpha_2)\cdots(\alpha_n)$$

其中 $\alpha_1,\alpha_2,\cdots,\alpha_n$ 称为域 $F(S)$的生成元.（**解读**：这里 $F(S)$可以看成信息的扩张.）

定义 21.3.1 1. 添加一个元素 α 于 F 得到的域 $F(\alpha)$，称为 F 的单扩域.

2. 设 E 为域 F 的扩域，E 中的元 α 称为 F 的代数元，如果存在不全为零的元 $a_0,a_1,\cdots,a_n$ 使得 $a_0+a_1\alpha+\cdots+a_n\alpha^n=0$，即存在非零多项式 $f(x)\in F(x)$使得 $f(\alpha)=0$.否则，α 称为 F 的超越元.相应地，域 $F(\alpha)$分别称为单代数扩域、单超越扩域.

3. 设 E 为域 F 的扩域，则 E 可以看为 F 上的线性空间.如果 E 作为 F 上的 n 维线性空间，则 n 称为 E 在 F 上的次数，记为$[E:F]=n$.

定理 21.3.2 E 是 F 的扩域，$\alpha\in E$.如果 α 为 F 上的超越元，则 $F(\alpha)\cong$($F[x]$的商域)；如果 α 为 F 上的代数元，则 $F(\alpha)\cong F[x]/(p(x))$，其中 $p(x)\in F[x]$，它是由 α 唯一确定的、首 1 的不可约多项式，且 $p(\alpha)=0$.

证明：令 φ：$\sum a_kx^k\mapsto\sum a_k\alpha^k$，则 φ 是 $F(x)$ 到 $F(\alpha)$的同态满射.分情况讨论：

(1) 如果 α 为 F 上的超越元，则 φ 是同构映射，即 $F[\alpha]\cong F[x]$.由定理 21.2.8 知道，$F[\alpha]$的商域同构于 $F[x]$的商域.因为 $F[\alpha]\subseteq F(\alpha)$，($F[\alpha]$的商域)$\subseteq F(\alpha)$.另外，$F[\alpha]$的商域包含 F 与 α，由 $F(\alpha)$的最小性知 $F(\alpha)\subseteq$($F[\alpha]$ 的商域).则 $F(\alpha)\cong$($F[x]$的商域).

(2) 如果 α 为 F 上的代数元，则 $F[\alpha]\cong F[x]/Ker\ \varphi$.因为 $F[x]$是欧氏环，由定理 21.2.18 知 $F[x]$是主理想环.可设 $Ker\ \varphi=(p(x))$.再设 $p(x)$为首 1 的多项式，由命题 21.2.1 可知，$p(x)$唯一确定.由 $Ker\ \varphi$ 的定义可得 $p(\alpha)=0$，显然 $deg\ p(x)\geqslant 1$.注意这里 $p(x)$是不可约多项式.否则，令 $p(x)=g(x)h(x)$，从而 $p(\alpha)=g(\alpha)h(\alpha)=0$，但 $g(\alpha)$，$h(\alpha)$都是 $F(\alpha)$中元，而域中无零因子，于是 $g(\alpha)=0$ 或 $h(\alpha)=0$，即 $g(x)\in Ker\ \varphi$ 或 $h(x)\in Ker\ \varphi$，即 $p(x)|g(x)$或 $p(x)|h(x)$，矛盾.故 $p(x)$不可约，从而$(p(x))$是 $F[x]$的极大理想.由推论 21.2.1 知，$F[x]/(p(x))$是域，从而 $F[\alpha]$是域，所以 $F(\alpha)\subseteq F[\alpha]$，从而 $F(\alpha)=F[\alpha]\cong F[x]/(p(x))$. □

由此我们可以看到多项式 $p(x)$对单代数扩域的重要性，$p(x)$显然是 $Ker\ \varphi$ 中次数最小的多项式.（**解读**：α 为 F 上的代数元，其对应的多项式 $p(x)$这一特性信息决定了其单代数扩域的结构.）

$F[x]$中满足 $p(\alpha)=0$ 的次数最低的 n 次多项式 $p(x)$称为 α 在 F 上的极小多项式，n

称为α在F上的次数.

定理 21.3.3 设α为F上的代数元,令$F[\alpha]\cong F[x]/(p(x))$,则$F(\alpha)$中每个元素可唯一地表示为$\sum_{i=0}^{n-1}a_i\alpha^i$. 从而$1,\alpha,\cdots,\alpha^{n-1}$是$F(\alpha)$在$F$上的一个基,因此$[F(\alpha):F]=n$. 这样多项式$f(x),g(x)$相加,只需要将它们的系数相加;它们相乘,只需要将$f(x)g(x)$做模$p(x)$即可.特别的,如果$f(x)\in F[x]$满足$f(\alpha)=0$当且仅当$p(x)\mid f(x)$(证明略).

定理 21.3.4 设F是域,$p(x)=x^n+a_{n-1}x^{n-1}+\cdots+a_0$为不可约多项式,则存在$F$的单代数扩域$F(\alpha)$,其中$\alpha$在$F$上的极小多项式为$p(x)$.如果$\beta$在$F$上的极小多项式也为$p(x)$,则存在同构映射$\varphi$使得$F(\alpha)\cong F(\beta)$且$\varphi(\alpha)=\varphi(\beta)$.

证明:作剩余类$K'=F[x]/(p(x))$.因为$p(x)$不可约,故$(p(x))$是$F[x]$的极大理想,因而K'是域.考虑$F[x]$到K'的同构满射:$\tau:f(x)\mapsto\overline{f(x)}$.由于$F\subset F[x]$,则$Im\ F=\bar{F}\subset K'$.显然$F\sim\bar{F}$,但对于$a,b\in F$,我们有$a\neq b\Rightarrow p(x)\nmid a-b\Rightarrow\overline{a-b}\neq\bar{0}\Rightarrow\bar{a}\neq\bar{b}$,故$F\cong\bar{F}$.由于$K'\cap F=\varnothing$,利用挖补定理我们可知,把$K'$的子集$\bar{F}$用$F$代替,故得到一个与$K'$同构的域$K$,其中$F\subset K$.

考察$F[x]$中元x在K'的像$\bar{x}$.因$p(x)=x^n+a_{n-1}x^{n-1}+\cdots+a_0\equiv 0(\mathrm{mod}\ p(x))$,故在$K'$里就有$\bar{x}^n+\bar{a}_{n-1}\bar{x}^{n-1}+\cdots+\overline{a_0}=0$.把$\bar{x}$在$K$里的逆像记为$\alpha$,则有$\alpha^n+a_{n-1}\alpha^{n-1}+\cdots+a_0=0$.于是域$K$包含$F$上的代数元$\alpha$.

下证$p(x)$是α在F上的极小多项式.设$p_1(x)$是α在F上的极小多项式.并令$I=\{f(x)\in F[x]\mid f(\alpha)=0\}$,则易证$I$是$F[x]$的理想且$I=(p_1(x))$.因此$p_1(x)\mid p(x)$,但$p(x)$不可约,故$p(x)=ap_1(x)$,$a\in F$.因$p(x)$与$p_1(x)$是首1多项式,故$a=1$,即$p(x)=p_1(x)$.从而$K=F(\alpha)$.

如果β在F上的极小多项式也是$p(x)$,由定理21.3.3知,$F(\alpha)$的每个元可写成$\sum_{i=0}^{n-1}a_i\alpha^i$的形式,$F(\beta)$的每个元可写为$\sum_{i=0}^{n-1}a_i\beta^i$的形式.

令$\varphi:\sum_{i=0}^{n-1}a_i\alpha^i\mapsto\sum_{i=0}^{n-1}a_i\beta^i$,易知$\varphi$即为所求.(**解读:**同一不可约多项式的根扩充域F后得到的单代数扩域结构信息一样.) □

例 21.3.1 设$\mathbb{Q}[x]=\{a_0+a_1x+\cdots+a_nx^n\mid a_i\in\mathbb{Q}(\forall i)\}$,则$\left\{\frac{f(x)}{g(x)}\middle| f(x),g(x)\in\mathbb{Q}[x]\right\}$为其分式域.

§21.4 代数扩域

设E是F的扩域,如果E中存在F的超越元,则E称为F的超越扩域.否则,E称为F的代数扩域,即E中每个元都是F上的代数元.

定理 21.4.1 设I是域F的有限扩域,E是域I的有限扩域,则E也是域F的有限扩域,且$[E:F]=[E:I][I:F]$.(找出线性空间的基即可证明,故证明略.)

例 21.4.1 求证:$[\mathbb{C}:\mathbb{R}]=2$.

证明:$\mathbb{C}=\{a+bi\mid a,b\in\mathbb{R}\}$,故$1,i$为在$\mathbb{R}$上的一组基. □

定理 21.4.2 设F是域,$p(x)$是$F[x]$的n次不可约多项式,且$K=F[x]/(p(x))$,则

$[K:F]=n$.

证明:显然 $K=\{(p(x))+a_0+a_1x+\cdots+a_{n-1}x^{n-1}\mid a_i\in F\}$ 并且 K 中元素表示法唯一,因此 $(p(x))+1,(p(x))+x,\cdots,(p(x))+x^{n-1}$ 是 K 在 F 上的一组基,即证. □

定理 21.4.3 设 $E=F(\alpha)$ 是域 F 的单代数扩域,则 E 是 F 的代数扩域.从而域 F 的有限扩域一定是 F 的代数扩域.(**解读**:单代数扩域,加入的主要信息,实际上是某个多项式 $f(x)$ 的根的信息,然后再扩充.其本质就是代数扩域.)

证明:设 α 在 F 上的极小多项式的次数为 n,由定理 21.3.3 可知,$[E:F]=n$,任取 $\beta\in E$,则 $1,\beta,\cdots,\beta^n$ 这 $n+1$ 个元在 F 上线性相关.因此在 F 上存在不全为 0 的元 $b_0,b_1,\cdots,b_n$ 使得 $\sum_{i=0}^{n}b_i\beta^i=0$. 这说明 E 的任意元都是 F 上的代数元. □

定理 21.4.4 设 $E=F(\alpha_1,\cdots,\alpha_n)$,其中每个 α_i 都是域 F 上的代数元,则 E 是 F 的有限扩域,从而为代数扩域.

证明:(归纳证明)

(1) 当 $n=1$ 时定理显然成立.

(2) 假设 $n-1$ 时定理也成立,即 $F(\alpha_1,\cdots,\alpha_{n-1})$ 是 F 的有限扩域.

(3) 考察 $F(\alpha_1,\cdots,\alpha_n)$.因为 $F(\alpha_1,\cdots,\alpha_n)=F(\alpha_1,\cdots,\alpha_{n-1})(\alpha_n)$,而 α_n 是 F 上代数元,也是 $F(\alpha_1,\cdots,\alpha_{n-1})$ 上代数元.因此 E 是 $F(\alpha_1,\cdots,\alpha_{n-1})$ 的单代数扩域.由定理 21.3.3 知,E 是 $F(\alpha_1,\cdots,\alpha_{n-1})$ 的有限扩域,$F\subset F(\alpha_1,\cdots,\alpha_{n-1})\subset F(\alpha_1,\cdots,\alpha_n)$.由定理 21.4.1 可知 E 是 F 的有限扩域,又由定理 21.4.3 可知 E 是 F 的代数扩域. □

推论 21.4.1 设 E 是 F 的扩域,$\alpha,\beta\in E$ 是 F 上代数元,则 $\alpha\pm\beta,\alpha\beta,\alpha\beta^{-1}(\beta\neq0)$ 仍为 F 上的代数元.

定理 21.4.5 设 S 是域 F 上的所有代数元组成的集合,则 $E=F(S)$ 是 F 的代数扩域.

证明:设 $\beta\in E$,则 $\beta=f(\alpha_1,\alpha_2,\cdots,\alpha_n)/g(\alpha_1,\alpha_2,\cdots,\alpha_n)$,其中 $\alpha_1,\alpha_2,\cdots,\alpha_n\in S$.而 $f(\alpha_1,\alpha_2,\cdots,\alpha_n),g(\alpha_1,\alpha_2,\cdots,\alpha_n)(\neq0)$ 是 F 上关于这些 α_i 的多项式,故 $\beta\in F(\alpha_1,\alpha_2,\cdots,\alpha_n)$.因此由定理 21.4.4 知,$E=F(S)$ 是 F 的代数扩域. □

例 21.4.2 求证:不存在真正处于 $\mathbb{Q}$ 与 $L=\mathbb{Q}[x]/(x^3-2)$ 之间的域.

证明:假设存在域 K 使得 $L\supseteq K\supseteq\mathbb{Q}$,则由定理 21.4.1 知,$[L:\mathbb{Q}]=[L:K][K:\mathbb{Q}]$.由定理 21.4.2 知,$[L:\mathbb{Q}]=3$,于是 $[L:K]=1$ 或 $[K:\mathbb{Q}]=1$. 显然都不可能,矛盾. □

例 21.4.3 问:$\sqrt[3]{2}+\sqrt{5}$ 是 $\mathbb{Q}$ 上的代数元吗?

证明:令 $x=\sqrt[3]{2}+\sqrt{5}$,即 $x-\sqrt{5}=\sqrt[3]{2}$,于是 $(x-\sqrt{5})^3=2$,$x^3-3\sqrt{5}x^2+15x-5\sqrt{5}=2$,
所以 $x^3+15x-2=\sqrt{5}(3x^2+5)$,
从而 $(x^3+15x-2)^2=5(3x^2+5)^2$.

因此,$\sqrt[3]{2}+\sqrt{5}$ 是 $\mathbb{Q}$ 上的代数元. □

例 21.4.4 1. $\mathbb{Q}(\sqrt{2})=\{a+b\sqrt{2}\mid a,b\in\mathbb{Q}\}$,它是添加 $\sqrt{2}$ 于 $\mathbb{Q}$ 的单扩域.

2. $\mathbb{R}(i,3i)=\mathbb{R}(i)(3i)=\mathbb{C}(3i)=\mathbb{C}$.

定义 21.4.1 设 $F\subseteq K$ 是实数域的子域,如果 $K=F(\sqrt{b_1})(\sqrt{b_2})\cdots(\sqrt{b_m})$,则称 K 为 F 的毕达哥拉斯扩域,简称毕氏扩域.

命题 21.4.1 K 是域 F 的扩域且 $[K:F]$ 为奇数,则 K 必定不含在 F 的毕氏扩域中.

证明:反证,设 $F\subseteq K\subseteq E$,而 E 是 F 的毕氏扩域,则依定义知 $[E:F]=2^n$ 形式,再由 $[E:F]=[E:K][K:F]$,而 $[K:F]$ 为奇数,矛盾. □

例 21.4.5　立方倍积问题:已知一边长为 a 的立方体,求作一立方体其体积是它的 2 倍.设所求立方体边长为 b,易见 b 是 x^3-2a^3 的根.如果这个 3 次多项式(例如 $a=1$)是域 $F=\mathbb{Q}(a)$ 上的不可约多项式,则 $F(b)$ 是 F 上 3 次扩域,随之可得 $F(b)$ 不可能含在 F 的毕氏扩域中,即所求 b 不可能用尺规作图完成.

例 21.4.6　画圆为方问题:类似的可得正方形边长 b 是方程 $x^2-\pi a^2=0$ 的根.这时域是 $F=\mathbb{Q}(a)$,而 $F(\pi)$ 是 F 上 ∞ 扩域(因 π 是超越数),显然它不可能包含在 F 的毕氏扩域中.因此类似的,还是尺规作图不能问题.

下面介绍上述证明所需要的一些相关知识.

定义 21.4.2　设在平面上已知 m 个点,选一平面直角坐标系和确定点 $(0,1)$,并设在此坐标系中已知的 m 个点的坐标为 (x_i,y_i),$i=1,\cdots,m$.

令 $F=Q(x_1,y_1,\cdots,x_m,y_m)$.从这些点出发通过有限次下列操作可构造出来的点称为可构造点.在已得到的点上的这些操作包括:

(1) 通过已得到的两点画直线;

(2) 以某点为圆心,以已得到两点间的距离为半径画圆;

(3) 计算并标出两直线的交点坐标;

(4) 计算并标出一直线与一圆交点坐标;

(5) 计算并标出两圆交点坐标.

定理 21.4.6　设 K 是所有可构造数的集合,则 K 是实数域的子域,是有理数域的扩域,即 $\mathbb{Q}\subseteq K\subseteq\mathbb{R}$.

证明:首先证明 K 是数域:$\forall a,b\in K$,$a+b$,ab,a^{-1} 可用尺规作出,故 K 是域.

再证明 K 是 $\mathbb{Q}$ 的扩域:由于 $(0,1)$ 已知,故 $\mathbb{Q}=\left\{\dfrac{m}{n}\,\middle|\,m,n\in\mathbb{Z},n\neq 0\right\}$ 中元素可作出,故 $\mathbb{Q}\subseteq K$.

最后证明 K 是 $\mathbb{R}$ 的子域,因直线与圆的交点坐标除涉及加减乘除外,只涉及正数的开平方运算.而开平方是可作出的. □

定理 21.4.7　(可构造数的充要条件)实数 α 可构造的充要条件是存在一个有限的域链:$F=K_0\subseteq K_1\subseteq K_2\subseteq\cdots\subseteq K_n\subseteq\mathbb{R}$,满足 $[K_{i+1}:K_i]=2$ 且 $\alpha\in K_n$.

证明:充分性:由于 $(0,1)$ 已知,对 1 作四则运算,故 $\mathbb{Q}$ 中元素可作出.类似可证 $F=Q(x_1,y_1,\cdots,x_m,y_m)$ 中任何数均可做出.现设 K_{i-1} 已可作出.因 $[K_i:K_{i-1}]=2$,可设 K_i 在 K_{i-1} 上的线性空间的基为 $1,\theta$,则 $1,\theta,\theta^2$ 线性相关,存在 $a,b,c\in K_{i-1}$ 使得 $a\theta^2+b\theta+c=0$ $(a\neq 0)$,得 $\theta=\dfrac{1}{2a}(-2b\pm\sqrt{b^2-4ab})$,由上述定理可知,$\theta$ 可作出,且 $K_i=K_{i-1}(\theta)=\{k_1+k_2\theta\mid k_1,k_2\in K_{i-1}\}$,所以 K_i 中元素均可作出.依此类推.

必要性:设 α 可构造,则在 F 上通过有穷步操作(1)—(5)可得到 α,设在这有限步操作中作出数 $\alpha_1,\alpha_2,\cdots,\alpha_m=\alpha$.并令 $K_i=K_{i-1}(\alpha_i)(i=1,2,\cdots,m)$.由于每次操作是对已知可构造数进行四则运算或开方,故 $[K_i:K_{i-1}]=1$ 或 2,由此可得如上的链域. □

§21.5 多项式模与分裂域

定义 21.5.1 设$(R,+,\cdot)$为交换环，R^*为R中所有非零元素的集合，如果R^*在乘法运算下构成交换群，则称$(R,+,\cdot)$为域.其中0，1分别表示加法群的零元和乘法群中单位元.一般地，域记为$(F,+,\cdot)$.如果F_1是F的子域，则称F为F_1的扩域.

如果域中元素的个数为素数，则称为有限域，有限域也称为伽罗华域.如果p为素数，则集合$F=\{0,1,2,\cdots,p-1\}$在模p下关于加法、乘法构成p阶有限群，记为$GF(p)$.如果$q=p^m$，p为素数，则可以从有限域扩充为其扩域$GF(p^m)$.

为方便起见，我们总是使多项式最高次方的系数等于1，并称为首1多项式.在通常的加法和乘法运算下，多项式集合不能构成域，因为对于乘法运算多项式无逆元.但是如果令$p(x)$为域F上的不可约多项式，则采用模$p(x)$的加法和乘法，多项式模$p(x)$的剩余类的集合可构成域.(**解读**：一个多项式模运算后，原有性质中的一些特殊信息坍塌了，只拥有模后等价类的信息.)

在模$p(x)$的运算中主要关心的是余式$r(x)$，它被表示为$r(x)=[f(x)]_{p(x)}$(因一个多项式除以另一多项式所得商和余式是唯一的).今后，以F_q表示多项式的系数域；以$F_q[x]$表示系数在F_q上的多项式集合，它不一定是域；以$F_q[x]_{p(x)}$表示系数在F_q上的、多项式模$p(x)$的剩余类的集合，它是域.如果$p(x)$的次数为n，则共有q^n个剩余类，所以称此多项式域为$GF(q^n)$.称$GF(q)$为基域.$GF(q^n)$为$GF(q)$的n次扩域.

例 21.5.1 已知$f(x)=x^2+x+1$，以此构造$GF(2^3)$，其运算见表21.1.注意其中x，$x+1$均是本原元，其余元素不是.

表 21.1 多项式域 $F_2[x]_{x2+x+1}$ 中的运算

$\oplus$	0	1	x	$x+1$	$\otimes$	0	1	x	$x+1$
0	0	1	x	$x+1$	0	0	0	0	0
1	1	0	$x+1$	x	1	0	1	x	$x+1$
x	x	$x+1$	0	1	x	0	x	$x+1$	1
$x+1$	$x+1$	x	1	0	$x+1$	0	$x+1$	1	x

例 21.5.2 $F_2[x]_{x^3+x+1}=\{0,1,x,x^2,x+1,x^2+1,x^2+x,x^2+x+1\}$.$x$的逆元为$x^2+1$，即$[x(x^2+1)]_{p(x)}=(x^3+x)_{x^3+x+1}=-1\equiv 1$.

下面介绍多项式的分裂域.

定义 21.5.2 域F的一个扩域E称为$F[x]$的n次多项式$f(x)$在F上的分裂域(或根域)，如果在$E[x]$里(有时简称在E里)，$f(x)=a_n(x-a_1)(x-a_2)\cdots(x-a_n)$，$a_i\in E$，但在比$E$小的域$I(F\subset I\subset E)$里，$f(x)$不能这样分解.

按此定义，如果E为n次多项式$f(x)$在F上的分裂域，则$f(x)=a_n(x-a_1)(x-a_2)\cdots(x-a_n)$，$a_i\in E$.于是$E=F(a_1,a_2,\cdots,a_n)$.由定理21.4.5知，多项式$f(x)$在$F$上的分裂域$E$一定是$F$的代数扩域.容易证明：$[E:F]\leqslant n!$.

例 21.5.3 (1) 设 $F=\mathbb{Q}$，$f(x)=x^3-2$ 的三个根分别是$\sqrt[3]{2}$，$\sqrt[3]{2}\omega$，$\sqrt[3]{2}\omega^2$，其中 ω 为三次本原单位根，于是 $f(x)$在$\mathbb{Q}$上的分裂域为 $E=\mathbb{Q}(\sqrt[3]{2},\sqrt[3]{2}\omega,\sqrt[3]{2}\omega^2)=\mathbb{Q}(\sqrt[3]{2},\omega)$且$[\mathbb{Q}(\sqrt[3]{2},\omega):\mathbb{Q}]=9$.

(2) 设 $F=\mathbb{Q}$，则 $f(x)=x^p-1$ 在$\mathbb{Q}$上的分裂域为$\mathbb{Q}(1,\xi,\xi^2,\cdots,\xi^{p-1})=\mathbb{Q}(\xi)$，其中 ξ 是素数 p 次本原单元根，又 ξ 在$\mathbb{Q}[x]$中的极小多项式为 $x^{p-1}+\cdots+x+1$，于是$[\mathbb{Q}(\xi):\mathbb{Q}]=p-1$.

(3) 设 $F=\mathbb{Q}$，则 $f(x)=x^4+4$ 的四个根为$\pm1\pm i$.于是 $f(x)$在$\mathbb{Q}$上的分裂域为$\mathbb{Q}(\pm1\pm i)=\mathbb{Q}(i)$且$[\mathbb{Q}(i):\mathbb{Q}]=2$.

下面证明多项式分裂域的存在唯一性.

定理 21.5.1 设 F 是域，$f(x)\in F[x]$是次数大于零的多项式，则 $f(x)$在 F 上的分裂域一定存在.(**解读**:多项式 $f(x)$不是域 F 的元素，因此其信息是可以添加并扩充的.添加的实际上是其 n 个根的信息，因此是代数扩域.)

证明:设在 $F[x]$中，$f(x)=f_1(x)g_1(x)$，其中 $f_1(x)$是首 1 的不可约多项式，由定理 21.3.4 可知，存在 $E_1=F(\alpha_1)$，α_1 在 F 上的极小多项式为 $f_1(x)$.

在 E_1 中，$f_1(\alpha_1)=0$，可得$(x-\alpha)\mid f(x)$.故在 $E_1[x]$上 $f(x)=(x-\alpha_1)f_2(x)g_2(x)$，其中 $f_2(x)$是 $E_1[x]$里首 1 的不可约多项式.再由定理 21.3.4 可知，存在 $E_2=E_1(\alpha_2)=F(\alpha_1)(\alpha_2)=F(\alpha_1,\alpha_2)$，其中 α_2 在 E_1 上的极小多项式为 $f_2(x)$.于是在 $E_2[x]$里 $f(x)=(x-\alpha_1)(x-\alpha_2)f_3(x)g_3(x)$，其中 $f_3(x)$是 $E_2[x]$里首 1 的不可约多项式，依次类推，我们最终得到 $E=F(\alpha_1,\alpha_2,\cdots,\alpha_n)$使得在 $E[x]$里有 $f(x)=a_n(x-\alpha_1)(x-\alpha_2)\cdots(x-\alpha_n)$. □

引理 21.5.1 设 F 和$\overline{F}$ 是两个同构的域，则 $F[x]\cong\overline{F}[x]$.(**解读**:结构相同决定了扩充性质.因此后面的引理、定理都是这条性质的一个简单延续.)

证明:设 $a\mapsto\bar{a}$ 是 F 到$\overline{F}$ 的同构映射，令 $\varphi:f(x)=\sum a_ix^i\mapsto\bar{f}(x)=\sum\bar{a}_ix^i$，易证 φ 是 $F[x]$到$\overline{F}[x]$的同构映射，且 $f(x)$在 $F[x]$中不可约当且仅当$\bar{f}(x)$在$\overline{F}[x]$中不可约. □

引理 21.5.2 设 σ 是域 F 到域$\overline{F}$ 的同构映射，$p(x)\in F[x]$是首 1 的不可约多项式，$\bar{p}(x)\in\overline{F}[x]$是与 $p(x)$对应的不可约多项式.再设 $F(\alpha)$与$\overline{F}(\bar{\alpha})$分别是 F 与$\overline{F}$ 的单代数扩域，满足条件 $p(\alpha)=0$ 和$\bar{p}(\bar{\alpha})=0$，则存在 $F(\alpha)$到$\overline{F}(\bar{\alpha})$的同构映射 φ 使得$\forall b\in F$，$\varphi(b)=\sigma(b)$.

证明:设次数 $deg\ p(x)=n$，则 $deg\ \bar{p}(x)=n$.如果 $b\mapsto\bar{b}$ 是 F 到$\overline{F}$ 的同构映射，则

$$\varphi:\sum_{i=0}^{n-1}a_i\alpha^i\mapsto\sum_{i=0}^{n-1}\bar{a}_i\bar{\alpha}^i$$

是 $F(\alpha)$到$\overline{F}(\bar{\alpha})$的同构映射.易证结论. □

定理 21.5.2 设 σ 是域 F 到$\overline{F}$ 的同构映射，$f(x)$与$\bar{f}(x)$是引理 21.5.2 中相对应的 n 次多项式.又设 $E=F(\alpha_1,\alpha_2,\cdots,\alpha_n)$是 $f(x)$在 F 上的一个分裂域，$\overline{E}=\overline{F}(\beta_1,\beta_2,\cdots,\beta_n)$是$\bar{f}(x)$在$\overline{F}$ 上的一个分裂域，则存在 E 到$\overline{E}$ 的同构映射 φ 使得$\forall b\in F$，$\varphi(b)=\sigma(b)$，且适当调整次序后，$\varphi(\alpha_i)=\beta_i$，$i=1,2,\cdots,n$.

证明:用归纳法.如果 $n=1$，由引理 21.5.2 可知定理成立.假设对 $k<n$，我们可以调整 α_i 和β_i 的次序使得$L=F(\alpha_1,\alpha_2,\cdots,\alpha_k)\cong\overline{F}(\beta_1,\beta_2,\cdots,\beta_k)=\overline{L}$，设这个同构映射为 τ，则$\forall b\in$

F，$\tau(b)=\sigma(b)$且对于 $1\leqslant i\leqslant k$，$\tau(\alpha_i)=\beta_i$.

设在 $L(x)$中 $f(x)=(x-\alpha_1)(x-\alpha_2)\cdots(x-\alpha_k)p_k(x)g_k(x)$，$p_k(x)$为 $L(x)$中首 1 的不可约多项式.由引理 21.5.1 可知，在 $\bar{L}[x]$里，$\bar{f}(x)=(x-\beta_1)(x-\beta_2)\cdots(x-\beta_k)\overline{p_k}(x)\overline{g_k}(x)$，其中$\overline{g_k}(x)$是 $\bar{L}[x]$里首 1 的不可约多项式.

在 $E[x]$、$\bar{E}[x]$里，$p_k(x)g_k(x)$与$\overline{p_k}(x)\overline{g_k}(x)$分别分解为$(x-\alpha_{k+1})\cdots(x-\alpha_n)$与$(x-\beta_{k+1})\cdots(x-\beta_n)$.调整 $\alpha_{k+1}\cdots\alpha_n$ 与 $\beta_{k+1}\cdots\beta_n$ 的次序，不妨设 $p(\alpha_{k+1})=0$，$\overline{p_k}(\beta_{k+1})=0$，由引理 21.5.2 可知

$$L(\alpha_{k+1})=F(\alpha_1,\alpha_2,\cdots,\alpha_{k+1})\cong F(\beta_1,\cdots,\beta_{k+1})=\bar{L}(\beta_{k+1})$$

设其同构映射为 η，则 $\forall b\in F$，$\eta(b)=\sigma(b)$且对于 $1\leqslant i\leqslant k+1$，适当调整次序后，$\eta(\alpha_i)=\beta_i$.由归纳假设可知定理成立. □

在定理 21.5.2 中，如果 $F=\bar{F}$，σ 是恒等映射，则 $f(x)=\bar{f}(x)$.因此 $f(x)$在 F 上的两个分裂域E 和 $\bar{E}$ 同构.再由定理 21.5.1 可知，对于域 F 上的任意次数大于 1 的多项式 $f(x)$，在同构意义下，$f(x)$在 F 上的分裂域存在且唯一.

例 21.5.4 求 $f(x)=x^3-1$ 在$\mathbb{Q}$上的分裂域.

证明：$f(x)=(x-1)\left(x-\dfrac{-1+\sqrt{3}i}{2}\right)\left(x-\dfrac{-1-\sqrt{3}i}{2}\right)$，故其分裂域为$\mathbb{Q}\left(1,\dfrac{-1+\sqrt{3}i}{2},\dfrac{-1+\sqrt{3}i}{2}\right)=\mathbb{Q}(\sqrt{3}i)$，这就是由一切复数 $a+b\sqrt{3}i$ 构成的域. □

§21.6 有限域的结构

定义 21.6.1 满足 $pe=0$ 的最小整数称为域的特征，其中 e 为乘法恒等元.如果不论 p 为何值恒有 $pe\neq0$，则称域的特征为∞(也有人定义为 0).

对于其他一切非零元素 α，因为有 $p\alpha=p\alpha\cdot e=pe\cdot\alpha$，故 p 也是使 $p\alpha=0$ 成立的最小正整数，如果有 $m\alpha=0$ 成立，其充要条件是 $p|m$.充分性是显然的.接着分析必要性，设 $m=qp+r$，则 $0=m\alpha=pq\alpha+r\alpha=\alpha q\cdot pe+\alpha\cdot re=\alpha\cdot re$，其中 α 是任意非零元素，$r<p$. 除非 $r=0$，否则上式不能成立，故 $p|m$.(**解读：**域的特征对于所有非零元适用.设 α 为任一个非零元，域的特征保证从 α 到 $n\alpha$ 的信息都不同，它们构成循环加群.)

因此对任一非零元素 α，若域的特征为 p，则集合$\{\alpha,2\alpha,\cdots,(p-1)\alpha,p\alpha=0\}$构成 $GF(q)$中的循环加群，它有 $p-1$ 个非零元素，一个零元素，可见域的特征说明了加法的循环特性.不难看出无限域的特征为∞.

例 21.6.1 在 $GF(2)$中，$e=1$，有 $e+e=2e=0$，特征为 2.

一个 $GF(q)$，它有 0,1，及其他 $q-2$ 个非零元素，这 q 个元素是两两互异的.可将 q 个元素统一编号为$\{a_1,a_2,\cdots,a_q\}$，由于在加法运算下是自封闭的，可设 $a_i+a_j=a_k$，其中 $i,j,k=1,2,\cdots,q$. 设另外有一个域 $GF(q')$的元素集合为$\{b_1,b_2,\cdots,b_q\}$，由于自封闭我们可以调整元素的排列次序使 $b_i+b_j=b_k$.令 $\sigma:\sigma(a_i)=b_i$，则 $a_i+a_j\mapsto b_i+b_j$.故加法群是同构的.删去 0 元素，将加法改为乘法，同样可以证明乘法群是同构的.但这样不足以证明元素个数

相等的有限域必定同构.

定理 21.6.1 设 E 是 q 个元的有限域,F 是它的素域,则

(1) 存在 p,n 使得 $\text{char } E=p>0,q=p^n,n=[E:F]$;

(2) E 是多项式 x^q-x 在 F 上的分裂域.

证明:(1) E 为有限域,故 $\text{char } E=p>0$.因为 E 有穷,故 E 是 F 的有限扩域.设 $n=[E:F]$,又 $\alpha_1,\cdots,\alpha_n$ 是向量空间 E 在 F 上的一个基,则 E 的每个元可唯一表示为 $b_1\alpha_1+\cdots+b_n\alpha_n(b_i\in F)$的形式.因为 $|F|=p$,故每个 b_i 只有 p 种取法,因此 E 共有 p^n 个元.

(2) 因为 E 的乘群 E^* 的阶为 $q-1$,故 $\forall\alpha\neq 0(\alpha\in E$ 且 $\alpha^{q-1}=1)$.又 $0^q=0$.从而 $\forall\alpha\in E$,均有 $\alpha^q=\alpha$.因此每个 α 都是 x^q-x 的根.设 $\alpha_1,\alpha_2,\cdots,\alpha_q$ 为 E 元的一个排列,则易见多项式 $x^q-x=(x-\alpha_1)(x-\alpha_2)\cdots(x-\alpha_q)$.显然有 $E=F(\alpha_1,\alpha_2,\cdots,\alpha_q)$,故 E 是多项式 x^q-x 在 F 上的分裂域. □

定理 21.6.2 元素个数相等的有限域必定同构.

证明:设 F_1,F_2 都有 q 个元素,它们有相同的特征数,设为 p,从而它们的素域都同构于 $\mathbb{Z}/(p)$.又 F_1,F_2 是多项式 x^q-x 的分裂域,根据定理 21.5.2,可知多项式 x^q-x 在同构域上的分裂域是同构的.

(**解读:**域的结构和域中元素个数,这两大信息决定了同构.) □

例 21.6.2 $GF(4)=\mathbb{Z}_2[x]/(x^2+x+1)=\mathbb{Z}_2[\alpha]=\{a_0+b_0\alpha\,|\,a_0,a_1\in\mathbb{Z}\}=\{0,1,\alpha,\alpha+1\}$,其中 α 是 x^2+x+1 的根.

例 21.6.3 构造 $GF(125)$.

解:$125=5^3$,故找一个 3 次不可约多项式即可.由定理 21.2.20 知,在$\mathbb{Z}_5[x]$中,$p(x)=x^3+ax^2+bx+1$ 是不可约的当且仅当在$\mathbb{Z}_5[x]$中,$p(n)\neq 0,n=0,1,2,3,4$.因此我们只需要检验 $n=0,1,2,3,4$ 是不是 $p(x)$的根即可.令 $p(x)=x^3+x+1$,显然它不可约,因此 $GF(125)=\mathbb{Z}_5[x]/x^3+x+1$. □

引理 21.6.1 设$(G,\cdot)$为有限交换群,n 是 G 中所有元素阶的最大值,则 G 中任意一个元素的阶数都是 n 的因数.(**解读:**设$(G,\cdot)$为有限交换群,如果 a 的阶为 2,即元素 a 的循环周期为 2,同样如果 b 的阶为 3,即元素 b 的循环周期为 3,则 $a\cdot b$ 的循环周期应该是它们的最小公倍数.因此最大的阶的循环节奏决定了其他元素的循环周期.)

证明:设 $a,b\in G$,a 的阶数为 n,b 的阶数为 m,则 $m\,|\,n$.否则,假设 $m\nmid n$,则存在素数 p,使得它在 m 中出现的幂次大于在 n 中出现的幂次,即 $n=p^{e1}n_1,m=p^{e2}m_1,(p,n_1)=(p,m_1)=1$,且 $e_2>e_1$,$a^{p^{e1}}$、b^{m1} 的阶数分别为$\dfrac{n}{(p^{e1},n)}=\dfrac{n}{p^{e1}}=n_1,\dfrac{m}{(m_1,m)}=\dfrac{m}{m_1}=p^{e2}$.又因为 $(n_1,p^{e2})=1$,所以 $b^{m1}a^{p^{e1}}$ 的阶数为 $p^{e2}n_1>p^{e1}n_1=n$,这与 n 的最大性矛盾. □

例 21.6.4 设 F 为有限域,$F^*=F/\{0\}$,则 F 的乘法群$(F^*,\cdot)$是循环群.

证明:设 n 为 F^* 中元素的最大阶数,由上面引理,F^* 中元素的阶数均为 n 的因数,对于任意 $a\in F^*$,$a^n=1$.设 $a\in F^*$,且 a 的阶数为 n,令 $G=\{1,a^1,a^2,\cdots,a^{n-1}\}$.设 $|F|=q$,则 $|F^*|=q-1$,因 $G\subseteq F^*$,故 $q-1\leqslant n$.

另外,$f(x)=x^n-1$ 为 F 上的 n 次多项式,它在 F 上至多有 n 个互不相同的根,F^* 中的元素均为 $f(x)$的根,而 $0\in F$ 不是 $f(x)$的根,这说明 $f(x)$在 F 上有 $q-1$ 个不同的根,

从而 $q-1\leqslant n$.因此 $n=q-1,F^*=G=(a)$,即 a 是 F^* 的生成元.(**解读:**域关于乘法的阶刚好是域元素个数减 1. 域的乘法群是循环群,对于乘法运算,每个元的信息是不同的.) □

推论 21.6.1 设有限域 F 有 q 个元素,对任意元素 $\alpha\in G$,如果 α 的阶数为 t,则 $t\mid(q-1)$.

定理 21.6.3 设 F 为有限域,则其特征为素数.故每个域的特征或为素数或为∞.

证明:如果 F 是无限域,则域的特征为∞.

如果是有限域,设特征为 p,则 $p\neq0$ 必为素数. 否则,p 一定可以分解为素数之积.不妨设 $p=m\cdot n$,其中 m,n,p 都为素数.可得 $pe=me\cdot ne=0$,me 和 ne 都是域中的非零元素.上式两边同乘以$(me)^{-1}$得$(me)^{-1}\cdot me\cdot ne=(me)^{-1}\cdot0=0$,即 $ne=0$.但 $n<p$,故与假设特征 p 为非素数有矛盾.因此 p 必为素数.(尝试自行解读.) □

定理 21.6.4 在 p 为特征的域中,对任何元素 α,β 恒有 $(\alpha+\beta)^p=\alpha^p+\beta^p$.

证明:$(\alpha+\beta)^p=\alpha^p+C_p^1\alpha^{p-1}\cdot\beta+\cdots+C_p^i\alpha^{p-i}\beta^i+\cdots+\beta^p$,其中

$$C_p^i=\frac{p(p-1)\cdots(p-i+1)}{i!}=\frac{p!}{(p-i)!\ i!}$$

$0<i<p$.因 p 素数,且 $i<p$,故 p 不能被$(p-i)!$ 和$i!$ 整除,因为 $C_p^i=\dfrac{p!}{(p-i)!\ i!}$,故$p\mid C_p^i$,故 $C_p^i=0\ (\mathrm{mod}\ p)$.因此必定有$(\alpha+\beta)^p=\alpha^p+\beta^p$.(**解读:**凡是 p 的倍数都坍塌为 0.) □

上面我们引入域的特征值,由于有限域的特征值必定为素数,因而大大简化了域的运算.下面介绍 $GF(q)$中的元素与 x^q-x 的根之间的关系.

定理 21.6.5 $GF(q)$中每个元素均是 x^q-x 的根.反之,x^q-x 的根均是 $GF(q)$中的元素.因此,如果 $q=p^m$,则

$$x^{p^m-1}-1=(x-\alpha^0)(x-\alpha^1)\cdots(x-\alpha^{p^m-2})$$

其中 α 是任意一个 $q-1$ 阶元素.(**解读:**由定理 21.6.1 知 $GF(q)$是其素域的分裂域.)

证明:$x^q-x=x\cdot(x^{q-1}-1)$,显然 0 是多项式的一个根,也是 $GF(q)$中的加法恒等元.同时 $GF(q)$中的 $q-1$ 个非零元素构成循环乘群,这些非零元素可用 $q-1$ 阶元素的幂次表示:$1,\alpha,\alpha^2,\cdots,\alpha^{q-2}$.

显然$(\alpha^i)^{q-1}=(\alpha^{q-1})^i=1$,故$(\alpha^i)^{q-1}-1=0,i=0,1,\cdots,q-2$,由此可见,$GF(q)$中 $q-1$ 个非零元素都是 $x^{q-1}-1$ 的根.因此 $GF(q)$中全部 q 个元素都是 x^q-x 的根.

但是多项式 x^q-x 在给定数域上最多只有 q 个根,除了 $GF(q)$的 q 个元素作为它的根以外,再也找不到其他的根.因此若 β 是 x^q-x 的根,则必有 $\beta\in GF(q)$. □

由此可见,$GF(p^m)$上任意非零元素 β 一定是 $x^{p^m-1}-1$ 的根,即 $\beta^{p^m-1}-1=0$,即 $\beta^{p^m}-\beta=0$,这就是费马定理.

定义 21.6.2 在 $GF(q)$中,如果某一元素的阶为 $q-1$,则称此元素为本原元,以本原元为根的不可约多项式为本原多项式.

为了计算本原元的个数,先引入欧拉函数 φ.$\varphi(n)$表示在 $1,2,\cdots,n-1,n$ 中与 n 互素的个数.如 $\varphi(1)=1,\varphi(2)=1,\varphi(3)=2,\cdots$.

当 n 为素数时,有简单的表示式 $\varphi(n)=n-1$.

如 n 为合数,则可将它分解为素数之积 $n=p_1^{j_1}p_2^{j_2}\cdots p_s^{j_s}$,其中 $p_1,p_2,\cdots,p_s$ 为素数,$j_1,j_2,\cdots,j_s$ 为对应素数之幂,则 $\varphi(n)=\prod_{i=1}^{s}(p_i^{j_i}-p_i^{j_i-1})$.

命题 21.6.1　若 n 为正整数，则 $\sum_{d|n}\varphi(d)=n$（证明略去）.

例 21.6.5　1. 计算 $\varphi(35)$.

解: 由命题 21.6.1 得 $\varphi(1)+\varphi(3)+\varphi(5)+\varphi(7)+\varphi(35)=35$，而 $\varphi(1)=1$，$\varphi(5)=4$，$\varphi(7)=6$，故 $\varphi(35)=24$.

2. 设 $f(x)=x^4+x+1$ 是 $GF(2)$ 上本原多项式，试用本原元 α 生成 $GF(2^4)$ 的全部元素.

注意每个元素有三种表示方法，α 的幂次、多项式、二进制矢量.本题中，凡是阶为 15 的都是本原元，共 8 个.

表 21.2　以 x^4+x+1 为本原多项式生成 $GF(2^4)$

幂次	多项式	二进制矢量	元素的阶
—	0	0000	
$\alpha^0=\alpha^{15}=1$	1	0001	1
α^1	α	0010	15
α^2	α^2	0100	15
α^3	α^3	1000	5
α^4	$\alpha+1$	0011	15
α^5	$\alpha^2+\alpha$	0110	3
α^6	$\alpha^3+\alpha^2$	1100	5
α^7	$\alpha^3+\alpha+1$	1011	15
α^8	α^2+1	0101	15
α^9	$\alpha^3+\alpha$	1010	5
α^{10}	$\alpha^2+\alpha+1$	0111	3
α^{11}	$\alpha^3+\alpha^2+\alpha$	1110	15
α^{12}	$\alpha^3+\alpha^2+\alpha+1$	1111	5
α^{13}	$\alpha^3+\alpha^2+1$	1101	15
α^{14}	α^3+1	1001	15

定理 21.6.6　有限域的元素的个数必定为其特征之幂.

证明: 设有限域的元素的个数为 q，特征为 p，则 p 为素数，令 $F_1=GF(p)$，它是一个素域，即不能再分解的最小子域. 又令 $F=GF(q)$.若除了 F_1 的元素以外，F 不包含任何其他元素，则 $F=F_1$，即 F 共有 p 个元素，定理成立.

如果 F 除了 F_1 的元素以外，还有 $e_2\notin F_1$，由于 F 是域，故对乘法和加法运算都是自封的，因此一定有集合 $F_2=\{a_1+a_2e_2\,|\,a_1,a_2\in F_1\}\subseteq F$.若除了 F_2 的元素以外，F 不包含任何其他元素，则 $F=F_2$，α_1 和 α_2 各有 p 种可能取值，F 共有 p^2 个元素，定理成立.

如果还有 $e_3\notin F_2$，$F_3=\{a_1+a_2e_2+a_3e_3\,|\,a_1,a_2,a_3\in F_1\}\subseteq F$……

重复此过程直到 F 中所有元素均包含在内为止.即在 F 中选定了一组元素 $\{e_1,e_2,\cdots,e_m\}$，使得 F 中任意一个元素都有唯一的表达式：$\alpha=\alpha_1+\alpha_2e_2+\alpha_3e_3+\cdots+\alpha_me_m$.令 $F_m=$

$\{\alpha_1+\alpha_2e_2+\alpha_3e_3+\cdots+\alpha_me_m \mid \alpha_1,\alpha_2,\cdots,\alpha_m\in F_1\}$，$e_2\notin F_1,e_3\notin F_2,\cdots,e_m\notin F_{m-1}$，它已经将 F 中全部元素均包含进去，因此 $F=F_m$.因为 $\alpha_1,\alpha_2,\cdots,\alpha_m\in F_1$，每个元素均有 p 种可能，故 $q=p^m$.定理得证.(**解读：**我们再次看到有限域是其素域的 m 维线性空间.) □

推论 21.6.2 $GF(p^m)$可以看为 $GF(p)$上的线性空间.

例 21.6.6 $GF_2[x]_{x^3+x+1}=\{0,1,x,x^2,x+1,x^2+x+1,x^2+1,x^2+x\}=F$，此域的特征为 2，$F_1=\{0,1\}$，取 $e_2=x^2$，则 $F_2=\{\alpha_1+\alpha_2e_2\}=\{0,1,x^2,x^2+1\}$，取 $e_3=x$，则 $F_3=\{\alpha_1+\alpha_2e_2+\alpha_3e_3\}=\{0,1,x,x^2,x+1,x^2+x+1,x^2+1\}$.

定理 21.6.7 k 是 p 特征域中的任意整数，则对一切自然数 n 有 $k^{p^n}=k$.

证明：因为 k 是域中的任意整数，所以按照定理 21.6.4，有 $k^{p^n}=(k\cdot \mathrm{e})^{p^n}=(e+e+\cdots+e)^{p^n}=k\cdot \mathrm{e}^{p^n}=k$. □

定理 21.6.8 $x^m-1\mid x^n-1$ 当且仅当 $m\mid n$.

证明：设 $n=md+r,0\leqslant r<m$，则 $x^n-1=x^{md+r}-1=x^r(x^{md}-1)+(x^r-1)$，根据多项式带余除法有 $x^n-1=q(x)(x^m-1)+r(x)$.比较可得 $q(x)=\dfrac{x^r(x^{md}-1)}{x^m-1}$，$r(x)=x^r-1$.

如果 $x^m-1\mid x^n-1$，则 $r(x)=0,r=0$，所以 $n=md$.

反之，如果 $m\mid n$，可令 $n=md$，由于 $y=1$ 是 y^d-1 的根，则有 $y-1\mid y^d-1$，以 $y=x^m$ 代入可得 $x^m-1\mid x^{md}-1$，即 $x^m-1\mid x^n-1$. □

定理 21.6.9 $GF(p^r)$包含子域 $GF(p^s)$的充要条件是 $s\mid r$.

证明：由定理 21.6.5 可知，$GF(p^r)$中每个非零元都是 $x^{p^r-1}-1$ 的根，$GF(p^s)$中每个非零元都是 $x^{p^s-1}-1$ 的根.如果 $GF(p^s)\subset GF(p^r)$，则 $x^{p^s-1}-1$ 的根都是 $x^{p^r-1}-1$ 的根.所以这说明 $x^{p^s-1}-1\mid x^{p^r-1}-1$.可得充要条件 $s\mid r$.(**解读：**每个 $GF(q)$从信息上看与 x^q-x 的 q 个根的信息是一致的，其中 0，1 是每个有限域的零元和单位元.只有当 x^{p^s} 的根都是 x^{p^r} 的根时，$GF(p^r)$才能包含域 $GF(p^s)$.) □

定理 21.6.10 设 F_q 是多项式的系数域，而 $f(x)$是 $F_q[x]$中一个 m 次不可约多项式，则必有 $f(x)\mid x^{q^m}-x$.(**解读：**以 $F_q[x]$中的一个 m 次不可约多项式 $f(x)$为模可以生成域 $GF(q^m)$，其中的每个元素都是模 $f(x)$的剩余等价类.它们都被 $f(x)$控制，包括 $f(x)$本身它们有一个共同属性，都是 $x^{q^m}-x=0$ 的根.)

证明：令 $F_q[x]_{f(x)}=\{a_{m-1}x^{m-1}+a_{m-2}x^{m-2}+\cdots+a_1x+a_0\mid a_i\in F_q\}$.它是一个 $GF(q^m)$域.根据定理 21.6.5，$GF(q^m)$中的每个元素都是 $x^{q^m}-x$ 的根，这实际上是按照 mod $f(x)$来运算的，即$(x^{q^m}-x)_{f(x)}\equiv 0$.从而 $f(x)\mid x^{q^m}-x$. □

定理 21.6.11 设 F_q 是多项式的系数域，而 $f(x)$是 $F_q[x]$中的一个 m 次不可约多项式，则 $f(x)\mid x^{q^n}-x$ 的充要条件是 $m\mid n$.(**解读：**$GF(q^m)$决定于一个 m 次不可约多项式 $f(x)$，$GF(q^n)$决定于一个 n 次不可约多项式 $g(x)$，它们都有零元和单位元.如果 $f(x)$，$g(x)$的次数不同的话，这两个域几乎没有公共属性.另一方面，从本定理可以看到，$f(x)\mid x^{q^n}-x$ 时，$GF(q^n)$与 $GF(q^m)$有公共属性，因它们对应的多项式都能被 $f(x)$整除.)

错误证明：根据定理 21.6.10，$f(x)\mid x^{q^m}-x$，而 $x^{q^m}-x\mid x^{q^n}-x$ 等价于 $x^{q^m-1}-1\mid x^{q^n-1}-1$.又根据定理 21.6.8，可得 $x^{q^m-1}-1\mid x^{q^n-1}-1$ 的充要条件是 $q^m-1\mid q^n-1$，其充要条件又为 $m\mid n$.故 $f(x)\mid x^{q^m}-x$ 的充要条件是 $m\mid n$.

该证明的充分性是对的，必要性证明错误.现证明如下：

设 $f(x)|x^{q^n}-x$ 使得 $x^{q^n}-x=f(x)h(x)$，因为 $\partial f(x)=m$ 且在 $GF(q)$ 上不可约，所以 $\forall\beta\in GF(q^m)$ 有 $\beta^{q^m}-\beta=0\ (\mathrm{mod}\ f(x))$. 又因为 $x^{q^n}-x=f(x)h(x)$，故 $x^{q^n}-x\equiv 0\ (\mathrm{mod}\ f(x))$. 所以 $\forall\beta\in GF(q^m)$，将 β 代入 $x^{q^n}-x$ 后有性质：$\beta^{q^n}-\beta=0\ (\mathrm{mod}\ f(x))$.（**解读：**不完全归纳：当 $\beta=0$ 或 1 时，显然. 当 $\beta=x+1$ 时，$(x+1)^{q^n}-(x+1)=x^{q^n}+1^{q^n}-(x+1)=0(\mathrm{mod}\ f(x))$. 当 $\beta=x^2$ 时，$(x^2)^{q^n}-(x^2)=x^{q^n}\cdot x^{q^n}-x^2=x^2-x^2=0(\mathrm{mod}\ f(x))$. 别的情况类似证明.）

假设 $m\nmid n$，设 $n=md+r$，则有 $[[[\beta^{q^m}]^{q^m}\cdots]^{q^m}]^{q^r}-\beta=0\ (\mathrm{mod}\ f(x))$，即 $\beta^{q^r}-\beta=0\ (\mathrm{mod}\ f(x))$. 因为 β 是任取的，不妨设它为 q^m-1 阶生成元，则有 β 为 q^r-1 阶生成元的结论，矛盾. □

此定理为我们指定了在 $x^{q^n}-x$ 中寻找不可约多项式的方向. 根据这个定理我们可以得到如下结论.

$$x^{q^n}-x=\prod_{\partial f(x)|n}f(x)$$

例 21.6.7　$x^{2^3}-x=x(x+1)(x^3+x^2+1)(x^3+x+1)$

由上式，它可分解为两个一次式和两个三次式. 两个一次式为 x 和 $x+1$，三次式可用试探法求得，最后可得 $x^{2^3}-x=x(x+1)(x^3+x^2+1)(x^3+x+1)$.

定理 21.6.12　$f(x)=\sum_{i=0}^{k}a_ix^i$，$a_i\in GF(q)$，如果 ω 是 $f(x)$ 在域 $GF(q)$ 上的根，则对于一切自然数 n，ω^{q^n} 也是 $f(x)$ 的根.

证明：根据定理 21.6.4 及 ω 为根的假设，可得

$$\left(\sum_{i=0}^{k}a_i\,\omega^i\right)^{p^{ns}}=\sum_{i=0}^{k}a_i^{\,p^{ns}}(\omega^{p^{ns}})^i$$

根据定理 21.6.4，假设 $q=p^s$，则有 $\left(\sum_{i=0}^{k}a_i\omega^i\right)^{q^n}=\sum_{i=0}^{k}a_i^{\,q^n}(\omega^{q^n})^i$. 根据定理 21.6.7，$a_i^{\,q^n}=a_i$，于是 $[f(\omega)]^{q^n}=\sum_{i=0}^{k}a_i(\omega^{q^n})^i=f(\omega^{q^n})=0$. 即若 ω 是在 $GF(q)$ 域上的根，则 ω^{q^n} 也是 $f(x)$ 根. □

定义 21.6.3　系数在 $GF(q)$ 域上，以 ω 为根的所有首一多项式中，必有一个次数最低的，称为 ω 的最小多项式或极小多项式.

最小多项式 $m(x)$ 有如下性质：

(1) $m(x)$ 在 $GF(q)$ 域上是不可约的，否则其次数就不是最低的.

(2) 如果 $f(x)$ 也是 $GF(q)$ 域上的多项式，且 $f(\omega)=0$，则 $m(x)|f(x)$. 这可证明如下：设 $f(x)=m(x)\cdot q(x)+r(x)$，$0\leqslant\partial r(x)<\partial m(x)$，则 $f(\omega)=m(\omega)q(\omega)+r(\omega)=0$，因为 $f(\omega)=m(\omega)=0$，故 $r(\omega)=0$，但 $\partial r(x)<\partial m(x)$，$r(\omega)=0$ 与定义矛盾. 所以只有 $r(x)=0$ 才能使上式成立. 因此 $m(x)|f(x)$.

(3) 在 $GF(q^m)$ 上，每一个域元素都有唯一的最小多项式，这可证明如下. 根据定理 21.6.5，$GF(q^m)$ 中每一个元素都是 $x^{q^m}-x$ 的根，每个根唯一地对应于 $x^{q^m}-x$ 的一个最小多项式. 如果一个元素对应于 $m_1(x)$ 和 $m_2(x)$ 两个最小多项式，则根据性质(2)，有 $m_1(x)|m_2(x)$ 和 $m_2(x)|m_1(x)$，故 $m_1(x)=m_2(x)$.

定理 21.6.13　如果 ω 是 $GF(q)$ 扩域中的一个元素，ω 的阶为 n，ω 的最小多项式 $m(x)$

的次数为 m，则 $n|q^m-1$，但 $n\nmid q^k-1$，其中 $k<m$.

证明：因 $m(x)$ 是不可约的，由定理 21.6.10 知 $m(x)|(x^{q^{m}-1}-1)\cdot x$，可得 ω 也是 $x^{q^{m}-1}-1$ 的根，故 $\omega^{q^{k}-1}=1$.（也可另证为：$\omega\in GF(q)$，故 ω 是 $x^{q^m}-x=0$ 的根，又 $\omega\neq 0$，故 $\omega^{q^{k}-1}=1$.）但 ω 的阶为 n，从而 $n|q^m-1$.如果假定 $n|q^k-1$，则根据循环群元素阶的性质(1)有 $\omega^{q^{k}-1}=1$，所以 $m(x)$ 的根必是 $x^{q^{k}-1}-1$ 的根，因此 $m(x)|x^{q^{k}-1}-1$.根据定理 21.6.11 必有 $m|k$，与假设 $m>k$ 矛盾. 所以 $n\nmid q^k-1$.（**解读**：最小多项式是不可约多项式，所以最小多项式有不可约多项式的所有公共属性.） □

定理 21.6.14 如果 $f(x)$ 是 $F_q[x]$ 中的一个 m 次不可约多项式，如 ω 是 $f(x)$ 在 $GF(q^m)$ 中的一个根，则 $\omega,\omega^q,\omega^{q^2},\cdots,\omega^{q^{m-1}}$ 就是 $f(x)$ 在 $GF(q^m)$ 域中两两互异的全部根.（**解读**：$f(x)$ 的根的形式表明了这些根具有公共信息.这些信息是连接在一起的，是一体的.）

证明：根据定理 21.6.12，$\omega,\omega^q,\omega^{q^2},\cdots,\omega^{q^{m-1}}$ 都是 $f(x)$ 的根，而 m 次多项式正好有 m 个根.现在证明它们是两两互异的.假如不是两两互异的，则必有重复，设 $\omega^{q^i}=\omega^{q^j}$，其中 $0\leqslant i<j<m$，则 $\omega=\omega^{q^m}=(\omega^{q^j})^{q^{m-j}}=\omega^{q^{m+i-j}}$，因而有 $\omega^{q^{m+i-j}}-\omega=0$.设 ω 是 n 阶元素，根据元素阶的性质必有 $n|q^{m+i-j}-1$.令 $k=m+i-j$，则 $k<m$，因此由定理 21.6.13，$n\nmid q^k-1$，矛盾. □

因此我们把 $\omega,\omega^q,\omega^{q^2},\cdots,\omega^{q^{m-1}}$ 这 m 个两两互异根称为 $f(x)$ 的共轭根系.共轭根系每个根都不一样，表明了每个根的个性，但形式的一致性再次表明了不可约多项式的不可分割性、一体性.

推论 21.6.3 共轭根系中每个元素的最小多项式均相同.（**解读**：再度说明了共轭根系的一体性.）

证明：设在共轭根系内 ω^{q^i} 的最小多项式是 $m_1(x)$，ω^{q^j} 的最小多项式是 $m_2(x)$，两者都是 m 次的.令 $\omega^{q^i}=\omega_1$，$\omega^{q^j}=\omega_2$，则由定理 21.6.14 可知，$\omega_1^q=\omega^{q^{i+1}}$，$\omega_1^{q^2}=\omega^{q^{i+2}}$，$\cdots$，$\omega_1^{q^{m-1}}=\omega^{q^{i+m-1}}$ 也是 $m_1(x)$ 的根.根据定理 21.6.10 得 $\omega^{q^m}=\omega$，从而 $\omega_1,\omega_1^q,\cdots,\omega_1^{q^{m-1}}$ 就是 ω^{q^i}，$\omega^{q^{i+1}},\cdots,\omega^{q^{m-1}},\omega,\omega^q,\cdots,\omega^{q^{i-1}}$.

同理 $m_2(x)$ 的共轭根系为 $\omega^{q^j},\omega^{q^{j+1}},\cdots,\omega^{q^{m-1}},\omega,\omega^q,\cdots,\omega^{q^{j-1}}$.由此可见，$m_1(x)$ 和 $m_2(x)$ 有相同的共轭根系.因此 $m_1(x)=m_2(x)=m(x)$. □

推论 21.6.4 最小多项式中所有的根有相同的阶.（**解读**：还是说明了共轭根系的一体性、协调性.这些都是由 $f(x)$ 的不可约性造成的.）

证明：设 ω 的阶为 n，最小多项式次数为 m，欲证明 ω^{q^j} 的阶也是 n，由元素阶的性质(3)可知，必须证明 $(n,q^i)=1$.因为 q 特征 p 之幂，设 $q=p^i$.如果 $(n,q^i)\neq 1$，则必定 $(n,q^i)=p^t>1$，设 $n=k\cdot p^t$，由于 $n|q^m-1$，所以 $p^t|q^m-1$，而这是不可能的. 故 $(n,q^i)=1$，推论成立. □

例 21.6.8 在 $GF(2)$ 系数域上分解 $x^{63}-1$ 为最小多项式乘积.

解：$x^{63}-1$ 有 63 个根，由定理 21.6.5，它们恰是 $GF(2^6)$ 中的 63 个非零元素.这 63 个非零元素的集合是个循环乘群，每个元素均可用生成元幂次来表示，即 $x^{63}-1$ 的根为 α^0，$\alpha^1,\cdots,\alpha^{62}$，故 $x^{63}-1=(x-1)(x-\alpha)(x-\alpha^2)\cdots(x-\alpha^{62})$.因此本题的关键在于按照定理 21.6.14 和推论 21.6.4 找出各个共轭根系构成相应的最小多项式.我们以共轭根系中 α 的最低幂次表示 $m(x)$ 的下标.注意在求共轭根系时按 $\alpha^{63}=1$ 运算，从而

$m_0(x)=(x-\alpha^0)=x+1$

$m_1(x)=(x-\alpha)(x-\alpha^2)(x-\alpha^4)(x-\alpha^8)(x-\alpha^{16})(x-\alpha^{32})$

$m_3(x)=(x-\alpha^3)(x-\alpha^6)(x-\alpha^{12})(x-\alpha^{24})(x-\alpha^{48})(x-\alpha^{63})$

$m_5(x)=(x-\alpha^5)(x-\alpha^{10})(x-\alpha^{20})(x-\alpha^{40})(x-\alpha^{17})(x-\alpha^{34})$

$m_7(x)=(x-\alpha^7)(x-\alpha^{14})(x-\alpha^{28})(x-\alpha^{56})(x-\alpha^{49})(x-\alpha^{35})$

$m_9(x)=(x-\alpha^9)(x-\alpha^{18})(x-\alpha^{36})$

$m_{11}(x)=(x-\alpha^{11})(x-\alpha^{22})(x-\alpha^{44})(x-\alpha^{25})(x-\alpha^{50})(x-\alpha^{37})$

$m_{13}(x)=(x-\alpha^{13})(x-\alpha^{26})(x-\alpha^{52})(x-\alpha^{41})(x-\alpha^{19})(x-\alpha^{38})$

$m_{15}(x)=(x-\alpha^{15})(x-\alpha^{30})(x-\alpha^{60})(x-\alpha^{57})(x-\alpha^{51})(x-\alpha^{39})$

$m_{21}(x)=(x-\alpha^{21})(x-\alpha^{42})$

$m_{23}(x)=(x-\alpha^{23})(x-\alpha^{46})(x-\alpha^{29})(x-\alpha^{58})(x-\alpha^{53})(x-\alpha^{43})$

$m_{27}(x)=(x-\alpha^{27})(x-\alpha^{54})(x-\alpha^{45})$

$m_{31}(x)=(x-\alpha^{31})(x-\alpha^{62})(x-\alpha^{61})(x-\alpha^{59})(x-\alpha^{55})(x-\alpha^{47})$

这样得到的 $m(x)$ 的系数是 α 的多项式.由于 α 是 63 阶元素,它是本原元,本原元一定是本原多项式的根,所以在本例中凡是 6 次本原多项式的根都可作为 α.如果取 α 是 x^6+x+1 的根,则 $\alpha^6+\alpha+1=0$,由于 $GF(2^6)$ 特征值为 2,所以 $\alpha^6=\alpha+1$.利用此本原多项式及定理 21.6.4,可将 x 的系数即 α 的多项式简化为 $GF(2)$ 中的值. 故 $m(x)$ 的最后形式分别为

$m_0(x)=x+1$ $\quad$ $m_1(x)=x^6+x+1$

$m_3(x)=x^6+x^4+x^2+x+1$ $\quad$ $m_5(x)=x^6+x^5+x^2+x+1$

$m_7(x)=x^6+x^3+1$ $\quad$ $m_9(x)=x^3+x^2+1$

$m_{11}(x)=x^6+x^5+x^3+x^2+1$ $\quad$ $m_{13}(x)=x^6+x^4+x^3+x+1$

$m_{15}(x)=x^6+x^5+x^4+x^2+1$ $\quad$ $m_{21}(x)=x^2+x+1$

$m_{23}(x)=x^6+x^5+x^4+x+1$ $\quad$ $m_{27}(x)=x^3+x+1$

$m_{31}(x)=x^6+x^5+1$

下面我们来讲解上述某个多项式如何计算得到.以 $m_9(x)=x^3+x^2+1$ 为例.

$m_9(x)=(x-\alpha^9)(x-\alpha^{18})(x-\alpha^{36})=x^3-(\alpha^9+\alpha^{18}+\alpha^{36})x^2+(\alpha^{45}+\alpha^{54}+\alpha^{27})x-\alpha^{63}$

检查域 $GF(2^6)$ 表格中的数据可得

$\alpha^9+\alpha^{18}+\alpha^{36}=(000110)+(111100)+(011010)=(100000)$

$\alpha^{45}+\alpha^{54}+\alpha^{27}=(100110)+(111010)+(011100)=(000000)$

所以 $m_9(x)=x^3+x^2+1$.

利用元素阶的性质及推论 21.6.4 可以将 $m(x)$ 归类成 $\psi(x)$(有相同元素阶的 $m(x)$ 之积),并以元素的阶数作 $\psi(x)$ 的下标,于是可得

$\psi_1(x)=m_0(x)$;$\psi_3(x)=m_{21}(x)$;$\psi_7(x)=m_9(x)\cdot m_{27}(x)$;$\psi_9(x)=m_7(x)$;

$\psi_{21}(x)=m_3(x)\cdot m_{15}(x)$;

$\psi_{63}(x)=m_1(x)\cdot m_5(x)\cdot m_{11}(x)\cdot m_{13}(x)\cdot m_{23}(x)\cdot m_{31}(x)$

于是 $x^{63}-1=\psi_1(x)\cdot\psi_3(x)\cdot\psi_7(x)\cdot\psi_9(x)\cdot\psi_{21}(x)\cdot\psi_{63}(x)$. □

例 21.6.9 考虑在 BCH(15,3)中,令 α 表示 $GF(16)$ 上的一个本原根,那么生成多项式

是$\{\alpha,\alpha^3,\alpha^5\}$的最小多项式.

α 的共轭是:$\alpha,\alpha^2,\alpha^4,\alpha^8$,利用例 21.6.8 的方法,我们通过计算可得其对应的最小多项式应该为 $m_1(x)=(x+\alpha)(x+\alpha^2)(x+\alpha^4)(x+\alpha^8)=x^4+x+1$.

α^3 的共轭是:$\alpha^3,\alpha^6,\alpha^{12},\alpha^9$,计算可得 $m_3(x)=(x+\alpha^3)(x+\alpha^6)(x+\alpha^{12})(x+\alpha^9)=x^4+x^3+x^2+x+1$.

α^5 的共轭是:α^5,α^{10},计算可得 $m_5(x)=(x+\alpha^5)(x+\alpha^{10})=x^2+x+1$.

按照 BCH 码相关知识,$g(x)$应该是 $m_1(x),m_3(x),m_5(x)$的最小公倍式.因此$g(x)=(x-\alpha)(x-\alpha^2)(x-\alpha^3)(x-\alpha^4)(x-\alpha^5)(x-\alpha^6)(x-\alpha^8)(x-\alpha^9)(x-\alpha^{10})(x-\alpha^{12})$,从而 $\dim BCH(15,3)=15-10=5$.

表 21.3　本原多项式 $\alpha^4=\alpha+1$ 生成的 $GF(16)$(降序)

i	α^i 对应向量	i	α^i 对应向量	i	α^i 对应向量	i	α^i 对应向量
—	0000	3	1000	7	1011	11	1110
0	0001	4	0011	8	0101	12	1111
1	0010	5	0110	9	1010	13	1101
2	0100	6	1100	10	0111	14	1001

下面我们来详细计算这个例子中 $g(x)$的具体表达式,我们详细讲解 $GF(16)$的具体构造.我们用本原根 α 的幂指数来表示$GF(16)$,α 满足 $\alpha^4=\alpha+1$.在表 21.3 中,元素 α^i 由 α 的次数$\leqslant 3$ 的多项式给出.下面是多项式 $\alpha^4=\alpha+1$ 生成的 $GF(16)$.对任何 α^i,必存在 a_0,a_1,a_2,a_3 使得 $\alpha^i=a_3\alpha^3+a_2\alpha^2+a_1\alpha^1+a_0 \pmod{p(\alpha)}$,因此可以建立一一映射 $\alpha^i\mapsto(a_3,a_2,a_1,a_0)$或 $i\mapsto(a_3,a_2,a_1,a_0)$.即每个 i 会对应一个四元组(a_3,a_2,a_1,a_0).(注意这不同于本章附录中表格.那里全是升序排列,这里是降序.)

例如,$\alpha^{11}=\alpha^4\cdot\alpha^4\cdot\alpha^3=(\alpha+1)(\alpha+1)\alpha^3=(\alpha+1)(\alpha^4+\alpha^3)=(\alpha+1)(\alpha^3+\alpha+1)=\cdots=\alpha^3+\alpha^2+\alpha$.所以从上表中可以看到 11 对应向量为 1110.

从上例中,可以看到生成多项式 $g(x)$是 α,α^3,α^5 最小多项式的乘积.α 的最小多项式应为 x^4+x+1.

求一个共轭根系的最小多项式有 3 种办法.以计算 m_3 为例.

一是用例 21.6.8 的方法,即查表法.这种方法最快.

二是取模运算,即对 $m_3(x)=(x+\alpha^3)(x+\alpha^6)(x+\alpha^{12})(x+\alpha^9)$在 $GF(2)$中取模运算,模 x^4-x-1.这种方法最烦琐.

三是解方程组法.具体如下:设 α^3 的最小多项式为 $m_3(x)=m_{30}+m_{31}x+m_{32}x^2+m_{33}x^3+m_{34}x^4$,它满足 $m_3(\alpha^3)=m_{30}\alpha^0+m_{31}\alpha^3+m_{32}\alpha^6+m_{33}\alpha^9+m_{34}\alpha^{12}=0$.

即 $m_{30}[0001]+m_{31}[1000]+m_{32}[1100]+m_{33}[1010]+m_{34}[1111]=[0000]$.

这个方程组有 4 个方程,含 5 个未知数,其唯一非平凡解是

$$[m_{30},m_{31},m_{32},m_{33},m_{34}]=[11111]$$

这种方法计算量也不小.所以我们一般用例 21.6.8 的方法,即查表法来计算最小多项式.因此 $m_3(x)=x^4+x^3+x^2+x+1$.类似可得 $m_5(x)=x^2+x+1$.

因此 BCH(15,3) 的生成多项式为 $g(x)=(x^2+x+1)(x^4+x^3+x^2+x+1)(x^4+x+1)=x^{10}+x^8+x^5+x^4+x^2+x+1$. □

例 21.6.10 找出 $GF(9)=\mathbb{Z}_3[x]/(x^2+1)=\mathbb{Z}_3(\alpha)$ 的所有本原元,这里 α 为 $x^2+1=0$ 的根,即 $\alpha^2+1=0$.

解:$GF(9)=\mathbb{Z}_3(\alpha)=\{a+b\alpha \mid a,b\in\mathbb{Z}_3\}=\{0,1,2,\alpha,1+\alpha,2+\alpha,2\alpha,1+2\alpha,2+2\alpha\}$,由于 $GF(9)^*$ 的阶为 8,所以元素关于乘法的阶数只能是 1,2,4,8.在计算每个元素的阶时,利用关系 $\alpha^2=2$.可以看出只有 $1+\alpha,2+\alpha,1+2\alpha,2+2\alpha$ 是 $GF(9)$ 的本原元. □

另外一种解法:先找出一个本原元,即一个阶为 8 的元素,例如 $1+\alpha$ 是 8 阶的,故 $1+\alpha$ 是 GF^* 的生成元,即是 $GF(9)$ 的本原元.令 $\beta=1+\alpha$,于是

$$GF(9)^*=\{\beta,\beta^2,\cdots,\beta^7,\beta^8=1\}$$

由于 β 是 8 阶元,由命题 21.1.3 知,β^k 是 8 阶元$\Leftrightarrow(k,8)=1$,故 $k=1,3,5,7$,从而 $\beta,\beta^3,\beta^5,\beta^7$ 是本原元.事实上,$\beta^3=(1+\alpha)^3=1+3\alpha+3\alpha^2+\alpha^3=1+\alpha^3=1+2\alpha$,同理可得 $\beta^5=2\alpha$,$\beta^7=\alpha+2$. □

表 21.4 $GF(9)$

元素 x	x^2	x^4	x^8	阶	本原元
1	1	1	1	1	不是
2	1	1	1	2	不是
α	2	1	1	4	不是
$1+\alpha$	2α	2	1	8	是
$2+\alpha$	2	2	1	8	是
2α	2	1	1	4	不是
$1+2\alpha$	α	2	1	8	是
$2+2\alpha$	2α	2	1	8	是

例 21.6.11 问:x^4+x+1 是不是 $\mathbb{Z}_2[x]$ 的本原多项式.

解:下面证明 x^4+x+1 是 $\mathbb{Z}_2[x]$ 的本原多项式.由于 $GF(16)^*$ 的阶为 15.所以 $GF(16)$ 的阶只能是 1,3,5,15.

由于 $\alpha^4=\alpha+1$,从而 $\alpha^5=\alpha^2+\alpha\neq1$,所以 α 的阶数为 15,于是 α 是 $GF(16)$ 的本原元,故结论成立. □

例 21.6.12 在 $\mathbb{Z}_2$ 中分解 x^8-x.

解:设 F 为 8 元域,则 F 是 x^8-x 关于 $\mathbb{Z}_2$ 的分裂域.任意 $\alpha\in F$,有 $\mathbb{Z}_2\subseteq\mathbb{Z}_2(\alpha)\subseteq F$.易得 α 是 $\mathbb{Z}_2[x]$ 中 1 次或 3 次不可约多项式的零点.从而 x^8-x 是 $\mathbb{Z}_2[x]$ 中 1 次、3 次不可约多项式乘积.直接验证可得所求 1 次不可约多项式 $x,x-1$,3 次不可约多项式 x^3+x+1 和 x^3+x^2+1.从而 $x^8-x=x(x-1)(x^3+x+1)(x^3+x^2+1)$. □

例 21.6.13 设计一个码长 $n=15$,纠正 $t(1\leqslant t\leqslant7)$ 个错误的二元本原 BCH 码,求生成多项式.

解:因为 $n=15$,由关系式 $n=2^m-1$ 计算出 $m=4$,选择本原多项式 $f(x)=x^4+x+1$.

令 α 是该本原多项式的根,即满足 $\alpha^4=\alpha+1$.

由 BCH 码相关内容知,$2t\leqslant n$,可知该码的纠错能力 $t\leqslant 7$,连续奇数次幂的根 $\alpha,\alpha^3,\alpha^5,\alpha^7,\alpha^9,\alpha^{11},\alpha^{13}$所对应的最小多项式如下:

根 α 对应多项式 $m_1(x)=x^4+x+1$;

根 α^3 对应多项式 $m_3(x)=x^4+x^3+x^2+x+1$,根 α^9 的最小多项式同 α^3;

根 α^5 对应多项式 $m_5(x)=x^2+x+1$;

根 α^7 对应多项式 $m_7(x)=x^4+x^3+1$,根 α^{11},根 α^{13}的最小多项式同 α^7.

若 $t=1$,则 $g(x)=m_1(x)=x^4+x+1$,因此 $n-k=4$,故 $k=11$,该 BCH 码就是一个 $d_{\min}\leqslant 3$ 的(15,11)码,它实际上是一个循环汉明码,这是一个纠正单个错误的本原 BCH 码.

若 $t=2$,则 $g(x)=[m_1(x)m_3(x)]=(x^4+x+1)(x^4+x^3+x^2+x+1)=x^8+x^7+x^6+x^4+1$,因此 $n-k=8$,故 $k=7$,该 BCH 码就是(15,7)BCH 码.

若 $t=3$,则 $g(x)=[m_1(x)m_3(x)m_5(x)]=(x^4+x+1)(x^4+x^3+x^2+x+1)(x^2+x+1)=x^{10}+x^8+x^7+x^6+x^5+x^4+x^2+x+1$,因此 $n-k=10$,故 $k=15$,该 BCH 码就是(15,5)BCH 码.

若 $t=4$,则 $g(x)=[m_1(x)m_3(x)m_5(x)m_7(x)]=(x^4+x+1)(x^4+x^3+x^2+x+1)(x^2+x+1)(x^4+x^3+1)=x^{14}+x^{13}+x^{12}+x^{11}+x^{10}+x^9+x^8+x^7+x^6+x^5+x^4+x^3+x^2+x+1$,因此 $n-k=14$,故 $k=1$,该 BCH 码就是(15,1)BCH 码.

若 $t=5$,则 $g(x)=[m_1(x)m_3(x)m_5(x)m_7(x)m_9(x)]$同 $t=4$ 的最小多项式.

若 $t=6$,则 $g(x)=[m_1(x)m_3(x)m_5(x)m_7(x)m_9(x)m_{11}(x)]$同 $t=4$ 的最小多项式.

若 $t=7$,则 $g(x)=[m_1(x)m_3(x)m_5(x)m_7(x)m_9(x)m_{11}(x)m_{13}(x)]$同 $t=4$ 的最小多项式. □

表 21.5 二进制本原 BCH 生成多项式

n	k	t	$g(x)$(八进制形式)	n	k	t	$g(x)$(八进制形式)
n	4	1	13	15	11	1	23
15 .	7	2	721	15	5	3	2426
31	26	1	45	31	21	2	3551
31	16	3	107657	31	11	5	5423325
31	6	7	313365047				

在工程上人们并不关心 BCH 码的深厚理论基础,更感兴趣的是如何构造 BCH 码,在工程上学会查阅已有的 BCH 码的生成多项式表格是非常有用的.

§21.7 多项式及多项式域(附录)

求有限域的最小多项式、BCH 码的生成多项式,都需要用到有限域的元素,由于 $\alpha^j=a_0\alpha^0+a_1\alpha^1+a_2\alpha^2+\cdots+a_{m-1}\alpha^{m-1}(\mathrm{mod}(\alpha))$,所以等式左边和右边两种形式都可代表域中

元素，使用者可根据情况方便选择，必要时也可相互转换.式中 $p(\alpha)$（或 $p(x)$）是 $GF(2^m)$ 中的 m 次本原多项式.以下面的形式给出 $GF(2^m)$ 的元素，$i\ (a_0,a_1,a_2,\cdots,a_{m-1})$.

表 21.6　本原多项式 $\alpha^4=\alpha+1$ 生成的 $GF(16)$（升序）

i	α^i 对应向量	i	α^i 对应向量	i	α^i 对应向量	i	α^i 对应向量
—	0000	3	0001	7	1101	11	0111
0	1000	4	1100	8	1010	12	1111
1	0100	5	0110	9	0101	13	1011
2	0010	6	0011	10	1110	14	1001

表 21.7　本原多项式 $\alpha^5=\alpha^2+1$ 生成的 $GF(32)$

i	α^i 对应向量	i	α^i 对应向量	i	α^i 对应向量	i	α^i 对应向量
—	00000	7	00101	15	11111	23	11110
0	10000	8	10110	16	11011	24	01111
1	01000	9	01011	17	11001	25	10011
2	00100	10	10001	18	11000	26	11101
3	00010	11	11100	19	01100	27	11010
4	00001	12	01110	20	00110	28	01101
5	10100	13	00111	21	00011	29	10010
6	01010	14	10111	22	10101	30	01001

例 21.7.1　x^2-2 在有理数域上不可约，但在实数域上可分解为 $x+\sqrt{2}$ 和 $x-\sqrt{2}$.

例 21.7.2　在 $GF(2)$ 上，$x^7-1=(x-1)(x^3+x^2+1)(x^3+x+1)$.

令 $p(x)=x^3+x+1$，则 $x^3+x+1\mid x^7-1$，因此 $GF_2[x]_{p(x)}$ 就是 $GF(2^3)$，共有 8 个元素，即 $GF_2[x]_{p(x)}=\{0,1,x,x^2,x+1,x^2+1,x^2+x,x^2+x+1\}$.$x$ 的逆元为 x^2+1，即 $[x\cdot(x^2+1)]_{p(x)}=(x^3+x)_{p(x)}=-1\equiv1$.

表 21.8　本原多项式 $\alpha^6=\alpha+1$ 生成的 $GF(2^6)$

i	α^i 对应向量	i	α^i 对应向量	i	α^i 对应向量	i	α^i 对应向量
—	000000	15	000101	31	101001	47	111001
0	100000	16	110010	32	100100	48	101100
1	010000	17	011001	33	010010	49	010110
2	001000	18	111100	34	001001	50	001011
3	000100	19	011110	35	110100	51	110101
4	000010	20	001111	36	011010	52	101010
5	000001	21	110111	37	001101	53	010101
6	110000	22	101011	38	110110	54	111010
7	011000	23	100101	39	011011	55	011101

续 表

i	α^i 对应向量	i	α^i 对应向量	i	α^i 对应向量	i	α^i 对应向量
8	001100	24	100010	40	111101	56	111110
9	000110	25	010001	41	101110	57	011111
10	000011	26	111000	42	010111	58	111111
11	110001	27	011100	43	111011	59	101111
12	101000	28	001110	44	101101	60	100111
13	010100	29	000111	45	100110	61	100011
14	001010	30	110011	46	010011	62	100001

小　结

有限域可用于编码：

1. 在线性分组码中，任何一个码字由它的生成矩阵中 k 个线性无关向量线性表示.

2. 在线性分组码中，任何一个码字由它的一致校验矩阵监督.

3. 最大似然方法通过计算线性分组码的最小距离得以实现.

……

第21章习题

1. 全体整数的集合对普通减法是不是一个群，为什么？

2. 全体非负整数的集合在加法或乘法运算下是否构成一个群，为什么？

3. 证明在实数域上一切可逆的 $n\times n$ 矩阵对于矩阵乘法构成一个群.

4. 若正整数 m 不是素数，证明集合 $\{1,2,\cdots,m-2,m-1\}$ 在模 m 的运算下不构成一个群.

5. 根据本原多项式 $p(x)=x^3+x^2+1$，构造 $GF(2^3)$ 的元素表，每个非零元素分别以本原元的幂次、多项式模 $p(x)$ 的剩余类和矢量表示，求出各元素的阶及本原元.

6. 求出 $GF(2)$ 上全部5次扩域的不可约多项式及本原多项式.

7. 设 $\alpha\in GF(2^5)$ 是本原元，令 $\beta=\alpha^3$，若码的生成多项式以 $\beta,\beta^2,\beta^3,\beta^4$ 为根，求出该码的生成多项式.

8. 若 F 是一个有 q 个元素的有限域，证明每个函数 $f:F\rightarrow F$ 均可表示为次数最大为 $q-1$ 的多项式.

9. 在例题中 F_{16} 的本原根 α 满足 $\alpha^4+\alpha=1$ 的情况下计算 BCH(15,3)的生成多项式.如果代之以本原元满足 $\alpha^4=\alpha^3+1$，生成多项式是什么？

10. 设 F 是特征数 $p\neq 0$ 的有限域，μ：$a\mapsto a^p$，证明 μ 是 F 到 F 的同构映射.

11. 构造 $GF(343)$.

12. 复数 i 及 $\dfrac{2i+1}{i-1}$ 在有理数域 $\mathbb{Q}$ 上的极小多项式各是什么？$\mathbb{Q}(i)$ 与 $\mathbb{Q}\left(\dfrac{2i+1}{i-1}\right)$ 同构吗？

13. 设 F 是域，P 是它的素域，μ 是 F 的一个自同构，则 $\forall a\in P$，有 $\mu(a)=a$.

14. 试确定 $x^3-2\in\mathbb{Q}[x]$ 的分裂域.

15. 设 E 是 n 次多项式 $f(x)$ 在 F 上的分裂域，证明：$[E:F]=n!$.

16. 令 $p_1(x),\cdots,p_m(x)$ 是域 F 上 m 个首 1 的不可约多项式，证明：存在 F 的一个有限扩域 $E=F(\alpha_1,\cdots,\alpha_n)$ 使得 α_i 在 F 上的极小多项式是 $p_i(x)$.

17. 设 P 为特征为素数 p 的域，$P(\alpha)$ 是 P 的一个单扩域，α 的极小多项式是 $x^p-\alpha\in P[x]$，问 $P(\alpha)$ 是否为 $x^p-\alpha$ 在 P 上的分裂域.

18. 设 E 是域 F 的扩域，$f(x),g(x)\in F[x]$，证明：若在 $E[x]$ 里有 $f(x)\mid g(x)$ 成立，则在 $F[x]$ 里也有 $f(x)\mid g(x)$.

19. 求下面的次数：(1) $[\mathbb{Q}(i,3i):\mathbb{Q}]$；(2) $[\mathbb{Z}/(x^2+x+2):\mathbb{Z}_3]$.

20. 根据本原多项式 $p(x)=x^5+x^2+1$，(1) 构造出 $GF(2^5)$ 的元素表，(2) 写出 α^6 所对应的模 $p(x)$ 的多项式剩余类，(3) 写出所有的共轭根系，(4) 求出 $m_3(x)$，并化简.

21. 问：$\mathbb{Z}_{16}[x]$ 的多项式 x^2 在 $\mathbb{Z}_{16}$ 中有多少根？

22. 设 $f(x)$ 为 $\mathbb{Z}_3[x]$ 的多项式 x^3-x，证明 $f(\alpha)=0$ $(\forall\alpha\in\mathbb{Z}_3)$.

23. 设 F 是一个有限域且 $F\neq F_2$，证明 F 中所有元素之和一定为零.

24. 设 F 是有限域 K 的子域，证明 K 和 F 有相同的特征.

25. 证明多项式 $p(x)=x^2+1$ 和 $q(x)=x^2+x+4$ 在 F_{11} 上是不可约的，试问：域 $F_{11}[x]/(p(x))$ 和域 $F_{11}[x]/(q(x))$ 同构吗？为什么？

26. 证明多项式 $p(x)=x^4+x^3+x^2+x+1$ 在 F_2 不可约，但不是本原多项式.

27. 设 x^n-1 在有限域 F_{p^m} 上能够分解为一次因式的乘积，其中 p 为素数，如果 $(n,p)=1$，则 x^n-1 有 n 个不同根.

28. 设 x^n-1 在某个有限域 F_{2^m} 上有一个根 a，则 $a^n=1$，并且

$$x^n-1=x^n-a^n=(x-a)(x^{n-1}+ax^{n-2}+\cdots+a^{n-1})$$

如果 n 是奇数，则 a 一定不是 x^{n-1} 的重根.

第二十二章　量子信息科学简介

自 1900 年 12 月普朗克打响了量子力学的第一枪之后，量子力学如同沉睡的雄狮被唤醒一样，展现了它的威猛气势，成为物理学界的一朵乌云，与爱因斯坦的相对论并驾齐驱，之后的一些物理学家如玻尔、海森堡、薛定谔等等相继为建立量子力学做出了巨大贡献，可是虽然物理学界对于这些科学家的成果展示都赋予了肯定，可是真正能够理解量子力学的却没有，费曼等一些物理学家们这样形容.

量子信息科学是一门正在快速崛起的交叉领域新学科.它是量子力学、量子光学、计算机科学、信息论以及通信技术与工程学科相互结合的一门学科.量子信息科学在提高计算机信息的处理速度、增大信息的存储容量、确保信息的网络状态安全、实现不可破译、不可窃听的保密通信等方面都可以突破现有的经典信息通信系统的极限，并将为信息科学与通信技术带来根本性的重大突破，为计算机科学与技术的可持续发展开辟崭新的空间.量子信息科学的研究就是以量子物理态为信息载体的信息理论和技术的研究.

大家都知道量子力学是研究微观粒子的运动规律的物理学分支.它主要研究原子、分子、凝聚态物质、原子核和基本粒子的结构、性质的基础理论，它与相对论一起构成了现代物理学的理论基础. 但是困扰我们的是什么呢? 是量子形态、量子引力、量子纠缠、量子塌缩以及量子叠加.每一个都不可捉摸，难以理解.

本章只做一下简单介绍，以使读者对量子信息科学有一个初步的了解.

§22.1　量　子

量子最早出现在光量子理论中，是微观系统中能量的一个力学单位.微观世界中所有的微观粒子(如光子、电子、原子等)统称为量子.普朗克 1900 年在有关黑体辐射问题研究中提出“物质辐射(或吸收)的能量只能是某一最小能量单位的整数倍数”的假说，称为量子假说，即对于一定频率 ν 的电磁辐射，物体只能以最小单位吸收或发射它(由此可见微观世界物质的能量是不连续的).吸收或发射电磁辐射只能以“量子”方式进行，每个“量子”的能量为 $\varepsilon=h\nu$，式中 h 为一个普氏常量.这在经典力学中是无法理解的.

微观世界中量子具有许多特性，这些特性集中表现在量子的状态属性上，如量子态的叠加性、量子态的纠缠、量子状态的不可克隆、量子的“波粒二象性”以及量子客体的测量将导致量子状态“波包塌缩”等现象.这些奇异的现象来自微观世界中微观客体间的相互干涉，即所谓的量子相干特性.

§22.2　量子比特

量子信息的存储单元称为量子比特.一个量子比特的状态，我们把它理解为一个二维复数空间的向量，它有两个极化状态是$|0\rangle$和$|1\rangle$.一个量子比特能够处在既不是$|0\rangle$又不是$|1\rangle$的状态上，处于状态$|0\rangle$和$|1\rangle$的一个线性组合的所谓中间状态之上，即处于状态$|0\rangle$和$|1\rangle$的叠加态上.

$$|\psi\rangle=\alpha|0\rangle+\beta|1\rangle \tag{22.1}$$

这里的α和β为任意复数.因为$|\alpha|^2+|\beta|^2=1$，我们可以将上式改成如下形式：

$$|\psi\rangle=\cos\frac{\theta}{2}|0\rangle+e^{i\varphi}\sin\frac{\theta}{2}|1\rangle \tag{22.2}$$

式中$-\pi\leqslant\theta\leqslant\pi$，$0\leqslant\varphi\leqslant2\pi$，$x=\sin\theta\cos\varphi$，$y=\sin\theta\sin\varphi$，$z=\cos\theta$.显然$\theta$和$\varphi$在单位三维球体上定义了一个点，这个球体通常称为布洛赫球(图 22－1).布洛赫球提供了非常直观实用的单个量子比特纯状态可视化的几何表示.

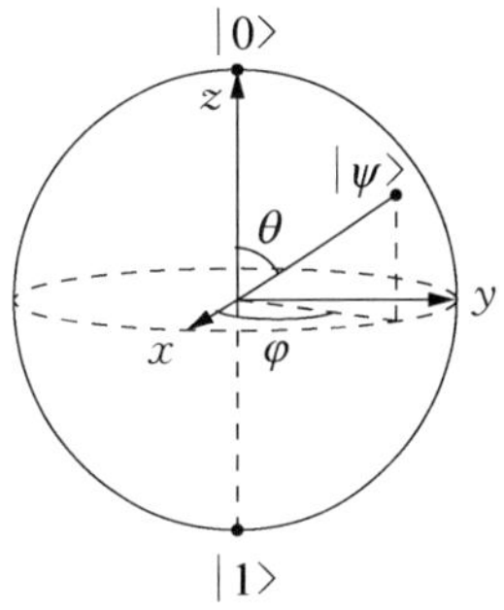

图 22－1　量子比特的布洛赫(Bloch)球面表示

一个量子比特可以连续地、随机地存在于状态$|0\rangle$和$|1\rangle$的任意叠加态上，直到它被某次测量退化为止.我们有时把状态理解为：1 表示粒子，0 表示波.量子要么处于粒子状态，要么处于波形状态.事先我们只知道该量子处于状态$|0\rangle$和$|1\rangle$的叠加态上，而$|0\rangle$和$|1\rangle$的概率分别为α和β.

什么是量子形态？量子形态并不是指原子、分子、凝聚态物质以及基本粒子结构和性质，而是指这些粒子是以什么状态存在于我们的生活中.我们只能用宏观的方式来作比喻.我们把量子形态中的粒子比喻成地球，然后把粒子所存在的空间比喻成银河系，那么我们就会发现量子形态中的粒子处于一个自由状态当中，并且有自己的运行方式、有自己的动态结构、有自己的引力场.

§22.3　量子态叠加与量子态纠缠

当量子比特的叠加状态无法用各量子比特的张量乘积表示时，这种叠加状态就称为量子纠缠状态.例如，现在有两个粒子组成的一个复合量子系统，其中粒子 1 可能有量子态$|0_1\rangle$和$|1_1\rangle$，粒子 2 可能有量子态$|0_2\rangle$和$|1_2\rangle$.那么两粒子组成的复合系统的可能量子态有多少种？4 种：

$$|0_1\rangle|0_2\rangle,\ |0_1\rangle|1_2\rangle,\ |1_1\rangle|0_2\rangle,\ |1_1\rangle|1_2\rangle$$

那么这个系统的任一个量子系统都可以表示为

$$a|0_1\rangle|0_2\rangle+b|0_1\rangle|1_2\rangle+c|1_1\rangle|0_2\rangle+d|1_1\rangle|1_2\rangle$$

其中 a,b,c,d 满足 $|a|^2+|b|^2+|c|^2+|d|^2=1$.

例如有一量子叠加状态

$$\frac{1}{\sqrt{2}}|0_1\rangle|0_2\rangle+\frac{1}{\sqrt{2}}|0_1\rangle|1_2\rangle$$

它可以分离为

$$\frac{1}{\sqrt{2}}|0_1\rangle(|0_2\rangle+|1_2\rangle)$$

它相当于粒子 1 处于状态 $|0_1\rangle$，而粒子 2 处于叠加态 $|0_2\rangle+|1_2\rangle$，也就是在这个量子态上，可以将粒子 1 和粒子 2 的状态分离开来.

但是，对于下列的量子叠加状态：

$$\frac{1}{\sqrt{2}}(|0_1\rangle|0_2\rangle+|1_1\rangle|1_2\rangle)$$

无论采用怎样的方法都无法分离成两个量子比特.这个叠加状态就称为量子纠缠状态.

常见的著名的量子纠缠态是粒子 1 和粒子 2 构成的一组正交归一化基态——贝尔基(Bell 基)，是具有最大概率的纠缠态.这组贝尔基(共四个)常记为

$$\begin{cases}|\Psi^+\rangle_{12}=\dfrac{1}{\sqrt{2}}(|0_1\rangle|1_2\rangle+|1_1\rangle|0_2\rangle)\\|\Psi^-\rangle_{12}=\dfrac{1}{\sqrt{2}}(|0_1\rangle|1_2\rangle-|1_1\rangle|0_2\rangle)\\|\Phi^+\rangle_{12}=\dfrac{1}{\sqrt{2}}(|0_1\rangle|0_2\rangle+|1_1\rangle|1_2\rangle)\\|\Phi^-\rangle_{12}=\dfrac{1}{\sqrt{2}}(|0_1\rangle|0_2\rangle-|1_1\rangle|1_2\rangle)\end{cases}\tag{22.3}$$

它又称为 EPR 对.

量子纠缠状态是量子信息论中特有的概念，尽管处在纠缠的两个或多个量子系统之间不存在实际物质上的联系，但不同的量子位却会因为纠缠而彼此影响.正是由于“纠缠”的神秘性，使得一个量子的状态将同与之发生纠缠的另一个量子的状态相关，似乎它们相互之间的关联性比紧密结合的两个原子还强.

量子纠缠必然体现粒子态之间的关联，但量子纠缠的精髓，也就是量子纠缠的一个特点——关联坍塌.

例如，两系统的一个纠缠态 $\frac{1}{\sqrt{2}}(|0_1\rangle|0_2\rangle+|1_1\rangle|1_2\rangle)$，若对这个态中的粒子 1 进行测量，有：如果粒子 1 坍塌到 $|0_1\rangle$，就必有粒子 2 坍塌到 $|0_2\rangle$；如果粒子 1 坍塌到 $|1_1\rangle$，就必有粒子 2 坍塌到 $|1_2\rangle$.

因此，纠缠态的关联坍塌具有瞬时性、非定域性及超空间性.简单来打个比方，苹果成长期间需要的不仅仅是水分和空气(在量子维度中没有土壤的概念)中与苹果的种气相类似的粒子来进行化合作用，以确保苹果的种气的纯度.所以在摄取的时候会出现量子塌缩现象.

§22.4 量子隐形传态

粒子隐形传态是运用量子纠缠特性，将未知的量子信息传送到远方与其存在纠缠性能的光量子上，而原先携带该量子信息的物理载体仍停留在原处，不需要被传送.量子隐形传态是将量子特性作为通信的信道使用，来传送量子信息.

量子隐形传态的原理如下：

(1) 设发送者甲想将量子态 1 的信息发送给接收者乙，但不传送光粒子 1 本身.

(2) 甲乙共享一对量子态纠缠的粒子对，粒子 2 和粒子 3.甲有粒子 2，乙有粒子 3.

(3) 甲将未知粒子态的光粒子 1 与粒子 2 进行贝尔基态为基础矢的投影测量.这些测量有四种等概率结果，但每次只能得到其中某一个结果.这时，由于坍塌，粒子态 2 坍塌，引发粒子态 3 坍塌.

(4) 甲通过传统通信方式将测量结果告诉乙.乙在获悉甲的测量结果后，对粒子 3 进行相应操作，就可以使粒子 3 变成与粒子 1 所传的未知态完全相同的量子态.注意：粒子态 1 已经发生坍塌变化，已不是处于原来的未知量子态，而这量子态已经传到粒子态 3 上了.

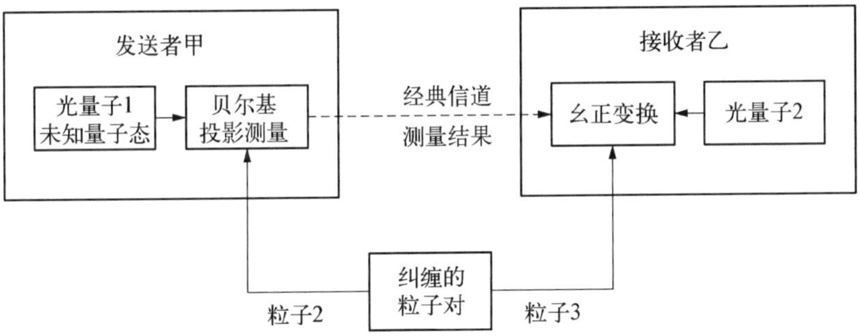

图 22－2 量子隐形传态的原理示意图

量子隐形传态是最简单的量子通信技术，下面我们给出具体的操作方法和推导过程.

设发送者甲有光粒子，它所处状态是未知的(甲和乙都是不知道的).设为

$$|\Psi^{+}\rangle_{x}=\alpha|0_1\rangle+\beta|1_1\rangle$$

又设甲乙之间拥有粒子 2 和粒子 3，其纠缠态为

$$|\Phi^{+}\rangle_{23}=\frac{1}{\sqrt{2}}(|0_2\rangle|0_3\rangle+|1_2\rangle|1_3\rangle)$$

3 个粒子复合系统的状态就是

$$\left\{\begin{aligned}|\Psi\rangle_{123}&=|\Psi\rangle_{x}\otimes|\Phi^{+}\rangle_{23}\\&=(\alpha|0_1\rangle+\beta|1_1\rangle)\otimes\frac{1}{\sqrt{2}}(|0_2\rangle|0_3\rangle+|1_2\rangle|1_3\rangle)\\&=\frac{\alpha}{\sqrt{2}}(|0_1\rangle|0_2\rangle|0_3\rangle+|0_1\rangle|1_2\rangle|1_3\rangle)+\frac{\beta}{\sqrt{2}}(|1_1\rangle|0_2\rangle|0_3\rangle+|1_1\rangle|1_2\rangle|1_3\rangle)\end{aligned}\right.\tag{22.4}$$

又甲对粒子 1 和粒子 2 进行贝尔测量，即将粒子 1 和粒子 2 分解成四个贝尔基态中的一个

$$\begin{cases} |\Psi^{\pm}\rangle_{12}=\dfrac{1}{\sqrt{2}}(|0_1\rangle|1_2\rangle\pm|1_1\rangle|0_2\rangle) \\ |\Phi^{\pm}\rangle_{12}=\dfrac{1}{\sqrt{2}}(|0_1\rangle|0_2\rangle\pm|1_1\rangle|1_2\rangle) \end{cases} \tag{22.5}$$

再将式子(22.4)展开整理得

$$\begin{cases} |\Psi\rangle_{123}=\dfrac{1}{2}[\alpha(|\Phi^{+}\rangle_{12}+|\Phi^{-}\rangle_{12})|0_3\rangle+\alpha(|\Psi^{+}\rangle_{12}+|\Psi^{-}\rangle_{12})|1_3\rangle \\ \qquad +\beta(|\Psi^{+}\rangle_{12}-|\Psi^{-}\rangle_{12})|0_3\rangle+\beta(|\Phi^{+}\rangle_{12}-|\Phi^{-}\rangle_{12})|1_3\rangle] \\ \quad =\dfrac{1}{2}[|\Phi^{+}\rangle_{12}(\alpha|0_3\rangle+\beta|1_3\rangle)+|\Phi^{-}\rangle_{12}(\alpha|0_3\rangle-\beta|1_3\rangle) \\ \qquad +|\Psi^{+}\rangle_{12}(\alpha|1_3\rangle+\beta|0_3\rangle)+|\Psi^{-}\rangle_{12}(\alpha|1_3\rangle-\beta|0_3\rangle)] \end{cases} \tag{22.6}$$

注意一下粒子 1 和粒子 2 测量时甲测得上述四个贝尔基态中的一个，同时其坍塌到所测量结果对应的基态上，此时乙所在粒子 3 的状态也发生关联坍塌，其量子态也按照式子(22.6)坍塌到对应的状态.甲完成测量后将测量结果用经典通信方式告诉乙.

情况 1：如果乙知道甲测得结果为 $|\Phi^{+}\rangle_{12}$，此时由式子(22.6)可知，粒子 3 坍塌到状态 $\alpha|0_3\rangle+\beta|1_3\rangle$，这恰好是粒子 1 的状态，信息传输成功.

情况 2：如果乙知道甲测得结果为 $|\Phi^{-}\rangle_{12}$，粒子 3 坍塌到状态 $\alpha|0_3\rangle-\beta|1_3\rangle$，做下面的变换即可获得粒子 1 的信息.

$$\sigma(\alpha|0_3\rangle-\beta|1_3\rangle)=\begin{pmatrix}1 & 0\\ 0 & -1\end{pmatrix}\begin{pmatrix}\alpha\\ -\beta\end{pmatrix}=\alpha|0_3\rangle+\beta|1_3\rangle$$

情况 3：如果乙知道甲测得结果为 $|\Psi^{-}\rangle_{12}$，粒子 3 坍塌到状态 $\alpha|1_3\rangle-\beta|0_3\rangle$，类似变换即可获得粒子 1 的信息.

$$\sigma(\alpha|1_3\rangle+\beta|0_3\rangle)=\begin{pmatrix}0 & 1\\ 1 & 0\end{pmatrix}\begin{pmatrix}\alpha\\ \beta\end{pmatrix}=\alpha|0_3\rangle+\beta|1_3\rangle$$

情况 4：如果甲测得结果为 $|\Psi^{-}\rangle_{12}$，粒子 3 坍塌状态 $\alpha|1_3\rangle-\beta|0_3\rangle$，类似变换也可获得粒子 1 的信息.

$$\sigma(\alpha|1_3\rangle-\beta|0_3\rangle)=\begin{pmatrix}0 & -i\\ i & 0\end{pmatrix}\begin{pmatrix}-\beta\\ \alpha\end{pmatrix}=-i(\alpha|0_3\rangle+\beta|1_3\rangle)$$

几点说明：(1) 甲的测量是随机的.(2) 粒子 1 的状态信息是任何人(包括甲)看不到的.(3) 这个过程不可复制，因为甲进行了贝尔基测量，粒子 1 的状态已被破坏，符合量子力学的不可克隆性.(4) 仍然需要经典信息通道的传输，因此不会以超光速传递信息.

§22.5 量子通信

量子通信的实现经历了漫长而曲折的过程，直到 20 世纪 90 年代初，包括贝内特博士在

内的六位科学家提出了利用经典与量子结合的方法来实现量子瞬时传送：将原物体的信息分成经典信息和量子信息两部分，经典信息是发送者对原物体进行某种测量（扫描）而提取原物体的一部分信息，量子信息是发送者在扫描中留下未测量的信息. 经典信息和量子信息分别经经典通道和量子通道传送，接收者获得这两种信息后，就可以备制出原物体量子态的完美复制品.该方案中最关键的地方是量子信息部分的传送，发送者甚至对这部分量子信息一无所知，因此量子信息部分的传送，是接收者利用一对纠缠光子态，通过将其中的一个光子备制到原物体的量子态上来提取原物体的信息，并非由发送者传送给接收者，从而保证信息的完整性.

利用一对纠缠态光子实现瞬时传输的物理基础在于量子力学的非定域性.量子力学的非定域性是指一旦两量子系统的状态构成纠缠态，则不管后来这两个量子系统间的距离被分隔多远，且它们之间可能不再有力学上的交互作用，但只要仍保持在纠缠态，它们之间超强的量子关联性就不会改变.

§22.6　冯·诺依曼熵

令量子比特$|a\rangle$与量子比特$|b\rangle$分别为：

$$|a\rangle=\begin{bmatrix}a_1\\a_2\end{bmatrix},|b\rangle=\begin{bmatrix}b_1\\b_2\end{bmatrix}$$

且各自以概率 p 和 $1-p$ 独立发生，且当前输出与过去无关的量子信息源称为二元量子无记忆信息源.

$$\boxed{\text{量子信息源 }\rho}\longrightarrow\begin{matrix}|a\rangle\text{：出现概率 }p\\ \\ |b\rangle\text{：出现概率 }1-p\end{matrix}$$

下面说明量子信息源的密度算子.

我们将量子比特$|a\rangle$与量子比特$|b\rangle$各自以概率 p 和 $1-p$ 发生的量子信息源用被称为密度算子的 2×2 矩阵表示

$$\rho=p|a\rangle\langle a|+(1-p)|b\rangle\langle b|$$

如果$|a\rangle=\begin{bmatrix}a_1\\a_2\end{bmatrix}$，则$\langle a|=[a_1^*\quad a_2^*]$.

例 22.6.1　量子信息源 S 的两个量子比特

$$|a\rangle=\begin{bmatrix}1\\0\end{bmatrix},|b\rangle=\begin{bmatrix}\frac{1}{\sqrt{2}}\\\frac{1}{\sqrt{2}}\end{bmatrix}$$

且各自以概率 p 和 $1-p$ 输出，此时的量子信息源 S 的密度算子为

$$\rho = p\begin{bmatrix}1\\0\end{bmatrix}\begin{bmatrix}1 & 0\end{bmatrix} + (1-p)\begin{bmatrix}\frac{1}{\sqrt{2}}\\ \frac{1}{\sqrt{2}}\end{bmatrix}\begin{bmatrix}\frac{1}{\sqrt{2}} & \frac{1}{\sqrt{2}}\end{bmatrix}$$

$$= \begin{bmatrix}\frac{1+p}{2} & \frac{1-p}{2}\\ \frac{1-p}{2} & \frac{1-p}{2}\end{bmatrix}$$

以上考虑了输出 2 种量子比特的二元量子信息源，用同样的方法我们能够考虑输出 r 种类量子比特的 r 元量子信息源.一般情况下，在 r 元量子信息源的场合，我们把量子比特考虑成 r 维的复数矢量，同时密度算子为 $r\times r$ 矩阵.

假设对应于 r 元量子信息源的密度算子为 ρ，ρ 的固有(本征)值为 $\lambda_1,\lambda_2,\cdots,\lambda_r$(其中重复的固有值按重复的次数计数)，则冯・诺依曼熵被定义为

$$H(\rho) = -\sum_{i=1}^{r}\lambda_i \log \lambda_i \tag{22.7}$$

例 22.6.2 试求两个量子比特

$$|a\rangle = \begin{bmatrix}1\\0\end{bmatrix}, |b\rangle = \begin{bmatrix}\frac{1}{\sqrt{2}}\\ \frac{1}{\sqrt{2}}\end{bmatrix}$$

等概率发生的量子信息源 S 的冯・诺依曼熵.这个信息源的密度算子 ρ 为

$$\rho = \frac{1}{2}\begin{bmatrix}1\\0\end{bmatrix}\begin{bmatrix}1 & 0\end{bmatrix} + \frac{1}{2}\begin{bmatrix}\frac{1}{\sqrt{2}}\\ \frac{1}{\sqrt{2}}\end{bmatrix}\begin{bmatrix}\frac{1}{\sqrt{2}} & \frac{1}{\sqrt{2}}\end{bmatrix}$$

$$= \begin{bmatrix}\frac{3}{4} & \frac{1}{4}\\ \frac{1}{4} & \frac{1}{4}\end{bmatrix}$$

求解 ρ 的固有值.

我们从

$$\det\begin{bmatrix}\frac{3}{4}-\lambda & \frac{1}{4}\\ \frac{1}{4} & \frac{1}{4}-\lambda\end{bmatrix} = 0$$

得到 1 个二次方程式 $\lambda^2-\lambda+\frac{1}{8}=0$，解方程得到 ρ 的两个固有值

$$\lambda_1=\frac{2-\sqrt{2}}{4},\lambda_2=\frac{2+\sqrt{2}}{4}$$

因此冯·诺依曼熵为

$$H(\rho)=-\frac{2-\sqrt{2}}{4}\log\left(\frac{2-\sqrt{2}}{4}\right)-\frac{2+\sqrt{2}}{4}\log\left(\frac{2+\sqrt{2}}{4}\right)\approx 0.600\ 9$$

§22.7 最后的一点说明

作为本书的结束，在讲完量子通信后，我们回到本书开头的那个问题，蚂蚁看信息的方式对吗？我们知道每个人读上面的信息时的反应是不一样的. 我们认为：两只蚂蚁看到的都是事实，都没错，但所看到的似乎是矛盾的，它们因为自身的限制，缺乏智慧或是不能在思想上突破自我，而无法正确解读获得的信息，这就是一般人常见的反应，要么忽略问题放弃不看，要么拒绝改变、固执坚持原有的观点. 拒绝改变自我的，其结果就是失去正确解读信息的机会.

光既是波又是粒子，这是事实，但历史上很多人接受不了，认为那是矛盾的，那是悖论. 在数学史上，似乎这样的悖论更多，伽利略悖论、贝克莱悖论、康德的二律背反、集合论悖论、光速悖论、双生子佯谬、EPR 悖论、整体性悖论、康托尔最大基数悖论、布拉里-福蒂最大序数悖论、理查德悖论、基础集合悖论、希帕索斯悖论、希尔伯特旅馆悖论、托里拆利小号、科赫雪花悖论、芝诺悖论、阿基里斯与乌龟悖论、二分法悖论……欧氏几何认为过直线外一点只有一条直线平行于已知直线，而非欧几何却说不是. 数学世界是矛盾的，但数学在正确面对一次次悖论后不依旧在前行吗？每个悖论产生之后都导致了一个学科的产生或发展.人们每次不都是放弃原有的想法，放弃固有的观念，调整自己的思维，才能看到那根旋转的铁棍吗？整个人类世界不是这样吗？人类要做的，就是不停地反思自身的思维模式、观念，形成对自身的突破！这就是获取正确信息的唯一之路. 我们其实就是那只蚂蚁，我们要更新观念，要有新的正确的观念，还要有正确观测信息的器材，要能看到铁棍的两侧，要能看到隐藏的中间那段铁棍，所以要想获取正确信息就需要装备自己，每个人的自我修养、自我装备所含的信息必须超过研究对象自身信息，至少相等才行！在量子力学中，目前仍在建立的膜理论，则认为世界是十一维的.你的思维如果达不到，你很可能就失去了机会.

有一本书，建议大家看看，叫《一条永恒的金带》，按照章节看，里面讲到了悖论、讲到了人类思维的形式系统即思维的一致性和完备性问题、讲到了可计算性、讲到了哥德尔定理、讲到了悖论的自我相关性、讲到了自我缠绕、讲到了人工智能的自我复制性、讲到了巴赫代表的音乐、埃舍尔代表的绘画与数学世界的相通性.埃舍尔的绘画的艺术性不是很高，但他的绘画反映了很多数学思想、物理思想、哲学思想，讲述了信息传输的一些共性，例如要能镶嵌，即同构的思想；自我复制，还是同构的思想；当你观测信息时，你不再是演员，你已经介入了，你影响了原有的信息，典型的信息测不准原理；大量的关于高与低、凹与凸、空与满、有穷与无穷等的绘画，反映了事实上这些量的相对性；自我缠绕，反映了信息的矛盾性问题……

另外要说的是，数学家关心的如何获取数学研究对象的信息以解决他们所关心问题，多关注研究对象的结构信息、事物本身的内在数学信息，计算机专家关心的是计算信息，而通信工程学家关注的是具体的工程的信息传输问题……各取所需吧，相互补充相互影响.正如本书前面讲述的一样，集合论、柯氏复杂性都有量子力学思想的身影，科学发展到最后，很多学科是相通的，很多思想是相互借鉴的.

最后我们再次叙述一些物理量子力学的最新成果——超弦理论，如果它的理论是正确的话，它给我们带来一个更加令人震惊的结果：我们的空间结构居然是离散的，而不是连续的！现在，我们关于时间和空间是连续的的旧理论或许是必须被抛弃的，在普朗克尺度下，弦是一段一段的，开弦就是一段线，闭弦就是一个圆圈，每一个弦片携带的都是一份一份的动量和能量.有人猜测：建构了宇宙开始时刻的十维空间图像，随着十维空间的崩裂到低维数空间时，超弦理论或也分裂成两个理论——相对论和量子理论，此后，随着物质丰富性的增加，它们又分裂成更多的理论.当量子力学和相对论上升到十维、十一维时，它们被统一，它们或是蚂蚁看到的那根铁棍的两端.

参考文献

[c1] 陈运,2008,信息论与编码,电子工业出版社.

[c2] 曹雪虹,张余橙,2004,信息论与编码,清华大学出版社.

[d1] 邓家先,康耀红,2007,信息论与编码,西安电子科技大学出版社.

[d2] 戴善荣,2010,信息论与编码基础,机械工业出版社.

[f] 傅祖芸,2001,信息论基础理论与应用,电子工业出版社.

[fj] 方军,俞槐铨,1994,信息论与编码,电子工业出版社.

[hgz] 胡冠章,1999,应用近世代数,清华大学出版社.

[le] 乐秀成译,1984,一条永恒的金带,四川人民出版社.

[li1] 李立萍,徐政五,汪利辉,2007,信息论引导,电子科技大学出版社.

[l2] 李梅,李亦农,2005,信息论基础教程,北京邮电大学出版社.

[lsh] 陆少华,1992,近世代数,上海交通大学出版社.

[sdc] 盛德成,2001,抽象代数,科学出版社.

[lsx] 刘绍学,1999,近世代数基础,高等教育出版社.

[jd] 姜丹,2001,信息论与编码,中国科技大学出版社.

[ss] 沈世镒,陈鲁生,2002,信息论与编码理论,科学出版社.

[sf] 石峰,莫忠息,2002,信息论基础,武汉大学出版社.

[tcj] 唐朝京,雷菁,2009,信息论与编码基础,电子工业出版社.

[wym] 王育民,李晖,2012,信息论与编码理论,高等教育出版社.

[wzx] 万哲先,1980,代数与编码,科学出版社.

[xxl] 辛小龙,信息论与编码理论,2014,高等教育出版社.

[xjp] 徐家品,2011,信息论与编码,高等教育出版社.

[yxc] 于秀兰,王勇,陈前斌,2014,信息论与编码,人民邮电出版社.

[yzq] 杨振启,杨云雪,2017,近世代数与应用,科学出版社.

[yzx] 杨子胥,1999,近世代数,高等教育出版社.

[zqh] 张勤海,2003,抽象代数,科学出版社.

[zyk] 邹永魁,宋立新,2010,信息论基础,科学出版社.

[zxl] 朱雪龙,2001,应用信息论基础,清华大学出版社.

[zyq] 周荫清,2002,信息理论基础,北京航空航天大学出版社.

[zjp] 周炯槃,1983,信息理论基础,人民邮电出版社.

[Gaj] Gareth A.J., J.Mary Jones, 2000, Information and coding.

[GP65] Casper Goffman and George Pedrick. First Course in Functional Analysis.

Prentice-Hall,Englewood Cliffs, 1965.

[COVER] Cover T.M., Elements of Information Theory,2002,清华大学出版社.

[Gbs] G.Birkhoff,S.Mac Lane,2008,A survey of modern algebra,人民邮电出版社.

[JECH] Jech T.,Set Theory,Academic Press,1978.

[JLB] Jose Luis Balcazar,Jose Diaz,Joaquim Gabarro,1988,Structural complexity,Springer.

[1] Hong Lu, Klaus Weihrauch,2007,Computable Riesz representation for the dual of C [0;1],Mathematical logical quarterly,53(4-5),415-430.

[2] Hong Lu,Klaus Weihrauch,Computable Riesz Representation for Locally Compact Hausdorff Spaces,Jounal of Universal Computer Science,845-860,vol 14,no. 6,(2008).

[KW] klaus Weihrauch,2000,computable analysis,springer.

[NC] Nigel Cutland,computabilty,1980,cambridge university press.

[ROMAN] Rome S.,Coding and Information Theory,Springer.

[R] Robert J.M.,2003,The theory of information and coding Second Edition,springer.

[So] Robert I.Soare,1987,Recursively enumerable sets and degrees,springer.

图书在版编目(CIP)数据

信息、算法与编码/陆宏编著.—南京:南京大学出版社,2020.3

ISBN 978-7-305-21744-9

Ⅰ.①信…　Ⅱ.①陆…　Ⅲ.①信息论—高等学校—教材　Ⅳ.①G201

中国版本图书馆 CIP 数据核字(2019)第 045490 号

出版发行　南京大学出版社
社　　址　南京市汉口路 22 号　　　　邮编　210093
出 版 人　金鑫荣

书　　名　信息、算法与编码
编　　著　陆　宏
责任编辑　杨　博　吴　汀　　　　编辑热线 025-83595840

照　　排　南京理工大学资产经营有限公司
印　　刷　南京理工大学资产经营有限公司
开　　本　787×1 092　1/16　印张　16　字数　390 千
版　　次　2020 年 3 月第 1 版　2020 年 3 月第 1 次印刷
ISBN 978-7-305-21744-9
定　　价　55.00 元

网　　址:http://www.njupco.com
官方微博:http://weibo.com/njupco
微信服务号:njuyuexue
销售咨询热线:(025)83594756